中国经济文库·应用经济学精品系列

国家自然科学基金项目《中国股票市场参与者有向加权网络的关联性与系统性风险的相关关系（71861029）》

内蒙古自然科学基金项目《大数据环境下中国股票市场系统性风险的关联性（2018MS07013）》

内蒙古自治区高等学校青年科技英才支持计划（NJYT-19-B06）

Empirical Research on Several Issues in
Chinese Stock Market and Real Estate Market

中国股票市场与房地产市场若干问题实证研究

苏木亚等 ◎ 著

北京

图书在版编目（CIP）数据

中国股票市场与房地产市场若干问题实证研究／苏木亚等著．
—北京：中国经济出版社，2020.3
ISBN 978-7-5136-5936-9

Ⅰ.①中… Ⅱ.①苏… Ⅲ.①股票市场—关系—房地产市场—研究—中国 Ⅳ.①F832.51②F299.233.5

中国版本图书馆CIP数据核字（2019）第219583号

责任编辑　杨元丽
责任印制　巢新强
封面设计　华子图文

出版发行	中国经济出版社
印 刷 者	北京九州迅驰传媒文化有限公司
经 销 者	各地新华书店
开　　本	710mm×1000mm　1/16
印　　张	23
字　　数	352千字
版　　次	2020年3月第1版
印　　次	2020年3月第1次
定　　价	88.00元

广告经营许可证　京西工商广字第8179号

中国经济出版社 网址 www.economyph.com 社址 北京市东城区安定门外大街58号 邮编 100011
本版图书如存在印装质量问题，请与本社销售中心联系调换（联系电话：010-57512564）

版权所有　盗版必究（举报电话：010-57512600）
国家版权局反盗版举报中心（举报电话：12390）　　服务热线：010-57512564

前言 Preface

据 Wind 资讯提供的数据，2019 年 7 月 31 日，上证综合指数达到 2932.51 点，深证成分指数达到 9326.61 点，创业板指数达到 1570.39 点，万得全 A 指数达到 4041.12 点，上交所平均市盈率 13.88 倍，深交所平均市盈率 23.67 倍，万得全 A 动态市盈率 16.94 倍。截至 2019 年 7 月 31 日，我国沪深两市融资余额达到 8974.84 亿元，融券余额达到 111.41 亿元，主板资金净主动买入额 -180.02 亿元，创业板资金净主动买入额 -38.43 亿元。2019 年 6 月 30 日，全国房地产开发投资累计完成额为 61609.3 亿元，同比上涨 10.9%，当季同比上涨 6.39%；其中商业营业用房投资完成额为 156398974 万元，同比上涨 -9.7%，住宅用房投资完成额为 751478799 万元，同比上涨 16.3%。从供应先行指标来看，2019 年 6 月 30 日，新开工面积累计为 105508.6 万平方米，同比增长为 10.1%，其中商品房和住宅的新开工面积分别同比增长 -3.7% 和 10.5%；施工面积累计为 772292.42 万平方米，同比增长为 8.8%，其中商品房和住宅的施工面积分别同比增长 -1.7% 和 10.3%；竣工面积累计为 32425.77 万平方米，同比增长 -12.7%，其中商品房和住宅的竣工面积分别同比增长 -17.4% 和 -11.7%。从土地市场指标来看，2019 年 8 月 1 日土地购置面积为 8035.29 万平方米，同比增长 -27.5%；待开发土地面积为 45617.86 万平方米，同比增长 27.6%。

股票市场和房地产的发展情况历来受到社会各界的高度关注。习近平总书记在中国共产党第十九次全国代表大会上的报告中明确指出，深化金融体制改革，增强金融服务实体经济能力，提高直接融资比重，促进多层次资本市场健康发展。党的十九大报告同时指出，"房子是用来住的，不是用来炒的"。

学术界对中国股票市场和房地产市场的研究呈现出"百花齐放，百家争鸣"的态势。在此背景下，我们团队在国家自然科学基金委员会、内蒙古自然科学基金委员会、中国博士后基金会和内蒙古教育厅的资助下，试图探索中国股票市场和房地产市场的发展规律。这本书是我们团队近几年工作的一次系统性总结，主体部分由13章内容组成。第1章至第5章主要利用金融计量模型刻画中国股市的风险特征，具体内容包括：有向网络视角下我国上市公司关联性与系统性风险研究、投资者情绪对股价崩盘风险的影响研究、信息冲击对牛熊市场的非对称影响、我国系统重要性金融机构的识别与影响因素分析和中国股市杠杆效应对比分析。第6章至第8章主要描述部分中国上市公司的收益率特征，具体内容包括：企业股权集中度对股票收益率的影响、首发限售股解禁对上市公司股价的影响研究和医药分开政策对医药上市公司股票收益率的影响。第9章至第11章的主要内容涉及部分技术分析指标在中国股市的有效性以及分析师盈余预测的准确性，具体内容包括：业绩预告对证券分析师盈余预测准确性的影响研究、威廉指标在深圳股票市场的有效性检验和BOLL－SAR指标在A股市场的有效性检验。第12章至第13章主要从我国股价与房价关系和利率与房价的角度研究我国房地产市场的发展情况，具体内容包括：我国股票市场价格与房地产市场价格关系研究和区域性视角下研究利率对我国房地产价格的影响。

综上，本书利用中国股票市场和房地产市场的真实数据刻画其风险和收益特征、研究其预测问题，并描述了中国股票市场与房地产市场的关系。在此基础上，提出了相应的对策和建议。希望我们的研究成果为监管部门贯彻落实党的十九大精神和投资者进行合理投资提供决策支持。

本专著由苏木亚策划选题并指导完成。具体来讲，第1章由周冰冰编著，第2章由王春艳编著，第3章由孙宁编著，第4章由罗曼编著，第5章由郝苾琛编著，第6章由张晓霞编著，第7章由王丹宇编著，第8章由福春霞编著，第9章由阿鲁斯编著，第10章由苏日娜编著，第11章由其力木格编著，第12章由蔡馨雅编著，第13章由张佳宁编著。安彪、高婷和孙亚菲协助完成了各阶段的数据搜集和处理等工作。

第1章 有向网络视角下我国上市公司关联性与系统性风险研究 ······ 1

- 1.1 引言 ······ 1
- 1.2 文献综述 ······ 5
- 1.3 我国上市公司有向加权网络关联性度量方法 ······ 8
- 1.4 实证分析 ······ 17
- 1.5 结论与政策建议 ······ 33
- 本章小结 ······ 37
- 参考文献 ······ 37

第2章 投资者情绪对股价崩盘风险的影响研究 ······ 41

- 2.1 引言 ······ 41
- 2.2 文献综述 ······ 42
- 2.3 理论分析与研究假设 ······ 47
- 2.4 实证分析 ······ 50
- 2.5 结论 ······ 73
- 本章小结 ······ 74
- 参考文献 ······ 74

第3章 信息冲击对牛熊市场的非对称影响 ······ 78

- 3.1 引言 ······ 78
- 3.2 实证分析 ······ 81

3.3　实证结果描述 ………………………………………………… 86
　　3.4　模型稳定性检验 ……………………………………………… 99
　　3.5　结论 …………………………………………………………… 100
　　本章小结 …………………………………………………………… 101
　　参考文献 …………………………………………………………… 102

第4章　我国系统重要性金融机构的识别与影响因素分析 …………… 105
　　4.1　引言 …………………………………………………………… 105
　　4.2　文献综述 ……………………………………………………… 106
　　4.3　实证结果及分析 ……………………………………………… 108
　　4.4　结论 …………………………………………………………… 120
　　本章小结 …………………………………………………………… 121
　　参考文献 …………………………………………………………… 122

第5章　中国股市杠杆效应对比分析 …………………………………… 124
　　5.1　引言 …………………………………………………………… 124
　　5.2　文献综述 ……………………………………………………… 126
　　5.3　数据及模型 …………………………………………………… 129
　　5.4　实证结果与分析 ……………………………………………… 130
　　5.5　结论 …………………………………………………………… 137
　　本章小结 …………………………………………………………… 139
　　参考文献 …………………………………………………………… 139

第6章　企业股权集中度对股票收益率的影响 ………………………… 142
　　6.1　引言 …………………………………………………………… 142
　　6.2　文献综述 ……………………………………………………… 145
　　6.3　理论分析与研究假设 ………………………………………… 148
　　6.4　实证分析 ……………………………………………………… 149

6.5　实证结果与分析 ··· 153
　　6.6　稳健性检验 ··· 162
　　6.7　结论 ··· 166
　　本章小结 ··· 167
　　参考文献 ··· 167

第7章　首发限售股解禁对上市公司股价的影响研究 ····················· 171
　　7.1　引言 ··· 171
　　7.2　文献综述 ··· 172
　　7.3　实证研究 ··· 174
　　7.4　结论 ··· 187
　　本章小结 ··· 188
　　参考文献 ··· 188

第8章　医药分开政策对医药上市公司股票收益率的影响 ·············· 191
　　8.1　引言 ··· 191
　　8.2　文献综述 ··· 192
　　8.3　医药分开政策对医药上市公司股票收益率的效应分析 ········· 196
　　8.4　医药分开政策对医药上市公司股票收益率影响因素的
　　　　实证分析 ··· 204
　　8.5　结论 ··· 213
　　本章小结 ··· 215
　　参考文献 ··· 216

第9章　业绩预告对证券分析师盈余预测准确性的影响研究 ············ 219
　　9.1　引言 ··· 219
　　9.2　文献综述 ··· 221
　　9.3　实证研究 ··· 228

9.4 结论与展望 ··· 243
本章小结 ··· 246
参考文献 ··· 247

第 10 章　威廉指标在深圳股票市场的有效性检验 ············ 251
10.1　引言 ··· 251
10.2　威廉指标及数据来源 ··· 253
10.3　实证研究 ·· 254
10.4　结论 ··· 275
本章小结 ··· 276
参考文献 ··· 277

第 11 章　BOLL – SAR 指标在 A 股市场的有效性检验 ······ 278
11.1　引言 ··· 278
11.2　实证检验 ·· 281
11.3　结论 ··· 290
本章小结 ··· 291
参考文献 ··· 291

第 12 章　我国股票市场价格与房地产市场价格关系研究 ············ 295
12.1　引言 ··· 295
12.2　文献综述 ·· 297
12.3　我国房地产市场与股票市场相互关系的实证研究 ····· 300
12.4　研究结论与政策性建议 ····································· 314
本章小结 ··· 321
参考文献 ··· 322

第 13 章 区域性视角下研究利率对我国房地产价格的影响 ………… 326
　13.1　引言 ……………………………………………………………… 326
　13.2　文献综述 …………………………………………………………… 328
　13.3　利率对区域房价影响的理论分析 ………………………………… 330
　13.4　利率对区域性房价影响的实证分析 ……………………………… 332
　13.5　研究结论与政策性建议 …………………………………………… 348
　本章小结 ………………………………………………………………… 355
　参考文献 ………………………………………………………………… 356

第1章
有向网络视角下我国上市公司关联性与系统性风险研究

1.1 引言

系统性金融风险的爆发能够给经济社会带来毁灭性破坏。2008年全球金融危机爆发后，各国政府、金融监管部门和学术界深刻反思这次危机带来的教训，对危机中暴露出的监管缺位问题、系统性风险理论等问题的认识达到了前所未有的高度。

从学术层面看：首先，对系统性风险的认识从"太大而不能倒"（too big too fail）转向"关联度太广而不能倒"（too interconnected to fail）。因此，危机过后，研究金融系统性风险的主流方向是基于关联度视角测度系统性风险。其次，对金融系统性风险的监管上，由危机前相对注重微观审慎监管方式转向宏观审慎监管。Morris 和 Shin（2009）认为，过去以单一金融机构为监管对象的微观审慎监管在应对金融系统性风险方面其效果是十分有限的，有时甚至会起到加大风险的反作用。按照微观审慎监管方式的理性考虑，当整个经济处于繁荣状态时，绝大多数市场参与者的财务状况都良好。为了达到利益最大化，金融机构等市场参与者会纷纷选择扩大信贷规模。扩大信贷规模导致的结果就是资产泡沫的悄然出现、毁灭性的系统性风险快速集聚，甚至酿成金融危机。Borio（2009）认为，"仅仅加强单个金融机构的监管不足以维护金融稳定，应该更多地关注整个金融体系的风险"。为防范金融危机，必须监测系统性金融风险，对金融体系实施宏观审慎监管（Bernanke,

2011)。因此，各国政府需要从全局和宏观的角度来完善金融监管、建立风险监测评估防范体系以及应急处置机制，以此来降低区域性系统风险发生的概率。

从各国政府及其金融监管部门层面上看，世界各国纷纷采取相应的措施应对金融系统性风险。2010年7月，美国国会通过了21世纪30年代至今最全面的金融改革方案——多德—弗兰克法案（Dodd Frank）并建立了金融监管委员会，负责检测和处理威胁国家金融稳定的系统性风险。2010年9月，欧盟建立了欧洲系统性风险委员会（European Systemic Risk Board）以预防系统性风险的发生，维护其成员国的稳定性。与此同时，世界其他经济体也纷纷加强宏观审慎监管改革。我国在建立与完善宏观审慎政策框架、有效防范系统性风险方面采取了有力措施。2010年宣布启动宏观审慎监管，并于2011年着手建立差别准备金动态调整和建立合意贷款管理机制。2016年发布公告，现有的差别准备金动态调整和合意贷款管理机制被升级成为宏观审慎评估体（Macro Prudential Assessment，MPA）。国务院总理李克强在2017年政府工作报告上强调，"经济金融风险隐患不容忽视，稳妥地推进金融监管体制改革，有序化解处置突发风险点，整顿规范金融秩序"，筑牢金融风险"防火墙"，"坚决守住不发生系统性金融风险的底线"。

国家主席习近平出席二十国集团工商峰会时表示，中方愿意与世界各国建立联动型经济开放体系。联动型经济建设加快了经济全球化、金融一体化进程，虽然我国金融系统在经历了2008年全球金融危机的洗礼之后，并没有爆发系统性的危机，但是这并不意味着我国金融系统没有风险集聚现象。相反，金融体系在遭受全球金融危机的洗礼之后，风险集聚程度增加。我国则面临外部风险与内部风险叠加的问题。外部风险主要来源于国际金融风险的外部输入，内部风险主要来源于我国自身经济周期的波动性风险。2015年以来，我国金融体系与金融市场表现出一定的脆弱性，金融风险集聚现象普遍存在。主要表现为股市频繁剧烈震动、股票价格急涨急跌、同涨同跌趋势性加大。2016年实施的熔断机制原本是为了稳定市场，却在我国金融市场恐慌情绪蔓延之下迅速夭折。上述现象表明我国金融体系存在一定的系统性风险。

时间维度上，我国短期以及长期是否会发生系统性风险是一个不确定的问题，因为系统性风险具有高度不确定性以及毁灭性，监管当局必须加强金融系统性风险的防控工作，建立及时发现、及时处理以及应急处置机制有效避免区域性系统性风险的爆发。随着联动型经济建设概念的提出，行业之间的关联性越来越密切。以过去仅仅依靠单一金融机构管理好自身风险的微观审慎监管方式已经不能更好地维持金融系统的稳定。因此，必须加强将所有市场参与者作为一个整体系统进行基于宏观审慎视角下的系统性风险监管。

系统性风险受众多因素的影响，很难通过单一计量方法来刻画。因此，目前对金融系统性风险的研究一般关注四个"L"，即杠杆率（Leverage）、流动性（Liquidity）、损失（Loss）和关联性（Linkage）。但是相对于前三者而言，关联性方面的研究相对较少，但并不意味着关联性不重要。相反，现代风险测度计量和防控管理的核心就是红，它是信用风险、市场风险、交易对手风险以及系统性风险的重要组成部分（Diebold 和 Yilmaz，2014）。负面冲击在过度关联的金融体系当中，表现出更大的破坏性与广泛的传染性。因此，识别关联度相对较强的行业，并对其加强监管，能够从根本上降低金融系统性风险发生的概率。

关联度视角下，对系统性风险测度相对应的是宏观审慎监管方式。微观审慎监管方式主要考虑的是单个市场参与者的风险敞口，认为只要单个市场参与者是稳健的，那么整个金融体系就是稳健的。2008 年金融危机爆发的最根本原因之一是没有注重加强宏观审慎监管方式。宏观审慎监管角度的内涵是把所有经济活动的市场参与者作为一个整体来考虑，以整体关联与局部关联的角度来研究和防范风险的传播与蔓延。联动型经济建设意味着金融机构之间的关系呈现出愈加错综复杂的状态。网络能够刻画和描述各行业之间的相互联动性以及错综复杂的动态风险蔓延与传染。因此，将网络应用于金融领域进行监测和管理高度关联的经济成为研究金融系统性风险的新视角。网络能够将系统性风险量化，并且可以运用网络拓扑结构对金融体系当中的关联关系进行描述，在清晰度量关联关系的基础上进一步预测和估计系统性风险的传染，抵御系统性风险的发生，减轻其对国民经济的破坏。

宏观经济有序稳定运行的前提条件之一就是免受金融系统性风险破坏。许多国家在经历了 21 世纪的国际金融危机后，经济一度萎靡不振，经过长时间的恢复才又重振市场投资者的信心。为什么系统性风险具有如此强大的破坏力呢？原因之一就是系统性风险在爆发之前并没有明显的信号释放，而是具有相当的隐蔽性。一旦风险因子触发系统性风险，风险就会在整个金融体系内迅速蔓延。系统性风险的破坏性在某个时间点上是难以计量的，因为只要加入时间步长，风险就会进一步聚集。鉴于系统性风险具有如此大的破坏力，需要各国监管当局采取恰当的方法与手段加强金融监管。在此背景下，宏观审慎监管方式应运而生，此监管方式主要应用于从系统整体的角度加强金融风险的防控。宏观审慎监管方式的主要理念是当单个金融机构或者金融行业是健康发展的，并不意味着整个金融体系是健康发展的，或许金融风险已经存在于相互关联的金融系统中。金融系统性风险是潜在性风险，爆发以后才会表现出巨大的破坏性。

系统性风险的传染分为有形机制和无形机制。有形机制风险传染主要是利率的市场化、汇率制度改革、资本项目开放所导致的风险因素的集聚。在全球经济一体化的背景下，金融系统中的各行业与金融机构之间的关联关系更加密切。当系统中的各个组成部分变得更加关联时，显著关联的金融体系对风险因子的抵抗力就会减弱。当某个单一的金融机构或者金融行业发生风险时，高度关联就会使风险更容易传染给其他金融机构。风险就像疾病一样，在金融市场或者在金融行业当中持续蔓延传染，直至金融系统性风险的爆发。无形机制的系统性风险传染主要是非理性的羊群效应。极端情况下，当负面信息在金融市场中传播，会引起投资者恐慌，这种恐慌情绪会使大量投资者抛售其持有的股票。股票一旦被大量抛售，股价就会大跌，与之相关联的其他上市公司或者金融行业就会受到影响。因此，在面临多变的环境下，准确地度量极端风险条件上市公司各行业之间、行业内部之间以及整个金融系统的关联水平，有助于降低风险的传染水平，对我国现行监管体制的改革和完善无疑具有重要意义。

与发达市场相比，我国市场机制的完备程度、法规的健全程度以及投资者的成熟程度都存在较大差距，投机之风盛行使得股票之间的高度关联性伴随着较高的风险相依性，甚至可能引发较大的系统性风险。具体表现为，某只股票的异常波动可能波及同行业的股票，导致行业内部系统性风险的产生，并进一步传染至整个市场，影响股票市场的稳定性。因此，从行业间关联性角度研究系统性风险、加强极端情况下对各行业上市公司之间股票的动态联动研究，识别较高风险行业，是我国建立和完善宏观审慎监管框架以及金融体系的必要条件之一。

1.2 文献综述

从时间维度划分，系统性风险的研究主要分为三个阶段。第一个阶段是1997年亚洲金融危机以前。第二个阶段是1997年亚洲金融危机之后至2008年国际金融危机爆发。第三个阶段是2008年国际金融危机爆发以后至今。从第一阶段到第三阶段，对系统性风险的研究呈现出由简单、静态、线性到复杂、动态、非线性等特征。

第一阶段对系统性风险研究取得了一定成果。Frankel和Rose（1996）假定金融危机是非连续离散状态，多个因素综合引发风险，利用历史数据判断危机发生的概率提出了FR模型。Sachs（1996）选择20个新兴市场国家的横截面数据，利用线性回归的方法建立STV预警模型。考虑到综合指标更有利于解释系统性风险，在FR模型与STV预警模型的基础上提出了KLR综合指标判断法，成为早期预警指标方法的代表。为了测度发展中国家的系统性风险，IMF（1998）综合运用FR概率模型和KLR信号法提出DCSD模型。

第二阶段对系统性风险研究与第一阶段相比较而言，最大的改进是通过统计方法对指标进行加总。利用综合指标反映金融体系风险的综合状况。具有代表性的综合指标法有IMF的金融稳健指标（Financial Soundness Indicator）、金融压力指数（Financial Stress Index）、金融稳定状况指数（Jan Willem van den End and Tabbae，2005）。20世纪随着人工智能的发展，人工神经网络（Artificial Neural Network，ANN）模拟人脑思维模式进行数学模型分析曾一度被应用于金融监管领域。基于综合指数法在将指标加总时，并没有考虑连续变量到离散变量转化中的信息损失，马尔可夫状态转换法（Markov-Regime Switching Approach）能够刻画危机期的内生性，避免了综合分析法的不足。最后，在上述各种预警方法的基础之上，Kumar等（2002）综合KLR信号法与FR概率分析法的结合，提出了Simple Logit模型，此方法克服了过去模型只能解释危机的局限，使得系统性风险在预测领域取得了突破性进展。

总体来看，研究方法简单、数据容易获取、指标可以广泛的选取，并且可以根据阈值和一系列的预警指标确定危机的根源是前两个阶段金融系统性风险研究方法的优势。但是早期系统性风险的研究也存在一定的不足之处。主要分为以下几点：①通过固定时点预测未来时点金融稳定状况成为普遍的研究方法，样本数据的选取频率相对较低（基本是年度数据，季度数据都相对较少）。因此监测是离散、相对静态，且不具前瞻性，就像体温计，仅仅能够测量而不能起到预测的作用。②预警指标以及阈值选取具有主观性，并没有公认的统一标准，并且风险的预警仅适用于已经发生过系统性风险的国家，对于没有爆发过金融危机的国家，早期的预警指标却无法使用。③关联性以及风险的传染性并没有在考虑的范围内，也就是说，未将金融行业之间的关联性纳入考虑范畴，早期的方法不能够体现系统性金融风险变化的最新趋势。

第三阶段系统性风险度量及其研究方法主要有：①从传染性和关联程度视角研究系统性风险。从"关联太紧密而不能倒"（too-connected-to-fail）到宏观审慎监管，关联性分析成为定量分析金融机构风险的关键量化指标。运用定量分析模型，主要包括违约强度模型（Default Intensity Model）、网络分析（Network Analysis Approach）、困境依赖矩阵（Distress Dependence Matrix）和共同风险（Co-Risk）等方法。②评估系统性风险损失及损失概率的方法，包括边际期望损失（Marginal Expected Shortfall）、条件在险价值和在险价值（CoVaR，VaR）和期望损失法（Systemic Expected Shortfall）、困境保费法（Distressed Insurance Premium）、或有权益分析法（Contingent Claims Analysis）。

2008年国际金融系统性危机爆发之后，随着宏观审慎监管理念的提出，对系统性金融风险的识别和预测发生了革命性改变，集中体现在以下三个方面：一是关联性与传染性成为描述系统性风险的新视角。二是开始注重一个金融机构或者金融行业对其他行业或者机构风险的贡献问题。风险贡献度大的金融机构或者行业是相对重要的，应该加强此类机构的监管。三是建立有效评估模型，与以往主要采用资产负债表数据不同，有效评估模型主要采用来源于债股市场的高频数据。高频数据时效性较强，能更好地反映出系统风险。目前，利用市场高频数据测度行业关联性成为风险监测研究的主流方向。测度各金融机构或者金融行业之间的关联性来评估共同风险的方法主要包括：①通过测度金融市场或者金融行业之间的关联性来评估共同风险发生的可能性，主要包括股票收益率相关系数法（Huang和Patro）与主成分分析法

(Billio 等，2012)；CoVaR（Adrian 和 Brunnermeier）以及边际期望损失 MES（Acharya 等，2010）。可以根据有条件与无条件的系统性风险将上述方法分为两类，两类方法存在异同点，在测度金融系统性风险时有各自适用的前提条件。

金融风险有较强的隐蔽性，一旦爆发，会对经济造成毁灭性的破坏。基于风险的这种特点，风险测度的方法主要分为两类：一类就是测度经济平稳运行时期系统性风险的无条件方法；另一类是有条件的系统性测度方法。条件风险方法主要测度的是股票暴涨暴跌等极端条件下的风险。此外，利用金融市场中股票的日交易数据来计算机构或者行业之间的关联性成为风险测度的主流趋势。市场交易数据与以往的资产负债表数据相比，更具有高频时效性。按照有条件与无条件的系统性风险测度方法的分类，股票相关系数法与主成分分析法属于无条件方法。该方法利用股票日收益率的波动以此测度在经济平稳运行时期各行业或者金融机构之间的相关关系。经济运行平稳时期，随着时间的推移，如果新的金融系统并没有经历过联合损失，那么测度行业之间或者金融机构之间动态的联动性只有无条件方法。有条件的风险测度方法主要包括 CoVaR 和 MES。与无条件相比，该方法注重的是极端条件下的系统风险测度。只关注金融行业或者金融市场的局部关联水平，整体关联水平不属于条件方法的关注点。有条件方法能够捕捉脆弱系统的动态风险集聚过程。有条件与无条件的风险测度方法存在共同特点：都采用了历史数据对金融风险行为进行预期。虽然有条件与无条件方法在对风险的测度方面有一定的研究成果，但是两者都存在一定的不足之处。一方面，没有考虑关联方向性，只能给出关联水平。另一方面，金融机构之间的相互关联关系具有非对称性，这意味着金融机构与金融行业之间的关联性不仅有方向性还应该考虑其关联的大小性。关联非对称性是各金融机构在系统中重要性程度的集中体现。网络分析法（Network Analysis）在金融领域的应用，能够有效弥补上述不足。

金融系统网络结构研究已经得到迅速的发展，受到国际学术界的青睐。金融行业以及金融机构之间的相互关联关系如何用网络描述，成为金融网络构建的首要问题。目前，金融网络主要有两种构建思路：①依据金融行业或者金融机构之间的具体业务联系构造关联网络。金融机构或者金融行业之间的借贷、相互支付结算、交叉持股、业务往来等都可以作为关联网络构造的关联依据。构造出关联网络后，主要采用仿真模拟方法、模拟单一机构或者行业发生系统风险对其他机构或行业的传染效应。②根据股价、CDS等金融市场交易数据，运用统计计量方法来构建金融网络。常用方法有方差分解、有向无环图（Direct Acyclic Graph，DAG）、格兰杰因果检验。先构建金融行业或者金融机构相互之间的风险传染网络，通过金融网络结构和性质进行研究［Diebold和Yilmaz（2014）、Yang和Zhou（2013）、Billio等（2012）等］。与第一种金融网络构造方法相比，第二种方法有独特的优点。金融市场交易数据通常是高频数据比资产负债表或者交易结算数据更具有时效性、更易获取性。与第一种方法构建的拆借金融网络、支付结算金融网络仅仅考虑了两者之间的直接关联关系相比较，市场高频交易数据所构成的网络并不注重考虑关联是怎样形成的。相反，该种方法基于股票的收益率波动综合市场参与者之间可能存在的相互关联关系，包括直接关联与间接关联。黄聪和贾彦东（2010）构建支付结算网络发现网络具有重要节点性、团聚性。

基于关联性测度我国系统性风险的文献不是很多。已有文献的研究主体大多选择了商业银行一类的金融机构，研究方法大多采用了仿真模拟。原因有以下两点：首先，本部分的研究主体选用了资本市场服务业、货币金融服务业、保险业、房地产业、其他金融服务业等各类行业构成的体系，其次，本部分基于极端风险背景，采用了网络分析法。与仿真模拟相比，更具真实性。

1.3　我国上市公司有向加权网络关联性度量方法

1.3.1　有向加权网络的构建

1.3.1.1　金融网络

复杂网络理论可以用来描述存在多个个体以及它们之间相互关联的系统体系，网络是研究系统的重要性工具。随着时间的推移，复杂网络理论从最初的计算机控制学科扩散到了金融监管领域。将网络应用于金融领域，尤其是具有复杂多变性的股票市场，来研究我国资本市场服务业的复杂多变性，受到了国内外学者的高度关注。

复杂网络应用于研究各行业之间的联动性成为国际金融危机爆发以后的最新视角。网络将各行业之间的相互关联关系，包括借贷、共同的风险敞口、资产收益率的共同波动等实际关联特征抽象化。每一个金融行业或者金融机构都代表了金融网络的一个重要节点，行业之间或者金融机构之间的相互关联关系代表了它们在整个金融市场上的相互关联性。有向加权网络模型能够将系统性风险量化，能够从数量上把握有向加权金融网络的动态变化。通过对网络拓扑结构统计量的入度与出度、最短距离、特征向量中心性分析，能够从关联度的视角捕捉动态风险变化。

2008年全球金融危机爆发以后，宏观审慎监管方式作为对微观审慎监管方式的有益补充，一时间成为关注的焦点。宏观审慎监管方式的提出是基于防范系统性风险。系统性风险具有与其他风险异质的特征，如难以觉察性、传染性、灾难性和破坏性。系统性风险造成的危害难以想象与计量。因此，必须加强金融监管，坚决守住系统性风险的底线。

宏观审慎监管体系构建与完善的前提条件是对系统性风险清晰有效的度量。单一指标很难完成系统性风险刻画。金融系统是一个复杂的体系，需要用复杂的网络理论进行分析，网络分析法能够从整体角度对系统性风险进行有效的刻画。

因此，采用金融网络分析系统性风险能够为我国构建宏观审慎监管体系提供有力的数据支持（见图1-1）。

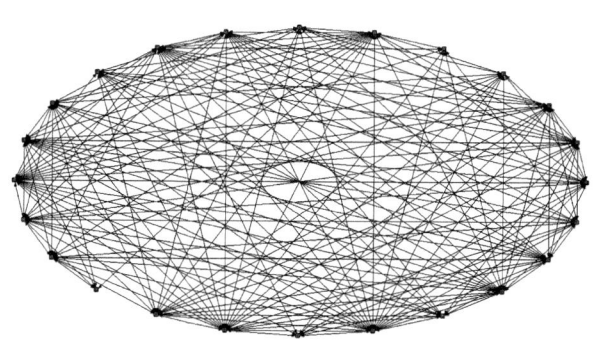

图1-1　网络结构

1.3.1.2 CoVaR 方法

20世纪90年代金融监管领域的革命性改革无疑是 JP Morgan 提出的 VaR（Value at Risk）方法，该方法在金融风险监管领域得到了广泛的应用，为 CoVaR 的产生与发展奠定了基础。

VaR 风险价值，指的是在经济正常稳定运行的前提条件下，给定的置信区间值后，各行业市场风险因子诱发风险时，对单一行业造成潜在的最大损失。VaR_q^i 被定义为 q 的分位数：

$$P_r(X^i \leq VaR_q^i) = q \quad (1-1)$$

VaR 方法在测度金融系统性风险方面表现出一定的局限性：一是仅仅关注单个机构在被隔离的情况下，风险在置信度为 q 值下的最大损失；二是 VaR 只能估计经济正常平稳运行条件下的潜在风险，没有涵盖极端性情况；三是 VaR 方法无法捕捉上市公司各行业之间的相互风险溢出效应以及系统性风险的动态演变过程。

为了强调以宏观审慎监管方式为核心的金融风险监管方式，识别关键金融机构或者金融行业对其他行业、机构之间的相互传染性、联动性，Adrian 和 Brunnermeier（2008）在 VaR 方法基础上提出了风险溢出测度方法——CoVaR。$CoVaR^{ij}$ 表示为当金融机构或者金融行业 j 存在一定风险水平条件下，金融机构或者金融行业 i 的风险水平。$CoVaR^{ij}$ 可用条件概率分布的 q 分位数来定义：

$$P_r(X^i \leq CoVaR^{ij} \mid X^j = VaR^j) = q \quad (1-2)$$

$CoVaR^{ij}$ 定义包含了两层含义：首先，$CoVaR_q^{ij}$ 本质上是 VaR；其次，$CoVaR^{ij}$ 是 i 的总风险价值，包含了外部溢出风险价值与无条件情况的风险值。j 对 i 的风险溢出效应可以通过 $CoVaR_q^{ij}$ 和 VaR_q^j 的相关关系来描述。为了反映 j 金融行业对 i 的风险传染值的大小，定义溢出风险价值为 $\Delta CoVaR_q^{ij}$，其表达式为：

$$\Delta CoVaR_q^{ij} = CoVaR_q^{ij} - VaR_q^j \quad (1-3)$$

1.3.1.3 网络构建

分位数回归方法适用于注重条件分布的刻画，能够精确地捕捉尖峰厚尾条件分布特征，最重要的是分位数回归法对存在异方差的模型没有苛刻的要求。鉴于 CoVaR 的本质是分位数，因此对 CoVaR 数值可以通过回归求解，具体方法如下：

首先，计算股票价格收益率，本章选用股票日交易价格数据进行计算，时间范围为 $[t, t+T]$，T 为熔断机制发生时的前一天、当天、后一天，总计时长3天。选取样本中任意股票 i，在 t 时刻，上市公司股票 i 的日交易价格为 $P_i(t)$，计算收益率计算时间周期设为 Δt，那么时刻 t 股票的对数收益率 $r_i(t)$ 可以由下式表示：

$$r_i(t) = \ln P_i(t) - \ln P_i(t - \Delta t) \tag{1-4}$$

其中，$P_i(t)$ 为 t 时刻股票的交易价格，Δt 为5分钟。

其次，用分位数回归的方法建立模型。行业中上市公司股票 i 收益率的波动会对 j 股票收益率波动产生影响。因此可以基于个股 i 的 t 时刻收益率数据 X^i 对股票 j 的风险溢出水平进行回归，建立如下分位数回归模型：

$$X_q^j = \alpha + \beta X_q^i + \varepsilon \tag{1-5}$$

其中，X^i 为股票 t 时刻股票的对数收益率 $r_i(t)$。

再次，通过式（1-5）的回归结果计算出股票市场的风险价值估计值 VaR_q^j。由于在分位数回归中得到的 X_q^j 估计结果就是对应的 q 分位数估计值，因此，VaR_q^j 表达式如下：

$$VaR_q^j = \hat{\alpha} + \hat{\beta}_q X_q^j \tag{1-6}$$

最后，根据式（1-6），$CoVaR_q^{j|i}$ 是在 $1-q$ 的置信区间下，个股 i 风险水平处于 VaR_q^i 时的上市公司 j 的总风险价值。因此的表达式如下：

$$CoVaR_q^{j|i} = \hat{\alpha}_q + \hat{\beta}_q VaR_q^i \tag{1-7}$$

因此，通过回归计算各项参数，计算 VaR_q^i，根据公式（1-7）就求得任意股 i 处于风险值 VaR_q^i 时对其他各行业上市公司 j 的风险溢出价值 $CoVaR_q^{j|i}$。再根据式（1-3），就可以计算出个股的风险贡献。

为了测度我国上市公司各行业之间的关联性，如何采取合适的方法刻画股票价格频繁波动、同涨同跌、瞬息万变、错综复杂的关联关系是首要考虑的问题。首先，分位数回归法将行业之间的相互风险溢出效应直接量化，组成关联矩阵。其次，通过网络拓扑结构分析将量化的关联矩阵具象化。由网络拓扑结构统计量清晰地度量行业间的关联关系。因此，本章采用有向加权

网络方法，通过构建我国各行业上市公司之间的风险溢出（$\Delta CoVaR_q^{j|i}$）关联网络来把握各行业间的相互动态联动关系。构建有向加权网路具体方法如下：

首先，网络是一种离散结构，由节点和边组成。节点代表某一上市公司，边代表各上市公司之间的相互联系。用数学语言进行描述，网络就是一个有序的二元组$\{V,E\}$，记作G。其中，V是一个节点集合，由为网络G的节点组成，$V = \{V_1, V_2, V_3, \cdots, V_n\}$，$E$是一个边集，$E = \{e_1, e_2, e_3, \cdots, e_n\}$。网络中，如果节点$V_1$到节点$V_2$与节点$V_2$到节点$V_1$中边的数值不相同，把边$e_{ij}$赋予边权$w_{ij}$，那么具有上述特性的网络就是有向加权网络。$G$中的边集具有方向性，$e_{ij} \neq e_{ji}$。矩阵$M = [w_{ij}] n \times n$与网络$G$是一一对应关系。股票关联模型中，股票之间的相关关系由股票之间的$\Delta CoVaR_q^{ij}$所构成的系数矩阵决定。设有N只股票，系数矩阵为一个$n \times n$的矩阵，其中$\Delta CoVaR_q^{ij}$表示股票j对股票i产生的风险溢价。

其次，将本章选取的资本市场服务业、房地产业、货币市场服务业、其他金融服务业、保险业的n只股票看作网络中的n个节点，$V = \{V_1, V_2, V_3, \cdots, V_n\}$为点集。

最后，基于联动性视角下，上市公司i, j股票之间的相互风险溢出效应$\Delta CoVaR_q^{j|i}$看作是两只股票对应两节点之间的有向边，每条边e_{ij}都与V中的一对节点(i, j)对应。有向加权网络边$e_{ij} \neq e_{ji}$，表示股票i与股票j之间的相互影响不同。边权是股票之间的风险溢出效应系数$\Delta CoVaR_q^{j|i}$，代表股票之间的相互风险溢出效应的大小。i, j两节点之间的有向边权e_{ij}的边权为风险溢出效应$\Delta CoVaR_q^{j|i}$。

1.3.2 有向加权网络整体关联性度量方法

近年来，系统性金融风险测度成为世界各国学术界和监管部门高度关注的焦点，测度系统性风险的各种方法也在不断改进与发展。目前，利用主成分分析法研究系统性金融风险的文献不多。鉴于此，本章参考 Billio 等（2012）的最新研究成果，将广泛应用于各领域的主成分分析方法应用于金融领域，以此测度我国上市公司各行业之间的关联性，为我国在测度金融系统性风险领域增添新的研究成果。

1.3.2.1 主成分分析法

主成分分析（Principal Component Analysis）的核心是把多个具有相互关联关系的指标，通过数学线性代数中正交变换转化成少数几个没有关联关系的综合指标。主成分分析法提取了系统中各行业的共同因素，少数的几个共同因素被称为主成分。从多指标到少数综合指标的过程实际上是一种降维操作，主成分的最大优势就是经过降维操作后，少数的几个综合指标依然能够反映原来系统所包含的主要信息。如果按照包含信息的多少对少数综合指标进行排序，数值最大的综合指标称为第一主成分、数值第二的综合指标称为第二主成分，以此类推。如果用数学的语言描述：第一主成分就是 f_1 线性组合的方差，如果 $Var(f_1)$ 越大，表示 f_1 反映原系统的信息就越多。如果第一主成分并不能充分反映原有系统所包含的信息，我们可以提取第二主成分。第二主成分包含的信息与第一主成分包含的信息没有交集，即 $Cov(f_1,f_2)=0$，以此类推可以构造出第三个、第四个直至第 p 个主成分进一步反映原系统更多的信息。

极端情况发生时，各行业上市公司遭受损失的可能性会比经济平稳运行时期数值更大、范围更广。危机期间，仅仅研究上市公司各行业之间的相互关联关系是不够的。行业自身没有风险或者两两行业之间运行良好都不能说明整个金融行业是高度稳定的。行业之间的系统风险测度有一定的局限性。因此，我们需要了解能够反映上市公司整体的关联程度以及极端不利冲击对整个上市公司系统的全面影响。为了能够从整体的角度解释各行业上市公司之间的关联性，为测度整个金融行业的系统风险，本章采用主成分分析法，主要利用前几个主成分解释各行业上市公司系统性风险动态变化、传染性以及相互之间的关联性。

1.3.2.2 主成分分析法模型的建立

根据主成分分析方法的定义，首先采用样本数据构造股票价格收益率矩阵，样本数据依然分三个子样本进行处理。网络矩阵的构造方法以及降维线性变化方案如下：

我们用 R^i 表示上市公司 $i=(1,\cdots,N)$ 的股票收益率，则 $E[R^i]=\mu_i$，方差 $Var[R^i]=\sigma_i^2$，而系统的总收益率为 $R^S=\sum R^i$，系统总方差为：

$$\sigma_s^2 = \sum_{i=1}^{N} \sum_{j=1}^{N} \sigma_i \sigma_j E[z_i z_j] \quad (1-8)$$

其中,

$$Z^k = (R^k - \mu_k)/\sigma_k, k = i, j \quad (1-9)$$

将 z 用 ζ_k 表示为 $z^i = \sum_{1}^{N} L_{ik}\xi_k$，$L_{ik}$，$i$ 为上市公司 i 的要素负荷。根据以上处理,可以得到:

$$E[z_i z_j] = \sum_{k=1}^{N} \sum_{i=1}^{N} L_{ik} L_{ji} E[\xi_k \xi_l] = \sum_{k=1}^{N} L_{ik} L_{jl} \lambda_k \quad (1-10)$$

$$\sigma_s^2 = \sum_{i=1}^{N} \sum_{j=1}^{N} \sum_{k=1}^{N} \sigma_i \sigma_j L_{ik} L_{jl} \lambda_k \quad (1-11)$$

根据公式 (1-10)、公式 (1-11)，主成分分析矩阵的构成是由 N 家上市公司股票收益率构成的方差以及协方差矩阵，在此基础上利用正交变化将其转化成载荷因子 L 的正交化矩阵，同时，转化成关于特征值 λ 的维度为 $n \times n$ 的对角矩阵。

根据主成分分析法的定义，我们定义了系统性风险解释比例。累计风险解释比例将 N 个主成分相关的系统性风险与整个行业系统的总风险之间的比值进行表示。整个行业的总系统性风险与系统性风险解释比例的数学公式如下:

系统性风险: $\quad\quad\quad\quad \Omega = \sum_{1}^{N} \lambda_k \quad (1-12)$

前 N 个主成分代表的系统性风险: $\omega_n = \sum_{1}^{n} \lambda_k \quad (1-13)$

累积系统性风险解释比例: $\dfrac{\omega_n}{\Omega} = h_n \geq H$（$H$ 为设定的临界值）$\quad (1-14)$

金融系统的各个组成部分之间不可能完全没有联系。为了考察一定风险数值下的系统性风险，我们需要引入门限值 H。门限值的引入使得测度的风险只有在大于 H 值时，才会认为系统性风险有测度的必要性，同时计算各行业的主成分分析值。否则，忽略此风险。

极端情况下，少数几个主成分（矩阵的特征值）能够解释系统性风险波动的多数是因为上市公司各行业之间股票收益率波动的趋同性。因此，各行业之间相互关联性的大小可以用主成分分析。当上市公司的个数 N 很小却会超过临界值时，少数 λ_k 能够解释绝大多数系统性风险变动，表明不同行业上市公司之间的股价变动一致性更高、风险敞口更相似、关联性程度更高。高度关联性会导致各行业上市公司之间的传染更加容易，系统性风险升高。

1.3.3 有向加权网络局部关联性度量方法

采用主成分分析构建网络分析我国各行业上市公司的整体系统性风险后，基于风险溢出的视角来构建各行业上市公司之间的关联网络，并依据已有文献，采用 CoVaR 方法检验判断上市公司间风险溢出关系的存在性和方向性，并以此来构建我国上市公司之间的关联网络。

为了研究金融网络的总体关联性、行业内和行业间的关联特征以及关联水平，需要将关联网络特征进行量化分析。首先是将关联网络转化成矩阵一一对应的形式。对金融有向加权网络的刻画可以从直接与间接的角度进行。邻接矩阵（Adjacency Matrix）从直接关联角度对关联网络进行刻画，关联网络间接刻画则采用距离矩阵（Distance Matrix）。对于一个 N 阶方阵的邻接矩阵，对应的是包含 N 家上市公司两两之间相互关联的金融系统网络。邻接矩阵的构成元素 a_{ij} 的取值由 1、0 构成。如果行业上市公司 i 对行业上市公司 j 存在直接的风险溢出关系，则赋值 $a_{ij}=1$，否则赋值 $a_{ij}=0$。与邻接矩阵 A 不同的是，距离矩阵 N 同时考虑了行业之间的直接关联与间接关联关系，有效弥补了邻接矩阵只考虑行业之间直接关联关系的不足。

有向加权金融网络中，距离矩阵也是一个 N 阶矩阵，邻接矩阵的构成元素由 d_{ij} 组成，d_{ij} 的取值是两个节点 i 到 j 的最短路径长度数值。金融网络任意两节点 i、j 之间，如果存在若干条路径能够从节点 i 到节点 j，那么选择最短路径所对应的边的条数数值对 d_{ij} 进行赋值。如果两个节点之间不存在关联关系，认为节点之间不存在任何的路径相连，那么距离矩阵的元素对应取无穷大。网络具体特征刻画如下文。

1.3.3.1 关联度

节点度表示金融网络中与该节点与其他节点之间相互连接边的条数。有向加权网络每个节点的一个出度与入度数值大小不相同。如果 N 是系统中金融机构的个数，那么 $N(N-1)$ 表示金融网络所有可能的关联关系个数。入度、出度数值越高,说明该金融行业是造成其他金融行业风险原因的概率越高;行业之间的关联程度越高,系统性风险的溢出比例越高。入度与出度的数学表达式如下:

$$*OUT:(j \to S) = \sum_{i \neq j}(j \to i) \qquad (1-15)$$

$$*IN:(S \to j) = \sum_{i \neq j}(i \to j) \qquad (1-16)$$

$$*IN + OUT:(S \leftrightarrow j) = \sum_{i \neq j}(i \to j) + (j \to i) \qquad (1-17)$$

$*OUT$ 表示的是在金融系统中,行业上市公司 j 对其他行业上市公司影响的关联个数之和,相反 $*IN$ 表示的是系统中其他行业上市公司对上市公司 j 影响的关联总数之和。$*IN + OUT$ 表示两者之和,该指标越大,表示行业上市公司 j 与其他行业上市公司之间的关联关系越密切。关联个数越多,关联越紧密,系统性风险传染更容易。

$$*OUT-TO-OTHER:\left[(j|\alpha) \to \sum_{\beta \neq \alpha}(S|\beta)\right] =$$

$$\sum_{\beta \neq \alpha}\sum_{i \neq j}\left[(j|\alpha) \to (i|\beta)\right] \qquad (1-18)$$

$$*IN-FROM-OTHER:\left[\sum_{\beta \neq \alpha}(S|\beta) \to (j|a)\right]\sum_{\beta \neq \alpha}\sum_{i \neq j}\left[(j|a) \to (j|a)\right]$$

$$(1-19)$$

$$*IN + OUT - OTHER\left[(j|\alpha) \leftrightarrow \sum_{\beta \neq \alpha}(S|\beta)\right] =$$

$$\sum_{\beta \neq \alpha}\sum_{i \neq j}\left[(j|\alpha) \to (i|\beta)\right] + (i|\beta) \to (j|\alpha) \qquad (1-20)$$

其中 α、β 表示的是各行上市公司。$*OUT-TO-OTHER$ 表示的是 j 对非 j 所属的行业上市公司影响的关联个数;$*IN-FROM-OTHER$ 表示的是 j 受非 j 所属行业上市公司影响的关联个数;$*IN + OUT - OTHER$ 是两者的和,该数值越大,表示行业之间的关联性越强,系统性风险越大。

1.3.3.2 最短路径

最短路径(Closeness)衡量的是一个金融机构到其所能达到的所有金融机构之间的最短路径。为了构建这一方法,我们定义:

$$C_{ji} \equiv \min_{C}\{C \in [1, N-1]: (j \xrightarrow{C} i) = 1 \qquad (1-21)$$

C_{ji} 为金融机构或者金融行业 j 与 i 之间的最短路径长度。

1.3.3.3 特征向量中心性

特征向量中心性（Eigenvector Centrality）主要测度网络节点在整个金融体系当中的重要程度。一个节点与其直接相连接的节点个数越多，表明节点越重要。但是节点个数并不是判断节点重要性的唯一指标，取决于节点重要性的另一重要指标是特征向量中心性，特征向量中心性描述了节点的"质量"。记 x_i 是节点 i 的中心性度量，根据公式：

$$x_i = \lambda^{-1} \sum_j a_{ij} x_j \quad (1-22)$$

其中，λ^{-1} 是比例常数，x_j 是节点 j 的中心性，a_{ij} 是邻接矩阵 A 中的元素，上式（1-22）可以用矩阵形式表示：$\lambda x = Ax$。其中，x 代表邻接矩阵 A 的特征向量，λ 是邻接矩阵对应的特征值。

无向网络的邻接矩阵为对称矩阵，可直接根据式（1-22）计算无向网络节点的特征向量中心性数值。有向网络的邻接矩阵是非对称矩阵，计算特征向量中心性可以根据节点的指向计算。研究表明，计算邻接矩阵 A 的转换矩阵 A' 可以根据公式 $\lambda x = A'x$ 计算出转换矩阵特征向量对应的最大特征值。依据最大特征值的计算数值，可以判断网络节点的重要程度，特征值越大，表明该节点的质量越高、越重要。

在测度系统性风险方法的理论框架下，我们将对三个时间子样本对我国各行业上市公司网络数据进行实证分析，以测度和描述极端风险情况下我国各行业上市公司网络的稳定状况。

1.4 实证分析

1.4.1 研究样本选取

1.4.1.1 时间划分

本部分研究样本选取的背景是熔断机制（Circuit Breaker）。熔断机制是指当股票市场存在较大的风险波动时，设置一个熔断阈值。如果某种股指波动的幅度超过了设定的熔断阈值时，交易就会暂停。实施熔断机制后，合约的买卖价格只能在预设的价格范围之内进行交易。

熔断机制设置的首要目的就是防止股票市场的剧烈、频繁波动，给予市场参与者以及投资者更多的思考时间，使市场逐渐恢复稳定。

本节按照熔断机制触发时间点以及股市暴跌点选取了三个时间子样本。样本时间点一：1月4日首个交易日，就分别触发了5%与7%的熔断值触发5%与7%的时间间隔7分钟。时间点二：1月7日再次触发两档熔断值，两档出发时间间隔1分钟。熔断机制的触发引起投资者恐慌，市场震动更加明显，风险进一步加大。时间点三：证监会宣布1月8日起暂停实施熔断机制后，1月25日各股票指数大跌。

由此可见，熔断机制的实施在我国股票市场并没有起到稳定市场的作用。相反，还带了负面影响。三个样本系统风险具体表现见表1-1：

表1-1 系统性风险点及其表现

股灾时间点	样本期间系统性风险的特征表现
2016年1月4号	熔断阈值：触发5% 交易时间：140分钟 指数跌幅：上证综指下跌488.87点
2016年1月7号	熔断阈值：触发7% 交易时间：15分钟 指数跌幅：深证成指下跌2018.26点、创业板指跌436.66点 市值蒸发：6万亿、投资者人均损失10.53万
2016年1月25号	熔断阈值：1月8号取消熔断机制、未熔断 交易时间：240分钟 指数跌幅：上证综指跌6.41%，深证成指跌7.34%，创业板指跌7.56% 跌停股数：粮食17只非ST股涨停，1432只股跌停

1.4.1.2 数据处理

本部分的研究样本选取了较为可能发生系统性风险且具有良好代表性的货币金融服务业、资本市场服务业、保险业、房地产业以及其他金融服务业（见表1-2）。研究五大行业的股票日交易价格在2016年1月4日—5日、6日—8日、24日—26日总共8天三个阶段的时间子样本（2016年1月3日股市休市，故无法获得1月3日的数据，因此首次发生熔断样本仅为4日、5日的股票交易数据）。

为了确保样本数据的准确性，本节对数据进行了如下处理：

（1）剔除样本日交易数据缺失严重的股票；

（2）采用平均数法补齐少数股票日交易数据缺失的数据。

本节所使用的股票日度数据、股票价格均来自 Wind 数据库。以我国各行业上市公司之间的关联度最为基础指标，根据计算得出的指标数值，分析我国上市公司行业间系统风险在极端情况下的风险动态变化趋势、传染性及其蔓延性。

表 1-2　样本上市公司名称

行业	各行业选取的上市公司股票
房地产业	深振业 A、深物业 A、沙河股份、深深房 A、中粮地产、华联控股、东旭蓝天、中航地产、泛海控股、皇庭国际、金融街、绿景控股、ST 珠江、渝开发、荣安地产、紫光学大、广宇发展、中天城投、莱茵体育、海德股份、粤宏远 A、阳光股份、绵石投资、京汉股份、海航投资、新华联、顺发恒业、金科股份、美好集团、荣丰控股、阳光城、ST 亚太、泰禾集团、中国武夷、财信发展、三湘股份、华联股份、海南高速、津滨发展、嘉凯城、福星股份、天保基建、中弘股份、招商蛇口、世荣兆业、大港股份、天润数娱、广宇集团、荣盛发展、合肥城建、滨江集团、世联行、南国置业、南山控股、深物业 B、北辰实业、市北 B 股、深深房 B、中国国贸、保利地产、南京高科、冠城大通、宋都股份、大名城、中体产业、大龙地产、卧龙地产、雅戈尔、格力地产、新湖中宝、长春经开、鲁商置业、天津松江、云南城投、华业资本、万通地产、北京城建、天房发展、华发股份、华夏幸福、首开股份、金地集团、粤泰股份、蓝光发展、金桥 B 股、临港 B 股、华丽家族 A、华丽家族 B、栖霞建设、海航创新、市北高新、绿地控股、华鑫股份、嘉宝集团、新黄浦、浦东金桥、万业企业、信达地产、电子城、天地源、京投发展、光明地产、宁波富达、中国高科、S 前锋、苏州高新、华远地产、上实发展、凌云 B 股、西藏城投、京能置业、天业股份、世茂股份、上海临港、大名城 B、海创 B 股
保险业	中国平安、新华保险、中国太保、中国人寿
资本市场服务业	锦龙股份、国海证券、国元证券、广发证券、长江证券、西部证券、山西证券、国信证券、国投安信、中信证券、国金证券、绿庭投资、西南证券、海通证券、招商证券、东方证券、太平洋、国泰君安、东兴证券、东吴证券、光大证券、华泰证券、方正证券、绿庭 B 股
其他金融服务业	民生控股、陕国投 A、熊猫金控、中航资本、安信信托

1.4.2　实证结果分析

本节选取总窗口长度为 144 的总时间长度，固定窗口长度为 48，步长为 12 的滚动窗口，通过对高频数据的滚动测算，得到动态变化图（见图 1-2）。

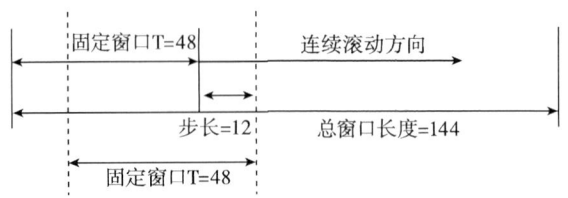

图 1-2　模型滚动窗口

1.4.2.1　有向加权网络整体关联性实证分析

表 1-3　系统性风险累积解释比例（Cumulative Risk Fraction）

滚动窗口时间点	PC1	PC1~5	PC1~10
48	43.00%	22.96%	15.11%
60	56.90%	77.23%	84.89%

注：2016年1月4日首个交易日股市发生熔断，由于1月3日周日未交易而休市，因此，样本期间选取了1月4日—1月5日的日交易数据，1月4日全天仅仅交易了140分钟。由于交易数据较少，所以滚动窗口的计算能得到两个步长的分析结果。

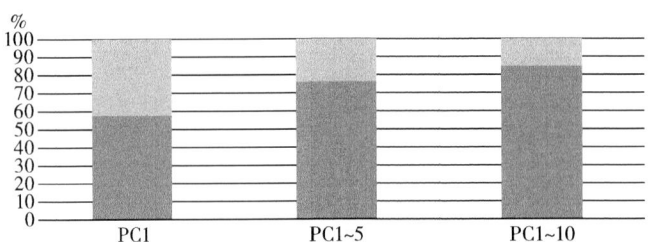

图 1-3　熔断机制实施的首个交易日主成分分析结果

注：PC1代表了第一主成分对整体行业系统性风险波动的累积解释比例，PC1~5表示第1~5主成分对整个行业系统性风险波动的累积解释比例；PC1~10表示第1~10主成分对整个行业系统性风险波动的累积解释比例。

熔断机制实施的首个交易日主成分实证分析结果表明：PC1能够解释整个行业系统性风险波动的比例超过57%，第1~5个主成分能够解释整个行业系统性风险的波动比例超过77%，第1~10个主成分能够解释整个行业系统性风险超过85%的波动（见表1-3、图1-3）。根据主成分分析的理论模型可知，当主成分的累积解释比例越高，说明整个行业的系统性风险越高。触发熔断机制，市场恐慌情绪蔓延，羊群效应突显，非理性的风险传染效应增强。

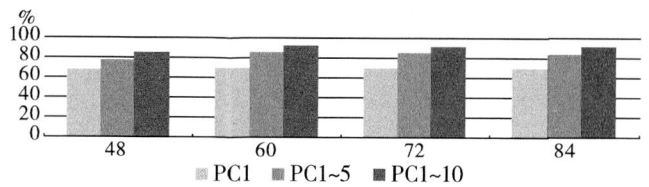

图 1-4 二次熔断发生时主成分分析结果

表 1-4 系统性风险累积风险解释度（Cumulative Risk Fraction）

滚动窗口时间点	PC1	PC1~5	PC1~10
48	67.95%	77.54%	85.09%
60	70.01%	86.41%	92.36%
72	69.45%	85.34%	91.34%
84	68.88%	84.14%	90.36%

2016年1月7日，沪深股市再度出现熔断。图1-4为熔断发生时的主成分分析结果图。结果表明：二次触发熔断机制时期，系统性风险表现出先缓慢上升，随之稳定下降。与首次触发熔断机制系统性风险水平相比，7日主成分分析对系统性风险的解释比例更高。第一主成分能够解释超过70%的风险波动，PC1~5主成分解释了85%的系统性风险波动，PC1~10主成分解释的系统性风险波动高达92%，说明各行业之间的联动性处于极高的水平，意味着系统性风险进一步聚集增大（见表1-4）。具体表现为7日触发5%熔断阈值与触发7%熔断阈值时间间隔仅1分钟，比1月4日分别触发两阈值的时间间隔少了6分钟。

在首次触发熔断机制的负面影响下，股票市场信心极度疲软、市场投资者集中减仓、恐慌性抛盘加剧促使系统性风险的集聚。1月7日晚间，熔断机制被宣布自1月8日起暂停实施。市场恐慌情绪减弱，随之系统性风险于8日缓慢下降。由此可见，股票之间的相互联动性极高。

从图1-5中可以看出，PC1、PC1~5、PC1~10的动态走势具有较强的趋同性。股市大跌等极端情况下，各主成分的解释能力波动范围较大，说明我国上市公司各行业整体的关联水平有明显的波动变化。从滚动窗口时间点96开始，各主成分对风险的累积解释比例显著上升，并在时间点108达到最高值，之后略有下降。2016年1月25日股市大跌之后，各行业之间的相互联

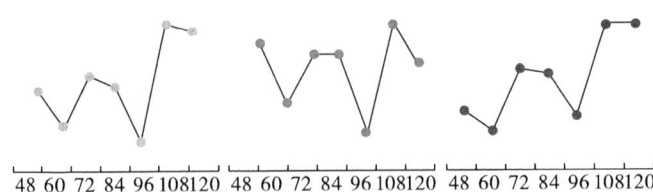

图 1-5 累积风险解释度动态变化

注：从左到右分别是 PC1、PC1~5、PC1~10 主成分的解释比例

动关系变得更加紧密。风险传染程度以及范围与关联性呈现出正相关关系，在此基础上系统性风险在高度关联的行业之间传播影响力要高于以往。进一步，表 1-5 显示了主成分对整体系统性风险累积解释比例的具体数值。

表 1-5 系统性风险累积解释比例（Cumulative Risk Fraction）

滚动窗口时间点	PC1	PC1~5	PC1~10
48	46.66%	63.60%	73.72%
60	43.46%	61.80%	72.92%
72	46.12%	64.37%	75.39%
84	46.11%	63.80%	75.19%
96	41.89%	61.11%	73.48%
108	47.70%	66.83%	77.13%
120	45.61%	66.48%	77.11%

由 25 日股市大跌主成分分析结果具体数值可知，第一主成分解释了超过 45% 的系统性风险变动。第 1~5 个主成分能够解释金融系统风险超过 60% 的波动，第 1~10 个主成分能够解释的系统性风险变动并没有超过 80%。系统性风险聚集波动主要表现是上证综指跌 6.41%，深证成指跌 7.34%，创业板指跌 7.56%，粮食 17 只非 ST 股涨停，共计 1432 只股跌停。与前两次触发熔断机制相比，系统性风险有所下降。可能的原因是取消熔断机制后，非理性的羊群效应有所减弱。

1.4.2.2 有向加权网络局部关联性实证分析

利用主成分测度我国的整体性系统性风险后，本部分运用关联指标进一步分析我国上市公司分行业局部系统性风险。

按照极端情况发生时间点，分别对三个时间子样本进行研究。从行业维度与时间维度视角下分析我国上市公司各行业之间的相互关联水平,从而测度系统性风险的动态变化过程。为了进行分析比较,我们采用网络的入度与出度、最短路径、特征向量中心性作为关联水平基本测度指标进行后续分析。

(1) 2016年1月4日—2016年1月5日行业间样本网络特征统计值(见表1-6)。

表1-6 行业间样本网络特征统计值

统计量		2016年1月4日—2016年1月5日				
		资本市场服务业	货币金融服务业	其他金融服务业	房地产业	保险业
In	最小值	288	7	10	525	5
	平均值	881	32	526	732	8
	最大值	1474	57	1042	939	11
Out	最小值	90	55	40	572	166
	平均值	153	1507	79	665	1713
	最大值	216	2959	117	757	3260
In + Out	最小值	504	62	127	1097	177
	平均值	1034	1539	605	1397	1721
	最大值	1564	3016	1082	1697	3265
In – from – Other	最小值	272	4	10	54	5
	平均值	871	29	526	123	8
	最大值	1471	54	1041	192	11
Out – to – Other	最小值	88	52	40	9	166
	平均值	143	1504	78	56	1713
	最大值	199	2956	117	101	3260
In – Out – Other	最小值	471	57	127	155	176
	平均值	1015	1533	604	178	1721
	最大值	1559	3010	1081	201	3265

注:由于各行业发展规模不同,所选的上市公司个数不一致,故除以每个行业的公司个数,算出平均每个行业的关联数(四舍五入保留整数)。

首个熔断机制实施交易日,由表1-6的网络特征统计量入度与出度的统计数值可知:首先,资本市场服务业、其他金融服务业、房地产业的入度大于出度,而货币金融服务业、保险业的入度小于出度。入度与出度的数值表明:资本市场服务业、其他金融服务业、房地产业受到其他行业影响的关联数大于其对其他行业影响的关联数。相反，货币金融服务业、保险业受其他各行业影响的关联数小于其对其他行业影响的关联数。其次，各行业的 In 值与 $In-from-Other$ 值、Out 与 $Out-to-Other$ 的平均值除了房地产业几乎相同，说明行业极端情况熔断机制发生时，行业内的关联数并没有增强。相反房地产的平均 In 值与 $In-from-Other$ 平均值相差较大，说明极端情况发生时，房地产业各上市公司的 In 与 Out 值增加，房地产业之间的关联数增加，联动性加强。

（2）2016年1月6日—2016年1月8日行业间样本网络特征统计值（见表1-7）

表1-7 行业间样本网络特征统计值

统计量		2016年1月6日—2016年1月8日				
		资本市场服务业	货币金融服务业	其他金融服务业	房地产业	保险业
In	最小值	144	29	7	382	11
	平均值	1923	255	88	1116247	354
	最大值	6760	480	256	4460713	1362
Out	最小值	86	59	38	187	23
	平均值	2008	3786	188	1115770	258
	最大值	6914	12276	632	4460698	685
$In+Out$	最小值	230	134	45	815	49
	平均值	3931	4040	276	2232017	611
	最大值	13675	12452	888	8921410	1384
$In-from-Other$	最小值	16	27	6	23	11
	平均值	1774	251	87	912	353
	最大值	6589	480	255	1864	1360
$Out-to-Other$	最小值	37	59	38	8	21
	平均值	1859	3782	187	435	257
	最大值	6743	12276	632	1497	684
$In-Out-Other$	最小值	53	130	44	31	49
	平均值	3633	4034	275	1347	610
	最大值	13332	12452	887	3362	1380

注：由于各行业所选的上市公司个数不一致，故除以每个行业的公司个数，算出平均

每个行业的关联数（四舍五入保留整数）。

1月7日再次触发熔断，全天仅仅交易了15分钟。由表1-7的网络特征统计量显示：此次的有向加权网络与首次发生熔断机制时的有向加权网络表现出相同的特征以外，还表现出了不同的网络特征。首先，各行业的 In、Out 等关联指标的数值明显增大。与首次发生熔断相比较，关联性加强，系统性风险加大，并且进一步聚集扩散。这与主成分分析法得出的结论一致。其次，资本市场服务业、货币金融服务业、其他金融服务业的入度小于出度，这说明这三大行业对其他行业的影响大于其他行业对其的影响，即首次熔断机制发生以后，资本市场等经过第一阶段的风险传染影响以后，自身风险加大，开始影响其他行业。最后，房地产业的关联数值 In、Out 数值较大，但是 $In-from-Other$、$Out-to-Other$ 数值相对较小，说明房地产业的风险积聚原因主要来源于自身行业。

（3）2016年1月24日—2016年1月27日行业间样本网络特征统计值（见表1-8）

表1-8 行业间样本网络特征统计值

统计量		2016年1月24日—2016年1月27日				
		资本市场服务业	货币金融服务业	其他金融服务业	房地产业	保险业
In	最小值	21	15	4	72	3
	平均值	40944065	13739	99	207737	146856
	最大值	286601478	53398	643	1434907	1023281
Out	最小值	246	59	45	90	15
	平均值	107935	7197	606	9366537	417
	最大值	746438	44881	3025	6410706	1491
$In+Out$	最小值	590	125	61	162	177
	平均值	41052000	20936	701	9574274	147274
	最大值	287347915	84274	3668	6410758	1023297
$In-from-Other$	最小值	12	13	4	10	3
	平均值	40837282	11852	99	866	146848
	最大值	285855260	53315	643	4149	1023281

续表

统计量		2016年1月24日—2016年1月27日				
		资本市场服务业	货币金融服务业	其他金融服务业	房地产业	保险业
Out - to - Other	最小值	196	12	45	9	16
	平均值	1151	5312	602	9159666	409
	最大值	3502	31957	3025	6410656	1491
In - Out - Other	最小值	267	124	61	82	177
	平均值	40838433	17163	701	9160531	147257
	最大值	285855480	58425	3668	6410657	1023297

注：由于各行业所选的上市公司个数不一致，故除以每个行业的公司个数，算出平均每个行业的关联数（四舍五入保留整数）。

取消熔断机制后，1月25日股市大跌。从表1-8中可以看出，有向加权网络各特征统计量的最小值、平均值、最大值之间存在较大差异，反映了随着时间的推移，各行业系统性风险占整个体系系统性风险的比例是显著不同的。有些时间点上市公司的入度与出度数值较大，一些时间点上市公司的入度出度数值较小。入度与出度从关联个数的角度衡量了关联紧密度。入度与出度数值越大，表明该上市与其他上市公司的关联水平越密切。这与主成分分析累积风险解释比例的动态变化分析结果一致。极端情况下，入度与出度数值越大的上市公司，其关联关系越密切，受到风险传染的可能性越大。

表1-9 行业内部样本网络特征动态统计值（1）

统计量	滚动窗口	2016年1月4日—2016年1月5日				
		资本市场服务业	货币金融服务业	其他金融服务业	房地产业	保险业
In - In	48	84	5	1	28316	8
	60	4459	154	2	30745	0.8953
Out - Out	48	84	5	1	28316	8
	60	4459	154	2	30745	0.8953

表 1-10　行业内部样本网络特征动态统计值（2）

统计量	滚动窗口	2016年1月6日—2016年1月8日				
		资本市场服务业	货币金融服务业	其他金融服务业	房地产业	保险业
In – In	48	84	5	1	28316	8
	60	4459	154	2	30745	0.8953
	72	242	4	3	16283	2
	84	10739	31	8	517440006	0.4087
Out – Out	48	84	5	1	28316	8
	60	4459	154	2	30745	0.8953
	72	242	4	3	16283	2
	84	10739	31	8	517440006	0.4087

表 1-11　行业内部样本网络特征动态统计值（3）

统计量	滚动窗口	2016年1月24日—2016年1月27日				
		资本市场服务业	货币金融服务业	其他金融服务业	房地产业	保险业
In – In	48	5.3853	1.3024	0.0836	802	0.0317
	60	746217	46.855	0.0377	505	0.0379
	72	4.3050	0.7316	0.1968	1434859	58.077
	84	710.99	12924	0.0514	46	0.0536
	96	2.7451	83.446	0.0639	8971	0.0419
	108	535.47	9.5371	0.1124	40	0.036
	120	9.0745	139.68	0.0593	2877	0.029
Out – Out	48	5.3853	1.3024	0.0836	802	0.0317
	60	746217	46.855	0.0376	505	0.0379
	72	4.3050	0.7316	0.1967	1434859	58.077
	84	710.98	12924	0.0513	46	0.0536
	96	2.7450	83.446	0.0639	8971	0.0419
	108	535.47	9.5371	0.1124	40	0.036
	120	9.0745	139.67	0.0593	2877	0.029

表1-12 行业内部样本网络特征统计值

统计量		2016年1月24日—2016年1月25日				
		资本市场服务业	货币金融服务业	其他金融服务业	房地产业	保险业
In - In	最小值	9	2	0	62	0
	平均值	106783	1887	0	206871	8
	最大值	746218	83	0	1430758	0
Out - Out	最小值	50	47	0	81	1
	平均值	106784	1885	0	206871	8
	最大值	742936	12924	0	505	0
In - In + Out - Out	最小值	323	1	0	80	0
	平均值	213567	3773	0	413743	17
	最大值	1492435	25849	0	1010	0

注：由于各行业所选的上市公司个数不一致，故除以每个行业的公司个数，算出平均每个行业的关联数（四舍五入保留整数）。

从行业内部维度看，表1-9、表1-10、表1-11、表1-12行业内部三个子样本统计数据表明：极端情况下，房地产业上市公司内部之间的关联性最强，资本市场服务业次之，再次是货币金融服务业，保险业与其他金融服务业内部的关联数几乎为零。由于研究样本中其他金融服务业涵盖五个样本，保险业仅涵盖四个样本，明显比其他三个行业部门少，有可能会存在一定的统计偏误。

首先，极端条件下行业维度风险相互传染主要有两种方式。一是行业自身内部风险的相互传染。二是行业与行业之间的相互传染。对比行业内部样本网络特征统计与行业间样本网络统计值可知：行业之间网络统计量的数值远大于行业内样本网络统计值。也就是说，危机期间，来源于外部风险相互传染程度显著高于自身行业的风险传染。在行业间相互传染不明显的情况下，行业间风险传染程度的显著提高为风险的传染提供了交叉路径，一定程度上扩大了风险传染的范围与速度。

其次，在危机爆发时期，房地产业内部之间平均关联度的网络特征统计值明显高于其他行业，说明房地产行业容易将自身的风险传染给其他行业。资本市场服务业的入度值仅次于房地产行业，说明极端情况下资本市场服务业是较容易受到影响的行业。极端情况下，房地产自身是最大的风险源，资本市场服务业是相对较为脆弱的行业，货币金融服务业相对较为稳定。

最后，不同时间点各行业内部之间的联动性是不同的。极端情况下，行业内联动动态如图1-6、图1-7所示。

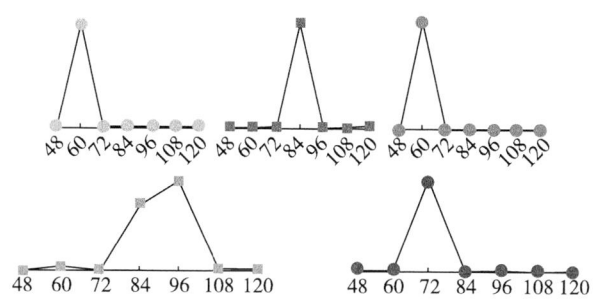

图1-6　各行业的入度变化趋势

注：从上到下、从左到右依次是保险业、其他金融服务业、资本市场服务业、货币金融服务业、房地产业。

从时间维度考虑，由图1-6可知：

首先，各行业关联度变化折线基本呈现出相同的尖峰变化趋势。关联效应和传染效应都经历了从平稳到陡增再到逐渐回复的过程。意味着极端条件下，各行业公司之间的相关性会显著增强。当市场逐渐恢复冷静后，关联度随之下降。

其次，房地产业与资本市场服务业呈现出同步的变化趋势。保险业、货币金融服务业、其他金融服务业的关联度变化趋势基本相同。

最后，不同时间点各行业内部之间的联动性是不同的。关联数达到最大值的时间点也不同。危机期间，资本市场服务业与保险业最先达到关联数的最大值，其次是房地产业与其他金融服务业，最后是货币金融服务业。资本市场服务业、保险业、房地产业等对风险的传染效应反应较为迅速，而货币金融服务业对风险的传染效应滞后三个步长，反应较为缓慢。

从图1-7来看，对风险传染效应较为迅速的是房地产业与资本市场服务业，其次是货币金融服务业、保险业以及其他金融服务业。与入度出现最大值相比较而言，资本市场服务业不管是入度还是出度达到最大值的时间较为提前，说明资本市场服务业是中国金融系统中的敏感部门。与其他

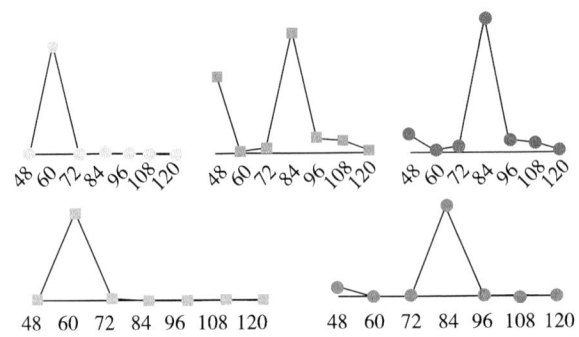

图 1-7 各行业的出度变化趋势

注:从上到下、从左到右依次是保险业、其他金融服务业、资本市场服务业、货币金融服务业、房地产业。

机构的关联程度高,容易受到风险传染的影响,同时也容易传播风险。货币金融服务业出度达到最大值的时间点比入度达到最大值的时间点提前了一个步长,这说明货币金融服务业对其他行业的影响比其他行业对其的影响更为迅速。

表 1-13 各行业总风险、最短路径、特征向量中心性统计值 (1)

统计量		2016年1月4日—2016年1月5日				
		资本市场服务业	货币金融服务业	其他金融服务业	房地产业	保险业
Risk	最小值	0.5196	0.1502	0.1189	2.7350	0.0485
	平均值	0.5430	0.1595	0.1253	2.9129	0.0518
	最大值	0.5664	0.1687	0.1317	3.0908	0.0550
Closeness	最小值	0.0864	0.0442	0.0257	0.4884	0.0118
	平均值	0.1732	0.0965	0.0381	0.8354	0.0262
	最大值	0.2601	0.1489	0.0505	1.1824	0.0407
Eigenvector Centrality	最小值	0.0256	0.0397	0.0050	1.2742	0.0807
	平均值	0.1125	0.1191	0.0097	1.9201	0.1048
	最大值	0.1994	0.1985	0.0145	2.5659	0.1288

表 1–14 各行业总风险、最短路径、特征向量中心性统计值（2）

统计量		2016年1月6日—2016年1月8日				
		资本市场服务业	货币金融服务业	其他金融服务业	房地产业	保险业
Risk	最小值	0.5196	0.1502	0.1189	2.7350	0.0485
	平均值	0.5430	0.1595	0.1253	2.9129	0.0518
	最大值	0.5664	0.1687	0.1317	3.0908	0.0550
Closeness	最小值	0.1044	0.0603	0.0206	0.4762	0.0163
	平均值	0.2197	0.1032	0.0499	1.0221	0.0338
	最大值	0.3293	0.1404	0.0740	1.4367	0.0471
Eigenvector Centrality	最小值	0.0002	0.0001	0	0.2073	0
	平均值	0.0501	0.2555	0.0021	0.9791	0.0071
	最大值	0.1491	1.0088	0.0053	1.6432	0.0264

表 1–15 各行业总风险、最短路径、特征向量中心性统计值（3）

统计量		2016年1月24日—2016年1月27日				
		资本市场服务业	货币金融服务业	其他金融服务业	房地产业	保险业
Risk	最小值	0.2295	0.0719	0.0490	1.3047	0.0290
	平均值	0.3229	0.1007	0.0721	1.7334	0.0377
	最大值	0.4176	0.1291	0.0937	2.0762	0.0470
Closeness	最小值	0.0227	0.0092	0.0036	0.1127	0.0039
	平均值	24.774	1.9422	0.6962	16.1971	0.5557
	最大值	3.6241	13.3294	4.7618	110.574	3.8107
Eigenvector Centrality	最小值	0.0003	0	0	1.5682	0
	平均值	1.4007	1.2069	0.0792	1.0006	0.1566
	最大值	0.3749	0.3676	0.0253	2.0279	0.0429

表 1–13、表 1–14、表 1–15 显示了各行业总风险、最短路径、特征向量中心性统计值的具体数值。下面分别对行业总风险、最短路径、特征向量中心性进行分析：

（1）总风险分析

房地产业是风险最高的行业，其次是资本市场服务业，再次是货币金融服务业，保险业与其他金融服务业的风险相对较小。

我国房地产业面临去库存、抑制房地产泡沫的两难困境，投机现象凸显，存在较大的系统性风险。资本市场服务业信息不够透明化，投资者的非理性羊群效应显著，加大了资本市场服务业的系统性风险。极端情况下，货币金融服务业总风险相对于房地产业与资本市场服务业相对较小，可能的原因是国家对货币金融服务业的关注程度以及信用保护程度比较高，货币金融服务业表现出了相对稳定性，存在较低的系统性风险。

保险业与其他金融服务业正处于发展期，保险业资本比货币金融服务业资本的分散程度高，业务可代替性强，但相互关联性较差。与资本市场服务业相比，保险业与其他金融服务业的风险相对较低。

（2）最短路径分析

表1–13、表1–14、表1–15显示了各行业某一上市公司与其他上市公司之间关联关系的最短路径。五大行业上市公司关联网络最短路径动态变化图呈现从平稳到陡增再到逐渐回复的同步变化趋势。熔断机制触发之间、最短路径几乎为零。金融网络的平均路径长度远低于金融网络的节点数，网络呈现"小世界（small–world）现象"。从风险抵御的角度看，各行业上市公司为了抵御外界风险的传染，纷纷采取措施来降低与风险机构的关联关系，具体表现为最短路径变长。

（3）特征向量中心性

表1–13、表1–14、表1–15显示了金融网络特征向量中心性。由统计量显示结果可知：房地产业是最重要节点、质量最高；资本市场服务业与货币金融服务业次之；保险业与其他金融服务业的节点重要性程度较低。网络特征向量中心性的实证结果与总风险的实证结果具有完全一致性，两种指标都表明房地产业在五大行业中最重要。房地产业一旦引发系统性风险，将波及其他四大行业，进而促使我国爆发全行业的系统性风险。鉴于此，应该加强对房地产行业系统性风险的宏观审慎监管，防止房地产业的系统性风险向其他部门传染，以免引起更大的系统性风险。

1.5 结论与政策建议

1.5.1 实证结论

1.5.1.1 整体性关联实证结论

从整体关联度维度看,主成分分析表明,熔断机制实施的首个交易日,PC1 能够解释金融系统超过 57% 的波动,第 1~5 个主成分能够解释金融系统超过 77% 的波动,第 1~10 个主成分能够解释超过 85% 的波动。7 日发生二次熔断时,第一主成分能够解释超过 70% 的波动,第 1~5 主成分解释了 85% 的系统性风险,第 1~10 主成分解释的系统性风险波动高达 92%。25 日股市大跌时,第一主成分解释了超过 45% 的系统性风险变动。第 1~5 主成分能解释金融系统风险超过 60% 的波动,第 1~10 主成分能够解释的系统性风险变动超过 70%。极端情况下,三个样本期间主成分的解释能力较强。同时,从时间维度看,我国各行业在极端情况下呈现出关联性显著上升的变化趋势。关联性比平稳时期显著增强,意味着风险水平以及传染范围比平稳时期增强。

1.5.1.2 局部性关联实证结论

实证结果分析表明:在熔断机制、股市大跌等极端情况下,有向加权网络结构特征显示我国上市公司各行业风险溢出关联网络具有复杂网络的结构特征:"小世界"(small world)与"无标度"(scale free)。

一方面,由表网络特征统计量可知,金融有向加权网络的平均路径长度都较小。三个样本期内网络统计量显示,各行业有向加权金融网络平均最短路径长度的最小值为 0.0262,最大值为 24.774。金融有向加权网络的平均路径长度与网络中节点数的数量级相差甚远,网络的平均路径长度与都远低于金融网络节点的个数。说明我国各行业上市公司之间的风险溢出网络具有"小世界现象"。另一方面,由表 1-6、1-7、1-8 可知,各行业的入度与出度差别较大,各行业的入度与出度在数量级上相差甚远。房地产行业的节点度比其他行业的节点度高出多倍不止。节点的入度与出度数值代表了上市公司之间的关联关系。行业节点度统计量显示出只有极少数的节点与其他节点的关联数值较大,大部分的节点与其他节点之间的关联数值极小,连通性也相对较低。这充分说明关联网络具有"无标度特性",这一特性意味着此时的金融系统是稳健且脆弱的。网络的稳健性体现在风险在各个行业之间传染的概率相对较低。此时,网络又是脆弱的,一旦负面冲击影响了金融网络中几个关键节点,那么,整个金融网络就会遭受毁灭性的破坏。

从行业维度看,极端情况下,各行业内部之间的相互联动作用不明显,相反各行业间的相互关联数显著上升,行业间的相互联动成为风险的主要传染方式。在危机期间,总风险价值与特征向量中心性实证数据均表明房地产业的系统性风险最大,且对其他行业造成的传染影响显著增强,资本市场服务业在危机期间是较为敏感的行业,对风险传染反应较为迅速。

1.5.2 政策建议

系统性风险是无法完全消除的,只能通过有效的监管降低系统性风险发生的概率。系统性风险具有毁灭性的一个重要原因是风险之间的传染性。如果金融监管当局能够有效识别出金融网络当中的少数关键性节点,加强对这些行业的有效监管,就能从根源上有效控制风险广泛传播。依据本章的分析,金融网络统计量指标特征向量中心性的数据越大、节点关键性越强,说明该金融机构或者金融行业越重要。风险的传染与各金融机构或者行业之间的相互关联性密不可分。因此,关注金融行业或者金融机构之间的关联性分析是度量系统性风险传播扩散的重要组成部分。从宏观审慎的角度上看,维护金融系统的稳定与安全,也必须把关联性测度作为基础指标之一。

系统性风险受多个因素的影响,并且很难通过单一计量方法来刻画。贯穿现实中所有金融系统性事件的一个共同威胁是他们所面临的金融系统的参与者之间形成的错综复杂的关联性与互动性。宏观审慎监管方式有效实施的前提是对系统性风险清晰的认识和度量。然而对系统性风险清晰认识与度量的前提是理清各市场参与者之间的相互关联关系。实证结果表明:极端情况下,我国上市公司各行业关联程度较高,风险溢出效应强烈。危机期间,系统性风险迅速扩散与蔓延源于各金融行业或者金融机构的过度联动。过度关联容易形成更大的系统性风险。因此,关联性分析是防控金融系统性风险水平的重要组成部分。

1.5.2.1 加强房地产宏观审慎监管

三个样本期间的实证分析结果表明,我国房地产业存在较大的系统性风险。房地产业联动性较强，我国房地产行业的健康发展对其他行业的系统性风险有很大影响，系统性风险传染迅速、破坏力巨大，一旦触发系统性风险，国民经济将遭受严重的破坏。因此，为维护我国经济平稳运行发展，防止房地产行业的风险向其他行业蔓延，根据实证研究的结论，对我国房地产行业的监管与风险控制提供参考建议。

房地产业是国民经济的重要组成部分，应该加强宏观审慎监管方式，保障房地产业健康有序稳定运行。我国房地产业正面临去库存与控制泡沫的两难困境，因此需要从不同的角度加强对房地产业的监管。

首先，从控制泡沫的角度来说，政府应该出台相应的政策，抑制房地产业的过度投机行为。构建科学的房地产风险评价体系以及相应的应急处置机制。房地产泡沫如果过度膨胀，一旦破裂，风险就会传向其他风险部门，诱发灾难性的系统性风险。一旦系统性风险崭露头角，必须采取相应的措施有效制止房地产业风险的扩散。房地产风险监测预警体系的构建实施过程，必须与相应的调整措施配套使用，以做到早发现、早预防，这就要求我国在建立完善的房地产金融风险预警系统时，配套相应的调整措施，及时有效预防房地产系统性风险。

其次，与房地产联系较为紧密的行业是货币金融服务业等信贷行业，信贷行业应该加强对房地产行业的信贷风险管理与控制，提高货币金融服务业的风险防控能力，使得风险在源头上就能得到有效的控制，从而将风险的传染控制在一定的范围之内。

最后，房地产行业应该加快推进融资渠道的多元化，以使房地产的融资风险进一步分散。

1.5.2.2　加强资本市场服务业宏观审慎监管

实证结果表明，极端情况下，上市公司各行业的关联性显著增强。房地产行业的入度与出度都是最大的行业，房地产在五大行业之中起到了主导作用，是风险的主要存在者。但是通过网络的入度与出度的动态变化图可知，不管是入度还是出度，资本市场服务业都是最先开始增大的，这说明资本市场服务业是五大行业之中较为敏感的行业。也就是说资本市场服务业更容易遭受到来自其他行业的传染，而资本市场服务业感染了风险以后，也会迅速地将风险传染给其他行业。与房地产业是风险的主要风险源相比较，资本市场服务业的这一特点，使得资本市场服务业在风险传染的过程中，起到了桥梁的作用。因此，应该加强对资本市场服务业的监管。

首先，对于资本市场服务业来说，应该提高其抵御外部风险的能力，使其健康稳定运行。一旦风险发生时，破坏性行业之间快速传染，资本市场服务业应该发挥好自身的作用，从一定程度上切断风险的相互传染源从而减少更严重的危害。

其次，资本市场服务业制度建设不够完善，资本市场的完善与发展存在很大提升的空间。当务之急就是要加快资本市场服务业制度化建设，逐步稳妥推进资本市场化进程。资本市场服务业存在严重的信息不对称、投资者恐慌情绪蔓延、市场频繁剧烈震动、同涨同跌趋于一致性、暴涨暴跌不确定性、监管力度不够等问题。因此需要提高上市公司信息纰漏的监管力度，减少由于信息不对称性造成的投资者恐慌。同时，监管机构应该采取相应的措施，正确引导投资者形成良好的投资价值观。投机性投资比例的降低能够有效减少极端强狂下的非理性恐慌，防止无形机制下风险的蔓延。

本章通过网络分析法，构造了五大行业之间的有向加权网络，根据实证分析的结果，得出了一些相对有用的结论。从长远角度来看，各行业之间的相关联动性是多方向多渠道的，对各行业关联度法的研究有利于对系统性风险的多渠道、多方向性传染进行清晰的度量和认识。上市公司各行业之间的相互联动关系揭示了系统性风险传染的内涵。关联性指标作为系统性风险测度的必要组成之一，能够识别重要金融机构或者金融行业。市场中参与者不计其数，能够识别出其中少数至关重要的金融机构或者金融市场，意味着在风险测度以及金融监管方面取得了突破性的进展，"太关联而不能倒"问题即得到有效的解决。

总之，对我国上市公司各行业之间的关联与系统性风险研究有利于我国宏观审慎监管体系的构建，把握极端风险的异常状态，机会防范和控制系统性风险，为我国国民经济的健康有序运行提供保障。

本章小结

系统性风险具有毁灭性破坏力。2008 年金融危机爆发后,系统性金融风险受到各界高度关注。学术界对系统性风险的认识从"太大而不能倒"转向"太关联而不能倒"。随之宏观审慎监管成为金融改革的核心,宏观审慎监管的前提条件是对系统风险清晰的认识和度量。实践表明,贯穿所有金融系统性事件的一个共同威胁是金融系统的参与者之间形成的错综复杂的关联与互动,过度关联会使负面冲击在各行业之间、不同行业之间进行传导扩散,导致破坏范围扩大、传染程度显著提高。因此,加强整个金融体系行业间关联性研究,识别关联性较强的行业,对其加强监管,是有效降低金融系统性风险发生的前提条件。本章选取我国五大行业共计 166 家上市公司股票日度交易价格数据,构建它们之间的有向加权关联网络。通过网络分析法,全面分析上市公司各行业之间的总体关联性以及行业相互间的关联特征,分析其关联性时变特征,为我国构建宏观审慎监管框架以及金融改革与完善提供依据和支撑。实证结果表明:第一,我国上市公司各行业有向加权网络具有"小世界"与"无标度"的特征。第二,极端情况下,我国上市公司各行业总体关联性呈显著的上升趋势。此外,各行业内部之间的相互联动作用不明显,行业间的相互联动成为风险的主要传染方式。在危机期间,房地产业的系统性风险最大,且对其他行业造成的风险传染影响显著增强,资本市场服务业在危机期间是较为敏感的行业,对风险传染反应较为迅速。

参考文献

[1] Billio M., Getmansky M. Econometric Measures of Connectedness and Systemic Risk in the Finance and Insurance Sectors[J]. Journal of Financial Economics, 2012, 104(3):535–559.

[2] Battiston S., Flache A. Science Complexity theory and financial regulation [J]. Science, 2016, 351:818–819.

[3] Lü L., Chen D., Ren X. Vital nodes identification in complex networks[J]. Physics Reports, 2016.

[4] Eisenberg L., Thomas H. Systemic Risk in Financial Systems[J]. Management Science, 2001, 47(2):236–249.

[5] Bisias D., Flood M., Andrew W. Lo. A. Survey of Systemic Risk Analytics[J]. Annual Review Finance Economic,2012,4:255-296.

[6] Summer M. Financial Contagion and Network Analysis[J]. Annual Review Finance. Economic,2013,5:277-297.

[7] Adrian T., Betz F., Brownlees C. Financial Network Systemic Risk Contributions [J]. Review of Finance,2015,19:685-738.

[8] Geert B., Michael E., Marcel F. The Global Crisis and Equity Market Contagion[J]. The Journal of Finance,2014,6:2597-2649.

[9] Bisias D., Flood M. A Survey of Systemic Risk Analytics. Office of Financial Research Working Paper[D],2015,0001.

[10] Liu C., Uchida K., Yang Y. Corporate Governance and Firm Value During the Global Financial Crisis:Evidence from China[J]. International Review of Financial Analysis,2012,21(1):70-80.

[11] Huang X., Zhou H. and Zhu H. A Framework for Assessing the Systemic Risk of Major Financial Institutions[J]. Journal of Banking & Finance,2009,33(11):2036-2049.

[12] Kritzman M., Rigobon R. Principal Components as a Measure of Systemic Risk[J]. The Journal of Portfolio Management,2011,37(4):112-126.

[13] Miura H. Stata Graph Library for Network Analysis[J]. Stata Journal,2007,12(1):94-129.

[14] Nier E., Yang J., Yorulmazer T. Network Models and Financial Stability[J]. Journal of Economic Dynamics and Control,2007,31(6):2033-2060.

[15] Patro D., Qi K., Sun X. A Simple Indicator of Systemic Risk[J]. Journal of Financial Stability,2013,9(1):105-116.

[16] Yang J., Zhou Y. Credit Risk Spillovers among Financial Institutions around the Global Credit Crisis[J]. Science,2013,59(10):2343-2359.

[17] Dimitrios D., Dimitris K., Theodore S. Global Financial Crisis and Emerging Stock Market Contagion: A Multivariate FIAPARCH-DCC Approach[J]. International Review of Financial Analysis,2013,30(1):46-56.

[18] 隋聪,谭照林,王宗尧.基于网络视角的银行业系统性风险度量方法[J].中国管理科学,2016,24(5):53-63.

[19] 冯超,王银.我国商业银行系统性风险处置研究——基于银行间市场网络模型[J].金融研究,2015,(1):166-176.

[20] 方意,郑子文.系统性风险在银行间的传染路径研究——基于持有共同资产网络

模型[J]. 国际金融研究,2016,(6):61-72.

[21] 欧阳红兵,刘晓东. 中国金融机构的系统重要性及系统性风险传染机制分析——基于复杂网络的视角[J]. 中国管理科学,2015,23(10):30-37.

[22] 庄新田,张鼎,苑莹,等. 中国股市复杂网络中的分形特征[J]. 系统工程理论与实践,2015,35(2):273-282.

[23] 蒋涛,吴卫星,王天一,等. 金融业系统性风险度量——基于尾部依赖视角[J]. 系统工程理论与实践,2014,34:40-47.

[24] 刘子斐,史敬. VaR模型比较技术及其评价——理论、实证回顾及其应用初探[J]. 金融研究,2008,(5):130-137.

[25] 李成,马国校. VaR模型在我国银行同业拆借市场中的应用研究[J]. 金融研究,2007,(5):62-77.

[26] 王志成,徐权,赵文发,等. 对中国金融监管体制改革的几点思考[J]. 国际金融研究,2016,(7):33-40.

[27] 刘向丽,顾舒婷. 房地产对金融体系风险溢出效应研究——基于方法AR-GARCH-CoVaR方法[J]. 系统工程理论与实践,2014,34:106-111.

[28] 韩龙,许明朝. 风险模型之殇与对金融风险监管的审视——根植于这场金融危机的考察[J]. 国际金融研究,2010(7):68-78.

[29] 童牧,何奕. 复杂金融网络中的系统性风险与流动性救助——基于中国大额支付系统的研究[J]. 金融研究,2012(9):20-33.

[30] 顾荣宝,刘海飞,李心丹. 股票市场的羊群行为与波动:关联及其演化——来自深圳股票市场的证据[J]. 管理科学学报,2015,18(11):82-94.

[31] 朱元倩,苗雨峰. 关于系统性风险度量和预警的模型综述[J]. 国际金融研究,2012(1):79-88.

[32] 范小云,王道平,刘澜飚. 规模、关联性与中国系统重要性银行的衡量[J]. 金融研究,2012(11):16-29.

[33] 綦相. 国际金融监管改革启示[J]. 金融研究,2015(2):36-44.

[34] 宫晓琳. 宏观金融风险联动综合传染机制[J]. 金融研究,2012(5):56-69.

[35] 李妍. 宏观审慎监管与金融稳定[J]. 金融研究,2009(8):52-60.

[36] 马源源,庄新田,李凌轩. 沪深两市股权关联网络的社团结构及其稳健性[J]. 系统工程理论与实践,2011,31(12):2242-2250.

[37] 谢远涛,蒋涛,杨娟. 基于尾部依赖的保险业系统性风险度量[J]. 系统工程理论与实践,2014,34(8):1922-1930.

[38] 王艺馨,周勇. 极端情况下对我国股市风险的实证研究[J]. 中国管理科学,2012,20(3):20-27.

[39] 黄陪,贾彦东. 金融网络视角下的宏观审慎管理——基于银行间支付结算数据的实证分析[J]. 金融研究,2010(4).

[40] 童牧,何奕. 复杂金融网络中的系统性风险与流动性救助[J]. 金融研究,2012(9).

[41] 邓创,滕立威,徐曼. 中国金融状况的波动特征及其宏观经济效应分析[J]. 国际金融研究,2016(3):17-27.

[42] 白雪梅,石大龙. 中国金融体系的系统性风险度量[J]. 国际金融研究,2014(6):75-85.

[43] 谢平,尹龙. 网络经济下的金融理论与金融治理[J]. 经济研究,2001(4):24-95.

[44] 鲍勤,孙艳霞. 网络视角下的金融结构与金融风险传染[J]. 系统工程理论与实践,2014,34(9):2202-2211.

[45] 黄聪,贾彦东. 金融网络视角下的宏观审慎管理——基于银行间支付结算数据的实证分析[J]. 金融研究,2014(4):1-14.

[46] 刘吕科,张定胜,邹恒甫. 金融系统性风险衡量研究最新进展述评[J]. 金融研究,2012(11):31-43.

[47] 欧阳红兵,刘晓东. 基于网络分析的金融机构系统重要性研究[J]. 管理世界,2014(8):171-172.

[48] 李政,梁琪,涂晓枫. 我国上市金融机构关联性研究——基于网络分析法[J]. 金融研究,2016(8):95-110.

[49] 陶玲,朱迎. 系统性金融风险的监测和度量——基于中国金融体系的研究[J]. 金融研究,2016(6):16-36.

[50] 张来军,杨治辉,路飞飞,等. 基于复杂网络理论的股票指数关联性实证分析[J]. 中国管理科学,2014,22(12):85-92.

[51] 苏明政,张庆君. 关联性视阈下我国金融行业间系统性风险传染效应研究[J]. 会计与经济研究,2015,29(6):111-124.

[52] 傅强,张颖. 我国金融系统的风险溢出效应研究——基于溢出指数的实证分析[J]. 宏观经济研究,2015,117(117):45-51.

[53] 高国华,潘英丽. 基于资产负债表关联的银行系统性风险研究[J]. 管理工程学报,2012(4):162-168.

[54] 刘春航,朱元倩. 银行业系统性风险度量框架的研究[J]. 金融研究,2011(12):85-99.

[55] 马君潞,范小云,曹元涛. 中国银行间市场双边传染的风险估测及其系统性特征分析[J]. 经济研究,2007(1):68-78.

第 2 章
投资者情绪对股价崩盘风险的影响研究

2.1 引言

行为金融学认为,投资者的交易行为建立在主观判断、市场行为、市场流言之上,其理性认知有时会被情绪左右,对市场行情作出过于悲观或者乐观的预期。在市场行情比较好时,市场向投资者传递了正向的信号,投资者会受到影响,只注意股价的上涨,忽略股票的基本价值。虽然短期内能获得一定收益,但是埋下了潜在的隐患,导致资产价格偏离内在价值,加剧了未来股票的价格风险。随着市场交易的进行,股票价格会逐渐接近其基本价值,投资者的收益会大幅度减少,此时投资者为了止损又会将手中的股票抛出,引起股价的大幅度下跌。

在当前经济下行的背景下,实体经济与股票市场之间的互动关系是学术界的一个研究热点。从坏消息窖藏的角度来看,如果上市公司两权分离,高管往往会有构建企业帝国的冲动,并且利用职务之便为自己谋求私人收益,忽视投资项目的边际价值。高管会刻意隐瞒项目的不利信息,导致负面信息在内部不断被积累,股价被高估的程度也会被放大,随着项目经营周期的持续,累积的投资损失最终将被市场发觉,致使股价大幅下跌。过度自信的高管还会忽视对项目负面信息的披露,他们相信自己的能力可以解决出现的问题,能够获得期望的收益,从而坚持他们的过度投资行为。当项目周期结束之后,投资损失的负面消息集中暴露,引发市场恐慌,股价会暴跌[1]。

投资者情绪对于上市公司投资行为的影响,高管在其中起到了中介作用。投资者和高管对于企业的风险和收益的认知存在"失调"和"协调"两种情况,如果两者观点相同,那么投资者和高管的关系就是协调的,投资者情绪可以强化高管的乐观主义;若两者观点不相同,则处于失调关系中,这时高管有两种处理方式,一种是调整自己的情绪,一种是调整投资者的情绪,但是投资者情绪作为对于企业未来发展的错误估计,高管很难对其进行主动控制,更多的是对投资者的乐观估计或者悲观估计进行被动适应,从而做出增加投资或者减少投资的行为[2][29]。

由此可见,投资者情绪和股价崩盘风险之间有关联,企业投资行为和股价崩盘风险之间有联系,投资者情绪和企业投资行为之间也有关系。

20世纪70年代末期,我国开始进行改革开放;21世纪初,我国正式成为WTO的一员,中国股市应运而生。1990年12月,上海、深圳证券交易所的成立。20多年来,股票市场作为中国资本市场的核心组成部分,在重新配置资源、分散投资风险、筹集调剂资金等各方面发挥了重要的作用。但是中国股市却不同于国外的资本市场,不仅表现出"牛短熊长"的典型特征,而且大起大落现象严重。中国股票市场在快速发展的同时还存在暴跌暴涨隐患,而投资者作为市场交易的主要参与者,和股市的"过山车行情"有密不可分的关系。

本章在前人研究的基础上,基于股市的现实情况研究股价崩盘风险的影响因素及生成机理。本章的贡献在于将投资者情绪与企业投资、企业投资与股价崩盘风险进行结合,研究三者的传递关系,即检验了企业过度投资的中介效应。

2.2 文献综述

本章的文献综述由投资者情绪和股价崩盘风险两部分组成。

2.2.1 投资者情绪

传统金融理论认为市场是有效的,投资者是理性的、趋利的。然而,学者们在传统金融理论框架下的研究遭遇了瓶颈,无法对股票市场上的诸多异象给出合理的解释,因此开始突破传统金融理论的限制,结合心理学以及社会行为学展开了对于资本市场的研究,由此产生了行为金融理论。关于投资者情绪的研究从 DSSW 模型开始,作者将投资者界定为两个类别:理性套利者和噪音交易者,他们的行为会对股价产生不同的影响[3]。之后学者们开始着眼于投资者情绪,研究了其和股票收益率、企业投资之间的关联。

投资者情绪可以是一个总体的概念,也可以进行细分,划分为个人投资者情绪和机构投资者情绪或者是乐观情绪和悲观情绪。针对个人和机构来看,个人和机构相比,在投资经验、投资规模、投资机会等方面都存在优势。因此,个人投资者情绪与机构投资者情绪会对股票收益率产生不同的影响,个人投资者情绪对股票收益率以及超额收益率的正向作用具有同期性,但是不具有对未来收益的预测性;而机构投资者情绪的正向作用力具有滞后性[4,5]。从乐观和悲观的角度来看,乐观的投资者情绪正向作用于股票收益,而且极度乐观情绪对未来股票的收益还具有预测性。但是悲观情绪和股票收益之间并无关联,极度悲观情绪也无法形成对于未来股市的预测[6]。从整体概念出发,基于大数据背景下的投资者情绪主要是基于股吧评论构造的投资者情绪,不管是中国市场的投资者情绪还是美国市场的投资者情绪都无法对未来的股票收益率进行预测[7,8]。以上研究均证明了投资者情绪与股票收益两者之间存在"持有更多效应"——正向反馈作用。此外,投资者情绪和股票收益之间还存在"创造空间效应"以及"弗里德曼效应"。大市值上市公司的股票指数波动增加时,为噪音交易者提供了投机机会,推动其股票未来的收益率的上涨,即发生"创造空间效应",而小市值上市公司的股票是在市场行情不好时噪音交易者的选择,噪音交易者的交易行为会加大这类股票的波动,从而降低其未来的收益[9]。池丽旭(2012)等也得出了类似的结论,并且分析了"创造空间效应"和"持有更多效应"的内在原因。在短期内,投资者情绪和股票收益之间存在正反馈作用,但是,长期来看,投资者情绪高涨会引起股票的跨期价值逐渐向基本价值靠近,股票的长期收益率会下降,也就是说,"持有更多效应"和期限有关。小市值股票由于对外披露的基本面信息少、市场对其估值困难以及流动性不足等原因,理性的投资者购买其股票的比例比较小,而噪音交易者只在市场行情低迷的时候参与交易,市场对小市值上市公司的参与程度不够,因此小市值上市公司的股票更容易受到投资者情绪的作用。而大市值股票更容易得到证券分析师的关注,市场对其基本面的信息接受程度高,投资者情绪对其股票的影响比较小[10]。上述研究均表明了投资者情绪对股票收益的影响是直接的,也有学者发现了投资者情绪对股票收益的影响是间接的。高大良(2015)等用平均相关性来代替市场总体风险,验证了投资者情绪、风险和收益三者之间的关系。证明了在中国股票市场上,当投资者情绪低迷时,风险和收益之间并不存在正向关系;而投资者在情绪高涨的时候具有风险偏好的特征,对于自己所承受的风险要求的补偿会降低[11],验证了 Jianfeng Yu(2010)等[12]得出的结论,这和马科维茨的投资组合理论并不相符。

部分学者认为,投资者是理性的,而管理者是非理性的,当证券市场对上市公司的股票进行错误定价时,管理者会做出理性反应——调整企业的投资,由此形成投资者情绪作用于企业投资的两条路径——"股权融资渠道"[13]与"理性迎合渠道"[14]。从"理性迎合渠道"来看,投资者情绪间接作用于企业的投资。高管持股水平会抑制企业的迎合投资倾向,但当投资者情绪高涨或者低迷之时,抑制作用会有很大的差别。当投资者情绪高涨时,如果高管提高持有限制性股份比例就能显著减少企业的迎合投资行为;但当投资者情绪低迷之时,只要高管提高手中的持股比例(包含限售股),即可显著减少企业的迎合行为[15]。但事实上,在真实的资本市场中,投资者和高管都会表现出非理性的特征,因而某些学者的研究结论具有局限性。投资者情绪会进一步塑造高管的情绪,影响高管对于公司未来收益和风险的估计,从而做出非理性的投资决策。但是,这种塑造作用是部分而不是全部。在发现管理者情绪的塑造作用之后,花贵如(2014)等又进一步将政府控制因素嵌入到之前的研究模型中,验证了政府控制因素所发挥的调节作用。在投资者情绪对企业投资的作用过程中,政府控制因素确实具有调节作用。它可以削弱投资者情绪对管理者信心的塑造作用,从而减小管理者信心引致的企业资本投资。由此也证明了"管理者乐观主义"还是"调节效应"的重要渠道[16]。以上学者关注的是投资者情绪对企业投资水平的影响。事实上,投资者情绪还会引起上市公司的非效率投资。代理问题常常会引发上市公司的过度投资,而代理问题和融资约束问题的双重作用会造成上市公司的投资不足。在股东和高管分担不同职责的情况下,投资者情绪对上市公司的投资不足具有明显的校正作用;但在股东和高管没有将所有权和经营权分离的情况下,投资者情绪会严重恶化上市公司的过度投资[17]。

2.2.2 股价崩盘风险

就目前的研究来看,将企业投资、投资者与股价崩盘风险相联系的成果并不多。

有学者从过度投资的角度研究了其对股价崩盘风险的影响。一方面虽然中国的资本市场日趋完善,但是仍然面临着信息披露不完善、信息环境差等问题,另一方面中国当前的经济增长依靠企业的投资,企业的过热投资、过度投资会加剧上市公司未来股价崩盘的风险。股东将经营权交付给高管并不能保证高管会按照股东的意愿行事,由此产生代理成本。代理成本越高,上市公司的过度投资越是能恶化未来股价崩盘的风险[1]。近年来,非金融企业开始不断脱离实体经济而涉足金融领域,转向金融投资。立足于企业投资方向的转变,有学者转换视角研究了企业"脱实向虚"对股价崩盘风险的影响。当上市公司的实体经济投资出现问题导致主营业务减少、利润逐年下降时,上市公司会采取平滑利润甚至是用粉饰报表的手段来安抚股东情绪,将公司的部分甚至是大部分资金投向"短平快"的金融投机项目。随着主营业务经营不利、利润减少的负面信息的不断累积,上市公司内部坏消息的容纳量逐渐接近上限。一旦触及上限,坏消息会集中释放,投资者会抛出手中"烫手的山芋"——该上市公司的股票,从而造成该公司的股价崩盘[18]。

从投资者的角度来看,机构投资者、风险投资者都是资本市场的重要参与者,他们的行为会对资本市场的稳定性产生重要的影响。中国的资本市场是新兴的资本市场,其具有信息不透明、信息收集成本高以及监管环境宽松等特点,在这样的市场环境下,机构投资者很容易盲目从众,形成羊群效应。从企业的微观层面考虑,机构投资者的羊群行为属于"真羊群行为",他们往往会忽略自身搜集的私人信息,仅仅依据其他机构的投资行为来确定投资方向。这样的行为会导致私人信息不能及时反映到股价上,上市公司的股票定价效率降低,从而加剧股价崩盘的风险[19]。此外,机构投资者的投资者期限也会对股价崩盘风险造成影响。长期的机构投资者是战略投资者,其目的是对上市公司形成一定的控制、管理,因而会长期持有大量股权。他们的控制、管理使得上市公司的管理层难以隐藏或者是捕捉公司的现金流,从而降低股票价格的同步性;机构投资者减少了长期以来管理层的坏消息囤积情况,使得累计的坏消息在最终公布的时候，上市公司发生股价崩盘的概率减小；短期的机构投资者更倾向于通过交易获得收益，因而对于股价暴涨暴跌造成的威胁比较大[20]。Jeffrey L. Callen（2013）也得出了类似的结论，证明了机构投资者的短视行为会加剧未来股票的崩盘风险，而机构投资者稳定持股会降低未来股价发生崩盘的概率[21]。有学者将研究对象锁定为风险投资者，研究风险投资者的行为对股价崩盘风险的影响。风险投资者在选择了目标企业之后，会为其提供增值服务，一方面监督目标企业的经营管理，解决股东和高管之间的利益冲突，另一方面督促企业完善信息披露质量，有效解决目标企业与风险投资者的信息不对称问题，从而显著降低未来股价发生风险的可能性[22]。Liyun Zhou（2019）等综合了投资者的类型，发现投资者的交易行为对具有不同股价崩盘风险、不同特质风险的股票有不同的影响。对于高股价崩盘风险、高特质风险的股票作用力强，对于低股价崩盘风险、低特质风险的股票作用力弱。投资者具有赌博心理，会对高崩盘风险、高特质风险的彩票型股票进行赌博[23]。此外，投资者获取信息的能力对股价崩盘风险也有影响。在上市公司的股票收益率波动剧烈的情况下，投资者获取信息能力的提高有助于缓解投资者的意见分歧，从而降低未来股价发生崩盘的概率。由此也给出了降低股价崩盘概率的新方法——提高投资者信息能力[24]。

2.2.3 研究评述

目前学术界将投资者情绪与股票市场相结合的研究多集中于投资者情绪对股票收益率的影响。有学者将投资者情绪分为机构投资者情绪与个人投资者情绪，也有学者分为乐观情绪与悲观情绪，还有学者对投资者情绪进行综合度量，没有进行细分。不管对投资者情绪进行怎样的划分与度量，学者们研究的投资者情绪对股票收益的影响都包括直接影响、间接影响以及同期影响、跨期影响。研究主要停留在股票收益阶段。

企业作为资本市场中的资金需求者，投资者作为资本市场中主要的资金供给者，两者之间关系密切。综合以往研究发现，将投资者情绪与企业投资相联系的成果基本上围绕投资者情绪影响企业的投资者水平、投资效率展开，投资者情绪间接作用于企业的投资水平，而直接作用于企业的投资效率。

股市作为企业重要的资金获取渠道，企业的投资行为对股市必然会造成一定的影响。目前,将企业投资与股价崩盘风险相结合的研究很少,主要有企业的过度投资、企业脱离实体经济投资转向虚拟经济投资对于股价崩盘风险的影响。

股价崩盘是股票价格的一种异常表现,而股票市场主要的交易主体是投资者,两者存在天然的联系。但是综合目前的研究来看,将投资者与股价崩盘风险相联系的成果并不多。从机构投资者的角度出发,他们的羊群行为、投资期限、投资的稳定性会对股价崩盘风险造成不同程度的影响。而风险投资者的督促行为也会影响到未来股价发生崩盘的可能性。此外,投资者交易行为、信息能力都会对股价崩盘风险产生影响。

2.3 理论分析与研究假设

在本节,首先介绍相关理论,在此基础上提出研究假设。

2.3.1 投资者情绪与股价崩盘风险

经典金融学假设市场是完全的、投资者是理性的。理性的投资者会通过和上市公司的高管联系、分析上市公司财务报表的方法来搜集信息。但是实际上,市场并不是完美市场,投资者也受非理性因素驱使。股票市场上,投资者在进行决策的时候,会由于归因偏差与后知后觉偏差表现出过度自信。投资者相信自己有过人的分析、认知能力,因而他们对于自己的交易水平也会表现出过度自信。他们对投资组合的调整不是出于流动性需求、征税的考虑,而是自信地以为已经到了该获利了结的时候,再继续持有可能会降低未来的收益率。于是他们出售手中的股票再购进其他股票,进行大量的盲目交易。但实际上,他们出售的股票相对于继续购进的股票来说未来报酬率会更高[25]。投资者盲目的交易行为不仅会使股票的市场价格与基本价值相背离,而且还会降低股票未来的收益率。

机构投资者相较于自然人在投资经验、投资规模、投资机会等方面皆有优势,因而在交易时更趋于理性,而且其交易行为不容易被大众模仿,不仅可以获得稳定的收益,还不会造成股价的大幅波动,可以起到稳定市场的作用[26]。但是就我国股票市场而言,自成立以来,个人投资者始终占有主体地位,机构投资者在市场中的份额很小,并不能发挥作用。

个人投资者是正反馈交易者。在过度自信的驱使下，投资者对股票市场的全新变化不敏感。当股票市场中出现利好的私人消息时，过度自信的投资者会伺机买入，从而引起股票价格的上涨。由于代表性启发的存在，当市场中股票价格的上涨趋势已经持续了一段时间的时候，投资者会依据这样的上涨趋势形成对未来股价的预测。而锚定效应又促使投资者即使面对负面消息对股市造成的冲击，也不会对未来股价上升的预测进行大幅度的下调，因而此时投资者的情绪是高涨的，投资信心倍增。羊群行为的存在使得高涨的投资者情绪会继续感染，致使更多的投资者进入市场交易。市场内投机气氛浓厚，投资者纷纷"追涨"，进行正反馈交易，放大了最开始造成股价上涨的因素作用，导致股票价格远高于基本价值，产生股价泡沫。

投资者对公众信息的"羊群行为"使动量效应持续增强，即股价会持续上涨，股票收益会继续增加。但是在一定程度之后，"羊群行为"致使股票价格偏离价值的情况会被市场中的先知先觉者发觉，形成这些投资者的私人信息，这些先知先觉者大多数密切关注股票市场动态。他们会意识到股价可能会下跌，会及时采取反转策略，此时，动量效应会减小。随着市场中交易的继续，越来越多的投资者觉察到该私人信息，私人信息会迅速在市场中扩散，动量效应会加速减弱。投资者对于私人信息过度反应，最先表现好的股票在之后的时间里表现变差，即出现反转[27]，从而致使泡沫破裂。

因此，提出以下假设：

H1：投资者情绪与未来股价崩盘风险正相关，随着投资者情绪的上涨，未来股价崩盘风险上升；反之，则下降。

2.3.2 投资者情绪、企业过度投资水平与股价崩盘风险

股市的投资者和上市公司的高管都会形成对上市公司未来的收益和风险的主观判断，对于投资者来说，这种主观判断是投资者情绪；对于高管来说，可以认为是管理者情绪。情绪有乐观和悲观之分，乐观的情绪表现为高估企业未来的收益，低估企业的风险。对于投资者来说，会高估上市公司的股价；对高管而言，会表现出对企业发展前景的过度自信，高管会系统性地高估上市公司未来取得良好业绩的可能性而低估其业绩不佳的可能性[28]；而悲观的情绪会有相反的表现。投资者情绪和管理者情绪存在失调或者协调的情况。

失调即投资者乐观、管理者悲观或者投资者悲观而管理者乐观。如果投资者情绪和管理者情绪协调，管理者情绪会得到投资者情绪的强化，从而高管会更加坚定自己对于企业未来收益和风险的预期。但是如果投资者情绪和管理者情绪处于失调的关系中，失调将作为一种激励因素刺激高管采取相应的措施去缓解或者减小失调。通常情况下，高管有两种可供选择的方式：调整自己的情绪或是改变投资者的情绪，但是高管并没有对于投资者的足够控制，因此，管理者情绪更多的是跟随投资者的情绪[2,29]。

心理学家认为，在风险和不确定性存在的情况下，情绪是个体进行决策的重要因素[30]。上市公司未来的投资决策兼具风险和不确定性的特点，风险和不确定性越大，高管的情绪对投资决策的影响会越大[2]。高管越是乐观，越会做出高估企业未来的收益、低估风险的判断，从而加大投资力度，扩大投资规模，提高企业的投资水平；反之，降低企业的投资水平[31]。

从坏消息窖藏理论的角度来看，在上市公司两权分离的情况下，高管往往为了自身的利益，做出损害股东利益的事情。当公司内部存在大量自由现金流时，公司本身就存在提高投资水平、扩大投资规模的动力。高管在扩大投资获得更高的收入和地位之后，受非理性因素驱使，会做出错误选择。当公司留有剩余资金时，高管会有很大的动机投资一些净现值小于 0 的项目[31]。高管为了防止股东为了保护自身利益而进行联合抵制，导致项目不能继续开展，自身的声誉、地位受损，会对过度投资的不利信息进行隐瞒。投资受损的信息没有及时向市场披露，一方面公司内部的负面信息不断累积，另一方面市场上公司扩大投资的利好消息不断刺激股价的上涨，随即产生泡沫。管理者的过度自信还会加剧公司内部负面信息的累积程度。他们不仅意识不到正在进行的投资会损害到股东的利益，而且还忽略正在进行的投资项目所面临的问题，即使意识到问题的存在也坚信凭借自己的能力能够及时化解，从而使得过度投资的项目不会中止。最终项目结束后，公司内部累积的负面消息集中暴露，随即泡沫破裂，造成股价的大幅度下跌，发生崩盘[1]。

由此，得出以下假设：

H2：企业过度投资水平在投资者情绪到股价崩盘风险的作用过程中发挥着中介的作用，即随着投资者情绪的上涨，企业的投资水平上升，企业的过度投资水平随之提高，从而未来股价崩盘风险上升；反之，则下降。

2.4 实证分析

在本节，以2004年之前上市的A股公司为样本，以2006—2018年为研究区间，运用递归模型从企业过度投资的中介效应角度考察投资者情绪对股价崩盘风险的作用机制。

2.4.1 样本选取与数据处理

为了获取较长的时间区间，提高研究结果的可靠性，文章的研究对象仅限于2004年之前上市的A股公司，且符合：①非金融以及非ST和*ST；②存续到2018年；③年交易周数大于30周；④财务报表数据完整。通过对不合格上市公司的剔除，最终满足条件的有518家A股上市公司，包括164家深市A股上市公司、354家沪市A股上市公司。数据来源于Wind、CSMAR和RESSET三个数据库。

通过前人的研究可以发现：企业过度投资水平对股价崩盘风险的影响是跨期的，而且时间频度为年。文章考虑到要验证过度投资水平发挥的中介作用，因而也采用年度数据。由于过度投资水平指标的构造需要用到滞后2期的数据，而企业投资水平指标的计算需要用到提前1期的数据，所以真正的研究区间为2006—2018年，共6734个年观测值。

2.4.2 变量定义

（1）股价崩盘风险

在国际上，股票价格在一天或者连续几天的累计涨跌幅高于20%时，会被界定为股价崩盘。发生股价崩盘时，股票价格通常会毫无预兆的发生巨大的反向波动，而且暴涨的可能性小于暴跌的可能性，甚至个股的下跌会传染到整个市场，导致股市的下跌。股价崩盘风险可以认为是未来股票价格暴涨暴跌的概率。

参考以前的研究成果，本部分采用负收益偏态系数来对未来股价暴涨暴跌的可能性进行衡量。Joseph Chen（2001）等采用日个股收益率计算6个月期的负收益偏态系数[32]；孟庆斌（2018）等采用日个股收益率计算季度的负收益偏态系数[33]；叶康涛（2015）等大多数学者采用周个股收益率来计算年度的负收益偏态系数[34]。从学者们的研究中发现：①股价崩盘风险指标的计算需要足够的交易日期;②股价崩盘风险的计算需要根据研究的时间频度来确定采用日还是周的数据。本章考虑到研究的期限比较长,使用周收益率即可获得大量的数据,满足交易日期充足的条件,所以使用周收益率来进行负收益偏态系数的计算。计算方法如下:

第一,计算上市公司个股每年的周特有收益,设为 E_{ij},则:

$$E_{ij} = \ln(1 + \varepsilon_{i,j}) \quad (2-1)$$

$\varepsilon_{i,j}$ 为公式 (2-2) 估计的残差,

$$R_{i,j} = \alpha_i + \beta_{1,i}R_{M,j-1} + \beta_{2,i}R_{M,j-2} + \beta_{3,i}R_{M,j} + \beta_{4,i}R_{M,j+1} + \beta_{5,i}R_{M,j+2} + \varepsilon_{i,j} \quad (2-2)$$

$R_{i,j}$ 是股票 i 在第 j 周的考虑现金红利再投资的股票回报率,$R_{M,j}$ 为按流通市值加权的综合市场回报率。

上市公司股票由于重大信息发布、违规等原因造成停牌,可能在某一天没有进行交易,这样就会造成个股和市场交易日期的非同步性。为了尽量减少由交易日期不一致带来的偏差,公式 (2-2) 中还包含市场收益率的提前两周、滞后两周以及提前一周、滞后一周的数据。

第二,计算 $NCSKEW_{i,j}$,计算公式如下:

$$NCSKEW_{i,j} = -\frac{n(n-1)^{\frac{3}{2}}\sum E_{i,j}^3}{(n-1)(n-2)\left(\sum E_{i,j}^2\right)^{\frac{3}{2}}} \quad (2-3)$$

n 为第 i 只股票在第 j 年的交易周数,$NCSKEW_{i,j}$ 是即期变量。

(2) 投资者情绪

对于投资者情绪该怎样定义,学术界也没有给出统一的标准。本章参考前人的研究,将投资者情绪定义为投资者根据个股的市场行情或者上市公司财务信息对上市公司的股票作出乐观或者悲观的判断。

投资者情绪作为一个抽象的主题,如何度量其大小是行为金融学的难点所在。张庆 (2014) 等借鉴 Rhodes - Kropf 的方法,采取在每一个行业、每一个年度分解企业 TobinQ 的方式来获取投资者情绪指标;王春 (2014) 开创性地以开放式股票型基金的资金净流入来度量投资者情绪;花贵如 (2011) 等采用半年期的动量指标衡量个股层面的投资者情绪。目前中国也有很多在国外投资者情绪指数的基础上所设计的直接情绪指数,如央视看盘 BSI 指数。但是大多数学

者认为仅凭单一指数衡量投资者情绪可靠性不强,多采用 Baker 和 Wurgler 的方法[35],利用多个单一情绪指标比如封闭式基金折价率、月度 IPO 数量及收益、交易量等构建综合情绪指标。刘志远(2013)等采用 *BM*、*MTM*、*Q*、*YRTURN* 与上市公司的基本面指标进行回归,取回归后的残差进行主成分分析来计算投资者情绪。本章考虑到要计算个股的投资者情绪,需要使用面板数据,所以采用这种方法,如此构造出的投资者情绪会更精确。计算方法如下:

第一,采用权益市值账面比(*BM*)、动量指标(*MTM*)、*TobinQ*(*Q*)、年换手率(*YRTURN*)对上市公司的净资产收益率(*ROE*)、主营业务收入增长率(*MBRG*)、资产负债率(*LOAR*)、企业规模(*SCALE*)加入年度变量(*YEAR*)、行业变量(*INDUSTRY*)进行回归,取残差。

BM 由所有者权益/流通股股数*收盘价计算所得;*MTM* 是连续 6 个月的考虑现金红利再投资的月度股票回报率之和;*Q* 通过(总股本*股票每日的收盘价+应付债券账面价值)/总资产账面价值计算所得;*MBRG* 用(本年度主营业务收入-上年度主营业务收入)/上年度主营业务收入计算所得;*LOAR* 用总负债比总资产表示;*SCALE* 为总资产的自然对数;年度虚拟变量有 12 个,行业虚拟变量有 14 个。

第二,对取得的四个残差先进行标准化,设标准化后的变量为 *NEWBM*、*NEWMTM*、*NEWQ*、*NEWYRTURN*,再进行主成分分析。

表 2-1 主成分分析结果

主成分	特征值	比例	累计贡献率/%
主成分 1	1.3556	0.3389	0.3389
主成分 2	1.06333	0.2658	0.6047
主成分 3	0.86687	0.2167	0.8214
主成分 4	0.714207	0.1786	1.0000

从表 2-1 中可以看出,前两个特征值的累计方差贡献率达到 60.47%。从图 2-1 中也可以看出,只有两个主成分的特征值大于 1,取前两个主成分即可。但是前三个特征值累计方差贡献率达到 82.14%,相对于前两个主成分而言,特征值累计贡献率更高,说明取前三个主成分基本上可以代表原始指标,所以取前三个特征值。

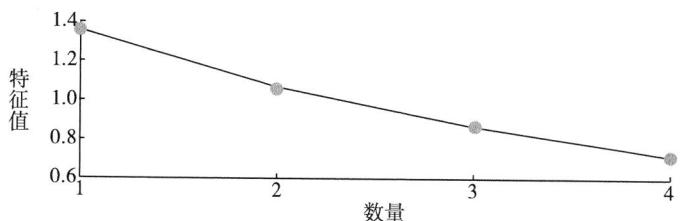

图 2-1 主成分分析

第三,旋转载荷矩阵,得到相应的特征向量。

表 2-2 变量的特征向量

变量	主成分 1	主成分 2	主成分 3
NEWBM	-0.5218	0.1425	0.8256
NEWMTM	0.5880	0.3176	0.4343
NEWQ	0.6134	-0.2928	0.3088
NEWYRTURN	0.0754	0.8906	-0.1854

第四,从表 2-2 中得到三个主成分。

$$IST_1 = -0.5218NEWBM + 0.5880NEWMTM + 0.6134NEWQ + 0.0754NEWADTR \quad (2-4)$$

$$IST_2 = 0.1425NEWBM + 0.3176NEWMTM - 0.2928NEWQ + 0.8906NEWADTR \quad (2-5)$$

$$IST_3 = 0.8256NEWBM + 0.4343NEWMTM + 0.3088NEWQ - 0.1854NEWADTR \quad (2-6)$$

第五,参考陆静等(2017)的做法,运用下列公式计算最终的情绪指标[36]。

$$IST_{i,j-1} = \frac{\sum_{m=1}^{3} P_m \times VAL_m}{\sum_{m=1}^{3} VAL_m} \quad (2-7)$$

P_m 为第 m 个主成分的情绪值,即 IST_1、IST_2 和 IST_3,VAL_m 为第 m 个主成分的特征值;$IST_{i,j-1}$ 是滞后 1 期变量。

(3)企业过度投资水平

过度投资是指企业将资金投向净现值小于 0 的项目的非效率投资。

通过以前的研究可以发现，绝大多数学者都参考了 Richardson 的模型来度量企业的过度投资[37]。本章也采用这种方法，计算公式如下：

$$INV_{i,j-1} = \alpha + \beta_1 Q_{i,j-2} + \beta_2 LOAR_{i,j-2} + \beta_3 SCALE_{i,j-2} + \beta_4 CASH_{i,j-2} +$$
$$\beta_5 LIST_{i,j-2} + \beta_6 RETURN_{i,j-2} + \beta_7 INV_{i,j-2} + \beta_8 \sum YEAR +$$
$$\beta_9 \sum INDUSTRY + \varepsilon_{i,j-1} \qquad (2-8)$$

将 INV 滞后 1 期的变量对 Q、$LOAR$、$SCALE$、$CASH$、$LIST$、$RETURN$ 及 INV 的滞后 2 期的变量进行回归，同时加入 $YEAR$ 和 $INDUSTRY$ 的虚拟变量。回归的拟合值代表的是企业的正常投资水平，回归残差代表非效率投资。当 $\varepsilon_{i,j-1} > 0$ 时，认为企业存在过度投资，$\varepsilon_{i,j-1}$ 即企业的过度投资水平；当 $\varepsilon_{i,j-1} < 0$ 时，企业过度投资水平为 0，设过度投资水平的变量为 $OVER_{i,j-1}$，是滞后 1 期变量。

INV 采用（购建固定资产、无形资产和其他长期资产支付的现金 + 取得子公司及其他营业单位支付的现金 + 投资支付的现金 – 处置固定资产、无形资产和其他长期资产收回的现金净额 – 处置子公司及其他营业单位收到的现金净额 – 收回投资收到的现金）/期初总资产计算得出。$CASH$ 由现金资产/总资产计算所得；$LIST$ 为上市年数的自然对数；$RETURN$ 是个股考虑现金红利再投资的年度回报率[1]。

（4）控制变量

根据以往研究，当因变量为 $NCSKEW_{i,j}$ 时，控制以下变量：①$DYRTURN_{i,j-1}$，年股票换手率的变化；②$LOAR_{i,j-1}$，上市公司的资产负债率；③$SCALE_{i,j-1}$，上市公司的规模；④$RET_{i,j-1}$，股票的年度收益率，$E_{i,j}$ 的均值乘以 100；⑤$ROA_{i,j-1}$，上市公司的总资产收益率；⑥$SD_{i,j-1}$，$E_{i,j}$ 的标准差。

众多研究表明，公司治理层面的很多因素会对上市公司的投资水平及过度投资水平产生影响。因此，在以 $OVER_{i,j-1}$ 作为因变量的回归中，控制以下变量：①$GENDER_{i,j-1}$，董监高的性别比例，为男性董监高占董监高人数的比例；②$AVERAGE_{i,j-1}$，董监高的平均年龄；③$DIRECTOR_{i,j-1}$，代表独董比例，由独董人数/董事会人数计算所得；④$SEPARATION_{i,j-1}$，1 表示董事与总经理职权完全分离，否则为 0；⑤$CEO_{i,j-1}$，高管持股比例的平方；⑥$SECOND_{i,j-1}$，第二大股东持股比例。

上述所有控制变量均为滞后1期变量，用 $ControVariable_{i,j-1}$ 表示。

2.4.3 模型设计

本章参考温忠麟等（2014）的研究[38]，采取改进后的逐步回归来检验企业过度投资水平的中介效应。中介效应检验的原理如下：

$$DV = aIV + e_1 \qquad (2-9)$$

$$MV = bIV + e_2 \qquad (2-10)$$

$$DV = a'IV + cMV + e_3 \qquad (2-11)$$

其中，DV 为因变量，IV 为自变量，MV 为中介变量。a 代表 IV 对 DV 的总效应；b 代表 IV 对 MV 的效应；a' 代表在控制了 MV 的效应之后 IV 对 DV 的直接效应；c 代表控制了 IV 对 DV 的直接效应之后 MV 对 DV 的效应。

原假设 H0：a、b、a'、c、bc 为0。

检验步骤如下：①检验 a 的显著性。若 a 显著不为0，则拒绝原假设，按中介效应立论；若 a 显著为0，则按遮掩效应立论。②检验 b、c 的显著性。若两者皆显著不为0，则认为存在显著的间接效应，进一步进行④的检验；如果 b、c 两者其中有一个甚至是两个不显著，则进行步骤③的检验。③采取 bootstrap 法检验假设 $bc = 0$。若 bc 显著不为0，则证明存在显著的间接效应，再按照④进行检验；否则证明不存在显著的间接效应，停止检验。④检验 a' 的显著性。若 a' 不显著，则不存在显著的直接效应，认为存在完全中介效应；若 a' 显著不为0，则存在显著的直接效应，再进行步骤⑤的检验。⑤判断 bc 与 a' 符号的同异性。若两者符号相同，则认为存在部分中介效应，中介效应占总效应的比例应为 bc/a。否则，认为存在遮掩效应，间接效应与直接效应比例的绝对值为 $|bc/a'|$。

本章考虑到若进行 F 检验以及 HAUSMAN 检验，行业虚拟变量会由于共线性的存在而被剔除，不能确定行业是否对回归结果产生影响，因而无法通过检验判断该采用固定效应、随机效应还是混合回归。若采用固定效应回归，行业虚拟变量同样会被剔除。而混合回归和随机效应回归可以保证控制变量全部包含在模型中，从而有效控制行业虚拟变量的影响。所以本章采用混合回归和随机效应回归两种。正文部分展示混合回归的结果，随机效应回归结果在稳健性检验中展示。

A. 投资者情绪与股价崩盘风险

为检验假设 H1，构造以下模型：

$$NCSKEW_{i,j} = \alpha + \beta IST_{i,j-1} + \gamma ControlVariable_{i,j-1} +$$
$$\phi \sum YEAR + \varphi \sum INDUSTRY + \varepsilon_{i,j} \quad (2-12)$$

证明假设 H1 成立，即证明 $IST_{i,j-1}$ 的系数 β 显著为正。

B. 投资者情绪、企业过度投资水平与股价崩盘风险

为了检验假设 H2，构造以下模型：

$$OVER_{i,j} = \alpha + \beta_0 IST_{i,j-1} + \gamma ControlVariable_{i,j-1} + \phi \sum YEAR +$$
$$\varphi \sum INDUSTRY + \varepsilon_{i,j-1} \quad (2-13)$$

$$NCSKEW_{i,j} = \alpha + \beta_1 IST_{i,j-1} + \beta_2 OVER_{i,j-1} + \gamma ControlVariable_{i,j-1}$$
$$+ \phi \sum YEAR + \varphi \sum INDUSTRY + \varepsilon_{i,j} \quad (2-14)$$

根据中介效应的检验原理：①若模型（2-12）中的系数 β 显著为正，则可按中介效应立论，否则按遮掩效应立论。②若模型（2-13）、模型（2-14）中的系数 β_0、β_2 显著为正，则认为存在显著的间接效应，再按照检验步骤④进行检验，否则按照步骤③进行检验。③若采取 Bootstrap 法检验 β_0、β_2 显著为正，则证明存在显著的间接效应，再按照步骤④进行检验；否则证明不存在显著的间接效应，停止检验。④若模型（2-14）的系数 β_1 显著为正，则存在显著的直接效应，再进行步骤⑤的检验，否则认为不存在显著的直接效应，存在完全中介效应。⑤若 β_0、β_2 与 β_1 的符号相同，且皆为正，则认为存在部分中介效应，中介效应占总效应的比例应为 $\beta_0\beta_2/\beta$；否则认为存在遮掩效应，间接效应与直接效应比例的绝对值为 $|\beta_0\beta_2/\beta_1|$。

2.4.4 实证结果分析

（1）描述性统计

表 2-3　描述性统计

变量	mean	sd	p50	min	max	observation
$NCSKEW_{i,j}$	-0.2677	0.9084	-0.2546	-4.3277	3.6710	6734
$IST_{i,j-1}$	0.0000	0.6344	-0.0979	-1.9923	4.4308	6734
$OVER_{i,j-1}$	0.0277	0.0833	0.0000	0.0000	2.4548	6734

续表

变量	mean	sd	p50	min	max	observation
$SD_{i,j-1}$	0.0484	0.0173	0.0462	0.0098	0.1293	6734
$RET_{i,j-1}$	-0.1295	0.6587	-0.1426	-4.0253	4.3485	6734
$ROA_{i,j-1}$	0.0438	0.0516	0.0346	-0.4373	0.4770	6734
$LOAR_{i,j-1}$	0.5041	0.1868	0.5150	0.0071	1.8931	6734
$SCALE_{i,j-1}$	22.4212	1.2110	22.2746	19.2650	27.3074	6734
$DYRTURN_{i,j-1}$	-0.1762	4.1190	-0.1416	-19.0456	21.2354	6734
$GENDER_{i,j-1}$	0.8531	0.1041	0.8696	0.3529	1.0000	6734
$AVERAGE_{i,j-1}$	48.3416	3.0011	48.0000	38.0000	61.0000	6734
$DIRECTOR_{i,j-1}$	0.3624	0.0523	0.3333	0.0909	0.6667	6734
$SEPARATION_{i,j-1}$	0.7349	0.4414	1.0000	0.0000	1.0000	6734
$CEO_{i,j-1}$	0.00095	0.0099	0.000	0.0000	0.2777	6734
$SECOND_{i,j-1}$	0.0770	0.0759	0.0466	0.0001	0.4406	6734

从表2-3中可以看出：①$NCSKEW_{i,j}$的均值为-0.2677，中位数为-0.2546，均值小于中位数，并且都为负数，说明选择的样本中，大多数上市公司的$NCSKEW_{i,j}$值均为负，表明股票收益率有左偏的特征；$NCSKEW_{i,j}$的最小值和最大值也符合以往的研究，说明了计算结果的可靠性；$NCSKEW_{i,j}$的标准差比较大，大于均值的绝对值，说明$NCSKEW_{i,j}$在不同A股上市公司之间波动比较大，表明不同上市公司承受的股价崩盘风险区别很大。②$IST_{i,j-1}$的均值为0，和最小值接近，与最大值相差甚远，中位数为-0.0979，为负数。若将均值定义为划分乐观和悲观的分界点，那么基于A股的投资者情绪总体来说偏悲观；$IST_{i,j-1}$的标准差为0.6344，比较大，说明基于A股的投资者情绪的波动较大；最小值为-1.9923，最大值为4.4308，相差6.4231，表明A股市场的投资者容易出现极端情绪，验证了投资者非理性的特点。③$OVER_{i,j-1}$的中位数为0，均值为0.0277，比较小，说明样本上市公司整体来说过度投资水平比较低；标准差为0.0833，比较小，说明样本上市公司之间过度投资水平差距比较小。④$SD_{i,j-1}$代表的是年度周收益率的波动，是个股进行时间上比较的纵向指标，$SD_{i,j-1}$的均值和中位数都比较小，说明个股每年年度周收益的变化并不大；SDi_{j-1}的标准差比较小，说明不同的A股上市公司之间股票年度周收益波动并不大。⑤$RET_{i,j-1}$的均值和中位数都为负数，说明样本

个股的年平均收益率总体来说偏低;标准差比较大,表明A股上市公司之间年平均周收益率的差别比较大。⑥$ROA_{i,j-1}$的均值、中位数皆为正,但是都比较小,说明样本上市公司总体的盈利能力比较差;标准差比较小,说明样本上市公司盈利能力之间的差距总体来说比较小。⑦$LOAR_{i,j-1}$的均值为0.5041,中位数为0.5150,比较大,接近0.5,说明样本A股上市公司的长期偿债能力比较适中,财务杠杆相对比较合理;标准差为0.1868,比较小,说明剔除金融业上市公司后的518个上市公司财务杠杆差别不大。⑧$SCALE_{i,j-1}$的均值为22.4212,中位数为22.2746,两者比较接近,但是最小、最大值相差接近8,并且标准差也比较大,说明样本上市公司的规模之间还是存在很大的差异。⑨$DYRTURN_{i,j-1}$的均值与中位数都为负,表明投资者对样本个股上市公司的股票青睐度有所下降。⑩$GENDER_{i,j-1}$的均值与中位数均大于0.5,说明样本上市公司的董事、监事以及高管中男性偏多。⑪$AVERAGE_{i,j-1}$的均值和中位数与最小值接近,表明样本上市公司的董事、监事以及高管的年龄相对较小,但是标准差大说明董监高的平均年龄在不同的A股上市公司之间差异较大。⑫$DIRECTOR_{i,j-1}$的均值为0.3624,中位数接近1/3,均值大于中位数,说明独董比例偏高的样本公司比较多且至少有一半的上市公司符合证监会对独董比例的要求。⑬$SEPARATION_{i,j-1}$的均值为0.7349,中位数为1,均大于0.5,说明样本上市公司大部分实现了所有权和控制权的分离。⑭$CEO_{i,j-1}$的均值、中位数都很小,说明样本上市公司总体来说高管持股比较少。⑮$SECOND_{i,j-1}$的均值大于中位数,说明大多数的A股上市公司股权比较分散,达到了股权制衡的效果。

(2) 相关性分析

A. 投资者情绪、股价崩盘风险

从表2-4中可以看出:$NCSKEW_{i,j}$与$IST_{i,j-1}$的相关系数为0.1070,在1%的统计水平下显著,由此证明基于A股的投资者情绪与上市公司未来的股价崩盘风险之间确实正相关。

表 2-4 投资者情绪、股价崩盘风险的相关性分析

变量	$NCSKEW_{i,j}$	$IST_{i,j-1}$	$SD_{i,j-1}$	$RET_{i,j-1}$	$DYRTURN_{i,j-1}$	$ROA_{i,j-1}$	$LOAR_{i,j-1}$	$SCALE_{i,j-1}$
$NCSKEW_{i,j}$	1.0000							
$IST_{i,j-1}$	0.1070***	1.0000						
$SD_{i,j-1}$	0.0114	0.3184***	1.0000					
$RET_{i,j-1}$	0.0558***	0.5267***	0.3123***	1.0000				
$DYRTURN_{i,j-1}$	-0.0177	0.1732***	0.4182***	0.0588***	1.0000			
$ROA_{i,j-1}$	0.0801***	0.1101***	-0.0244**	0.1131***	-0.0070	1.0000		
$LOAR_{i,j-1}$	-0.0653***	0.0000	0.0360***	0.0024	0.0039	-0.3726***	1.0000	
$SCALE_{i,j-1}$	-0.0650***	0.0000	-0.2504***	0.0213*	-0.0848***	0.0359***	0.3569***	1.0000

注：*，**，***分别表示在10%、5%、1%的水平下显著。

表 2-5 投资者情绪、企业过度投资水平的相关性分析

变量	$OVER_{i,j-1}$	$IST_{i,j-1}$	$GENDER_{i,j-1}$	$AVERAGE_{i,j-1}$	$DIRECTOR_{i,j-1}$	$SEPARATION_{i,j-1}$	$CEO_{i,j-1}$	$SECOND_{i,j-1}$
$OVER_{i,j-1}$	1.0000							
$IST_{i,j-1}$	0.0453***	1.0000						
$GENDER_{i,j-1}$	-0.0127	0.0177	1.0000					
$AVERAGE_{i,j-1}$	-0.0534***	-0.0105	0.1195***	1.0000				
$DIRECTOR_{i,j-1}$	-0.0275**	-0.0020	-0.0296**	0.0568***	1.0000			
$SEPARATION_{i,j-1}$	-0.0108	-0.0035	0.0489**	0.0298**	-0.0047	1.0000		
$CEO_{i,j-1}$	0.0836***	-0.0043	-0.0106	-0.0328***	0.0152	-0.0600***	1.0000	
$SECOND_{i,j-1}$	0.0426***	0.0116	0.0701***	-0.0425***	-0.0336***	0.0088	0.0350***	1.0000

注：*，**，***分别表示在10%、5%、1%的水平下显著。

表 2-6 投资者情绪、企业过度投资水平及股价崩盘风险的相关性分析

变量	$NCSKEW_{i,j}$	$IST_{i,j-1}$	$OVER_{i,j-1}$	$SD_{i,j-1}$	$RET_{i,j-1}$	$DYRTURN_{i,j-1}$	$ROA_{i,j-1}$	$LOAR_{i,j-1}$	$SCALE_{i,j-1}$
$NCSKEW_{i,j}$	1.0000								
$IST_{i,j-1}$	0.1017***	1.0000							
$OVER_{i,j-1}$	0.0379***	0.0453***	1.0000						
$SD_{i,j-1}$	0.0114	0.3184***	0.0542***	1.0000					
$RET_{i,j-1}$	0.0558***	0.5267***	0.0586***	0.3123***	1.0000				
$DYRTURN_{i,j-1}$	-0.0177***	0.1732***	0.0182	0.4182***	0.0588***	1.0000			
$ROA_{i,j-1}$	0.0801***	0.1101***	0.0762***	-0.0244***	0.1131***	-0.0070	1.0000		
$LOAR_{i,j-1}$	-0.0653***	0.0000	0.0048***	0.0360***	0.0024	0.0039	-0.3726***	1.0000	
$SCALE_{i,j-1}$	-0.0650***	0.0000	0.0249**	-0.2504***	0.0213*	-0.0848***	0.0359***	0.3569***	1.0000

注: *, **, *** 分别表示在10%、5%、1%的水平下显著。

B. 投资者情绪、企业过度投资水平及股价崩盘风险

由于模型（2-13）、（2-14）使用的控制变量不同，因而对模型（2-13）、（2-14）中的变量分别进行相关性检验。

表2-5展示了模型（2-13）的相关性检验结果。$OVER_{i,j-1}$与$IST_{i,j-1}$的相关系数为0.0453，在1%的水平下显著，说明基于A股的投资者情绪与上市公司的过度投资水平确实正相关。

从表2-6可以看出：$NCSKEW_{i,j}$与$IST_{i,j-1}$、$OVER_{i,j-1}$的相关系数分别为：0.1017、0.0379，都在1%的水平下显著，由此初步证明：基于A股的投资者情绪、上市公司过度投资水平与未来的股价崩盘风险确实正相关。

（3）回归分析

A. 投资者情绪、股价崩盘风险

表2-7 投资者情绪、股价崩盘风险的回归

变量	模型含有控制变量		模型不含控制变量	
	系数	t值	系数	t值
$IST_{i,j-1}$	0.0873***	4.07	0.1457***	8.74
$SD_{i,j-1}$	2.4093***	2.56		
$RET_{i,j-1}$	0.0665***	2.99		
$DYRTURN_{i,j-1}$	-0.0080*	-1.93		
$ROA_{i,j-1}$	1.1262***	4.82		
$LOAR_{i,j-1}$	-0.1171	-1.63		
$SCALE_{i,j-1}$	-0.0250**	-2.12		
YEAR	控制		控制	
INDUSTRY	控制		控制	
观测值数量	6734		6734	
R^2	0.1021		0.0923	
F值	23.81		26.24	

注：*，**，***分别表示在10%，5%，1%的水平下显著。

表2-7列出了模型（2-12）的回归结果，来验证假设H1的正确性。表中分别展示了考虑全部控制变量以及不考虑全部控制变量的回归结果，从而排除控制变量对于结果的影响，验证投资者情绪和股价崩盘风险的关系的纯粹性。表中因变量为$NCSKEW_{i,j}$，自变量为$IST_{i,j-1}$，控制变量为$SD_{i,j-1}$、

$RET_{i,j-1}$、$DYRTURN_{i,j-1}$、$ROA_{i,j-1}$、$LOAR_{i,j-1}$、$SCALE_{i,j-1}$。

由回归结果可知：①未考虑全部控制变量时，$IST_{i,j-1}$的回归系数为 0.1457，在 1% 水平上显著为正；考虑全部控制变量后，$IST_{i,j-1}$的回归系数为 0.0873，在 1% 水平上显著为正。无论是否考虑全部控制变量的影响，$IST_{i,j-1}$的系数始终显著为正，从而验证了 $NCSKEW_{i,j}$ 与 $IST_{i,j-1}$ 之间确实正相关。由此证明了假设 H1 的正确性。究其背后原因：机构投资者相较于个人投资者而言，其在投资经验、投资规模、投资机会等方面都存在优势，在交易时更理性，可以起到稳定市场的作用；但是我国的机构投资者占总体投资者的比例很小，很难发挥其"稳定器"的作用。个人投资者在进行投资决策的时候，常常会因为归因偏差和后知后觉偏差产生过度自信，这时的投资者坚信自己对于市场行情的分析与判断是完全正确的，并且自己选择的投资组合可以获得高回报。个人投资者又是正反馈交易者，股市处于上涨周期时，投资者情绪会相互传染，普遍高涨。投资者纷纷"追涨"，放大了引起股市上涨的因素作用，产生股价泡沫。投资者的"追涨"行为会导致股价持续上涨，股票收益继续增加。但是一段时间后，密切关注股市的投资者，即先知先觉者会意识到投资者的"羊群行为"已经导致股价偏离内在价值，股价在未来可能会下跌，会率先采取反转策略将手中的股票卖出。随着交易的继续，知情者会越来越多，该信息会迅速在市场扩散，动量效应会加速减弱。投资者对该信息产生过度反应，会使动量效应产生反转，致使泡沫破裂，股价暴跌。基于 A 股的投资者情绪确实正向作用于上市公司未来股价崩盘的风险。②$SD_{i,j-1}$、$RET_{i,j-1}$的系数分别为 2.4093、0.0665，皆在 1% 的水平上为正，符合 Joseph Chen 等（2001）的研究。由此也说明了股票收益率越高，收益率波动越大，投资者追涨、过度交易会使未来股价崩盘的概率上升。$DYRTURN_{i,j-1}$的系数为 -0.0080，在 10% 的水平上显著为负，说明若投资者对某上市公司的股票的青睐度增加，本年度的换手率会大于上年度的换手率，转投会越频繁。这样的股票通常是热门股，其流动性很强，投资者可以以市场价格随时进行交易，并且投资者的交易量不会引起这类股票价格的大起大落。$ROA_{i,j-1}$的系数为 1.1262，在 1% 的水平上显著为正，意味着投资者对于盈利能力强的股票会冲动交易，而不去考虑盈利能力是否能在长时期内保持高水平，自己能否进行价值投资。投资者的盲目行为会引起未来股价非理性暴涨暴跌的风险。

$SCALE_{i,j-1}$ 的系数为 -0.0250，在 5% 的水平上显著为正。通过一个将上市公司规模作为自变量、将流通股市值作为因变量的简单回归可以解释背后的原因：上市公司规模越大，流通股市值也越大。而我国的 A 股市场存在"规模效应"。流通股市值越大，股票的收益率也就越低，投资者对于这种类型股票的态度是保守的，因而未来股价暴涨暴跌的可能性也会降低。

B. 投资者情绪、企业过度投资水平与股价崩盘风险

本部分包含模型（2-13）、模型（2-14）两个回归。

表 2-8 列出了模型（2-13）、（2-14）的回归结果。同样也展示了包含控制变量和不包含控制变量两种回归结果。模型（2-13）中，自变量为 $IST_{i,j-1}$，因变量为 $OVER_{i,j-1}$，控制变量为 $GENDER_{i,j-1}$、$AVERAGE_{i,j-1}$、$DIRECTOR_{i,j-1}$、$SECOND_{i,j-1}$、$CEO_{i,j-1}$、$SEPARATION_{i,j-1}$。模型（14）中，自变量为 $IST_{i,j-1}$、$OVER_{i,j-1}$，因变量为 $NCSKEW_{i,j}$，控制变量为 $SD_{i,j-1}$、$RET_{i,j-1}$、$SCALE_{i,j-1}$、$ROA_{i,j-1}$、$LOAR_{i,j-1}$、$DYRTURN_{i,j-1}$。

从回归结果可以看出：①模型（2-13）中，加入控制变量前后，$IST_{i,j-1}$ 的系数皆为 0.0059，在 1% 的水平上显著为正。意味着基于 A 股的投资者情绪和上市公司的过度投资水平确实正相关。说明基于 A 股的投资者情绪越高涨，上市公司的过度投资水平也就越高。模型（2-14）中，在未加入控制变量时，$IST_{i,j-1}$、$OVER_{i,j-1}$ 的系数分别为 0.1435、0.3695，都在 1% 的水平上显著为正；在加入控制变量后，$IST_{i,j-1}$ 的系数为 0.0879，在 1% 的水平上显著为正，$OVER_{i,j-1}$ 的系数为 0.3165，在 5% 的水平上显著为正。由此说明了：基于 A 股的投资者情绪越高涨，上市公司的过度投资水平越高，未来股价发生崩盘的可能性也就越大。②$AVERAGE_{i,j-1}$ 的系数为 -0.0013，在 1% 的水平上显著。意味着上市公司董监高等人员随着年龄的增长，根据以往的经验教训，他们会偏向于保守，对于公司的投资决策更倾向于规避风险，因而公司的过度投资水平会下降。$DIRECTOR_{i,j-1}$ 的系数为 -0.0346，在 10% 的水平下显著。由此说明上市公司的独立董事对于公司的高管具有监督的作用，他们可以保证高管行事尽量不偏离股东的目标，因而可以有效减少高管过度投资的行为。$CEO_{i,j-1}$ 的系数为 0.6852，在 1% 的水平下显著。由此也验证了对于样本而言，高管持股确实具有利益趋同效应和壕沟防御效应[39]，高管持股比例和上市公司的过度投资水平具有 U 型关系。当持股比例低于一定水平时，提

高高管持股比例确实具有一定的激励作用，高管会倾向于将自己和公司看成利益共同体，为了公司的发展在投资决策上会小心谨慎，因而会降低上市公司的过度投资水平；但是一旦高管的持股比例达到大股东的水平，其他中小股东无法对其进行有效约束时，上市公司基本上由高管一手掌控，高管有动机也有条件适应投资者高涨的情绪，追加上市公司的投资并且进行过度投资。$SECOND_{i,j-1}$的系数为0.0351，在1%的水平下显著。说明上市公司的股权制衡越严重，股权相对而言比较分散，这时上市公司在高管的控制下更有迎合投资者的动机，做出过度投资的行为。

综合分析模型（2-12）、（2-13）、（2-14）的回归结果，得出：①模型（2-12）中，$IST_{i,j-1}$的系数β显著为正，按中介效应立论。②模型（2-13）、模型（2-14）中$IST_{i,j-1}$、$OVER_{i,j-1}$的系数β_0、β_2显著为正，认为存在显著的间接效应。③模型（2-14）中$IST_{i,j-1}$的系数β_1显著为正，说明存在显著的直接效应，不存在完全的中介效应。④β_0、β_2与β_1的符号皆为正，则部分中介效应存在。在不考虑全部控制变量时，中介效应占总效应的比例为0.0150；在控制全部变量时，中介效应占总效应的比例为0.0214。由此说明基于A股的投资者情绪对上市公司未来的股价崩盘风险的作用有一部分是通过上市公司的过度投资水平作为中介发挥出来的，上市公司过度投资水平的中介效应存在，从而验证了假设H2的合理性。

综合回归结果进行分析：上市公司的高管没有对投资者的控制权，当两者的情绪产生失调时，高管会调整自己的情绪，去适应投资者的情绪。表现为投资者情绪高涨，高管情绪也会高涨，从而高估公司未来的收益，低估公司未来的潜在风险，做出兼具风险和不确定性的投资决策。而决策的风险和不确定性越大，高管情绪对决策的影响越大。高管越是乐观，越会扩大公司的投资规模，提高公司的投资水平。在两权分离的情况下，上市公司高管和股东两者的效用函数存在很大差异，高管出于自身利益考虑，在提高公司投资水平的时候，会更多地投资于一些净现值为负的项目，虽然可能获得高收益，但是也伴随着高风险。而高管担心股东维权影响自己的职场地位，会将投资受损的消息隐瞒，致使企业内部负面信息不断积累。过度自信的高管还会认为自己有能力解决投资中的问题，会将净现值为负的项目继续下去。一方面市场上企业扩大投资的利好消息会抬高股价，致使股价产生泡沫，另一方面企业内部负面信息积累太多,增加了股价暴跌的隐患。一旦项目终止,企业投资受损的消息会集中暴露,致使泡沫破裂,股价暴跌。

表2-8 投资者情绪、企业投资过度投资水平与股价崩盘风险的回归

变量	模型(2-13)		模型(2-14)	
	含有控制变量	不含控制变量	含有控制变量	不含控制变量
	系数	系数	系数	系数
$IST_{i,j-1}$	0.0059*** (3.71)	0.0059*** (3.73)	0.0879*** (4.08)	0.1435*** (8.61)
$OVER_{i,j-1}$			0.3165** (2.48)	0.3695*** (2.90)
$SD_{i,j-1}$			2.3367** (2.48)	
$RET_{i,j-1}$			0.0645*** (2.90)	
$DYRTURN_{i,j-1}$			-0.0080* (-1.93)	
$ROA_{i,j-1}$			1.0861*** (4.64)	
$LOAR_{i,j-1}$			-0.1217*** (-1.70)	
$SCALE_{i,j-1}$			-0.0259** (-2.19)	
$GENDER_{i,j-1}$	-0.0055 (-0.52)			
$AVERAGE_{i,j-1}$	-0.0013*** (-3.49)			
$DIRECTOR_{i,j-1}$	-0.0346* (-1.76)			
$SEPARATION_{i,j-1}$	-0.0006 (-0.25)			
$CEO_{i,j-1}$	0.6852*** (6.60)			

续表

变量	模型（2-13）		模型（2-14）	
	含有控制变量	不含控制变量	含有控制变量	不含控制变量
	系数	系数	系数	系数
$SECOND_{i,j-1}$	0.0351*** (2.60)			
YEAR	控制	控制	控制	控制
INDUSTRY	控制	控制	控制	控制
观测值数量	6734	6734	6734	6734
R^2	0.0205	0.0101	0.1029	0.0935
F值	4.38	2.62	23.29	25.61

注：*，**，***分别表示在10%，5%，1%的水平下显著；括号内的值为t值；由于保留了4位小数，导致$IST_{i,j-1}$在加入其他控制变量前后的系数相同，真实的系数为：0.0058852、0.0059446。

2.4.5 稳健性检验

（1）重新构造投资者情绪

前文投资者情绪指标的构造采用前三个主成分，稳健性检验采用前两个主成分。

A. 投资者情绪、股价崩盘风险

表2-9 投资者情绪、股价崩盘风险的回归

变量	模型含有控制变量		模型不含控制变量	
	系数	t值	系数	t值
$IST_{i,j-1}$	0.0715***	4.16	0.1157***	8.69
$SD_{i,j-1}$	2.2386**	2.36		
$RET_{i,j-1}$	0.0705***	3.25		
$DYRTURN_{i,j-1}$	-0.0092**	-2.21		
$ROA_{i,j-1}$	1.1090***	4.74		
$LOAR_{i,j-1}$	-0.1170	-1.63		
$SCALE_{i,j-1}$	-0.0254**	-2.16		
YEAR	控制		控制	
INDUSTRY	控制		控制	
观测值数量	6734		6734	

续表

变量	模型含有控制变量		模型不含控制变量	
	系数	t 值	系数	t 值
R^2	0.1022		0.0922	
F 值	23.83		26.21	

注：*，**，***分别表示在10%，5%，1%的水平下显著。

由表2-9可知：不考虑其他控制变量时，$IST_{i,j-1}$的回归系数为0.1157，在1%的水平上显著为正；考虑全部控制变量后，$IST_{i,j-1}$的回归系数为0.0715，在1%的水平上显著为正。无论是否考虑全部控制变量的影响，$IST_{i,j-1}$的系数始终显著为正，从而验证了$NCSKEW_{i,j}$与$IST_{i,j-1}$的正相关关系。

B. 投资者情绪、企业过度投资水平及股价崩盘风险

由表2-10可知，模型（2-13）中，加入控制变量前后，$IST_{i,j-1}$的系数皆为0.0055，在1%的水平上显著为正。模型（2-14）中，未控制其他变量时，$IST_{i,j-1}$、$OVER_{i,j-1}$的系数分别为0.1138、0.3620，都在1%的水平上显著为正；控制所有变量后，$IST_{i,j-1}$的系数为0.0712，在1%的水平上显著为正，$OVER_{i,j-1}$的系数为0.3116，在5%的水平上显著为正。结合模型（2-12）的回归结果即可验证企业过度投资水平的中介效应。

表2-10　投资者情绪、企业投资过度投资水平与股价崩盘风险的回归

变量	模型（2-13）		模型（2-14）	
	含有控制变量	不含控制变量	含有控制变量	不含控制变量
	系数	系数	系数	系数
$IST_{i,j-1}$	0.0055*** (4.36)	0.0055*** (4.32)	0.0712*** (4.15)	0.1138*** (8.54)
$OVER_{i,j-1}$			0.3116** (2.44)	0.3620*** (2.84)
$SD_{i,j-1}$			2.1727** (2.29)	
$RET_{i,j-1}$			0.0688*** (3.17)	
$DYRTURN_{i,j-1}$			-0.0092** (-2.20)	

续表

变量	模型 (2-13) 含有控制变量 系数	模型 (2-13) 不含控制变量 系数	模型 (2-14) 含有控制变量 系数	模型 (2-14) 不含控制变量 系数
$ROA_{i,j-1}$			1.0698*** (4.56)	
$LOAR_{i,j-1}$			-0.1216* (-1.69)	
$SCALE_{i,j-1}$			-0.0262** (-2.22)	
$GENDER_{i,j-1}$	-0.0061 (-0.58)			
$AVERAGE_{i,j-1}$	-0.0013*** (-3.44)			
$DIRECTOR_{i,j-1}$	-0.0351* (-1.78)			
$SEPARATION_{i,j-1}$	-0.0007 (-0.26)			
$CEO_{i,j-1}$	0.6827*** (6.57)			
$SECOND_{i,j-1}$	0.0371*** (2.75)			
YEAR	控制	控制	控制	控制
INDUSTRY	控制	控制	控制	控制
观测值数量	6734	6734	6734	6734
R^2	0.0213	0.0108	0.1030	0.0933
F 值	4.55	2.80	23.31	25.56

注：*，**，***分别表示在10%，5%，1%的水平下显著；括号内的值为 t 值；由于保留了4位小数，导致 $IST_{i,j-1}$ 在加入其他控制变量前后的系数相同，真实的系数为：0.0055306、0.0054995。

(2) 重新计算股价崩盘风险

稳健性检验计算 $NCSKEW_{i,j}$ 尝试不考虑现金红利再投资。由于周收益率发生变化，所以 $SD_{i,j-1}$、$RET_{i,j-1}$ 也需要重新计算。

第2章 // 投资者情绪对股价崩盘风险的影响研究

A. 投资者情绪、股价崩盘风险

由表2-11可知：控制其他因素前后，$IST_{i,j-1}$的回归系数分别为0.1461、0.0874，皆在1%的水平上显著为正。从而验证了$NCSKEW_{i,j}$与$IST_{i,j-1}$的正相关关系。

表2-11 投资者情绪、股价崩盘风险的回归

变量	模型含有控制变量		模型不含控制变量	
	系数	t值	系数	t值
$IST_{i,j-1}$	0.0874***	4.08	0.1461***	8.77
$SD_{i,j-1}$	2.4083***	2.56		
$RET_{i,j-1}$	0.0671***	3.02		
$DYRTURN_{i,j-1}$	-0.0080*	-1.93		
$ROA_{i,j-1}$	1.1262***	4.82		
$LOAR_{i,j-1}$	-0.1176	-1.64		
$SCALE_{i,j-1}$	-0.0251**	-2.13		
YEAR	控制		控制	
INDUSTRY	控制		控制	
观测值数量	6734		6734	
R^2	0.1040		0.0943	
F值	24.32		26.85	

注：*，**，***分别表示在10%，5%，1%的水平下显著。

B. 投资者情绪、企业过度投资水平及股价崩盘风险

模型（2-13）的回归没有发生变化，因此，本部分只展示模型（2-14）的回归。

从表2-12可以看出，尚未控制其他因素时，$IST_{i,j-1}$、$OVER_{i,j-1}$的系数分别为0.1438、0.3719，皆在1%的水平上显著为正；在控制全部变量后，$IST_{i,j-1}$的系数为0.0875，在1%的水平上显著为正；$OVER_{i,j-1}$的系数为0.3189，在5%的水平上显著为正。结合前文模型（2-12）、模型（2-13）的回归结果，即可验证企业过度投资水平的中介效应。

表 2-12　投资者情绪、企业过度投资水平及股价崩盘风险的回归

变量	模型含有控制变量		模型不含控制变量	
	系数	t 值	系数	t 值
$IST_{i,j-1}$	0.0875***	4.09	0.1438***	8.63
$OVER_{i,j-1}$	0.3189**	2.50	0.3719***	2.92
$SD_{i,j-1}$	2.3352**	2.48		
$RET_{i,j-1}$	0.0651***	2.92		
$DYRTURN_{i,j-1}$	-0.0080*	-1.93		
$ROA_{i,j-1}$	1.0858***	4.64		
$LOAR_{i,j-1}$	-0.1223*	-1.70		
$SCALE_{i,j-1}$	-0.0259**	-2.20		
YEAR	控制		控制	
INDUSTRY	控制		控制	
观测值数量	6734		6734	
R^2	0.1049		0.0954	
F 值	23.79		26.20	

注：*，**，***分别表示在10%，5%，1%的水平下显著。

(3) 采用随机效应回归

正文部分展示了混合回归的结果，稳健性检验采用随机效应回归。

A. 投资者情绪、股价崩盘风险

表 2-13　投资者情绪、股价崩盘风险的回归

变量	模型含有控制变量		模型不含控制变量	
	系数	z 值	系数	z 值
$IST_{i,j-1}$	0.0673***	6.23	0.0954***	9.51
$SD_{i,j-1}$	2.3306**	2.52		
$RET_{i,j-1}$	0.0936***	4.78		
$DYRTURN_{i,j-1}$	-0.0030	-0.74		
$ROA_{i,j-1}$	0.7892***	3.27		
$LOAR_{i,j-1}$	-0.1594**	-2.22		
$SCALE_{i,j-1}$	-0.0216*	-1.84		
YEAR	控制		控制	
INDUSTRY	控制		控制	

续表

变量		模型含有控制变量		模型不含控制变量	
		系数	z值	系数	z值
观测值数量		6734	6734		
R^2	within	0.1002		0.0958	
	between	0.1675		0.0928	
	overall	0.1050		0.0942	

注：*，**，***分别表示在10%，5%，1%的水平下显著。

由表2-13可知：控制其他因素前后，$IST_{i,j-1}$的回归系数分别为0.0954、0.0673，皆在1%的水平上显著为正。从而验证了$NCSKEW_{i,j}$与$IST_{i,j-1}$的正相关关系。

B. 投资者情绪、企业过度投资水平及股价崩盘风险

表2-14 投资者情绪、企业过度投资水平与股价崩盘风险的回归

变量	模型（2-13）		模型（2-14）	
	含有控制变量	不含控制变量	含有控制变量	不含控制变量
	系数	系数	系数	系数
$IST_{i,j-1}$	0.0034*** (3.37)	0.0036*** (3.49)	0.0673*** (6.23)	0.0943*** (9.40)
$OVER_{i,j-1}$			0.3144** (2.47)	0.3748*** (2.94)
$SD_{i,j-1}$			2.2606** (2.44)	
$RET_{i,j-1}$			0.0917*** (4.69)	
$DYRTURN_{i,j-1}$			-0.0030 (-0.73)	
$ROA_{i,j-1}$			0.7495*** (3.10)	
$LOAR_{i,j-1}$			-0.1640** (-2.28)	
$SCALE_{i,j-1}$			-0.0224* (-1.91)	

续表

变量		模型 (2-13)		模型 (2-14)	
		含有控制变量	不含控制变量	含有控制变量	不含控制变量
		系数	系数	系数	系数
$GENDER_{i,j-1}$		0.0036 (0.31)			
$AVERAGE_{i,j-1}$		-0.0013*** (-3.15)			
$DIRECTOR_{i,j-1}$		-0.0359* (-1.71)			
$SEPARATION_{i,j-1}$		-0.0010 (-0.41)			
$CEO_{i,j-1}$		0.7684*** (6.87)			
$SECOND_{i,j-1}$		0.0400*** (2.64)			
YEAR		控制	控制	控制	控制
INDUSTRY		控制	控制	控制	控制
观测值数量		6734	6734	6734	6734
R^2	within	0.0190	0.0065	0.1008	0.0967
	between	0.0478	0.0345	0.1706	0.0959
	overall	0.0195	0.0093	0.1059	0.0954

注：*，**，***分别表示在10%，5%，1%的水平下显著；括号内的值为 z 值。

由表2-14可知，模型（2-13）中，加入控制变量前后，$IST_{i,j-1}$ 的系数分别为0.0036、0.0034，皆在1%的水平上显著为正。模型（2-14）中，未控制其他变量时，$IST_{i,j-1}$、$OVER_{i,j-1}$ 的系数分别为0.0943、0.3748，都在1%的水平上显著为正；控制所有变量后，$IST_{i,j-1}$、$OVER_{i,j-1}$ 的系数分别为0.0673、0.3144，分别在1%、5%的水平上显著为正。结合模型（2-12）的回归结果，即可验证企业过度投资水平的中介效应。

2.5 结论

经过实证分析，本章得出以下结论。

第一，在不同时期，在其他因素不变时，基于A股的投资者情绪正向作用于未来股价崩盘的风险。我国个人投资者和机构投资者数量是非对称的，且个人投资者数量远远大于机构投资者，以致个人投资者在交易时的非理性造成的负面影响大于机构投资者对市场的稳定作用。在进行投资决策分析时，投资者认知上会产生归因偏差和后知后觉偏差，在行为上会表现出过度自信并且产生过度交易。投资者又是正反馈交易者，市场中的股价上涨会刺激投资者的情绪普遍高涨，过多的投资者进行投机活动，纷纷追涨，从而产生泡沫。投资者的"羊群行为"使得股票收益持续增加，股价持续走高，但是市场中的先知先觉者会发现股价的虚高，意识到未来股价会下跌，会及时采取反转策略，进行反向交易。而投资者过度反应，会使反转加快，致使股价暴跌，泡沫破裂。

第二，在不同时期，A股上市公司的过度投资水平在投资者情绪对未来股价崩盘风险的作用过程中充当了部分中介的角色。对于投资者来说，上市公司的高管是一个"适应者"而不是"控制者"。出现情绪冲突时，高管会主动调整自己的情绪实现和投资者的一致性。市场上看好上市公司，高管也会乐观，从而高估公司未来的收益，低估公司未来的风险。高管的乐观，一方面会扩大上市公司的投资规模，提高投资水平，另一方面也会加剧过度投资。虽然短期内可能获得高收益，但是风险很大。而且高管为了防止股东的联合抵制，影响自己的职场地位，会将投资受损的消息隐瞒，致使公司内部负面信息积累。公司的高管还会因为自己的过度自信将净现值为负的项目继续下去，而在市场上扩大投资作为利好消息会抬高股价，致使股价虚高。一旦项目终止，公司投资受损的消息会集中暴露，在投资者恐慌心理的作用下，股价暴跌。

本章不仅考察了投资者情绪与股价崩盘风险的内在关联，而且理清了上市公司的过度投资水平在其中发挥的中介作用，理论上可以丰富投资者情绪、股价崩盘风险、企业投资方面的研究，实践中可以为解决股市崩盘问题提供切入的思路。

本章小结

投资者情绪的高涨或者低迷不仅会使股票偏离其内在价值，而且还会对企业的投资行为造成影响。但是，股票偏离内在价值之后会发生暴涨暴跌，企业的过度投资也会加剧个股未来崩盘的可能性。投资者情绪是否正向作用于个股未来崩盘的风险，而企业的过度投资在其中发挥怎样的作用，这是值得思考的问题。本章以2004年之前上市的A股公司为样本，以2006—2018年为研究区间，运用递归模型从企业过度投资的中介效应角度考察了投资者情绪对股价崩盘风险的作用机制。研究发现：①投资者情绪与股价崩盘风险正相关。投资者情绪越高涨，未来股价崩盘风险越大。②企业的过度投资水平在投资者情绪到股价崩盘风险的传导过程中发挥着部分中介作用。投资者情绪越高涨，企业过度投资水平就越高，未来股价崩盘风险越大。本章的结论丰富了投资者情绪、企业投资及股价崩盘风险等领域的研究，对于如何引导投资者理性投资、抑制实体经济过热投资、降低股价崩盘风险及促进金融市场良性发展具有实践指导意义。

参考文献

[1] 江轩宇，许年行．企业过度投资与股价崩盘风险[J]．金融研究，2015(8)：141-158．

[2] 花贵如，刘志远，许骞．投资者情绪、管理者乐观主义与企业投资者行为[J]．金融研究，2011(9):179-191．

[3] J. Bradford De Long, Andrei Shleifer, Lawrence H. Summers, et al. Noise Trader Risk in Financial Markets[J]. Journal of Political Economy, 1990, 98(4) : 703-738.

[4] 刘维奇，刘新新．个人和机构投资者情绪与股票收益——基于上证A股市场的研究[J]．管理科学学报，2014，17(3)：71-87．

[5] 余佩琨，钟瑞军．个人投资者情绪能预测市场收益率吗[J]．南开管理评论，2009，12(1)：96-101．

[6] 池丽旭，庄新田．我国投资者情绪对股票收益影响——基于面板数据的研究[J]．管理评论，2011，23(6)：41-48．

[7] 部慧，解峥，李佳鸿．基于股评的投资者情绪对股票市场的影响[J]．管理科学学

报, 2018, 21(4): 87-100.

[8] Soon-Ho Kim, Dongcheol Kim. Investor Sentiment from Internet Message Postings and Predictability of Stock Returns[J]. Journal of Economic Behavior and Organization, 2014, 107(4): 708-729.

[9] 王春. 投资者情绪对股票市场收益和波动的影响——基于开放式股票型基金资金净流入的实证研究[J]. 中国管理科学, 2014, 22(9): 50-56.

[10] 池丽旭, 张广胜, 庄新田, 等. 投资者情绪指标与股票市场——基于扩展卡尔曼滤波方法的研究[J]. 管理工程学报, 2012, 26(3): 122-128.

[11] 高大良, 刘志峰, 杨晓光. 投资者情绪、平均相关性与股市收益[J]. 中国管理科学, 2015, 23(2): 11-20.

[12] Jianfeng Yu, Yu Yuan. Investor Sentiment and the Mean-Variance Relation[J]. Journal of Financial Economics, 2011(2): 367-381.

[13] Malcolm Baker, Jeremy C. Stein, Jeffrey Wurgler. When Does the Market Matter? Stock Prices and the Investment of Equity-Dependent Firms[J]. The Quarterly Journal of Economics, 2003(8): 969-1005.

[14] Christopher Polk, Paola Sapienza. The Stock Market and Corporate Investment: A Test of Catering Theory[J]. The Review of Financial Studies, 2009, 22(1): 187-217.

[15] 张庆, 朱迪星. 投资者情绪、管理层持股与企业实际投资[J]. 南开管理评论, 2014, 17(4): 120-127.

[16] 花贵如, 郑凯, 刘志远. 政府控制、投资者情绪与公司资本投资[J]. 管理评论, 2014, 26(3): 53-60.

[17] 刘志远, 靳光辉. 投资者情绪与公司投资效率——基于股东持股比例及两权分离调节作用的实证研究[J]. 管理评论, 2013, 25(5): 82-91.

[18] 彭俞超, 倪骁然, 沈吉. 企业"脱实向虚"与金融市场稳定——基于股价崩盘风险的视角[J]. 经济研究, 2018(10): 50-66.

[19] 许年行, 于上尧, 伊志宏. 机构投资者羊群行为与股价崩盘风险[J]. 管理世界, 2013(7): 31-43.

[20] Heng An, Ting Zhang. Stock Price Synchronicity, Crash Risk, and Institutional Investors[J]. Journal of Corporate Finance, 2013(21): 1-15.

[21] Jeffrey L. Callen, Xiaohua Fang. Institutional Investor Stability and Crash Risk: Monitoring versus Short-Termism?[J]. Journal of Banking and Finance, 2013, 37(8): 3047-3063.

[22] 权小锋, 尹洪英. 风险投资持股对股价崩盘风险的影响研究[J]. 科研管理,

2017,38(12): 89-98.

[23]Liyun Zhou, Jialiang Huang. Investor Trading Behaviour and Stock Price Crash Risk[J]. International Journal of Finance and Economics, 2019, 24(1): 227-240.

[24]丁慧,吕长江,陈运佳. 投资者信息能力:意见分歧与股价崩盘风险——来自社交媒体"上证e互动"的证据[J]. 管理世界,2018(9): 161-171.

[25]Terrance Odean. Are Investors Reluctant to Realize Their Losses?[J]. The Journal of Finance, 1998(11): 1775-1797.

[26]李志文,余珮琨,杨靖. 机构投资者与个人投资者羊群行为的差异[J]. 金融研究,2010(11): 77-89.

[27]舒建平,肖契志,王苏生. 动量效应与反转效应的演化:基于深圳A股市场的实证[J]. 管理评论,2012,24(1): 52-57.

[28]J. B. Heaton. Managerial Optimism and Corporate Finance[J]. Financial Management · Summer, 2002(25): 33-45.

[29]R. David McLean, Mengxin Zhao. Investor Sentiment and Real Investment[R]. Social Science Electronic Publishing, 2010(3): 1-42.

[30]John R. Nofsinger. Social Mood and Financial Economics [J]. Journal of Behavioral Finance, 2005, 6(3): 144-160.

[31]姜付秀,张敏,陆正飞. 管理者过度自信、企业扩张与财务困境[J]. 经济研究,2009(1): 131-143.

[32]Joseph Chen, Harrison Hong, Jeremy C. Stein. Forecasting Crashes: Trading Volume, Past Returns, and Conditional Skewness in Stock Prices[J]. Journal of Financial Economics, 2001, 61(3): 345-381.

[33]孟庆斌,侯德帅,汪叔夜. 融券卖空与股价崩盘风险——基于中国股票市场的经验证据[J]. 管理世界,2018(4): 40-54.

[34]叶康涛,刘芳,李帆. 股指成份股调整与股价崩盘风险:基于一项准自然实验的证据[J]. 金融研究,2018(3): 172-189.

[35]Malcolm Baker, Jeffrey Wurgler. Investor Sentiment and the Cross-Section of Stock Returns[J]. The Journal of Finance, 2006, 61(6):1645-1680.

[36]陆静,裴饴军,吴琴琴. 投资者情绪影响香港股票市场吗?[J]. 系统工程理论与实践,2017,37(1): 81-90.

[37]Scott Richardson. Over-investment of Free Cash Flow[J]. Review of Accounting Studies, 2006(11): 159-189.

[38] 温忠麟,叶宝娟. 中介效应分析:方法和模型进展[J]. 心理科学进展,2014,22(5):731-745.

[39] 梅世强,位豪强. 高管持股:利益趋同效应还是壕沟防御效应——基于创业板上市公司的实证分析[J]. 科研管理,2014,35(7):117-123.

第3章
信息冲击对牛熊市场的非对称影响

3.1 引言

股票市场是宏观经济的"晴雨表",股市稳定不仅对市场自身发展影响重大,而且关系到系统性金融安全。但金融监管机构面对股票市场的异常波动往往表现得过于被动,监管政策要么会加剧市场的波动,要么收效甚微。所以将信息有效量化,研究信息对大盘指数冲击可以充分认识到大盘指数在不同的市场态势下的非对称反应。研究结论对监管者识别监管效果和把握政策出台时机以及促进股市健康稳定运行亦有一定的帮助。

目前为止,人们所发现的股票市场非对称反应类型有两种:一种是杠杆效应(Leverage Effect),即市场预期收益与波动负相关,市场倾向于放大利空消息,缩小利好消息;另一种是非对称反转效应,即市场预期收益与波动正相关,市场倾向于放大利好消息,缩小利空消息[1]。杠杆效应在发达国家股票市场广泛存在。相对于正向信息冲击,同等幅度负向信息冲击所引发的股价波动更大,如美国、加拿大和法国市场[2]。Engle 和 Ng(1993)研究日经指数 1980—1988 年的日交易数据,实证结果表明 GIR – GARCH 模型具有较优的估计效果,日本股票市场波动模式亦存在杠杆效应[3]。但另外一些学者认为包括美国、英国和日本在内的 6 个国家股票市场表现的特征属于非对称反转效应。Fornari 和 Mete(1997)研究了 6 个不同国家的股票市场数据,发现 VS – LARCH 模型捕捉到股票市场中存在非对称反转效应[4]。简言之,国外学者关于股市波动非对称性的研究结论存在一定争议。

关于股市对信息冲击的反应，国内学者的研究结论亦不尽相同。在影响股市波动的众多因素中，政策因素是造成股市异常波动的首要因素[5]。根据政策因素影响股票市场的途径，可将影响股市波动的政策因素分为影响证券供需和影响投资者预期及领导人重要讲话三个类型[15]。祖磊（2011）和王明涛（2012）引入政策虚拟变量做线性分析得出牛市行情下，市场对利空性政策的反应更为明显的结论，牛市行情下出台利空性政策，政策效果较优。王永宏（2001）研究了深沪两市1993年以前上市的所有股票与货币政策的相关性，发现中国股市只存在反应过度现象，不存在反应不足现象。并且深沪股票市场呈现出阶段性的收益反转现象[33]。无论出台宽松的货币政策还是紧缩性货币政策，股民往往倾向于过度解读，导致股票价格异常波动。影响证券供给和需求的融资融券制度与股市波动之间也存在显著的正相关性[18]，沪指面对负向信息冲击时，表现出明显的杠杆效应。

研究股市波动性的文章中较多采取条件异方差类模型，但在刻画股市波动非对称这一特征时，非对称随机波动模型（ASV）比条件异方差模型有更好的拟合效果。所以王亮（2010）在借鉴已有文章经验后改进研究方法，以1997年为界，利用非对称随机波动（ASV）模型，对我国沪深市场波动性反应模式进行研究。最终得出1997年后市场波动反应具有杠杆效应，且非对称反应强度随着时间的推移逐渐减小的结论。

股票市场本身在不同的行情下就可能呈现不同的反应状态，何兴强和李涛（2007）考虑到了这一点，首次考察了不同市场态势下收益和波动的非对称反应。通过构建 ANST–GARCH（M）–CED模型，得出牛熊市阶段市场对坏消息都反应过度，牛市阶段对好消息都反应不足的结论。何兴强和李涛得出的熊市阶段投资者在利好消息刺激下会迅速"减仓"这一分析过程，从前景理论和实际情况等角度看，结论解释略显不恰当。其仅以残差的正负量化利好信息和利空信息的方法于理无据，相比较而言，谢海滨（2015）在其一系列文章中量化利好信息及利空信息的分解收益率的方法更为恰当。已知本期资产价格受到本期利好信息和利空信息以及上1期资产价格共同影响，而本期资产价格上涨的部分由利好信息引致，本期资产价格下降的部分由利空信息引致，因此高低价格极值收益率做差可量化利好信息及利空信息。谢海滨（2015）应用收益率分解方式最终得出沪市存在放大利空信息和缩小利好信息这一现象的结论[36]，中国股市存在明显的杠杆效应。

上一段提到的学者均认为中国股票市场显现出杠杆效应的特征，而高雷和曹永峰（2006）采用灰色关联分析法却得出相反的结论。他们认为中国股市在面对利好性政策和利空政策时，利好政策对股市的冲击要比利空政策对股市的冲击更明显。何诚颖、陈锐和蓝海萍（2014）从行为金融学视角也得出相同的结论。基于中国市场投资者结构与行为特征，构建信息质量模型，系统研究投资者在非持续性过度自信行为模式下股票市场的反转效应。结果表明，股市整体表现出非对称的反转效应。其中投资者过度自信是投资者放大利好信息，过滤利空信息的主要原因，且信息的质量越高，投资者非持续性过度自信程度越低，股市的反转效应越弱[45]。投资者关注在股市周期的不同阶段也会出现有差异的波动。与熊市相比，关注程度对信息解读的影响在牛市阶段会进一步放大[47]。沪深市场不完善的市场机制也会进一步加剧投资者在牛市行情中的过度反应，进而导致牛市行情中波动正向非对称性[32]。学者陆蓉和徐龙炳创建"信息效应曲线"亦得出与何诚颖和刘玉辉等（2003）一致的结论，认为中国股票市场存在非对称反转效应。

综合国内外研究现状，我们发现关于信息对股票市场冲击的国内外研究结论大体呈现为两类：股票市场存在杠杆效应和股票市场存在非对称反转效应。大多数文章借助于实证研究，利用计量经济学模型和行为金融学模型，研究信息传递机理，最终得出中国股票市场波动的非对称性结论。尽管众多学者得出的研究结论存在一定的差异，但以往文章在模型选择及理论分析方法方面均值得我们学习和借鉴。

从研究方法上看，早期文献多采用条件异方差模型和非对称随机波动模型等研究股市波动的非对称性，但实证结果并没有直观地表现出利好信息和利空信息在市场中具体的持续时间和冲击程度的不同。另外，大多数文献局限于对股票市场整体样本进行研究，而没有考察在不同市场态势下中国股票市场的表现状况。所以本章在不同的市场态势下，采取 VAR 模型及脉冲响应分析模型来观察利好信息和利空信息在股票市场中的持续时间和冲击程度大小。

从信息量化方式上看，大多数学者从单个政策对市场的影响结果推及信息对市场冲击的结论略显片面。而影响股市波动的因素既包括政策性因素、宏观经济状况和媒体文章等宏观因素，还包括公司现状和投资者心理预期等微观因素。所以本章基于中国股票市场弱式有效的结论，构建了累计利空收益、累计利好收益和集合竞价收益三个模型变量。以累计利空收益量化利空信息，以累计利好收益量化利好信息，以集合竞价收益量化隔夜信息，由此解决了信息冲击因素无法量化的问题。

综上所述，本章完善了在样本、市场区分和信息量化等方面存在的一些问题。将上证综指作为研究对象，借鉴参数法划分牛市和熊市两个市场态势，将构造的时间序列分别置于牛市和熊市后进行实证分析。在借鉴以往研究的基础上，进一步分析了信息冲击对牛熊市场的非对称影响。

3.2 实证分析

在本节，首先介绍相关理论，在此基础上提出研究假设。

3.2.1 数据处理

上证综指是中国最早发布的指数，指数样本包括上交所全部上市公司，能够很好地衡量我国股票市场的发展状况，故而本章选择上证综合指数作为研究对象。为对比不同市场状态下股票市场的非对称反应，数据需跨度涵盖近两次的牛市熊市的波动。2006年4月19日上证综指正式进入大牛市的起点，所以数据范围是2006年4月—2017年12月的上证综指每日数据。

数据样本需要被划分牛市熊市两类阶段。根据四个时间门限值将原样本划分为五个子区间。诊断股票市场的牛熊市周期，基础方法分为两类。一类是参数法，根据股票市场若干显著性指标绝对量或相对量的大小，如通过股票流通市值的大小和交易量大小来确定牛市熊市的划分。如雷鸣（2007）、陈收（2008）和祖磊（2011）根据涨跌幅情况直接将2000—2010年的10年数据划分市场为上升和调整两个阶段。另一类划分方法是非参数法，非参数法的关键在于寻找序列从扩张转为收缩及从收缩转为扩张时的波峰和波谷[32]。如高雷（2006）和顾锋娟（2013）以艾略特波浪理论为基础，结合我国股市发展波动的特点和政策干预制度变迁的特征，把总样本分为牛市阶段（上升阶段）和熊市阶段（下降阶段）。

对比划分结果发现,虽然牛市熊市的判定方法有很多种,但是最后的划分区间却大同小异。本章采用参数法,参考日累计涨跌幅幅度指标,同时考虑样本容量的大小,将样本分为如表3-1所示的五个阶段。

表3-1 样本分段

第一阶段	第二阶段	震荡阶段	第三阶段	第四阶段
2006.01—2007.10	2007.10—2010.01	2010.01—2014.3	2014.3—2015.06	2015.06—2017.12

第一阶段,牛市阶段(2006-01-19—2007-10-16),如图3-1所示。从累计涨跌幅超过20%及指数峰谷等指标看,2006年1月19日是上升走势的起点。故时段起点为2006年1月19日,时段终点为2007年10月16日,从1900点至2007年6000点,上涨约500%。

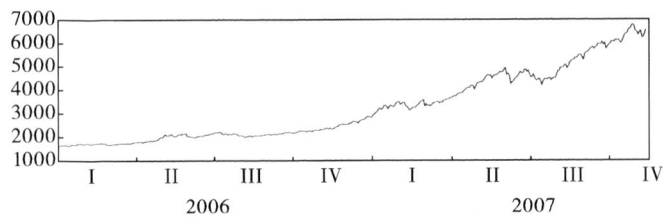

图3-1 第一阶段上证综指走势

第二阶段,熊市阶段(2007-10-01—2010-01-08),如图3-2所示。2007年10月下旬—2008年10月28日,上证综指一路下跌,跌至1671点,跌幅超过72%。为更好地拟合累计利好及利空信息在牛市阶段的非对称影响,需要适当扩充样本容量。熊市阶段数据样本为时间跨度为2007年10月8日—2010年1月8日,样本容量为556。

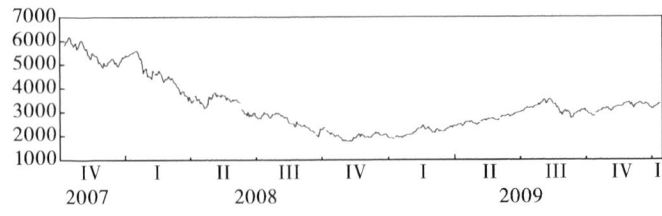

图3-2 第二阶段上证综指走势

震荡阶段，(2010-01-09—2014-03-21)，如图3-3所示。震荡期间内股票市场未出现大幅度的上涨或者大幅度下跌的异常波动情况，日累计涨跌幅低于20%，不符合牛市熊市的区间的划分标准。而研究信息冲击对牛熊市的非对称影响是本文的重点，所以本章在实证分析部分仅选取了一、三两个牛市阶段和二、四两个熊市阶段作为研究对象。

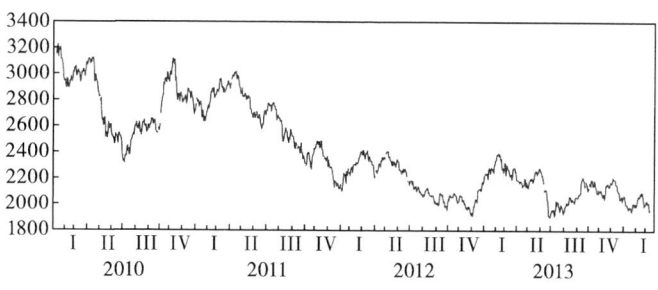

图3-3 震荡阶段上证综指走势图

第三阶段，牛市阶段（2014-03-21—2015-06-15），如图3-4所示。从累计涨跌幅超过20%及指数波峰和波谷等指标看，大牛市从2014年11月3日起。2014年3月21日，1993点收盘是上升走势的起点。为更好地拟合累计利好及利空信息在牛市阶段的非对称影响，适当扩充样本容量。时间序列起点为2014年3月21日，时段终点为2015年6月15日。上证综指指数点位从1993点至第二年的5174点，上涨约160%。

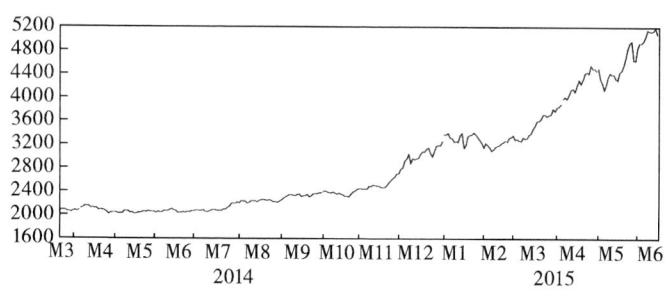

图3-4 第三阶段上证综指走势

第四阶段，熊市阶段（2015-06-15—2017-12-31），如图3-5所示。2015年6月下旬—2016年1月28日，上证综指跌至2655点，跌幅超过20%。本次熊市的终结点与上一次熊市的终结点并不相同，结合实际状况不难解释这一现象。从法律法规、互联网普及程度和信息获取渠道等方面看，2008年市场各方面条件都比现在差。所以2007年的熊市从6000点一路下降至1900点，而2015年牛市从5000多点下降至3000多点后即开始震荡。

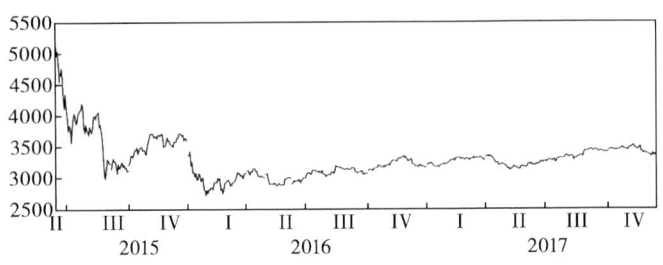

图3-5 第四阶段上证综指走势

3.2.2 实证变量解释

本章的研究重点在于分析不同的市场状态下，刺激性和规范性信息对股票市场的非对称影响。股票市场的预测及分析通常建立在技术面分析和基本面分析的基础上，所以我们可将当期的股票价格表述为前1期股票价格与当期信息冲击的结合体。本章基于中国股票市场"弱式有效"，股票市场所有过去的信息会完全反映在上1期期末的资产价格当中这一结论，将当期股票价格表述为前1期资产价格及本期信息冲击导致的价格变动的合成。

本期资产收益率的计算公式是本期资产价格的对数与上1期资产价格对数的差。

$$C_t = C_{t-1} + \mu_t \qquad (3-1)$$

C_t表示前1期资产的资产价格的对数，μ_t是本期刺激性及规范性信息共同作用的结果。当C_t表示收盘价时，μ_t表示资产在持有期的对数收益率。观察股票市场一天价格的波动情况，不难看出，通常都会出现价格波峰和波谷。开盘价在历经利好信息的冲击下，到达波峰，接着在累计利空信息的作用下到达波谷，最后形成一天的收盘价。μ_t绝对值的大小，即体现了一天的利好利空收益的竞合结果。

日常的建模以收盘价为研究对象，通过对收益率的整体建模研究市场运行效率。但影响股票市场波动的因素既来自于宏观又来自微观，所以本章认为是刺激性信息与规范性信息的竞合过程，也就是说当期的收益率除与上期收益率相关外，还与本期的利好信息与利空信息的冲击有关。因此，本章对收益率进行分解，以累计利好收益率表示累计利好信息的冲击，以累计利空收益率表示累计利空信息的冲击。

$$\mu_t = C_t - C_{t-1} = C_t + h_t - h_t + O_t - O_t - O_{t-1} \qquad (3-2)$$

μ_t 是本期收盘价的对数，C_t 代表本期对数最高价，h_t 代表本期对数最高价，O_t 代表对数开盘价。引入以上因素，经过变换得到新的模型变量。$h_t - O_t$ 本期资产价格最高价与开盘价的差，表示本期利好信息的冲击，利好信息的累计作用，将股票价格由开盘价拉升至最高点；$C_t - h_t$ 本期收盘价与本期最高价的差，表示本期累计负面信息对股票市场的冲击，经过累计利空信息的作用，股票价格由最高点被拽回至收盘价点位；$O_t - C_{t-1}$ 为当期开盘价与上期收盘价的差值，这一变量表示股市开盘前的短时间内集合竞价的效益。这其中既包含隔夜利好信息的收益，也包含隔夜利空信息的冲击。但由于集合竞价的制度机制，我们无法再将这段时间内的利好信息和利空信息分离开来，故作为模型外生变量进入模型。经过变换，将 $h_t - O_t$，$C_t - h_t$，$O_t - C_{t-1}$ 分别记为 ag_t，ab_t，aa_t，式 3-2 可以转换为如下形式：

$$\mu_t = ag_t + ab_t + aa_t \qquad (3-3)$$

随机变量 ag_t、ab_t 和 aa_t 分别表示累计利好信息收益率、累计利空信息收益率和集合竞价阶段利好及利空信息收益率。等式表明，收益率是集合竞价阶段信息、利好信息和利空信息共同作用的结果。验证滞后期利好信息和利空信息与本期利好信息及利空信息的相关性，则能表明上期利好信息的影响力是否蔓延至本期，利空信息的影响力是否蔓延至本期。最后通过脉冲响应函数显示信息冲击持续时间的长短和累计效应的大小，以衡量信息冲击对牛熊市场的非对称影响。

3.2.3 实证过程中所涉及的各变量解释如下[①]

（1）调整后指数收益（μ_t），是对上证指数的指数收益进行对数调整，并以此作为变量分解的基础。

（2）累计利空信息收益率（ab_t），是上证综指对数收盘价与对数最高价

---

① 本部分利用 ADF 检验对所有模型变量进行了检验，结果显示四个阶段 VAR 模型中的模型变量均平稳。

的差值。该变量为内生变量,解释规范性政策信息在几个不同市场状态下的持续状况及对利好信息的冲击状况。

(3) 累计利好信息收益率(ag_t),以上证综指的对数最高价与对数开盘价的差值为研究对象。该变量作为内生变量,解释刺激性政策信息在几个不同市场状态下的持续状况及对利空信息的冲击状况。

(4) 集合竞价累计收益率(aa_t),是隔夜利好及隔夜利空消息竞合的结果。由于无法将两种信息区分开,为保证模型完整真实,将集合竞价累计收益率作为外生变量引入模型。

3.3 实证结果描述

本章进行四个阶段的实证分析,旨在通过两两对比得出股票市场面对信息冲击的非对称性。

(1) 第一阶段实证结果(2006-01-19—2007-10-16)

表 3-2 给出第一阶段 VAR 模型的最终估计结果:①在累计利好收益的回归方程中,解释变量—滞后期的累计利好收益估计值一致为正,表明滞后期累计利好收益与当期累计利好收益正相关。且第一阶段,市场对利好信息冲击反应时间较长。在累计利空收益的回归方程中,解释变量—滞后期的累计利空收益估计值滞后 3 期均为正,滞后 4 期和滞后 5 期系数为负,表明累计利空收益具备一定的持续性,但是持续时间不如利好信息对市场的影响效果明显。②在累积利好收益的回归方程中,解释变量—累积利空收益的估计参数滞后前 2 期为负。在累积利空收益的回归方程中,如表 3-2 倒数第二列所示,解释变量的估计参数滞后前 3 期为负,表明较短时间内利空信息对当期市场向好方向抑制,较长时间内利好信息对市场看空方向抑制。而且表明在第一阶段,利好信息的冲击持续程度大于利空信息的冲击程度,甚至股票市场整体向好的意愿将看空意愿吸收,走势继续上升。

表3-2 第一阶段 VAR 模型估计结果

	TB	TG		TB	TG
TB (-1)	0.003144	-0.306122	TG (-1)	-0.092299	0.118940
	(0.05291)	(0.03915)		(0.06744)	(0.04990)
TB (-2)	0.035329	-0.056939	TG (-2)	-0.105792	0.014368
	(0.05575)	(0.04125)		(0.06684)	(0.04945)
TB (-3)	0.059110	0.000311	TG (-3)	-0.196334	0.074424
	(0.05584)	(0.04132)		(0.06659)	(0.04927)
TB (-4)	-0.016982	0.004940	TG (-4)	0.012286	0.111632
	(0.05578)	(0.04127)		(0.06720)	(0.04972)
TB (-5)	-0.041411	0.036287	TG (-5)	0.051277	0.149699
	(0.05571)	(0.04122)		(0.06057)	(0.04481)
C	-0.004212	0.003714	TT	0.239120	-0.244085
	(0.00142)	(0.00105)		(0.09219)	(0.06821)

VAR 模型框架下的脉冲响应函数 IRF 是分析一个变量的脉冲对另一个变量作用的结果，模型受到冲击时系统的动态影响。图3-6所示为第一阶段数据的脉冲分析结果。表示冲击作用的滞后期阶数位于横轴，纵轴表示累积效应大小，图中实线代表不同滞后阶数对应的冲击反应。

脉冲函数分析显示，累计利好收益受累计利好信息冲击的影响随时间推移逐渐衰减，累计利好收益率滞后20期影响依然存在。而累计利空收益受自身冲击的影响不尽相同，累计利空消息冲击大概在5期，影响几乎为0。也就是说，在第一阶段累计利空信息的影响时间要短于累计利好信息的冲击时间。这与谢海滨（2015）得到的研究结论全然相反，他得到的是利空信息的冲击时间比利好信息的冲击时间要长，这恰恰说明分段研究的必要性。若将牛市熊市两种行情同一而论，可能会影响最后政策建议的供给。这一不同发现表明，牛市阶段利好信息的冲击效果更具有持续性，利空信息冲击在市场快速做出反应的基础上迅速被利好信息冲击吸收，上升阶段本身就是最大的利好信息，从而累计利好收益受到自身冲击的影响力持久性强。

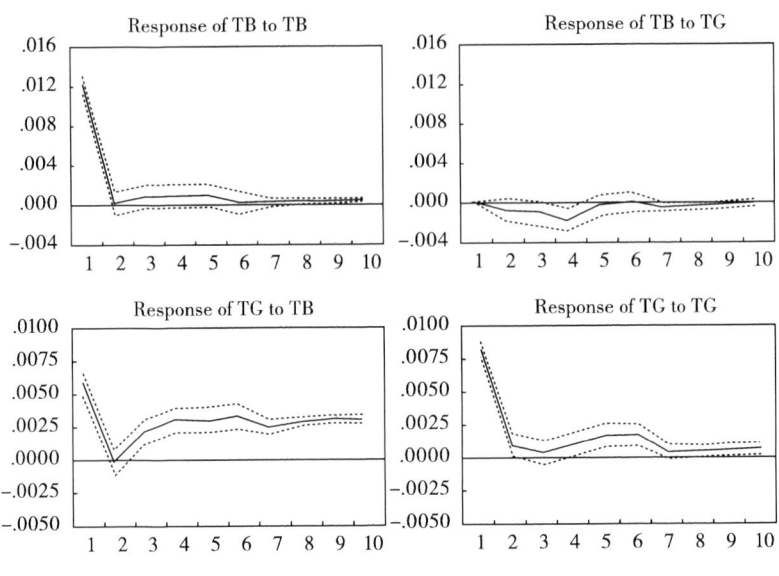

图3-6 第一阶段信息冲击引起股市波动的响应函数

如图3-6左下所示,在滞后2期时,累计利好收益在受到利空信息的一单位冲击后,表现出时间段内最大的负向冲击。在滞后2期后衰减至0,衰减至0的速度很快。这表明,在第一阶段利空信息对累计利好收益的冲击短时间内影响很大,但是持续时间不长,持续性差。

另外如图3-6右上所示,利好信息与累计利空收益的脉冲响应函数中,累计利空收益的反应值一直处在横轴以下;而图3-6左下利空信息与累计利好收益的脉冲响应函数中,累计利好收益则位于横轴上下,表现出正负相交替的特征。这一结果表明"坏消息"对累计利好受益的冲击作用比较有限,而"好消息"对累计利空收益的冲击效果比较明显。

观察图3-6我们不难看出,脉冲响应分析表明累计利好收益和累计利空收益二者间的冲击存在明显的非对称特征,这种非对称性在第一阶段累积脉冲响应函数在图3-7中表现得更为明显。如图3-7所示,第一阶段,利好信息和累计信息的持续性均较强,且"好消息"的持续时间更久,累计效应更大(>2.0)。"坏消息"对累计利好收益的累积冲击几乎在0附近,且不显著,而"好消息"对累计利空收益的累积冲击则非常显著,表明在牛市行情中,利好信息比利空信息更易引起股票价格的异常波动。

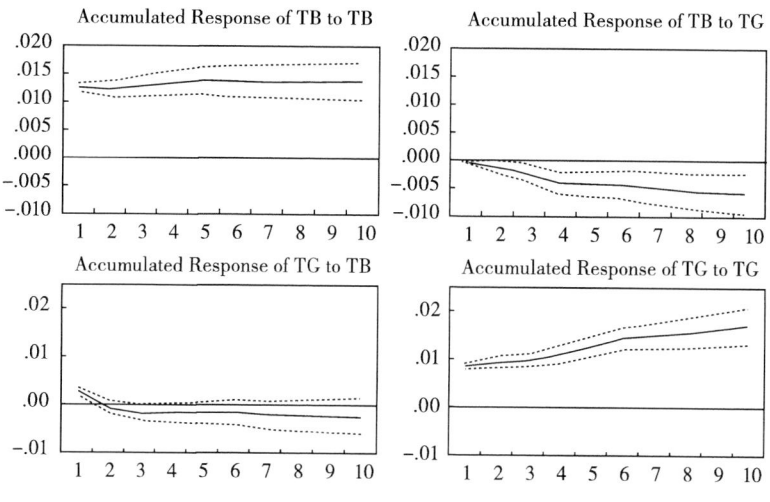

图 3-7 第一阶段信息冲击引起股市波动的累计脉冲响应函数

综上，可以看出第一阶段反应的牛市对利好信息和利空信息冲击的反应有如下两点动态特征：①市场对坏消息反应的持续时间短，对好消息反应的持续时间长。表明第一阶段的牛市对利空信息反应更快，会快速消化利空信息。②利好消息对累计利空收益有长期显著的冲击作用，表明牛市行情中，利好信息的冲击更易引起股票市场的波动，影响市场对利空消息的消极预期。

（2）第二阶段（2007-10-01—2010-01-08）

表 3-3 给出第二阶段 VAR 模型的最终估计结果：①在累计利好收益的回归方程中，解释变量—滞后期的累计利好收益估计值一致为正，表明累计利好收益具备一定的持续性。在累计利空收益的回归方程中，解释变量—滞后期的累计利空收益估计值系数一致为负，表明累计利空收益具备一定的持续性。②在累积利好收益（累积利空收益）的回归方程中，解释变量—累积利空收益的估计参数一致为负（累积利好收益的估计参数滞后 3 期为负），这表明过去段时间内"坏消息"（好信息）的冲击对当期市场向好（看空）方向有一定的抑制作用。

表 3-3　第二阶段 VAR 模型估计结果

	TB	TG
TB（-1）	0.008387	-0.153935
	(0.04730)	(0.03909)
TB（-2）	0.105846	-0.131956
	(0.04758)	(0.03931)
TB（-3）	0.130162	-0.047549
	(0.04818)	(0.03981)
TB（-4）	0.014510	-0.089983
	(0.04870)	(0.04024)
TG（-1）	-0.023826	0.028147
	(0.05609)	(0.04635)
TG（-2）	-0.077749	0.074219
	(0.05555)	(0.04590)
TG（-3）	-0.068774	0.063359
	(0.05497)	(0.04542)
TG（-4）	0.054939	0.116011
	(0.05388)	(0.04452)
C	-0.008335	0.003900
	(0.00171)	(0.00141)
TT	0.051648	-0.112721
	(0.05231)	(0.04322)

观察图 3-8 第二阶段信息冲击引起股市波动的响应函数，不难发现，累计利好收益受累计利好信息冲击的影响随时间推移逐渐衰减，滞后 12 期衰减为 0。而累计利空收益受自身冲击的影响不尽相同，累计利空消息冲击大概在 11 期衰减为 0。显然，熊市阶段，利好信息和利空信息对市场的冲击均具有持续性，但是冲击均只在滞后几期显著后便衰减至 0 附近，这与熊市对信息冲击不敏感的整体态势相吻合，熊市行情中，投资者情绪不高，黏性差。

观察图 3-8 右上利好信息与累计利空收益的脉冲响应函数中，我们发现累计利空收益在受到当期利好信息的单位冲击后，其影响几乎一直徘徊在 0 附近。这表明第二阶段利好信息对累计利空收益的冲击不显著，利好信息对

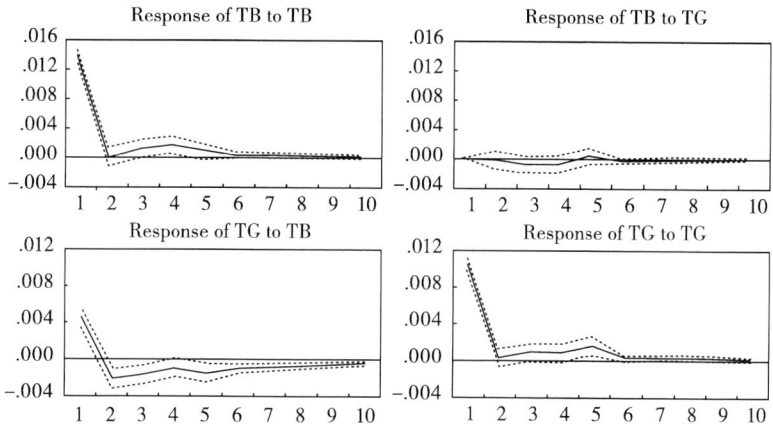

图 3-8　第二阶段信息冲击引起股市波动的响应函数

股市的冲击作用不大。如图 3-8 左下所示，我们发现累计利好收益在受到利空信息的当期一单位冲击后，在滞后 2 期时负向冲击最大，之后缓慢衰减至 0。这一发现表明，第二阶段，利空信息刺激股市，股市可能会发生异常波动，然而随着时间推移，坏消息亦被熊市消极氛围吞噬，最终衰减至 0 附近。

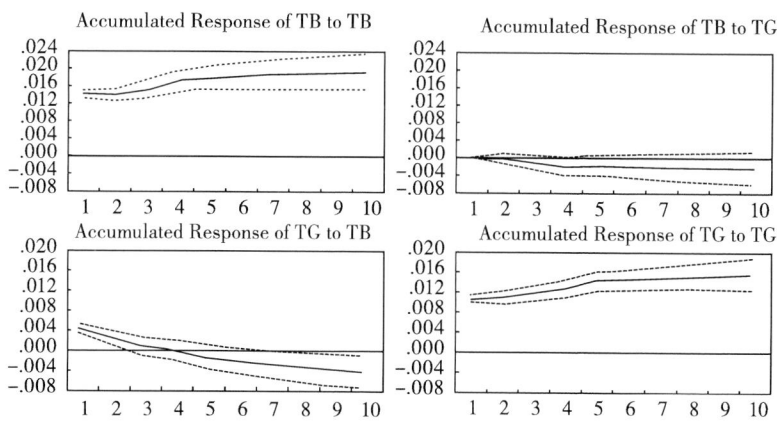

图 3-9　第二阶段信息冲击引起股市波动的累计脉冲响应函数

上段分析表明累计利好收益和累计利空收益在熊市行情中也存在与第一阶段相类似的非对称冲击特征。观察图 3-8 可知，累计利好收益和累计利空收益对自身的冲击具有持续性，但无显著差异。但从累计效应大小角度来讲，如图 3-9 所示，利空信息与利好信息在相同的滞后期内，利空信息的累计冲击效应超过利好信息的累计冲击效应。也就是负面信息在熊市阶段下更容易导致股价的变动，而滞后期的"坏消息"对累计利好收益影响力大于"好消息"对累计利空收益的累积效应，二者间的冲击均徘徊在 0 附近，相互之间的影响力不显著。这一结论与牛市得出的"利好信息冲击效果明显"的结论不同，表明了第一阶段牛市和第二阶段熊市对好消息和坏消息冲击的表现不同，熊市"利空信息"冲击效果相对明显，"利空信息"在熊市阶段要比"利好信息"更易引发股票价格的波动。

综上，可以看出第二阶段熊市对累计利好收益和累计利空收益的反应有如下的动态特征。①累计利好收益和累计利空收益对自身的冲击均具有持续性，滞后期数几乎一致，但利空政策信息的累积效应大于利好政策的累积效应。②滞后期的坏消息对累计利好收益影响力大于"好消息"对累计利空收益的累积效应，但是二者间的冲击均徘徊在 0 附近，相互之间的影响力不显著。

（3）第三阶段（2014-03-21—2015-06-15）

如表 3-4 给出 VAR 模型的最终估计结果：①在累计利好收益的回归方程中，解释变量—滞后期的累计利好收益估计值之后 2 期为正，后面 3 期正负交替，而第一阶段的牛市滞后 5 期的系数均为正值。这表明，第一阶段的累计利好收益持续性明显，而本阶段虽具有持续性，但持续性有限。在累计利空收益的回归方程中，解释变量-滞后期的累计利空收益估计值系数滞后 1 期为正，滞后 2 期 3 期估计系数不为负，表明利空信息在本牛市阶段持续时间短，一旦出现负面信息，迅速被股票走势吸收。②在累计利好收益（累计利空收益）的回归方程中，解释变量—累积利空收益的估计参数多数为负，表明过去段时间内"坏消息"（好信息）冲击对当期市场向好（看空）方向有抑制作用。

表 3-4　第三阶段 VAR 模型估计结果

	TB	TG
TB（-1）	0.061294	-0.14129
	(0.05791)	(0.04716)

续表

	TB	TG
TB（-2）	-0.039973	-0.152746
	(0.05859)	(0.04771)
TB（-3）	-0.017335	0.012125
	(0.05918)	(0.04819)
TB（-4）	0.008149	0.006399
	(0.05931)	(0.04830)
TB（-5）	-0.113468	0.008978
	(0.05886)	(0.04793)
TG（-1）	-0.081826	0.200645
	(0.07338)	(0.05975)
TG（-2）	-0.022988	0.180457
	(0.07203)	(0.05865)
TG（-3）	-0.235868	-0.025302
	(0.07303)	(0.05947)
TG（-4）	0.023146	0.285936
	(0.07306)	(0.05949)
TG（-5）	-0.176324	-0.056577
	(0.07081)	(0.05766)
C	-0.002476	0.002259
	(0.00106)	(0.00086)
TT	0.337332	-0.110541
	(0.09650)	(0.07858)

如图 3-10 所示，累计利好收益受自身冲击的影响随着时间的推移而缓慢衰减，滞后 15 期影响依然存在。而累计利空收益受自身冲击的影响不尽相同，累计利空消息冲击大概在 6 期影响几乎为 0。也就是说，第三阶段，累计利空信息的影响时间要短于累计利好信息的冲击时间，脉冲响应的结果与第一阶段牛市的结果几乎一致。牛市阶段，利好信息的冲击效果更具有持续性，利空信息冲击在市场快速做出反应的基础上迅速被利好信息冲击吸收，上升阶段本身就是最大的利好信息，从而累计利好收益受到自身冲击的影响力持久性强。

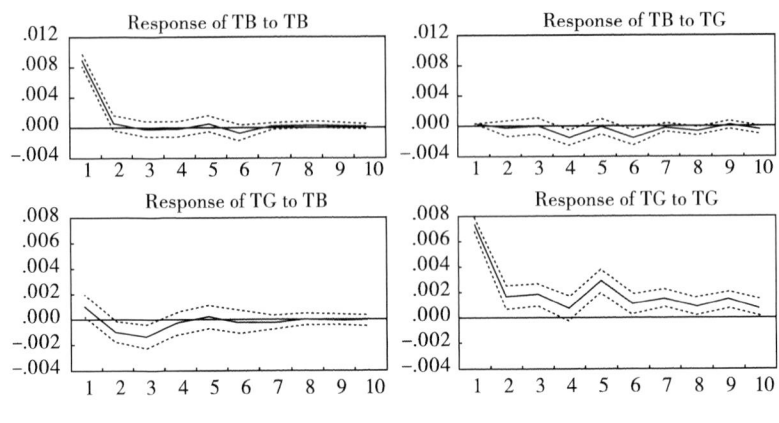

图3-10 第三阶段信息冲击引起股市波动的响应函数

观察图3-10左下，累计利好收益在受到利空信息的当期一单位冲击后，在滞后3期时负向冲击最大，之后迅速衰减至0。这一发现表明，第三阶段，利空信息对累计利好收益的冲击短时间内影响很大，但是持续性不强。与VAR模型的估计结果相一致，"坏消息"对临近1期的股指走势冲击最大，但是滞后多期的消息不显著。与累计利空收益不同，我们发现累计利空收益在受到利好信息的一单位冲击后，其影响缓慢衰减至0，这表明本阶段利好信息对累计利空收益的冲击明显。同时与第一阶段牛市的现象一致，脉冲响应分析还表明，"好消息"对累计利空收益的累积冲击比较显著，而"坏消息"对累计利好受益的累积冲击则比较有限。

累计利好收益和累计利空收益之间存在明显的非对称冲击特征，"利好信息"对牛市的冲击持续性远远超过"利空信息"对牛市行情的冲击持续性。从相反信息冲击的对比角度看，二者确有冲击持续性的差别。但根据累积效应的大小，即可以看出与第一阶段牛市的不同，第一阶段牛市利好信息的累积冲击幅度大于本阶段牛市的累积冲击幅度（利好，第一阶段<0.2，本阶段>0.2，利空；第一阶段>0.1，本阶段<0.1），持续时间超过本阶段牛市，利空信息的累计冲击幅度也小于本阶段累积冲击效应。表明本阶段市场对信息的反应要快于第一阶段。不难总结出原因，在第一阶段至本阶段，法律法规等监管制度产生效果、金融市场不断完善、互联网普及和信息获取渠道多样化，市场有效性进步。所以在2007年的熊市中，上证综指指数点位从6000

点一路下降至1900点，而2015年的熊市，上证综指指数点位仅从5000多点下降至3000多点后开始震荡。

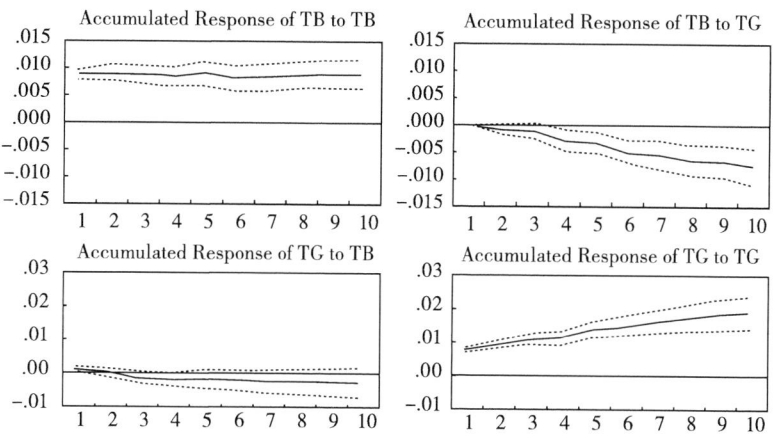

图3-11 第三阶段信息冲击引起股市波动的累计脉冲响应函数

观察图3-10我们不难得出，脉冲响应分析表明累计利好收益和累计利空收益二者间的冲击存在明显的非对称特征，这种非对称性在第三阶段累积脉冲响应函数图3-11中表现得更为明显。观察图3-11，累计利好收益和累计利空收益对自身的冲击具有较强的持续性，且"好消息"的持续时间更久，累计效应更大（>2.0）。累计效应函数走势更加陡峭，影响速度快而明显。"坏消息"对累计利好收益的累积冲击几乎在0附近，且不显著，而"好消息"对累计利空收益的抑制作用很显著，走势同样比第一阶段陡峭，影响速度更快更显著。

综上，可以看出第三阶段牛市对利好信息和利空信息冲击的反应有如下三点动态特征：①利好信息对累计利好收益的冲击性强于利空信息对累计利空收益的冲击力，持续时间比利空信息长。②利好信息对累计利空收益抑制作用明显，累计利空信息几乎对累计利好收益无抑制作用。③对比于第一阶段的牛市，本阶段牛市体现出市场有效性的进步，表现在两个方面：a. 市场对信息（无论是利空信息还是利好信息）的反应更快，持续时间更短；b. 本阶段牛市的利空信息的累计冲击效应小于第一阶段，利好信息的冲击效应大于第一阶段。

（4）第四阶段（2015-06-15—2017-12-31）

表3-5给出了VAR模型的最终估计结果：①在累计利好收益的回归方程

中，解释变量—滞后期的累计利好收益估计值几乎为正。表明第四阶段，市场对利好信息冲击具备持续性，在累计利空收益的回归方程中，解释变量—滞后期的累计利空收益估计值几乎为正。表明累计利空收益具备一定持续性，这与第二阶段的熊市结果相同，市场对利好利空的信息冲击具备持续性，但是累计效应的大小需要脉冲响应的结果进一步证实。②在累计利好收益的回归方程中，解释变量—累计利空收益的估计参数几乎为负，在累计利空收益的回归方程中，解释变量—累计利好收益的估计参数几乎为负，这表明利空信息冲击对当期市场向好方向抑制，利好信息冲击对市场看空方向抑制。

表3－5 第四阶段 VAR 模型估计结果

	TB	TG
TB（－1）	0.133324	－0.200318
	（－0.04262）	（－0.03194）
TB（－2）	0.098196	－0.098423
	（－0.04488）	（－0.03363）
TB（－3）	0.114704	－0.041865
	（－0.04484）	（－0.0336）
TB（－4）	0.121025	0.042616
	（－0.04526）	（－0.03392）
TB（－5）	0.032198	－0.06677
	（－0.04587）	（－0.03437）
TB（－6）	－0.011369	－0.132575
	（－0.04581）	（－0.03433）
TB（－7）	0.005143	－0.063664
	（－0.04565）	（－0.03421）
TG（－1）	－0.120122	0.171985
	（－0.05514）	（－0.04132）
TG（－2）	0.093597	－0.000863
	（－0.05437）	（－0.04074）
TG（－3）	－0.08337	0.000975
	（－0.05358）	（－0.04015）
TG（－4）	－0.057092	－0.10183
	（－0.05373）	（－0.04026）

续表

	TB	TG
TG（-5）	-0.022281	0.035218
	(-0.05403)	(-0.04048)
TG（-6）	-0.064577	0.051309
	(-0.05302)	(-0.03973)
TG（-7）	-0.035999	0.150287
	(-0.04995)	(-0.03743)
C	-0.000798	0.001272
	(-0.00066)	(-0.0005)
TT	0.144146	-0.273626
	(-0.05499)	(-0.04121)

如图 3-12 所示为第四阶段信息冲击引起股市波动的响应函数。不难发现，累计利空收益受自身冲击的影响随着时间的推移而缓慢衰减，滞后 15 期仍然存在影响。累计利好信息随着时间的推移呈现正负交替的状态，表明累计利好信息冲击力有限。熊市阶段，利好信息和利空信息对市场的冲击均具有持续性，但是冲击均只在滞后几期显著，这与熊市对信息冲击不敏感的整体态势相吻合，熊市行情中，投资者情绪不高，黏性差。

如图 3-12 右上所示，累计利空收益在受到当期利好信息的一单位冲击后，其影响几乎一直徘徊在 0 附近，这表明第四阶段利好信息对累计利空收益的冲击不显著。如图 3-12 左下所示，我们发现累计利好收益在受到利空信息的当期一单位冲击后，在滞后 2 期时负向冲击最大，之后缓慢衰减至 0。表明熊市利空信息的持续性要大于利好信息的持续性。

如图 3-13 所示，累计利好收益和累计利空收益对自身的冲击具有持续性，且利空信息的冲击持续性大于利好信息的持续性，而滞后期的"坏消息"对累计利好收益影响力大于"好消息"对累计利空收益的累积效应。然而对比于第二阶段的熊市脉冲图，利空政策的持续时间几乎与第二阶段熊市相同，但本阶段累计利空收益率脉冲走势更陡峭，冲击效果更明显，表明市场有效应提高。

综上，可以看出第四阶段熊市对累计利好收益和累计利空收益的反应有

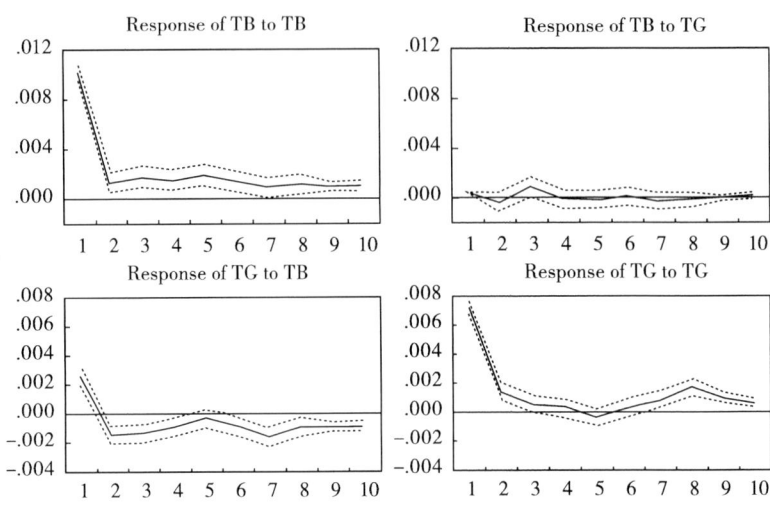

图 3-12 第四阶段信息冲击引起股市波动的响应函数

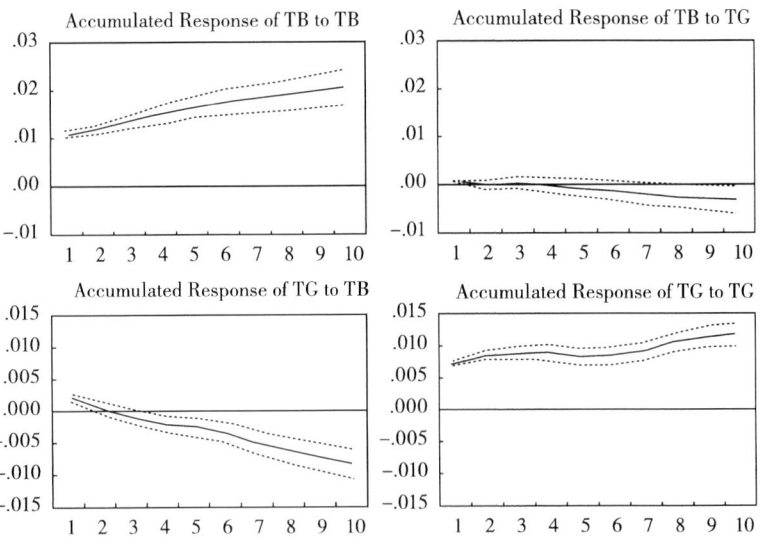

图 3-13 第四阶段信息冲击引起股市波动的累计脉冲响应函数

以下两点动态特征。①累计利好收益和累计利空收益对自身的冲击均具有持续性，利空政策信息的累积效应大于利好政策的累积效应。②滞后期的坏消息对累计利好收益影响力大于"好消息"对累计利空收益的累积效应。本阶段，无论是出台利好政策，还是出台利空政策，对股市的冲击作用都不明显，是出台政策的好时机。

3.4　模型稳定性检验

通过单位根检验图可以检验出建立的四个 VAR 系统是不是稳定的系统。观察 VAR 系统单位根检验图，四个阶段所有单位根都在单位圆内（见图 3-14、图3-15、图 3-16、图 3-17），表明本文的四个 VAR 系统都是稳定的。这也表明各阶段模型变量的 ADF 检验结果可信。

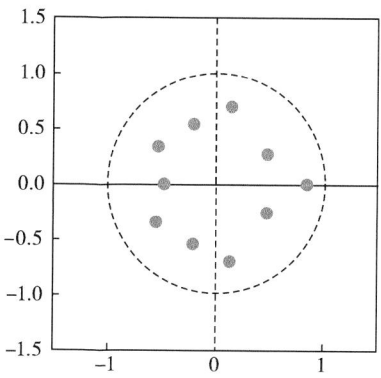

图 3-14　第一阶段 AR 根检验

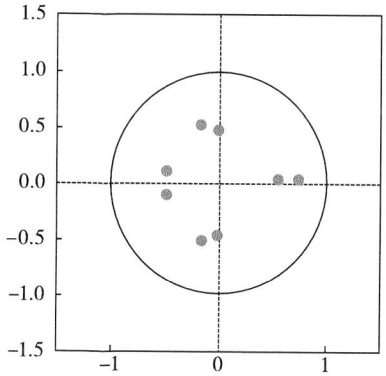

图 3-15　第二阶段 AR 根检验

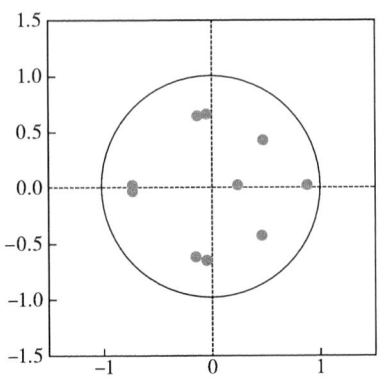

图 3-16　第三阶段 AR 根检验

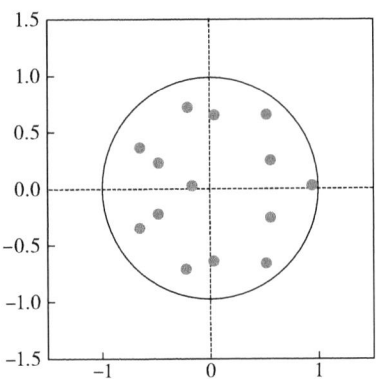

图 3-17　第四阶段 AR 根检验

3.5　结论

本章依据收益率分解法,首先将 2005 年起近 11 年的上证综指收盘价、开盘价、最高价和最低价数据处理为累计利好收益率及累计利空收益率两类时间序列。以此量化利好信息和利空信息。其次借助 VAR 模型及脉冲响应函数将两类时间序列分别置于牛市和熊市行情下进行动态性质的实证分析。

研究结果表明,牛市对利空信息的反应速度更快,但利好信息的冲击更易引起股票市场的波动。利好信息的累积效应大于利空信息的累积效应。股票市场的非对称反应表现为"非对称反转效应",牛市投资者倾向于放大好消息和缩小利空信息。熊市阶段，利空信息的累积效应大于利好信息的累积效应，表现出"杠杆效应"，熊市投资者倾向于放大坏消息和缩小利好信息。另外2015年牛市利空信息及利好信息的持续时间比2007年牛市时更短，中国股票市场的有效性增强。

因此，监管者应把握政策出台时间点。牛市行情下，股市呈现放大利好信息的趋势，则监管者应出台利空性政策，避免出台利好信息进一步刺激股市泡沫。此外，监管者还需把握政策出台的节奏，避免在牛市终结阶段出台利空政策，避免在牛市高潮时点出台扩张性政策，否则会导致股票市场的暴涨或暴跌。反之，熊市行情下，是出台政策的好时机。监管者无论是出台利空性政策还是利好性政策都要比在牛市行情下出台更合适，不仅由于熊市投资者构成优于牛市，而且股票市场自身活跃程度不高，出台政策不易引起异常波动。

本章的主要创新在于，利用收益率分解法合理构造累积利好收益及累计利空收益两类时间序列，在一定程度上解决了信息无法量化的问题。另外，将近11年的数据按照参数法进行了五个阶段的划分，并将实证变量分别置于两个不同的行情下进行研究。同样，本研究亦存在很多不足，最大的不足点在于无法剔除长期冲击股票市场波动的利好信息及利空信息，如股权分置改革，沪港通等，这类信息对股市的影响一直存在。从出台这类有重大影响的政策时起，这类信息对股市就产生作用，当天的收益率会体现过去这类信息的冲击力，这就会导致研究结果中的持续时间比实际上的持续时间更长一些。但是在信息量化的方法上，还没有找到一种合理的方式能够将这类信息剔除。

本章小结

股票市场价格变动是市场对信息冲击的反应。本部分选取2005年起近11年的上证综指收盘价、开盘价、最高价和最低价数据，利用股票价格每日波动机理，将收益率分解。将利好信息和利空信息量化为累计利好收益率及累计利空收益率两类时间序列。借助VAR模型及脉冲响应函数，将两类时间序列分别置于牛市和熊市行情下进行动态性质的实证分析。由实证结果可知，牛市对利空信息的反应速度更快，但利好信息的冲击更易引起股票市场的波动。利好信息的累积效应大于利空信息的累积效应。股票市场的非对称反应表现为"非对称反转效应",牛市投资者倾向于放大好消息和缩小利空信息,是出台利空性政策的好时机。熊市阶段,利空信息的累积效应大于利好信息的累积效应,表现出"杠杆效应",本阶段是出台利好政策的好时机。

参考文献

[1]何诚颖,陈锐,蓝海平,等. 投资者非持续性过度自信与股市反转效应[J]. 管理世界,2014(08):44-54.

[2]Vol. N. From Efficient Markets Theory to Behavioral Finance[J]. Journal of Economic Perspectives,2003,17(17):83-104.

[3]Engle R F, VICTOR K. N G. Measuring and Testing the Impact of News on Volatility[J]. Nber Working Papers,1991,48(5):1749-1778.

[4]Fornari F, Mele A. Sign- and Volatility-Switching Arch Models:Theory and Applications to International Stock Markets[J]. Journal of Applied Econometrics,1997,12(1):49-65.

[5]何兴强,周开国. 牛、熊市周期和股市间的周期协同性[J]. 管理世界,2006(04):35-40.

[6]祖垒,崔志伟,李自然,等. 上证指数波动持久性在牛熊市的差异[J]. 中国管理科学,2011,19(2):57-62.

[7]王明涛,路磊,宋锴. 政策因素对股票市场波动的非对称性影响[J]. 管理科学学报,2012,15(12):40-57.

[8]王永宏,赵学军. 中国股市"惯性策略"和"反转策略"的实证分析[J]. 经济研究,2001(6):56-61+89.

[9]王亮,刘金全. 中国股票市场非对称反应研究[J]. 工业技术经济,2010,29(5):143-146.

[10]谢海滨,范奎奎,周末. 中国股市对利好和利空信息反应的差异研究[J]. 系统工程理论与实践,2015,35(7):1777-1783.

[11]高雷,曹永锋. 中国股票市场的政策效应[J]. 统计与决策,2006(16):111-113.

[12]李小晗,朱红军. 投资者有限关注与信息解读[J]. 金融研究,2011(8):128-142.

[13]顾锋娟,金德环. 投资者过度反应与牛熊市波动非对称性[J]. 数理统计与管理,2013,32(3):533-544.

[14]陆蓉,徐龙炳. "牛市"和"熊市"对信息的不平衡性反应研究[J]. 经济研究,2004,

(3):65-72.

[15] 陆蓉,徐龙炳. 中国股票市场对政策信息的不平衡性反应研究[J]. 经济学(季刊),2004(1):319-330.

[16] Chernov M, Gallant A R, Ghysels E, et al. Alternative models for stock price dynamics [J]. J Econom, 2003, 116(1):225-257.

[17] Andreou E, Ghysels E. Detecting Multiple Breaks in Financial Market Volatility Dynamics[J]. Journal of Applied Econometrics, 2002, 17(5):579-600.

[18] Jegadeesh N, Titman S. Returns to Buying Winners and Selling Losers: Implications for Stock Market Efficiency[J]. Journal of Finance, 1993, 48(1):65-91.

[19] Malkiel B G. The Efficient Market Hypothesis and Its Critics[J]. Journal of Economic Perspectives, 2003, 17(1):59-82.

[20] Nelson D B. Conditional Heteroskedasticity in Asset Returns: A New Approach[J]. Modelling Stock Market Volatility, 1996, 59(2):37-64.

[21] 史美景,宋婷. 股票市场长期波动趋势度量及影响因素分析——基于 Spline-GARCH 模型[J]. 数理统计与管理,2015,34(1):175-182.

[22] 赵振全,张宇. 中国股票市场波动和宏观经济波动关系的实证分析[J]. 数量经济技术经济研究,2003(6):143-146.

[23] 唐利民,韩慧君,杨思远. 政策与股票投资者的博弈分析[J]. 系统工程理论方法应用,1999(2):26-33.

[24] 李锋森. 我国融资融券助涨助跌了吗?——基于波动非对称性视角[J]. 金融研究,2017(2):147-162.

[25] 王春. 投资者情绪对股票市场收益和波动的影响——基于开放式股票型基金资金净流入的实证研究[J]. 中国管理科学,2014,22(9):49-56.

[26] 段江娇,刘红忠,曾剑平. 中国股票网络论坛的信息含量分析[J]. 金融研究,2017(10):178-192.

[27] 张博,扈文秀,杨熙安. 融资融券制度对我国股票市场波动性影响的实证研究[J]. 管理工程学报,2017,31(4):109-115.

[28] 储小俊,刘思峰. 货币政策、市场状态对中国股市微观流动性影响的实证分析[J]. 数理统计与管理,2008(3):549-556.

[29] 金春雨,张浩博. 货币政策对股票市场流动性影响时变性的计量检验——基于 TVP-VAR 模型的实证分析[J]. 管理评论,2016,28(3):20-32.

[30] 陈其安,雷小燕. 货币政策、投资者情绪与中国股票市场波动性:理论与实证[J].

中国管理科学,2017,25(11):1-11.

[31]胡聪慧,刘学良.大宗商品与股票市场联动性研究:基于融资流动性的视角[J].金融研究,2017(7):123-139.

[32]杨继平,冯毅俊.利率调整对我国股市不同状态波动性的影响[J].管理科学学报,2017,20(2):63-75.

[33]张宗新,王海亮.投资者情绪、主观信念调整与市场波动[J].金融研究,2013(4):142-155.

[34]雷鸣,谭常春,缪柏其.运用生存分析与变点理论对上证指数的研究[J].中国管理科学,2007(5):1-8.

[35]陈收,易双文,刘端.中国不同市场态势下的异常波动停牌比较[J].统计与决策,2008(2):104-106.

[36]邹永杰,李红刚.上证综合指数弱式有效性的时变性研究[J].系统工程理论与实践,2014,34(S1):32-39.

[37]谢赤,张太原.禹湘证券投资基金投资行为对中国股市波动性影响研究田中国社会科学[J].2008(3):68-78.

[38]谢海滨,顾霞,魏云捷.基于信息分解视角的香港股市运行效率研究[J].系统工程理论与实践,2017,37(6):1432-1440.

[39]谢海滨,邹国华,汪寿阳.价格波动幅度变动率——一个新的市场风险度量指标[J].系统科学与数学,2009,29(11):1460-1466.

[40]陆蓉,徐龙炳.政策对股票市场转折点的影响[J].上海财经大学学报,2004(1):39-45.

[41]陆蓉,徐龙炳."牛市"和"熊市"对信息的不平衡性反应研究[J].经济研究,2004(3):65-72.

[42]吴鑫育,任森春,马超群,等.中国股票市场的时变杠杆效应研究——基于随机Copula模型的实证分析[J].管理科学学报,2017,20(9):70-84.

[43]王亮,刘金全.中国股票市场非对称反应研究[J].工业技术经济,2010,29(5):143-146.

[44]刘煜辉,贺菊煌,沈可挺.中国股市中信息反应模式的实证分析[J].管理世界,2003(8):6-15+153.

[45]李小晗,朱红军.投资者有限关注与信息解读[J].金融研究,2011(8):128-142.

[46]毕玉国.中国股票市场波动的影响因素研究[D].济南:山东大学,2014.

第4章
我国系统重要性金融机构的识别与影响因素分析

4.1 引言

2008年,美国次贷危机引发了全球范围内金融危机的爆发,在危机爆发之后各国的监管当局开始对系统性风险加以关注,宏观审慎监管成为全球的共识。2015年10月,党的十八届五中全会召开,在会议中强调要加强我国宏观审慎管理制度的构建,并且改革和完善我国的金融监管框架来适应现有的金融市场发展。金融机构之间通过直接的业务联系,或是间接的管理模式、信息溢出等形式而形成关联性,一个负的外部冲击通过金融机构之间的这种关联性被放大并且在金融系统内迅速传播,威胁整个金融系统的安全,即个体的非理性可能会演变成集体非理性,所以适应于静态、封闭金融系统的传统监管制度出现了弊端,现阶段一个重要举措就是将宏观审慎监管制度引入到我国的金融监管体系中。宏观审慎监管制度是基于时间和横截面两个维度思考的监管理念,分析系统性风险在不同金融机构之间的分布情况就是横截面维度所考虑的,从政策的角度讲就是要识别出风险贡献水平较大的金融机构并且制定对应的监管措施。因此,识别出系统重要性的金融机构并且对影响因素进行判断,是构建并完善宏观审慎监管制度框架的主要内容之一。

吸取了金融危机的教训,国际组织和主要的经济体建立起相关的制度安排来识别和监管系统重要性金融机构。2010年,系统重要性金融机构的监管框架大体被构建出来,并且在G20峰会上确立;2011年,全球系统重要性金融机构的具体评估方法和主要监管措施由巴塞尔银行监督委员会提出；2012年，《国内系统重要性银行纲领》的发布规定了各国国内系统重要性银行机构的评估方法。在这种情形下，我国的宏观审慎监管制度的框架也在有条不紊地构建中，2018年11月，中国人民银行、银保监会、证监会联合印发了《关于完善系统重要性金融机构监管的指导意见》（简称《指导意见》），《指导意见》的发布表明了我国系统重要性金融机构的监管体系也在逐步完善中。以我国金融市场发展现状为背景，对我国系统重要性金融机构进行识别，并且进一步对我国系统重要性金融机构的影响因素进行分析，从而构建并且完善我国金融市场的风险监管体系制度，防范系统性风险的发生，为我国监管者制定风险监管决策和提升风险监管水平提供有益的帮助。

本章的结构安排如下：4.2为相关文献综述，主要介绍系统重要性金融机构的度量方法；4.3介绍了本章所使用的CoVaR模型；4.3是实证结果的阐述和分析；4.4是结论。

4.2 文献综述

系统重要性金融机构是纷繁复杂的金融系统中的重要节点，我们可以把系统重要性金融机构视为一把"双刃剑"，如果其平稳运行，则可以维护我国金融系统的健康发展；一旦其发生经营危机，该风险会通过金融系统的放大机制迅速蔓延，威胁金融系统的安全。目前学术界对于系统重要性金融机构并没有一个统一的定义，研究者们从不同的视角出发，来识别出系统重要性金融机构并且对其进行监管。

网络分析法主要是基于两种方法对系统重要性金融机构进行识别，方法一是在构建的金融网络中，通过识别金融机构的相互关联度[1,2]、特征向量中心度[3]、中心性[4]等统计指标来衡量其系统重要性；方法二是模拟法，即通过模拟金融机构发生经营危机或是倒闭，衡量在金融系统内的传播范围和造成的损失从而判断其系统重要性[5,6]。但是网络分析法所使用的银行间支付结算数据不容易获取，并且银行机构的季度报表具有一定的滞后性、缺乏动态性，所以不能够捕捉到变化趋势。

风险组合模型法是基于公开市场交易数据来度量系统重要性金融机构的

方法,并且公开市场交易数据具有可获得性、频率较高。该方法主要分为"自上而下法"和"自下而上法",Acharya 等(2012)提出系统性期望损失(SES)和边际期望损失(MES),当金融系统处于极端状态时计算单一金融机构的损失,系统性期望损失就是在边际期望损失的基础上加上了杠杆率作为权重计算平均值[7]。这里计算的 MES 是横截面上的数据。但是这个边际方法没能准确地反映出金融机构的重要特征,比如规模、杠杆率。所以运用该方法识别出的可能为规模小、杠杆率低的金融机构,Brownlees 和 Engle (2012)运用 GARCH 模型和非参数尾部估计计算出了随时间变动的 MES 时间序列,将 MES 方法扩展为 SRISK 方法,该方法把金融机构的规模和杠杆率考虑在内。SRISK 方法度量的是当整个金融系统处于危机状态时,单个金融机构的资金短缺情况[8],MES 和 SRISK 方法都属于"自上而下"的方法。在"自下而上"法中,Adrian 和 Brunnermeier(2016)提出的条件在险价值 CoVaR 模型[9],有一部分文献运用 Adrian 和 Brunnermeier 提出的分位数回归的方法来计算金融机构的 CoVaR[10, 11],还有运用多元 GARCH 模型[12, 13]、贝叶斯分位数回归模型[14]、将分位数回归与 logit 模型结合计算 CoVaR[15]。估计 CoVaR 的另一种方法是 CoVaR – Copula 模型,该模型结合了 CoVaR 模型和 Copula 模型的优点,可以对金融数据序列的厚尾和异方差的联合分布进行估计[16, 17]。一些学者们基于 CoVaR 模型分析金融机构、金融行业之间的风险传递渠道和走向[18],有些学者研究国内、国内外金融市场之间的风险联动性[19, 20],从而分析风险在金融系统内被放大和迅速传播的渠道和强度;另一些学者们运用 CoVaR 模型测度了银行机构[21, 22]、金融机构[23]的系统性风险贡献水平,研究了不同的金融行业[24]、房地产部门[25]对金融系统的风险贡献。

基于以上的分析,大多数学者的研究是对多样的度量方法的探讨,研究一个更为科学、有效的方法进行识别分析,但是,少有学者对识别出的系统重要性金融机构进行分组划分,从而对不同级别内的金融机构实施相应的监管措施。因此,本章运用分位数回归的方法来构建 CoVaR 模型,从而识别出我国系统重要性金融机构,并且对银行机构的影响因素进行分析。本章着重从以下几个方面进行完善。首先,我们根据计算出的银行机构的 $\Delta CoVaR$ 值,对我国系统重要性金融机构分成了三个等级,并且随时间的变化,我国具有不同系统重要性等级的金融机构分别稳定地居于所划分的组内,本章的分类具有较好的稳定性，为监管者对不同系统重要性等级的金融机构实施相应的监管措施提供理论支持；其次，分析发现我国银行业对我国金融系统的风险贡献水平比较突出，为我国监管部门对系统重要性金融机构实施金融监管工作提供了支持；最后，从实践的角度出发，分别分析银行机构的规模、关联性、可替代性、复杂性这四个特征变量对其系统重要性的影响，为监管者在识别系统重要性银行机构的实践活动和提升对我国银行机构的风险管控水平提供了有益的帮助。

4.3 实证结果及分析

本节首先介绍数据处理过程与描述性统计，其次是我国系统重要性金融机构的识别，最后是我国系统重要性金融机构的影响因素分析。

4.3.1 数据处理与描述性统计

我们根据中国证监会发布的《2018年第三季度上市行业分类结果》的文件规定，选取的观测样本为行业分类中属于金融行业的上市公司。本章选取了40家金融机构进行分析，因为部分金融机构上市的时间较晚，并且一些金融机构有大量的缺失值，为了保障样本区间的时间长度和样本的总体数量，所以剔除了一些样本机构，最终选择了40家金融机构进行分析，其中包括16家银行机构、17家证券机构、3家保险机构和4家信托机构。本章的研究起点为2011年，在对上述40家样本金融机构数据提取共有交易日后，研究样本区间具体为2011年8月16日—2018年12月24日。我们选取的4个金融行业分类下的金融机构名称具体见表4-1。

表4-1 样本金融机构的名称及行业分类

行业	金融机构
银行业	南京银行、建设银行、兴业银行、中信银行、农业银行、工商银行、民生银行、中国银行、宁波银行、浦发银行、平安银行、北京银行、光大银行、招商银行、交通银行、华夏银行
证券业	光大证券、东北证券、锦龙股份、长江证券、山西证券、国元证券、华泰证券、广发证券、兴业证券、国金证券、绿庭B股、招商证券、绿庭投资、太平洋、西南证券、中信证券、海通证券

续表

行业	金融机构
保险业	中国平安、中国太保、中国人寿
信托业	陕国投 A、安信信托、海德股份、熊猫金控

注：金融机构所属行业根据中国证监会公布的《2018 年第三季度上市行业分类结果》划分。

首先，提取 40 家金融机构日收盘价的共有交易日数据，并且计算出金融机构的对数收益率 R_t 来代表金融机构的收益率。具体的计算公式如下，其中 P_t 代表的是金融机构在 t 日的收盘价格，P_{t-1} 代表的是金融机构在 $t-1$ 日的收盘价格：

$$R_t = 100 \times (\ln P_t - \ln P_{t-1}) \tag{4-1}$$

其次，对金融机构的日收益率进行描述性统计，对数据的处理包括正态性检验和平稳性检验，我们对数据序列的正态性检验运用的是 JB 检验，对数据序列的平稳性检验采用的是单位根 ADF 检验。具体的结果见表 4-2。

根据样本金融机构收益率数据的描述性统计来看，40 家金融机构收益率序列的偏度系数均不等于 0，峰度系数都大于正态分布对应的系数 3，这表明金融收益率数据有较为明显的"尖锋厚尾"的数据特征。对 JB 检验和 ADF 检验的结果分析得出，样本金融机构的收益率序列都拒绝正态分布的原假设，拒绝存在单位根的原假设，因此，我们得出样本金融机构的收益率序列均是不服从正态分布并且是平稳的。所以我们使用分位数回归的方法来计算金融机构的 CoVaR 值。其中 JB 检验和 ADF 检验分别报告的是 Jarque-Bera 检验和 ADF 检验的 p 值。

表 4-2　金融机构的日度收益率的描述性统计

金融机构	均值	标准差	偏度	峰度	JB 检验	ADF 检验
银行类金融机构						
平安银行	-0.0421	2.7126	-8.6542	177.0453	0.00	0.01
宁波银行	-0.0385	2.1153	-1.5930	23.1684	0.00	0.01
浦发银行	-0.0330	1.8780	-0.8394	17.4306	0.00	0.01
华夏银行	-0.0648	2.1375	-5.2225	82.2007	0.00	0.01
民生银行	-0.0493	1.9146	-2.1042	31.4186	0.00	0.01
招商银行	0.0106	1.7965	0.1541	6.8516	0.00	0.01

续表

金融机构	均值	标准差	偏度	峰度	JB 检验	ADF 检验
南京银行	-0.1184	2.8991	-12.2724	239.4422	0.00	0.01
兴业银行	-0.0463	2.2848	-8.8265	181.1864	0.00	0.01
北京银行	-0.0547	1.9764	-3.2575	40.2365	0.00	0.01
农业银行	0.0062	1.3878	0.1171	16.4639	0.00	0.01
交通银行	-0.0181	1.4677	-0.0494	14.2806	0.00	0.01
工商银行	-0.0140	1.3942	-0.7682	12.7023	0.00	0.01
光大银行	-0.0350	1.4796	0.1088	10.2777	0.00	0.01
建设银行	0.0031	1.5773	-0.3353	12.8421	0.00	0.01
中国银行	0.0163	1.3572	0.0123	17.0008	0.00	0.01
中信银行	-0.0537	1.7904	0.2227	10.0034	0.00	0.01
证券类金融机构						
东北证券	-0.0538	2.4632	0.0920	7.1309	0.00	0.01
锦龙股份	-0.0267	3.7076	-7.0858	133.5532	0.00	0.01
国元证券	-0.0323	3.0853	-4.1728	73.3327	0.00	0.01
广发证券	-0.0253	2.2415	0.4512	7.6534	0.00	0.01
长江证券	-0.0859	3.4259	-10.9323	242.2138	0.00	0.01
山西证券	-0.0552	2.5944	0.0414	6.1952	0.00	0.01
中信证券	0.0492	2.2873	0.4396	7.8419	0.00	0.01
国金证券	-0.0526	2.5977	0.0156	6.2852	0.00	0.01
西南证券	-0.0407	2.4621	0.3736	7.4320	0.00	0.01
绿庭投资	-0.0403	3.1726	-0.0786	5.7518	0.00	0.01
海通证券	-0.0176	2.3318	0.2707	8.0658	0.00	0.01
招商证券	-0.0356	2.3119	0.6338	7.5075	0.00	0.01
太平洋	-0.0761	2.7068	-2.9966	52.6437	0.00	0.01
兴业证券	-0.0511	2.4389	0.0848	8.6431	0.00	0.01
华泰证券	-0.0189	2.4265	0.1897	6.4297	0.00	0.01
光大证券	-0.0823	2.3673	0.0583	7.6789	0.00	0.01
绿庭B股	-0.0456	1.8704	-0.4420	11.6268	0.00	0.01
保险类金融机构						
中国平安	0.0727	1.9466	-0.0056	7.1088	0.00	0.01
中国太保	0.0843	2.1703	0.1031	6.1066	0.00	0.01

续表

金融机构	均值	标准差	偏度	峰度	JB 检验	ADF 检验
中国人寿	0.0565	2.0331	0.6349	8.5850	0.00	0.01
信托类金融机构						
陕国投 A	-0.1850	4.3001	-9.0349	147.1887	0.00	0.01
海德股份	-0.0160	2.9807	0.0545	5.2611	0.00	0.01
熊猫金控	-0.0124	2.8288	0.2242	5.6116	0.00	0.01
安信信托	-0.2200	3.8966	-10.9196	231.7654	0.00	0.01

金融市场的收益率数据 X_t^{system} 通过各个金融机构的收益率以滞后 1 期的市值为权重加权平均得到。为了度量在时间维度上的 VaR_t 和 $\Delta CoVaR_t$，本章运用了一系列的状态变量 M_t，滞后的状态变量。

股票市场收益（M_t^1），该状态变量是沪深 300 指数日收盘价计算出收益率序列来表示。收益率具体的计算公式如下，P_t 是沪深 300 指数在 t 日的日收盘价，P_{t-1} 是沪深 300 指数在 $t-1$ 日的日收盘价。

$$M_t^1 = 100 \times (\ln P_t - \ln P_{t-1}) \quad (4-2)$$

流动性利差（M_t^2），该状态变量是银行同业拆借加权平均利率与 6 个月到期国债收益率的差近似代表。该状态变量可以用来度量金融系统内的短期流动性风险，即有偿还能力的金融机构，无法以合理的成本获得充足资金或是及时获得充足资金来偿还到期债务的风险。

短期国债收益率变化（M_t^3），该指标反映市场利率变动的不确定性给金融机构带来损失的可能性，由 6 个月国债到期收益率的变化计算得到，具体的计算方式如下：

$M_t^3 = $（$t$ 期 6 个月到期国债收益率）-（$t-1$ 期 6 个月到期国债收益率）

$$(4-3)$$

期限利差（M_t^4），该状态变量是 10 年期国债收益率和 6 个月国债收益率的差近似代表，来表示金融系统内具有不同到期期限资金的供求关系。

所有数据来源于 Csmar 数据库和 Wind 数据库。数据的处理和下文的实现使用 STATA 软件和 MATLAB 软件完成。

4.3.2 我国系统重要性金融机构的分析

表 4-3 列出了 16 家银行机构在样本区间内的 $\Delta CoVaR$ 均值、$CoVaR$ 均

值、VaR 均值及排名。

表4-3 16家样本银行机构的 $\Delta CoVaR$ 均值、$CoVaR$ 均值、VaR 均值及排名

排名	$\Delta CoVaR$ 排名	$\Delta CoVaR$ 均值	$CoVaR$ 排名	$CoVaR$ 均值	VaR 排名	VaR 均值
1	南京银行	-3.2062	南京银行	-3.2441	浦发银行	-4.3661
2	建设银行	-3.0766	建设银行	-3.1008	建设银行	-4.3567
3	兴业银行	-3.0270	兴业银行	-3.0379	民生银行	-3.9967
4	中信银行	-2.9944	中信银行	-3.0231	北京银行	-3.9490
5	农业银行	-2.9362	工商银行	-2.9924	中信银行	-3.8421
6	工商银行	-2.7873	农业银行	-2.9776	南京银行	-3.8140
7	民生银行	-2.7313	民生银行	-2.7485	兴业银行	-3.7754
8	中国银行	-2.7213	浦发银行	-2.7233	平安银行	-3.6494
9	宁波银行	-2.7091	北京银行	-2.7218	工商银行	-3.4360
10	浦发银行	-2.6876	宁波银行	-2.7116	招商银行	-3.3346
11	平安银行	-2.6800	交通银行	-2.6494	交通银行	-3.2753
12	北京银行	-2.6726	中国银行	-2.6328	宁波银行	-3.2237
13	光大银行	-2.5384	华夏银行	-2.6266	中国银行	-3.1400
14	招商银行	-2.5164	光大银行	-2.6225	光大银行	-3.1218
15	交通银行	-2.4437	平安银行	-2.5678	农业银行	-3.0492
16	华夏银行	-2.2946	招商银行	-2.5292	华夏银行	-2.8160

结果显示，根据银行机构的 $\Delta CoVaR$ 排名可知，在整个样本区间内，南京银行是我国银行机构中系统性风险贡献程度最高的银行机构，接下来分别是建设银行、兴业银行、中信银行和农业银行，银行机构 $\Delta CoVaR$ 的整个排名中，华夏银行是最后一名。根据定义计算出的 $\Delta CoVaR$ 为负数，所以银行机构的 $\Delta CoVaR$ 的相反数越大，代表其对整个金融系统的风险贡献程度越大。从以上的结果可以分析得出，4家国有控股商业银行的 $\Delta CoVaR$ 值排名均比较靠前，系统性风险贡献排名前5的银行机构中有2家国有控股商业银行，所以相比其他的银行机构，大型股份制商业银行和国有商业银行是我国的系统重要性银行机构。

作为四大国有银行之一的中国银行在本章的 $\Delta CoVaR$ 值排名中是第8名，但是中国银行被选为全球系统重要性银行。笔者对其原因分析如下所述：第一，中国银行的国际投资活动较为频繁，外币投资等国际业务相比较其他银行来讲更广泛，所以巴塞尔委员会将其评为全球系统重要性银行机构。第二，

本章评估的是国内的系统重要性银行机构，如果要考察银行机构的全球系统重要性，则需要比较不同交易所上市的股票情况。

图 4-1 展示了 40 家金融机构在样本区间内的 $\Delta CoVaR$ 均值的绝对值。

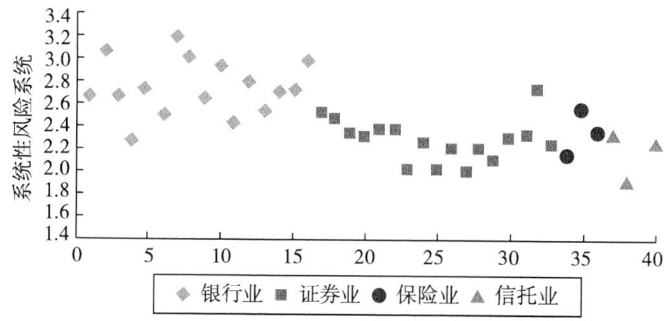

图 4-1　40 家金融机构的系统性风险贡献水平

在对 40 家样本金融机构的 $\Delta CoVaR$ 总排名的分析中，我们从金融行业的角度出发，分析系统性风险在我国金融行业间的分布情况。结果显示，在我国，系统性风险贡献水平中占有重要地位的金融行业是银行业；保险类金融机构和证券类金融机构则处于中间的位置；信托类的金融机构在总体排名中普遍比较靠后。

接下来，本章从动态的角度来分析金融机构的系统重要性随时间的变化趋势。表 4-4 列出了银行机构年均 $\Delta CoVaR$ 排名。

表 4-4　样本银行机构的年均 $\Delta CoVaR$ 排名

排名	年份							
	2011	2012	2013	2014	2015	2016	2017	2018
1	南京银行	南京银行	南京银行	南京银行	南京银行	南京银行	南京银行	南京银行
2	兴业银行	建设银行	建设银行	建设银行	建设银行	建设银行	兴业银行	建设银行
3	建设银行	兴业银行	兴业银行	中信银行	兴业银行	中信银行	建设银行	兴业银行
4	农业银行	中信银行	中信银行	兴业银行	农业银行	兴业银行	中信银行	中信银行
5	工商银行	农业银行	农业银行	农业银行	工商银行	农业银行	工商银行	农业银行
6	中信银行	浦发银行	工商银行	工商银行	中信银行	浦发银行	农业银行	浦发银行
7	民生银行	中国银行	民生银行	中国银行	宁波银行	中国银行	宁波银行	中国银行
8	宁波银行	工商银行	宁波银行	宁波银行	宁波银行	民生银行	平安银行	民生银行	平安银行

续表

排名	年份							
	2011	2012	2013	2014	2015	2016	2017	2018
9	中国银行	民生银行	中国银行	民生银行	中国银行	北京银行	中国银行	民生银行
10	北京银行	平安银行	平安银行	浦发银行	北京银行	招商银行	北京银行	北京银行
11	平安银行	北京银行	北京银行	北京银行	浦发银行	民生银行	平安银行	宁波银行
12	浦发银行	宁波银行	浦发银行	平安银行	平安银行	宁波银行	浦发银行	工商银行
13	光大银行	招商银行	光大银行	光大银行	光大银行	光大银行	光大银行	招商银行
14	交通银行	光大银行	招商银行	招商银行	交通银行	工商银行	交通银行	光大银行
15	招商银行	交通银行	交通银行	交通银行	招商银行	交通银行	华夏银行	交通银行
16	华夏银行	华夏银行	华夏银行	华夏银行	华夏银行	华夏银行	招商银行	华夏银行

我国系统重要性银行机构的名单在样本区间内是比较稳定的。金融稳定委员会在每年公布的全球系统重要性银行机构是对其进行分组的，本章借鉴了这个思想，依据银行机构 $\Delta CoVaR$ 值的排名分成了三个等级。具体来讲，我们将 $\Delta CoVaR$ 值排名前5划分为第一组，$\Delta CoVaR$ 值排名第6到第12划分为第二组，$\Delta CoVaR$ 值排名第13到第16划分为第三组。结果显示，从2011年到2018年，第一组内的银行分别是南京银行、建设银行、兴业银行、农业银行，第二组内的银行分别是浦发银行、民生银行、宁波银行、中国银行、北京银行和平安银行，光大银行、交通银行、招商银行和华夏银行则稳居第三组中。总体上来说，我国系统重要性银行机构的名单不会发生大幅度的变动，监管者无须对监管政策做出反复的改变，即可防范系统性风险的发生。

表4-5列出来金融机构的年均 $\Delta CoVaR$ 的排名，仅列出了前20名金融机构的名称。

表4-5　样本金融机构年均 $\Delta CoVaR$ 排名

排名	年份							
	2011	2012	2013	2014	2015	2016	2017	2018
1	南京银行	南京银行	南京银行	南京银行	南京银行	南京银行	南京银行	南京银行
2	兴业银行	建设银行	建设银行	建设银行	建设银行	建设银行	兴业银行	建设银行
3	建设银行	兴业银行	兴业银行	中信银行	兴业银行	中信银行	建设银行	兴业银行
4	农业银行	中信银行	中信银行	兴业银行	农业银行	兴业银行	农业银行	中信银行
5	工商银行	农业银行	农业银行	农业银行	工商银行	农业银行	工商银行	农业银行

续表

排名	年份							
	2011	2012	2013	2014	2015	2016	2017	2018
6	中信银行	光大证券	工商银行	工商银行	中信银行	浦发银行	中信银行	浦发银行
7	光大证券	浦发银行	民生银行	光大证券	光大证券	中国银行	宁波银行	中国银行
8	民生银行	中国银行	光大证券	中国银行	宁波银行	平安银行	民生银行	光大证券
9	宁波银行	工商银行	宁波银行	宁波银行	民生银行	光大证券	光大证券	平安银行
10	中国银行	民生银行	中国银行	民生银行	中国银行	北京银行	中国银行	民生银行
11	北京银行	平安银行	平安银行	浦发银行	北京银行	招商银行	北京银行	北京银行
12	平安银行	北京银行	北京银行	北京银行	浦发银行	民生银行	平安银行	宁波银行
13	浦发银行	宁波银行	浦发银行	平安银行	平安银行	东北证券	浦发银行	工商银行
14	中国太保	中国太保	中国太保	中国太保	中国太保	宁波银行	中国太保	招商银行
15	锦龙股份	东北证券	光大银行	东北证券	光大银行	光大银行	光大银行	东北证券
16	光大银行	招商银行	东北证券	光大银行	东北证券	中国太保	锦龙股份	中国太保
17	东北证券	光大银行	锦龙股份	招商银行	锦龙股份	工商银行	东北证券	光大银行
18	交通银行	锦龙股份	招商银行	锦龙股份	交通银行	交通银行	交通银行	锦龙股份
19	招商银行	交通银行	交通银行	交通银行	招商银行	锦龙股份	华夏银行	交通银行
20	华夏银行	长江证券	中国人寿	长江证券	国元证券	长江证券	招商银行	长江证券

在样本区间内，我国金融机构的 $\Delta CoVaR$ 值排名随时间在不断地变化，但是 $\Delta CoVaR$ 值排名靠前的金融机构的名单不会出现较大的变动，是比较稳定的。具体来讲，2011—2018 年，我国 $\Delta CoVaR$ 值排名前 19 名的金融机构几乎是稳定的，没有大幅度变动，除 2017 年招商银行下降至前 19 名之外。总体来看，我国系统重要性金融机构的名单不会发生频繁的变化，监管者无须对监管政策做出频繁的改变，即可有效地防范系统性风险。

我们将研究的视角从金融机构扩大到系统性风险在不同金融行业间的分布情况。图 4-2 展示了金融行业的 $\Delta CoVaR$ 年度均值。

结果显示，在样本期间内银行部门的 $\Delta CoVaR$ 值在任何时候都占有绝对的优势，银行部门的系统性风险贡献是最大的，系统性风险贡献水平排名第 2 的是保险业，其次是证券部门，最后是信托部门。这说明在我国的金融市场中，银行和保险部门存在明显的风险隐患，监管当局应该对银行部门和保险部门加强监管，防止系统性风险的爆发。

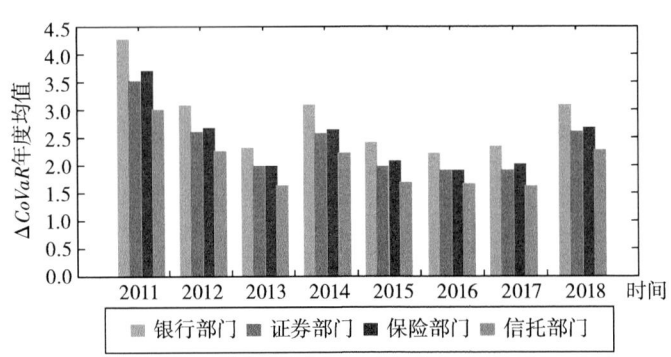

图4-2 金融行业的 $\Delta CoVaR$ 年度均值

4.3.3 我国系统重要性银行机构的影响因素分析

本部分参考了《中国银行业实施新监管标准的指导意见》中对系统重要性银行机构的影响因素的规定，我们同时考虑银行机构的规模、关联性、可替代性、复杂性这四个方面对系统重要性的影响效应。同时金融机构自身的特征和宏观经济的状况都是造成金融系统风险的原因，都会影响银行机构的系统重要性，因此，我们从微观银行机构的特征层面和宏观经济层面两个角度出发，添加了相关的控制变量进行分析。对于被解释变量的选取，本部分选用上文计算得到的银行机构的 $\Delta CoVaR$ 值来表示其系统重要性，为了方便分析结果，对银行机构的季度频率的 $\Delta CoVaR$ 值取绝对值进行分析。则在结果分析的部分我们应该遵循，被解释变量的值与其系统重要性水平是成正比的。本部分对于样本区间的选取为2011年第四季度到2017年第四季度。具体相关变量的选取、定义和度量方法见表4-6。

表4-6 影响因素的缩写与定义

影响因素	缩写	定义
规模	lna_t^i：账面资产	银行机构资产的对数值
关联性	$lnia_t^i$：同业资产	存放同业及其他金融机构款项的对数值
	$lnil_t^i$：同业负债	同业及其他金融机构存放款项的对数值
可替代性	lnc_t^i：手续费佣金收入	手续费佣金收入的对数值
复杂性	$lnsa_t^i$：衍生金融资产	衍生金融资产的对数值
	$lnsl_t^i$：衍生金融负债	衍生金融负债的对数值

续表

影响因素	缩写	定义
银行机构特征变量	VaR_t^i：机构自身风险	上文中计算得到的 VaR 值
	loa_t^i：不良贷款率	不良贷款与贷款总额之比
	ROA_t^i：盈利能力	银行机构的资产净利率
宏观经济金融变量	$Banki_t$：银行业景气指数	
	$terms_t$：国债期限利差	10 年期国债到期收益率减 6 个月收益率
	$finl_t$：融资流动性	银行间同业拆借利率减 6 个月国债到期收益率

本章回归的面板数据中共有 16 家银行机构，选取的是从 2011 年第四季度到 2017 年第四季度，则 T = 25，所分析的时间长度大于银行机构的数量，所以这是一个长面板。针对长面板的估计，我们使用了"组间异方差、组间同期相关"稳健的标准误差，即面板矫正标准误差（PCSE）。同时我们考虑了时间效应，使用的是双固定效应模型。具体的回归结果见表 4–7。

表 4–7　面板回归模型的估计结果

影响因素	解释变量	被解释变量			
		（1）	（2）	（3）	（4）
规模	账面资产	0.2520 *** (0.0572)	0.1420 *** (0.0532)	0.2304 *** (0.0502)	0.2340 *** (0.0513)
关联性	同业资产	-0.0069 (0.0150)	0.0173 (0.0146)		
	同业负债	-0.0875 *** (0.0167)		-0.0941 *** (0.0160)	
	同业资产 + 同业负债				-0.0829 *** (0.0187)
可替代性	手续费佣金收入	-0.2468 *** (0.0427)	-0.2595 *** (0.0461)	-0.2184 *** (0.0418)	-0.2431 *** (0.0447)
复杂性	衍生金融资产	0.2323 *** (0.0545)	0.0757 *** (0.0063)		
	衍生金融负债	-0.1706 *** (0.0540)	0.0564 *** (0.0060)		
	衍生金融资产 + 衍生金融负债				0.0639 *** (0.0061)

续表

影响因素	解释变量	被解释变量			
		(1)	(2)	(3)	(4)
银行机构特征变量	VaR	0.2997 *** (0.0122)	0.2503 *** (0.0108)	0.2861 *** (0.0111)	0.2820 *** (0.0112)
	不良贷款率	0.2006 *** (0.0429)	0.1963 *** (0.0482)	0.1961 *** (0.0429)	0.1877 *** (0.0440)
	ROA	29.1333 *** (10.3033)	52.4280 *** (9.7505)	26.9226 *** (9.9683)	33.5295 *** (10.3701)
宏观经济金融变量	银行业景气指数	0.0080 *** (0.0023)	0.0008 (0.0020)	0.0059 * (0.0023)	0.0042 * (0.0020)
	国债期限利差	0.6195 *** (0.0422)	0.6052 *** (0.0185)	0.6727 *** (0.0369)	0.6199 *** (0.0183)
	融资流动性	0.7985 *** (0.0284)	0.9234 *** (0.0226)	0.8287 *** (0.0257)	0.8482 *** (0.0238)
常数		-1.3199 *** (0.5058)	-0.8075 * (0.4572)	-1.1022 * (0.4907)	-1.0104 * (0.4177)
Adj		0.9567	0.9538	0.9537	0.9538
样本量		397	400	397	400

注：***，**，*分别代表在1%，5%，10%水平下显著，所有的估计量为面板回归的估计量，估计值下的括号中为t值。

结果显示，在模型（2）、模型（3）中分别考虑了关联性和复杂性的资产和负债变量进行回归，在模型（4）中关联性和复杂性的资产和负债变量相加进行回归。

银行机构的规模与其系统重要性水平是呈现正相关并且是显著性的，正相关表示我国银行机构的规模越大，同时其系统重要性水平越高，这个回归结果证实了我国银行机构具有"太大而不能倒"的实质，监管者需要对银行机构的规模予以关注，对银行机构规模设置上限要求，可以有效地维护我国银行系统的安全。

银行机构的关联性回归结果显示，银行机构的同业资产是不显著的，同业负债的系数显著呈现负相关。具体的分析如下，根据定义，银行机构的同业资产是指该银行机构存放在其同业银行群的资产，同业银行群承担着偿还该银行资产的义务，所以只有当同业银行群发生经营危机时，该银行机构才会遭遇损失，所以指定银行的同业银行群才是风险的源头。基于以上的分析，银行机构的同业资产并不影响该指定银行的系统重要性，结果是不显著的。银行机构之间的关联性可以从关联的数量（金融网络节点的个数）和关联的规模（金融网络节点的粗度）来分析。对于银行机构的同业负债的系数为负，笔者认为，指定一家银行机构，该银行的关联性考虑的是关联的数量，即该银行与多家银行机构有关联性而形成的风险放大机制，一个负向冲击会影响到更多的银行机构，从而威胁到整个金融系统的稳定。但是，本章选取的指标可以反映银行机构的关联的规模，不能准确表示银行机构的关联的数量，而银行机构的关联的规模的大小并不能准确地表示其系统重要性的水平。

银行机构的可替代性前的系数为负数，表示其与系统重要性水平呈现负相关并且是显著的。当可替代性强的银行机构出现经营危机时，其提供的金融产品和金融服务可以由其他的银行机构所替代，所以不会中断金融系统的正常运行，不会对金融市场中的流动性造成影响，所以这类银行机构的系统重要性水平较低。

银行机构的复杂性中，衍生金融资产的系数是显著正相关，衍生金融负债的系数是显著负相关，但是考虑两者绝对值的关系，并且结合模型（2）、模型（3）和模型（4）的结果考虑，得出的结论是，银行机构的系统重要性水平与银行的复杂性是正相关并且显著的，因为银行的复杂性越高，当该银行出现经营危机或是破产时，政府部门对该银行进行救助或是对其进行处理时的成本就越高，从而会影响金融系统的平稳运行，所以其系统重要性水平越高。在下文的稳健性检验中根据复杂性回归结果，我们可以认为银行机构的复杂性与系统重要性是正相关的结果是合理的。

银行机构的 VaR、不良贷款率和 ROA 与其系统重要性是呈显著正相关。银行机构的 VaR 值越大，其自身的风险越大，其系统重要性程度也会上升；银行机构的不良贷款率越大，代表其所面临的风险也越大，在金融系统中的系统重要性程度也越高；在银行机构的盈利能力方面，ROA 的系数是显著正相关，因为银行机构的盈利能力越强，代表在金融系统内所处的是核心地位，当其出现经营危机时所影响的范围越广，是系统重要性的银行机构。

最后，一些宏观经济变量也与银行机构的系统重要性相关，银行业景气指数、国债期限利差和融资流动性都是呈现显著的，所以我们在评估金融机构系统重要性的同时不可忽略宏观经济金融的影响。银行业景气指数与银行机构的系统重要性是显著正相关的，国债期限利差和融资流动性都用来衡量流动性风险，其结果是显著正相关的，表明当银行机构所面临的流动性风险增加时，银行机构的系统性风险贡献水平也增加，在金融系统中的系统重要性程度也增加。

4.4 结论

本章运用分位数回归的方法，并且加入了滞后的状态变量计算出我国金融机构的 $CoVaR$ 值，识别我国系统重要性金融机构，并且从动态的角度对我国金融机构的系统重要性随时间变化的特征进行分析，在用 $CoVaR$ 值代表其系统重要性的基础上，分析我国银行机构的特征变量对其系统重要性的影响，得到如下结论。

（1）特征变量规模是决定我国金融机构的系统重要性的重要因素，但不是唯一的因素。具体来讲，国有商业银行的规模比较其他股份制商业银行来讲要更大，我们根据 $\Delta CoVaR$ 值排名的结果显示，我国四大国有商业银行的排名均比较靠前，所以说规模是决定金融机构系统重要性的一个重要因素；但是在本章的样本区间内，南京银行的 $\Delta CoVaR$ 值排名为第 1 名，很明显其系统重要性的排名超过了规模的排名，所以说规模不是决定系统重要性的唯一因素。我国的国有商业银行和大型股份制商业银行是我国系统重要性的银行机构。

单一机构的自身无条件风险较低时不等同于整个金融系统处于稳定的状态。具体来讲，根据本章计算的我国金融机构的 $\Delta CoVaR$ 和 VaR 可以得知，金融机构根据这两个变量进行的排名没有关联性。因为随着金融市场的逐步发展成熟，金融机构之间会通过多种业务联系、管理模式或是信息溢出等方式相互关联，金融机构之间的关联性构成了金融系统内的放大机制，所以单一金融机构的非理性可能会导致整个金融系统的非理性。

（2）基于动态角度分析我国金融机构的风险贡献水平随时间的变化特征，结果发现在样本区间内，根据我国金融机构的 $\Delta CoVaR$ 值进行排名是逐年不断变化的，但是我国不同系统重要性等级银行机构分别稳定地居于所划分的三个组别内。具体来讲，划分的第一组内有南京银行、建设银行、兴业银行和农业银行，第二组内有银行机构有浦发银行、民生银行、宁波银行、中国银行、北京银行和平安银行，划分的第三组有光大银行、交通银行、招商银行和华夏银行。从2011年到2018年，年均$\Delta CoVaR$值排名前19名的金融机构名单是比较稳定的，除了2017年招商银行下降跌出了前19名。

从我国金融行业的角度分析，银行业是我国系统性风险贡献水平最高的金融行业，风险贡献水平排第2名的是保险业，其次是证券业，最后是信托业。具体来讲，从2011年到2018年，根据金融机构$\Delta CoVaR$值排前5名的均是银行机构，其中保险类和证券类的金融机构的排名处于中间的位置，信托类机构的系统性风险贡献排名在最后的位置，在金融机构$\Delta CoVaR$值排名前20的名单中没有信托类机构。

（3）在分析我国银行机构的特征变量对系统重要性的影响中，结果发现规模大、复杂程度大、可替代性小的银行机构会对金融系统的平稳运行产生显著性的影响。

本章小结

本章运用CoVaR模型，对我国银行业、证券业、保险业和信托业金融行业的系统重要性机构进行度量和识别，并且对系统重要性银行机构的影响因素进行分析。实证研究发现：国有控股商业银行和大型股份制商业银行是我国的系统重要性银行机构；我国金融部门中系统重要性金融机构比较稳定，根据值的排名将系统重要性银行机构分成三个类别，监管者可以对处于不同类别中系统重要性程度不同的银行机构实施差异化的监管措施；从金融行业的角度讲，银行业在我国金融行业的系统重要性贡献水平中占据了重要的地位，其次分别是保险业、证券业和信托业。银行机构的规模和复杂性与其系统重要性是显著正相关，银行机构的可替代性与其系统重要性是显著负相关，因此，规模大、复杂性高、可替代性低的银行机构对金融系统的稳定性具有显著的影响。

参考文献

[1]张来军,杨治辉,路飞飞. 基于复杂网络理论的股票关联性实证分析[J]. 中国管理科学,2014(12):86-92.

[2]高波,任若恩. 基于 Granger 因果网络模型的金融机构系统重要性评估[J]. 管理评论,2013(6):3-10.

[3]邓超,陈学军. 基于 PageRank 的系统重要性金融机构识别模型[J]. 系统工程,2017(4):1-8.

[4]欧阳红兵,刘晓东. 中国金融机构的系统重要性及系统性风险传染机制——基于复杂网络[J]. 中国管理科学,2015(10):30-37.

[5]C. Upper, A. Worms. Estimating Bilateral Exposures in the German Interbank Maket: is There a Danger of Contagion[J]. European Economic Reviews,2004(48):827-849.

[6]贾彦东. 金融机构的系统重要性分析——金融网络中的系统风险衡量与成本分担[J]. 金融研究,2011(10):17-33.

[7]V. Acharya, R. Engle, M. Richardson. Capital Shortfall: a New Approach to Ranking and Regulating Systemic Risks[J]. American Economic Review, 2012 (3):59-64.

[8]C T. Brownlees, R. Engle. Volatility, Correlation and Tails for Systemic Risk Measurement[R]. Working Paper, New York University,2012.

[9]T. Adrian, M. Brunnermeier K. CoVaR[J]. American Economic Review, 2016 (7):1705-1741.

[10]A A. Drakos, G P. Kouretas. Bank Ownership, Financial Segments and Measurement of Systemic Risk: An Application of CoVaR[J]. International Review of Economics & Finance,2015(40):127-140.

[11]C. Castro, S. Ferrari. Measuring and Testing for the Systemically Important Financial Institutions[J]. Journal of Empirical Finance, 2014(25):1-14.

[12]G. Girardi, A. Tolga Ergu. Systemic risk Measurement: Multivariate GARCH Eitimation of CoVaR[J]. Journal of Banking & Finance,2013(8):3169-3180.

[13]G. López-Espinoza, A. Moreno, A. Rubia, L. Valderrama. Short-term Wholesale Funding and Systemic Risk: A Global CoVaR Approach[J]. Journal of Banking & Finance, 2012(36):3150-3162.

[14]M. Bernardi, G. Gayraud, L. Petrella. Bayesian Tail Risk Interdependence Using Quantile Regression[J]. Bayesian Analysis,2015(10):553-603.

[15] N. Boyson, C. Stahel, R. Stulz. Hedge Fund Contagion and Liquidity Shocks[J]. Journal of Finance, 2010(6):1789-1816.

[16] G. Mainik, E. Schaanning. On Dependence Consistency of CoVaR and Some Other Systemic Risk Measures[J]. Statistics & Risk Modeling, 2012(1):49-77.

[17] J C. Reboredo, A. Ugolini. Systemic Risk in European Sovereign Debt Markets：A CoVaR-Copula Approach[J]. Journal of International Money & Finance, 2014(2):214-244.

[18] 陈建青,王擎,许邵晖. 金融行业间的系统性金融风险溢出效应研究[J]. 数量经济技术经济研究,2015(9):89-100.

[19] 陈九生,周孝华. 基于单因子 MSV-CoVaR 模型的金融市场风险溢出度量研究[J]. 中国管理科学,2017(1):21-26.

[20] 谢家泉. 股灾背景下中美股市风险溢出的结构转换研究[J]. 运筹与管理,2017(2):127-134.

[21] 田海山,周玉琴,吴恒煜. 广义双曲线分布族下的动态系统性风险研究[J]. 数理统计与管理,2017(1):59-72.

[22] 肖璞,刘轶,杨苏梅. 相互关联性、风险溢出与系统重要性银行识别[J]. 金融研究,2012(12):96-106.

[23] 陈守东,王妍. 我国金融机构的系统性金融风险评估[J]. 中国管理科学,2014(7):10-17.

[24] O. Bernal, J Y. Gnabo, G. Guilmin. Assessing the Contribution of Banks, Insurance and Other Financial Services to Systemic Risk[J]. Journal of Banking & Finance, 2014(47):270-287.

[25] 刘向丽,顾舒婷. 房地产对金融体系风险溢出效应研究——基于 AR-GARCH-CoVaR 方法[J]. 系统工程理论与实践,2014(34):107-111.

第 5 章
中国股市杠杆效应对比分析

5.1 引言

波动是股票市场的一个重要特征,中国的股票市场作为一个新兴市场,各项市场交易制度还不太完善,与其他国家(地区)相比,其波动尤其频繁和剧烈。由于内地的股票市场成立的时间与其他国家和地区相比并不长,市场体系制度也存在一定的缺陷,因此沪深两市的股价表现出波动剧烈的特征。2007年发生的"全民炒股"事件,股票指数上升至6124点。2008年国际金融危机来临,中国的股市也受到严重的负面冲击,上证综指剧烈下跌,跌落超4000点,随后发生的事件更是导致内地市场的股价在牛市与熊市的转换中起起落落:2015年6月中国的经济步入新常态后,投资者对股市抱有"大牛市"的幻想,不仅认为大盘会一直上涨,而且牛市行情会持续下去,但随着政府救市的举动,以及2016年启动的与内地股市制度不符的"熔断机制",使得股价大幅度波动。从2014年6月—2016年3月上海、深圳市场中投资者的行为也不难看出,由于股指价格迅速升高,使得投资信心增强,市场中的投机行为增加,继而爆发股市泡沫导致了市场的恐慌,引致股市的流动性危机。股票市场的稳定有利于社会的资源分配和分散风险效率的提高,如果股市多次出现剧烈波动,不仅会对市场的资金流动产生影响,而且也会扭曲资产定价,对投资决策产生影响。

我国的股票市场(不包括港澳台地区)从1990年正式运作以来,资本市场的变化显而易见。股市发挥的作用不仅由单一变得更加多元化，资本市场的层次也变得更加丰富，市场逐渐迈向多层次结构。但是与欧美发达市场相比，其成立时间较短，各种机制不完备，市场的波动性明显较高。与其他国家（地区）相比，其在如下三个方面的市场表现较为显著：第一，市场存在偏高的市盈率和换手率[1]。发达国家的市盈率一般在10~20倍之间，而我国股市的市盈率则在30~40倍之间，由市场表现就可以发现，内地市场投机性泡沫严重，投资者交易中的非理性行为也较明显。内地市场的换手率一直以来都处于较高的水平，在2007年的平均换手率高达700%，除2007年外，其他年份的年均换手率均保持在200%~400%之间，反观国外市场的20%~80%的年均换手率，我国股票市场的换手率相比较而言的确偏高，投资者投机行为严重，倾向于短线操作。第二，政策特征明显。不能否认内地市场发展的规范性还有一定的缺陷，经常被称为"政策市"，各项机制的完善性也有待提高，内地股市各行业的股价变动受政策消息的影响较为显著。2012年9月"兰通两平台建设"政策作为一个利好消息，刺激教育信息和在线教育板块的股价集体上涨，与此事件类似，2015年3月出台促进新能源汽车发展的政策后，第二天新能源行业汽车的股票价格上涨幅度大都达到了5%。这样的事件在内地市场中屡见不鲜，从中不难发现政策因素对股市的影响举足轻重。第三，投资者盲目从众行为严重。在进行投资决策时模仿他人的投资组合的行为也可以称为羊群效应。之所以会出现羊群效应，主要是由于存在信息的不对称。我国股市的投资者结构中，大部分都是散户投资者[2]，与机构投资者相比，散户在投资的专业技能和信息的获取渠道上相对匮乏，因此散户在买进卖出股票时就很容易出现跟风的现象[3,4]。在市场中，我们经常会发现行业指数出现同涨同跌的现象，这些表现都可以用羊群效应来解释。

综合以上各个事件不难发现，作为一个新兴的股票市场，内地A股市场在交易机制、市场结构和投资者构成等方面与欧美发达国家股票市场相比依然存在巨大差异，在目前阶段依旧是不成熟的市场，在很大程度上依赖于国家政策干预，政策往往比企业或市场内部因素的变化具有更大的市场影响力，政策依然是内地股市中的最大信息，中国市场短时间内摆脱不了"政策市""消息市"的称号。政策、消息可以分为利好消息与利空消息，杠杆效应就是指由利空消息引起更大股价波动变化的行为。这种效应在美国、丹麦、瑞典、加拿大和日本市场中广泛存在。在中国,香港和台湾股票市场与欧美市场联系较为紧密,属于比较成熟的股票市场。因此本章将研究中国股票市场中三个不同市场的杠杆效应反应模式,并对中国不同市场之间的杠杆效应特征进行对比分析。

股票收益率的杠杆效应对于金融资产波动率来说有显著的影响作用。分析股票收益率的杠杆行为,考虑杠杆效应的影响对股票收益率建模并提高其预测精度具有参考价值。对不同市场态势区分杠杆效应的不同表现,有着一定的现实指导意义。对不同市场划分不同的牛熊市阶段的杠杆效应,进行对比分析,能够帮助投资者分析不同市场状态下的投资反应并提出有参考性的投资建议。杠杆效应在不同市场和不同阶段的表现特征,也在一定程度上对了解市场的运行特点有参考价值,给投资者和监管者在识别把握市场时提供现实意义,从而能够正确识别市场风险,对监管者制定各项措施也有一定参考价值。

5.2 文献综述

股票市场在受到信息的冲击时,利好消息和利空消息对股价波动的影响是存在区别的。如果利空消息对市场的影响大于利好消息对市场的影响,则称市场具有杠杆效应,相反如果利好消息的影响较大,则称市场具有反向杠杆效应[5]。大量研究都已经表明,全球的股票市场普遍都存在杠杆效应。Schwert(1990)认为,由于好消息与坏消息而引起的公司权益资本的变动,会通过公司财务杠杆对股票价格产生影响,进而表现出同样大小的坏消息比好消息对市场波动影响更大的杠杆效应[6]。作为新兴市场,中国股票市场的杠杆效应表现也受到众多学者的关注。国内文献对于股票市场的研究可以分为深市、沪市和两个市场同时研究三个方面。陈浪南和黄杰鲲(2002)将深圳市场1993—2001年的数据划分为不同的时段,结果发现深圳股市全样本期间存在显著的杠杆效应,而在分阶段之后只有2000年3月到2001年12月这一阶段的杠杆效应是显著的[7]。深圳市场存在杠杆效应,那么上证市场的表现是否与深市相似?何兴强(2007)[8]和陆蓉(2004)[9]对上证市场划分了不同的市场态势,虽然采用的模型与划分市场的方法存在一定差异,但是得出了相似的结论,即不同的市场阶段下,牛市与熊市的表现不同,牛市阶段的"好消息"导致的波动较大,而熊市阶段"坏消息"导致的波动大,表明了上证市场存在反向的杠杆效应。也有学者得到了不同的结论,利好和利空消息的反应差距对大陆股市的杠杆效应也有显著的影响,利空消息带来更强的持久性,但是利好消息的持续性却较弱,因此上证市场也存在明显的杠杆效应[10]。而对于沪深两市的研究,国内外的学者亦得出了不同的结论,Yeh 等对上海和深圳股市进行实证研究后发现两个市场的波动都具有反向杠杆效应[11];刘庆富(2012)基于重大风险事件的视角,利用事件研究法识别出沪深两市中的重大风险事件,接着把市场划分为牛市与熊市两个阶段进行研究,发现除经济事件在牛市阶段具有反向杠杆效应之外,其他风险事件在牛市和熊市阶段对股市波动的影响都具有杠杆效应[12];聂富强(2007)对沪深两市1997—2004年的数据全样本和分阶段都进行了模型拟合,均值结果发现沪深两市在全样本和分阶段期间确实全部存在显著的杠杆效应[13]。

对于研究股市波动的杠杆效应的文章中,衡量杠杆效应的模型主要为条件波动非对称反应模型,主要包括 EGRACH 模型以及 GJR(TGRACH)模型两大类。对于 GJR 模型的研究,Engle 和 Ng(1993)检验了 GJR 和 EGRACH 模型下波动率的不对称反应,得出 GJR 模型能够更好地拟合这种不对称性[14],上一段中提到的国内深圳市场的研究也是在运用 ICSS 法则诊断股票市场结构变化的基础上,利用 GJR – M 模型发现深圳股市中负向冲击比正向冲击引发的条件波动更大[15];朱钧钧和谢识予(2011)估计上证综指采用 MS – TGRACH 模型,运用 MCMC 方法来估计,并进一步计算 MS – TGRACH 模型对 EGRACH 模型的 LR 统计量,结果表明 MS – TGRACH 模型拟合性较好,在不同状态下股市存在不同的波动规律[16]。最早由 Nelson 提出的 EGRACH 模型,在诠释波动不对称性方面有较好的效果,并且模型中的参数也不需要进行非负性的约束,李亚静(2003)分别采用 GARCH、TGARCH 和 EGARCH 三种模型来分析内地市场中连续的波动特征,结果发现三个估计模型中,EGARCH 模型对深证成指、上证综指及上证 30 指数的拟合比另外两个模型的相同参数要好。在杠杆效应的研究中,陆蓉和徐龙炳(2004)基于 EGRACH 模型对上证市场牛熊市阶段波动的研究取得了较好的拟合效果[17]。

　　以上提到的学者的研究不论从市场[18]还是模型[19,20]方面皆是从常数杠杆效应的角度进行，但是吴鑫育等（2017）考察了中国股票市场在极端市场条件下的杠杆效应，认为沪深股市的杠杆效应会随时间的变化而变化，上证综指在2005—2014年不同波动率时间内的杠杆效应是不同的[21]。对沪深股市的不同阶段研究，也发现即使是同一个指数在不同的阶段时期也会存在不同的杠杆效应。顾锋娟（2012）采用调整的BB法对市场进行划分，分为牛市与熊市，建立一个综合市场指数，包括了我国沪深A股、B股和创业板在内，采用EGRACH模型实证得出综合市场指数在两个市场阶段下均存在波动的杠杆效应，在牛市表现为反向杠杆效应，在熊市表现为杠杆效应[22]；对沪深股指在牛市、熊市和混合阶段中分别进行检验发现，三个阶段都存在杠杆效应，但同一个指数在不同阶段的表现存在差异性，熊市阶段的杠杆效应显著，这个特征在震荡期间也存在，但是在牛市阶段，则存在显著的反向杠杆效应。

　　综合上文国内外学者的研究现状，我们可以发现，对于股市中杠杆效应的表现形式，研究结果大致分为两类：股票收益率的表现是杠杆效应；收益率的表现是反向的杠杆效应。大多数文章借助于实证研究，利用计量经济学模型，研究股市中各类市场指数的收益率序列，最终得出股票市场波动的杠杆效应。虽然大量学者得出的研究结论存在一定的差异，但已有文献中对于杠杆效应的理论研究方法和模型的比较分析依然对后续的研究具有启发作用。

　　从数据的选取与划分阶段上看，大多数学者研究的都是沪深两市的市场表现或者与国外成熟市场之间的区别，但是在中国股票市场中，香港股票市场与台湾股票市场都是我国重要的股票市场，这两个市场的成立时间较久，而且许多的交易机制借鉴欧美的成熟市场，大陆市场作为成立时间较晚的新型市场代表，三个市场之间的杠杆效应的表现形式与特征必然存在一定的区别与联系，因此在研究了众多学者对于杠杆效应的研究后，选取了这三个市场来进行研究。从之前的研究中发现，同一个指数在不同市场态势下的杠杆效应表现也是存在差别的，所以参考了学者的划分时间区间方法，将三个市场各自划分为不同的牛市、熊市以及震荡期间，来对比分析。

从研究方法上看,对于衡量杠杆效应的模型大多采用条件异方差模型,对于 EGRACH 模型与 GJR 模型的选取上不同的学者有不同的选取方法,但是大量研究表明 GJR 模型中的参数统计量会出现不显著的差错,EGRACH 模型对于研究指数日收益率序列的问题中相对比于其他模型拟合效果要好,因此在选取 GRACH 族模型时,综合比较了各类模型后,确定使用 EGRACH 模型来研究三个市场的杠杆效应,并将 ARMA 模型结果加入 EGRACH 模型的均值方程中,来消除金融时间序列的记忆特征,以确保模型拟合结果更加准确。

综上所述,在样本数据选取,划分市场阶段和选取时间这些方面进行完善后,将上证综指、香港恒生指数和台湾加权指数作为研究对象,采用参数法划分牛市、熊市和震荡期三个市场态势,分别在三个市场态势下对比分析大陆、香港和台湾的不同市场特征表现,进一步分析在三个不同的市场态势下大陆、香港与台湾的杠杆效应表现。

5.3 数据及模型

本节由数据分段、变量解释和模型介绍三部分组成。

5.3.1 数据分段

为了对比不同市场状态下三个股票市场的不同杠杆效应,参考大多数文献的时间划分方法,将数据区间划分为牛市,熊市与震荡期三个不同的时间段,对比分析不同市场在相同阶段内各自的市场表现以及分阶段期间的杠杆效应。结合大陆、香港与台湾股票市场发展的特点和各自政策的不同,同时考虑样本容量的大小,运用参数法将总样本分为三个阶段,结果如表 5-1 所示。

表 5-1 样本分段

	震荡期	牛市	熊市
上证综指	2010.01.04—2014.03.20	2014.03.21——2015.07.08	2015.07.09—2018.12.28
香港恒生	2015.05.06—2018.12.28	2011.09.27—2015.05.05	2010.01.04—2011.09.26
台湾加权	2011.12.20—2016.01.22	2016.01.25—2018.12.28	2010.01.04—2011.12.19

5.3.2 变量解释

本章以上证综合指数、香港恒生指数和台湾加权指数的日收盘价为样本数据,以日收益率为研究对象,来研究我国不同股票市场的波动特征,并重点研究三个股票市场收益率存在的杠杆效应。

$$y_t = 100 \times (\ln p_{t+1} - \ln p_t) \qquad (5-1)$$

y_t 表示在第 t 日的收益率,p_t 表示在第 t 个交易日的收盘价,p_{t+1} 表示在第 $t+1$ 日的收盘价。将三个市场近9年的日收盘价用公式(5-1)计算出日收益率,对日收益率序列进行研究。在后续的研究中所使用的变量都是用收益率来表示的,包括下面的描述性统计量和模型拟合。

5.3.3 模型介绍

因为在股票市场中,影响价格变动的因素众多,如果只是建立单一的股票日收益率模型来保证拟合优度,会存在一定误差。因此在研究杠杆效应时,选取了 ARMA + EGRACH 的组合模型[23,24]。首先,ARMA 模型在处理金融时间序列可能存在的自相关问题中,有较好的拟合效果;其次,利用 EGRACH 模型可以解释 GRACH 模型不能解释的杠杆效应问题。所以参考之前学者的研究,对三个市场收益率的研究采用 GRACH 族模型中的 EGRACH 模型与 ARMA 模型相结合的形式来衡量股票市场的杠杆效应[25,26]。

5.4 实证结果与分析

在进行模型拟合过程之前,都要进行平稳性检验与异方差、自相关性检验来确保数据与模型的正确性。限于篇幅,本章省略了之前三个市场牛市、熊市与震荡期间的检验步骤,直接将模型拟合结果进行分析,具体如表5-2到表5-4所示。

表5-2 上证综指各阶段模型参数估计与检验结果

	系数	震荡期	牛市	熊市
均值方程	AR	-0.269097 (0.8391)	-0.049333 (0.8323)	-0.506063 (0.7397)
	MA	0.273084 (0.8367)	0.22060 (0.3437)	0.508162 (0.7383)

续表

	系数	震荡期	牛市	熊市
方差方程	常数项（w）	0.669902 (0.0000)	-0.142879 (0.0004)	-0.072270 (0.0000)
	ARCH 项（α）	-0.090482 (0.0498)	0.198140 (0.0005)	0.096253 (0.0000)
	杠杆项（γ）	0.020540 (0.4792)	0.030136 (0.2493)	-0.044253 (0.0011)
	GRACH 项（β）	-0.616356 (0.0256)	0.997656 (0.0000)	0.993682 (0.0000)
ARCH-LM 检验	F 统计量	0.112054 (0.7379)	1.146679 (0.2851)	0.139881 (0.7085)
	LM 统计量	0.112263 (0.7376)	1.149804 (0.2836)	0.140188 (0.7081)

通过模型的拟合结果首先可以看出，拟合完的模型已经消除了 ARCH 效应。ARMA-EGRACH 模型的结果显示，上证综指牛熊市以及震荡期之间存在的杠杆效应并不相同。前面介绍过的 EGRACH 模型中，衡量杠杆效应的系数为 γ，因此我们主要通过观察杠杆项 γ 的正负以及显著程度来确定不同阶段的杠杆效应。模型结果显示，大陆市场近 9 年来，只有熊市阶段的杠杆项 γ 是为负且显著的，震荡期和牛市阶段的 γ 都为正，表明这两个阶段都是不存在显著的杠杆效应的。这个结果通过大陆股票市场的特征不难解释，首先在震荡期阶段，由于同时存在利好与利空的消息，股票市场有涨有跌，对于利空消息所带来的收益率的增加和利好消息引起的收益率的增加值可能是不相上下的，甚至由于利好消息引起的收益率会超过利空消息带来的收益率，而导致杠杆效应的不显著。在牛市阶段，股价整体处于上涨阶段，这时投资者主要关注的是利好消息，利好消息会带来收益率的增加，这时就会出现所谓的"追涨杀跌"现象，对于利空消息的反应就会下降，这也符合大陆市场的特征。而在熊市阶段，由于股票市场的低迷，股价整体处于下跌趋势，投资者这时对于利空消息就会比较敏感，由利空消息带来的收益率波动会远超过由于利好消息而带来的波动，这时候的杠杆效应就会比较显著。由实证结果也可以看出，震荡期的 ARCH 项和 GRACH 项之和小于 1，说明这个阶段的波动不具有

持久性；在牛市和熊市中 ARCH 项和 GRACH 项之和都大于1，说明这两个阶段的波动是具有持久性的，受外部正负冲击的影响有较为明显的长久性。

表5-3 恒生指数各阶段模型参数估计与检验结果

	系数	震荡期	牛市	熊市
均值方程	AR	-0.966471 (0.0000)	0.828308 (0.0000)	-0.824273 (0.0000)
	MA	0.962066 (0.0000)	-0.820082 (0.0000)	0.890308 (0.0000)
方差方程	常数项（w）	-0.059058 (0.0007)	-0.013115 (0.1440)	0.069592 (0.1736)
	ARCH 项（α）	0.088686 (0.0001)	0.016766 (0.1697)	0.021565 (0.6709)
	杠杆项（γ）	-0.085459 (0.0000)	-0.035898 (0.0000)	-0.160671 (0.0000)
	GRACH 项（β）	0.964229 (0.0000)	0.983104 (0.0000)	0.775051 (0.0000)
ARCH-LM 检验	F 统计量	1.334085 (0.2484)	0.021952 (0.8823)	1.284897 (0.2576)
	LM 统计量	1.335081 (0.2479)	0.022002 (0.8821)	1.287088 (0.2566)

观察香港恒生指数模型结果就会发现，与大陆市场结果存在较大的不同。首先还是观察 F 统计量和 LM 统计量的大小，发现拟合后的模型消除了 ARCH 效应。前面的分析我们已知在大陆市场的震荡期和牛市期间，杠杆效应都是不显著的，只有在熊市期间才有显著的杠杆效应。但是表5-3的模型结果显示，在香港市场中，不管是震荡期还是牛熊市阶段，杠杆项系数 γ 都是非常显著的，而且都是小于0的，说明在香港的股票市场中，不管股市处于哪一个阶段，市场都存在显著的杠杆效应，这是与大陆股票市场区别很大的一个方面。另外，恒生指数的 ARCH 项和 GRACH 项之和在震荡期和牛市都是大于1的，说明这两个阶段的波动具有持久性，反而在熊市期间这两项之和没有超过1，说明这一时期香港股市的波动没有持久性，这也是香港地区与大陆地区股市区别的另一个方面。

表5-4 台湾加权指数各阶段模型参数估计与检验结果

	系数	震荡期	牛市	熊市
均值方程	AR	0.863610 (0.0000)	-0.740690 (0.0000)	-0.915396 (0.0000)
	MA	-0.882944 (0.0000)	0.755283 (0.0006)	0.892713 (0.0000)
方差方程	常数项（w）	-0.005177 (0.6230)	-0.225065 (0.0000)	0.035040 (0.3925)
	ARCH项（α）	-0.006130 (0.0000)	0.154656 (0.0002)	-0.044685 (0.3998)
	杠杆项（γ）	-0.111452 (0.0000)	-0.242362 (0.0000)	-0.383019 (0.0000)
	GRACH项（β）	0.976431 (0.0000)	0.772791 (0.0000)	0.885462 (0.0000)
ARCH-LM检验	F统计量	0.805368 (0.6236)	0.4743668 (0.4912)	0.493201 (0.4829)
	LM统计量	8.078731 (0.6211)	0.475410 (0.4905)	0.494804 (0.4818)

由表5-4的结果得知，台湾加权指数的结果和香港恒生指数有相似之处。首先，由ARCH-LM结果可知，拟合之后的模型消除了ARCH效应，说明模型拟合结果较好。其次，观察模型中杠杆项γ的显著程度，发现台湾股票市场中各个阶段也存在显著的杠杆效应。在震荡期间的杠杆项系数小于0，说明在震荡期间的杠杆效应也是显著的，这与恒生指数的结论一致，与大陆市场的结论相反。在牛市期间的台湾加权指数的杠杆项也是显著小于0的，说明台湾市场即使处于牛市阶段，利空消息所引起的收益率波动依旧比利好消息带来的收益率波动要大。再次，熊市阶段的模型结果三个市场都是一样的，说明在熊市阶段的杠杆效应在不同的市场中都是显著存在的。最后，分析台湾市场中的ARCH项与GRACH项之和，发现台湾加权指数三个阶段的ARCH项与GRACH项之和都是小于1的，说明台湾市场中的波动性都不是持久的。

在对三个市场分别划分不同市场态势进行模型拟合分析后，文章接下来对三个市场的杠杆效应系数与波动性指数单独来进行比较分析。

首先将大陆、香港与台湾三个市场全样本期间的股票收益率进行模型的估计，结果如表5-5所示。从表中的数据可以看出，在全样本期间上证综指、香港恒生指数和台湾加权指数的杠杆项系数都为负，表明三个市场在2010—2018年是存在杠杆效应的，只不过上证综指的杠杆项系数不显著，说明大陆市场存在杠杆效应但是不显著；ARCH项与GRACH项之和三个市场都是大于1的，说明全样本期间三个市场的波动都具有持久性。

表5-5 三个市场全样本模型参数估计与检验结果

	系数	上证综指	香港恒生	台湾加权
均值方程	AR	-0.131283 (0.9049)	0.555847 (0.0695)	-0.758135 (0.0000)
	MR	0.139256 (0.8990)	-0.531587 (0.0912)	0.793402 (0.0000)
方差方程	常数项（w）	-0.083616 (0.0000)	-0.055312 (0.0000)	-0.065833 (0.0000)
	ARCH项（α）	0.116138 (0.0000)	0.080540 (0.0000)	0.078588 (0.0000)
	杠杆项（γ）	-0.002469 (0.6297)	-0.062798 (0.0000)	-0.120140 (0.0000)
	GRACH项（β）	0.995395 (0.0000)	0.973919 (0.0000)	0.972838 (0.0000)
ARCH-LM检验	F统计量	1.069045 (0.3013)	1.223181 (0.2689)	0.221644 (0.6378)
	LM统计量	1.069500 (0.3011)	1.223616 (0.2687)	0.221829 (0.6376)

接下来从牛市、熊市与震荡期杠杆项的特征进行对比分析，结果如表5-6所示。

表5-6 三个市场杠杆项对比

	牛市	熊市	震荡期
上证综指	0.030136	-0.044253	0.020540
香港恒生	-0.035898	-0.160671	-0.085459
台湾加权	-0.242362	-0.383019	-0.111452

（1）在牛市期间，首先通过杠杆项的符号可以看出，上证综指的杠杆项符号为正，而其他两个指数的杠杆项符号为负，表明在牛市期间上证综指存在反向的杠杆效应，即利好消息带来的收益率波动要大于利空消息带来的收益率波动，而对于香港和台湾市场而言，在牛市期间依然存在显著的杠杆效应。其次通过杠杆项数值的大小对比，台湾加权指数的杠杆项最大，其次是香港恒生指数，最后是上证综指，表明在中国三个股票市场的牛市阶段中，台湾市场存在的杠杆效应是最大的，其次是香港市场，而大陆市场在牛市期间存在反向的杠杆效应，这与 A 股市场牛市期间的市场政策有关——投资者在牛市期间的投资热情高涨与众多利好消息的出现有极大关系。从 2014 年下半年起，政府的一系列利好政策，例如国企改革、沪港通以及大众创新、万众创业的提出，使大陆市场迎来了轰轰烈烈的牛市，股票市场信心大增，所以正向冲击急剧加大，因此牛市期间利好消息会带来更多的股票收益率波动，而香港和台湾股市中机构投资者的比例较大，机构投资者与散户投资的行为存在差异，他们的投资重心在于长期投资，交易频率较低，交易也更加理性，交易行为不易受到市场短期波动影响，所以这两个市场相对 A 股市场来说杠杆效应较为显著。

（2）在熊市期间，观察杠杆项的系数发现，在这个阶段三个市场指数的杠杆项都为负，说明在熊市阶段，大陆与香港、台湾市场都表现出了显著的杠杆效应，由于在熊市阶段市场负向效应明显，说明熊市阶段中国的股市普遍存在杠杆效应，2015 年 7 月初 A 股多次跌幅高达 5% 以上，此时负向效应急剧加大，所以 A 股市场的杠杆效应也显著出现。比较杠杆项数值的大小发现，与牛市阶段的结果一致，台湾加权指数的数值最大，其次是香港恒生指数，最小的依然是上证综指。

（3）在震荡期，大陆市场的杠杆项系数再一次变为正数，和牛市期间的特征类似，说明大陆市场震荡期间的股票市场依然是以利好消息带来的股票收益率波动为主，而在这一阶段的香港市场与台湾市场依然存在显著的杠杆效应，台湾加权指数杠杆项的数值依然是最大的。A 股市场的震荡期从 2010 年在开始，2010 年初，A 股市场走出了之前的熊市时期，虽然之后多次发生下跌，但是从 2011 年开始又出现几次上涨的情况，受到的正向冲击较大，所以这阶段 A 股出现反向杠杆效应。相对于大陆市场而言，香港与台湾市场成立时间较久,与欧美市场表现更加契合,与大陆市场的表现较为不同。

总的来说,在全样本期间三个市场指数都表现出了杠杆效应,在分阶段时期则表现出了不同的市场特征,香港恒生指数和台湾加权指数在不同的市场态势下表现出的杠杆效应是相同的,不管处于股票波动的哪一个阶段都存在显著的杠杆效应,但是上证综指在不同的阶段却表现出了不同的杠杆效应。在熊市阶段,上证综指与其他两个市场一样,都表现出显著的杠杆效应,但是在牛市与震荡期,出现了反向的杠杆效应,正向的冲击带来的收益率波动更大。而且同样作为中国的股票市场,台湾市场与香港市场受内地市场的影响较小,在2015年中国大陆市场牛市行情飞涨的情形下,香港与台湾的股市也没有出现大幅度的波动;此外,从杠杆项的系数也可以看出台湾市场的杠杆效应在三个市场中是最大的,其各项交易制度与美日市场类似,与国外市场的关联性更大,其次是香港市场,杠杆效应最小的为大陆市场,这与大陆市场成立时间较短,各项交易制度不够完善有一定的关系。一般较为成熟的股票市场都存在显著的杠杆效应,这一点我们通过之前的香港股市和台湾股市分阶段建模就可以看出,而对于大陆市场,在分阶段模型中,只有熊市期间的杠杆效应显著,因为这时市场利空消息居多,带来的股票收益率波动也较大,但是在震荡期间与牛市阶段,这种由利空消息带来较多股票收益率波动的杠杆效应就变得不显著了,甚至出现了杠杆效应的反转效应。在研究杠杆效应的具体市场表现中,将样本区间分阶段讨论就有一定的必要性,这也是本章想要研究的一个主题。

通过模型中 ARCH 项与 GRACH 项之和来比较三个市场的波动性。和上一节相同,我们从牛市、熊市与震荡期三个阶段来对比分析杠杆效应的规律,结果如表 5-7 所示。

表 5-7 三个市场波动项之和对比

	牛市	熊市	震荡期
上证综指	>1	>1	<1
香港恒生	>1	<1	>1
台湾加权	<1	<1	<1

（1）在牛市阶段，上证综指与香港恒生指数的波动项之和都大于1，表明这个阶段的波动是具有持久性的，而台湾加权指数的波动项之和小于1，表明台湾市场此时的波动不具有持久性。与之前的特征不同，香港市场与大陆市场的波动特征类似，而台湾市场则表现出不同的特点。

（2）在熊市阶段，上证综指的波动项之和仍大于1，熊市阶段的市场波动依然具有持久性，但是香港恒生指数与台湾加权指数的波动却没有持久性，香港市场与台湾市场的熊市持续时间均较短，波动也不具有持久性。

（3）在震荡期间，只有香港恒生指数的波动项之和大于1，此时的波动具有持久性，而大陆市场与台湾市场的波动均不具有持久性。对于大陆市场而言，此时的股票市场波动性不大，而且股价有涨有跌，日涨跌幅都没有持续地超过20%，所以这个阶段的波动不具有持久性。2015年处于震荡期的台湾市场受全球经济的影响，原油价格出现持续的下跌，经济复苏放缓，欧美股票市场也处于剧烈的波动当中，因此台湾股票市场波动幅度加大，波动性较大，没有持续性。

综上所述，从波动性的规律来看，大陆市场与香港市场的波动性在熊市与牛市期间有不同的表现，而台湾市场的波动性不管处于哪一个市场阶段都没有持续性。由于香港股票市场和台湾股票市场比大陆股票市场成立时间长，很多交易机制都借鉴欧美市场，属于较为成熟的股票市场，而且欧美的股票市场通常对与国外联系更加紧密的香港和台湾市场产生影响。相对而言，大陆市场成立较晚，各项交易制度还不够完善，与成熟市场之间还存在一定的差别。

5.5 结论

根据实证结果，可以得出如下结论。

（1）上证综指、香港恒生指数与台湾加权指数的日收益率序列都呈非正态分布，都具有"尖峰厚尾"特征，偏度都是负值。上证综指与恒生指数、台湾加权指数收益率序列均表现出明显的"波动集聚"特征。

（2）大陆市场在不同的市场阶段其杠杆效应是不同的，根据中国大陆、香港与台湾股票市场分阶段对比分析发现，大陆市场与其他两个市场的表现也是不同的：①在熊市阶段，上证综指日收益率存在显著的杠杆效应，而且波动具有持久性，说明在熊市阶段大陆股票市场中由于利空消息带来的波动率大于利好消息带来的波动。②在牛市阶段，存在反向的杠杆效应，且牛市阶段的波动具有持久性，这与研究背景里提到的 2015 年的股市情况表现类似，大陆市场的牛市中，由于经济新形势，投资者对市场普遍持看好状态，利好消息带来的波动明显要比利空消息引起的波动幅度大，此时投资者的投机需求狂热，因此牛市的波动也具有持久性。③震荡期阶段的大陆股票市场也存在反向的杠杆效应，波动不具有持久性。震荡期间的大陆股市日涨跌幅均未超过 20%，股价有涨有跌，但是不具有显著的特征，但是从实证结果也可以看出，震荡期间的利好消息的波动还是大于利空消息的波动。④最后通过全样本期间的模型拟合发现大陆股票市场存在杠杆效应，但是杠杆效应的系数不显著。

（3）香港市场与台湾市场的结论大致相同，在不同市场态势下，各个阶段都存在显著的杠杆效应，且全样本期间的杠杆效应也显著存在。但是两个市场也存在一定的区别：①香港市场与台湾市场相比，杠杆项数值在不同阶段皆小于台湾加权指数，说明与香港市场相比，台湾市场的杠杆效应更明显。②台湾市场各阶段的波动都不具有持久性，但是香港市场中只有熊市阶段的波动不具有持久性。

因此，香港和台湾，由于股票市场成立的时间较长，都有成熟市场中存在的杠杆效应；而大陆股票市场由于成立时间较晚，市场机制不健全，股票价格波动较大，因此市场中的杠杆效应没有香港与台湾市场明显。

在文章中，实证研究仍存在一定的局限性：首先对于模型的构建，只在 EGRACH 模型的均值方程中加入了 ARMA 模型来消除时间序列的记忆性，并没有对股票收益率的"尖峰厚尾"构造约束条件来消除这一现象。在后续的研究中可以尝试加入其他的约束条件来完善 EGRACH 模型，也可以尝试使用随机波动模型来刻画杠杆效应。其次只对比研究了三个市场不同时期杠杆效应的表现，在分析不同杠杆效应的原因时，只分析了大陆股票市场的表现及原因，而对于香港与台湾市场杠杆效应与大陆市场存在较大差异的原因方面，只重点分析比较了描述性统计量之间的差异，对于深入的原因，没有更加明确的分析说明，这也是本章研究的一个不足之处，在后续的研究中可以进一步发现。

本章小结

股票市场中的收益率与波动率之间的非对称关系一直是经济学研究中较为关注的话题,其中杠杆效应备受关注。我国大陆股市自成立以来,虽然历时与香港和台湾市场而言较短,但是对于股市的波动性关注度仍然较高,而且与香港股市和台湾股市存在一定的区别。在不同的市场态势下,研究上证综指、香港恒生指数与台湾加权指数的波动杠杆效应,有利于监管者充分了解市场的波动特征,从而能够更好地促进我国金融市场健康合理的发展。通过对国内外相关文献的研究总结,本章采用 ARMA – EGRACH 模型来衡量股市波动的杠杆效应,将大陆、香港与台湾市场 2010 年 1 月到 2018 年 12 月的收盘价数据划分为牛市、熊市与震荡期三个阶段,进行了实证研究。通过综合比较分析发现:第一,我国三大股市大盘指数在全样本期间均表现出波动的杠杆效应,其中香港恒生指数与台湾加权指数的杠杆效应系数显著为负,表明存在显著的杠杆效应,而大陆市场的杠杆效应系数不显著。第二,在不同的市场态势下三个股票市场的杠杆效应表现不同。其中大陆市场与香港、台湾市场在不同阶段的表现特征存在显著差异。在熊市阶段,上证综指和香港恒生指数、台湾加权指数均存在显著的杠杆效应。在牛市和震荡期阶段,香港恒生指数与台湾加权指数均存在杠杆效应,而上证综指存在杠杆效应的反转效应,表明此时的杠杆效应不显著。

参考文献

[1] 宋顺林,唐斯圆. 首日价格管制与新股投机:抑制还是助长?[J]. 管理世界,2019(1): 211 – 223.

[2] 王朝阳,王振霞. 涨跌停、融资融券与股价波动率——基于 AH 股的比较研究[J]. 经济研究,2017(4): 151 – 162.

[3] 宋顺林,王彦超. 投资者情绪如何影响股票定价?——基于 IPO 公司的实证研究[J]. 管理科学学报,2016,19(5): 41 – 52.

[4] 王谨乐,史永东. 机构投资者、高管变更与股价波动[J]. 管理科学学报,2018,1(7): 113 – 124.

[5] 吴恒煜,朱福敏,温金明. 带杠杆效应的无穷纯跳跃 Levy 过程期权定价[J]. 管理

科学学报,2014(8):74-94.

[6] Schwert, W. G. Stock Volatility and the Crash of 1987[J]. The Review of Financial Studies,1990(3):77-102.

[7] 陈浪南,黄杰鲲. 中国股票市场波动非对称性的实证研究[J]. 金融研究,2002(5):67-73.

[8] 何兴强,李涛. 不同市场态势下股票市场的非对称反应——基于中国上证股市的实证分析[J]. 金融研究,2007(8):131-140.

[9] 陆蓉,徐龙炳. 中国股票市场对政策信息的不平衡性反应研究[J]. 经济学(季刊),2004(2):12.

[10] 谢海滨,范奎奎,周末. 中国股市对利好和利空信息反应的差异研究[J]. 系统工程理论与实践,2015,35(7):1777-1783.

[11] Yeh, Y. H. , Lee, T. S. . The Interaction and Volatility Asymmetry of Unexpected Returns in the Greater China Stock Markets[J]. Global Finance Journal,2000(11):129-149.

[12] 刘庆富,周程远. 中国股票市场的非对称效应研究[J]. 管理工程学报,2012,27(5):648-655.

[13] 聂富强,宋国军. 沪、深股市波动不对称性的实证分析[J]. 数理统计与管理,2007,26(1):173-176.

[14] Engle, R. Antoregressive Conditional Heteroskedasticity with Estimates of the Variance of UK Inflation[J]. Econometrica, 1982 (50):987-1008.

[15] 陈浪南,杨科. 中国股市高频波动率的特征、预测模型以及预测精度比较[J]. 系统工程理论与实践,2013 (2):296-307.

[16] 朱钧钧,谢识予. 中国股市波动率的双重不对称性及其解释——基于 MS-TGRACH 模型的 MCMC 估计和分析[J]. 金融研究,2013(3):134-148.

[17] 陆蓉,徐龙炳. "牛市"和"熊市"对信息的不平衡性反应研究[J]. 经济研究,2004(3):65-72.

[18] 李锋森. 我国融资融券助涨助跌了吗?——基于波动非对称性视角[J]. 金融研究,2017(2):147-162.

[19] Righi, M. B. , Ceretta P. S. Forecasting Value at Risk and Expected Shortfall Based on Serial Pair-copula Constructions[J]. Expert Systems with Appli-cations,2015,42(17):6380-6390.

[20] Garcia R. , Tsafack, G. Dependence Structure and Extreme Comovements in Inter-national Equity and Bond Markets with Portfolio Diversification Effects[J]. Journal of Banking and

Finance, 2011, 35(8): 1954-1970.

[21] 吴鑫育,任森春,马超群. 中国股票市场的时变杠杆效应研究——基于随机Coupula模型的实证分析[J]. 管理科学学报, 2017(20): 70-73.

[22] 顾锋娟,金德环. 投资者过度反应与牛熊市波动非对称性[J]. 数理统计与管理, 2013, 32(3): 533-543.

[23] 曹栋,张佳. 基于GRACH-M模型的股指期货对股市波动影响的研究[J]. 中国管理科学, 2017, 25(1): 27-34.

[24] 张贵生,张信东. 基于微分信息的ARMAD-GRACH股价预测模型[J]. 系统工程理论与实践, 2016, 36(5): 1137-1145.

[25] 王苏生,王俊博,许桐桐. 基于ARMA-GARCH-SN模型的沪深300股指期货日内波动率研究与预测[J]. 运筹与管理, 2018, 27(4): 153-161.

[26] 萧楠. ARMA-GRACH模型对上海铜期货市场收益率的建模与分析[J]. 运筹与管理, 2006, 15(5): 128-132.

…

第6章
企业股权集中度对股票收益率的影响

6.1 引言

自1990年上海证券交易所与深圳证券交易所建立以来,我国资本市场迅速发展。截至2018年年底,我国深市与沪市A股挂牌上市公司共计3589家,A股总市值达到43.37万亿元,比2017年年末的56.58万亿元缩减了13.21万亿元,流通市值35.30万亿元。股票市场作为经济的"晴雨表"能够向市场与投资者传递宏观及微观信息,其蓬勃发展不仅能够促进资本市场的资本流动,而且能够促进相关企业与行业的发展。股票市场快速发展的根源在于众多投资者的参与。投资者具有逐利性,其在选择标的股票时看中盈利性与成长性,最终视线将聚焦于股票收益率。

我国企业按照控股股东或实际控制人性质可分为中央国有企业、地方国有企业、民营企业、外资企业、公众企业与集体企业六大类。根据图6-1所示,2019年1月我国企业总体以民营企业为主,占A股企业数目的60.99%。我国国有企业股本总量占据主体地位,占A股总股本比重为49.9%,其中中央国有企业占A股总股本比重为31.94%,地方国有企业占A股总股本比重为17.96%。中央国有企业收益率高于其他性质企业的股票收益率,地方国有企业与外资企业也具有良好的股票收益率。

股权集中度主要是用来衡量企业股权分布状态的指标,其在发达资本主义国家中主要经历了高度集中、相对分散、高度分散与重新集中四个阶段[1]。

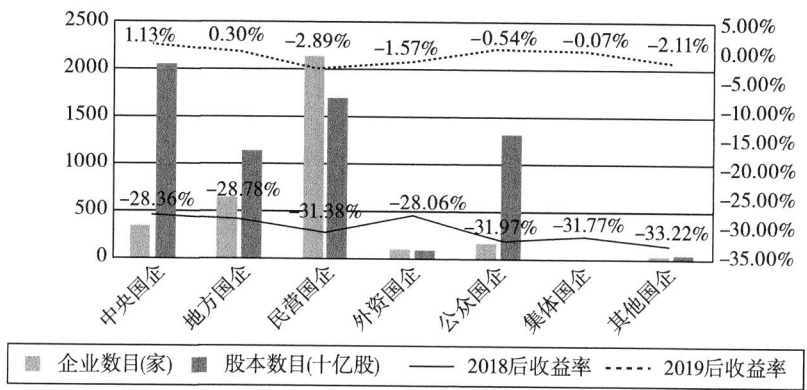

图 6-1　企业性质与企业股票收益率概况
资料来源：根据 Wind 数据库整理而得。

股权集中度每一阶段的变化与当时经济环境与资本市场发展等密切相关，现阶段我国仍处于股权相对集中阶段。如图 6-2 所示，截至 2019 年 1 月，我国 A 股上市企业中共有 2917 家第一大股东持股比例大于 20%，占 A 股上市企业 81.28%。与此同时，90% 以上的 A 股上市企业前十大股东持股比例超过 30%，说明我国企业股权集中度较高。股权集中度高的企业能够提高决策的效率，且大股东与企业利益目标函数具有一致性，企业盈亏会对股东造成较大的影响。在此情形下，大股东具有较强的积极性参与企业的日常经营管理，提高监督代理人的意识，这有利于企业的良好运转。此外，股权集中度较高的企业不易发生代理权争夺与收购兼并等事件，能够维持企业稳定运行，进而促进企业价值与股票收益的增长。但是，当股权集中度过高时，可能导致大股东的权力不受牵制，甚至出现大股东与代理人勾结侵害公司利益或小股东利益的行为。上述事件均可能会对企业价值产生影响，进一步使股票价格与股票收益率发生变化。

因此，股票收益率作为投资者关注的焦点，在实际资本市场中可能随股权集中度的变化而变化。如图 6-2 所示，在实际资本市场中，不同时期的股票收益率随企业股权集中度的变化程度而不同，但大体呈现股票收益率随企业股权集中度增加而增加的趋势。

通过对我国 A 股企业股权集中度与企业性质的分析发现，在实际股票市

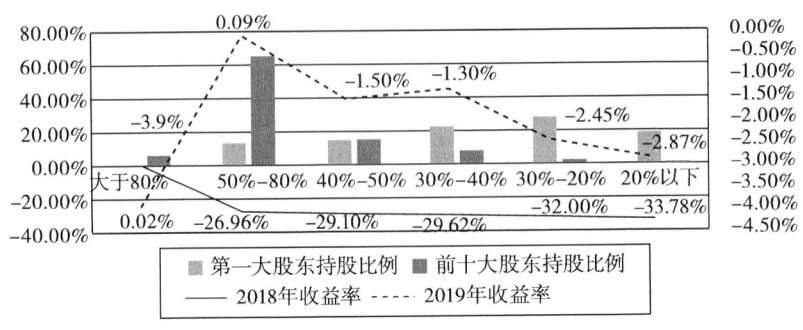

图 6-2 企业股东持股比例与股票收益率概况

资料来源：根据 Wind 数据库整理而得。

场中二者与股票收益率均具有一定的关系。因此，本章将探讨在中国资本市场中，企业股权集中度能否影响 A 股上市企业股票收益率。如果影响，那么能否对此影响进行预判。当企业性质发生变化时，企业股权集中度与股票收益率之间又会呈现什么样的变化。

本部分研究主要发现：①总体上 A 股上市企业股权集中度与股票收益率间具有显著正相关关系，表明企业股权集中度增加促进股票收益率的增加。对于不同性质的企业，二者具有不同的关系。②在中央国有企业与地方国有企业中，企业股权集中度与股票收益率也具有显著正相关关系。③在民营企业中两者具有显著的倒 U 型关系，即股票收益率先随股权集中度的增加而增加，达到临界值后随股权集中度的增加而减少。④外资企业、公众企业与集体企业的股权集中度与股票收益率不具有显著的线性与非线性关系。

研究不同性质的企业股权集中度对股票收益率的影响具有一定指导意义与实践参考价值。本研究潜在研究贡献在于：第一，目前关于股票收益率影响因素的研究大多聚焦于企业绩效与产权性质等影响因素，少有学者从股权集中度角度进行分析，按控股股东性质划分企业性质的研究更少。此外，理论界关于企业股权集中度与股票收益率间的关系研究也并未形成统一观点。因此，研究企业股权集中度对股票收益率的影响，在一定程度上丰富这一领域的研究成果，并为后人继续研究给予一定参考。第二，有助于投资者通过股权集中度分析企业股票收益率，判断企业的治理效率与业绩预期走向，进而做出最优投资决策，以获取更高的股票收益率。同时还能够为企业改革提供方向，对监管部门制定相关的监管措施具有一定的实践参考价值。

6.2 文献综述

投资者购买股票或债券最关心的是能获得多少收益，随着股票市场理论体系与实践的快速发展，国内外学者关于股票收益率影响因素的研究越来越多。从宏观角度来看，Muktadir – Al – Mukit（2013）通过实证研究得出孟加拉国股票收益率与利率存在负相关关系的结论[2]，余洋（2014）等在中国市场得出相同结论[3]。此外有学者通过理论与实证分析发现经济环境变化（Javaid Attari MI 和 Safdar L，2013）[4]、通货膨胀率（董秀良等，2013）[5]、货币政策（朱小能等，2018）[6]等因素均会在一定程度上影响企业的股票收益率。从中观角度来看，郦金梁等（2009）以 APT 模型为基础，通过实证研究发现位于相同地理位置的企业，其股票收益率之间具有一定联动性[7]。同时，研究股票收益率时分行业回归是必要的[8]，因为综合指数可能会掩盖部分行业指数的波动特征。从微观角度来说，William Sharpe（1964）[9]、Jan Mossin（1966）[10]与 John Lintner（1969）[11]提出了资本资产定价模型，资产收益率是市场风险即变量 β 的线性函数。然而，在使用资本资产定价模型时，存在较多严格的假定，因此有些学者对 CAPM 模型的应用存在一定质疑。Amott 等（1989）认为财务杠杆、市净率、市盈率、公司规模、盈余变动情况、国外盈利及股利报酬等因素对股票报酬率的变动更具有解释能力[12]。文海涛（2003）[13]与潘莉等（2011）[14]等以中国 A 股市场为研究对象得出与 Amott 类似结论。田利辉等（2014）通过 Fama – MacBeth 截面回归分析，得出股票成交额、换手率与预期股票收益率均具有显著负相关关系的结论[15]。从企业方面来说，中国上市企业业绩衡量指标 EVA 对股票收益率具有一定的解释能力（张玲等，2006）[16]。

股票收益率与股票价格的波动密切相关，其中 Ferdinand A 等（2010）认为股票价格同步性是第一大股东持股比例的凹函数[17]。但是我国资本市场信息效率较低，控股股东持股比例较高的企业实施盈余管理，在一定程度上降低了股价同步性（付世俊，2014）[18]。此外，第一大股东属性的不同也可能导致股票价格同步性的差异（Adel Bino 等，2016）[19]。Shoeyb Rostami 等（2016）在德黑兰证券交易所选取469个企业2006—2012年数据作为研究样本，实证结果显示企业股权集中度与股票收益之间存在负相关关系[20]。

通过对当前研究梳理，笔者发现大多数研究关注企业股权集中度与企业绩效价值的关系，少有学者直接研究企业股权集中度对股票收益率的影响这一课题。现阶段关于股权集中度与公司绩效或公司价值关系的研究结论可分为三类。第一类认为股权集中度与企业经营绩效或公司价值间不存在显著的相关关系。阮素梅等（2015）通过实证分析得出企业股权结构对企业价值不具有直接影响的结论[21]。王曙光等（2015）运用24家上市银行2006—2015年数据进行实证分析，证明其股权结构与企业绩效不存在明显的线性关系[22]。第二类则认为企业股权集中度与企业经营绩效或公司价值间具有线性关系。其中两者间线性关系主要包括正相关关系、负相关关系与正负相关关系。杨水利等（2008）对2005年股改前后的数据进行对比分析，结果显示股改前第一大股东持股比例与企业绩效间具有不显著的正相关关系，股改后第一大股东持股比例与企业价值间具有显著正相关关系，股改前后第二到第五股东持股比例与企业绩效间均具有显著正相关关系[23]。基于生命周期理论，颜爱民等（2013）认为股权集中度与企业经营绩效间具有线性正相关关系，在成长期与衰退期显著性最强[24]。此外，不同区域的治理环境下，股权集中度对企业经营绩效的影响程度也不同（贺炎林等，2014)[25]。但也有部分学者的研究与上述结论具有差异性，祝继高等（2012）以城市商业银行为研究对象，研究表明第一大股东持股比例越高，银行的不良贷款率会越高，银行业绩也会越差，即第一大股东持股比例与银行经营绩效成反比[26]。谷雨（2015）与刘汉民等（2018）分别以国有企业[27]、证券企业[28]等不同类型企业为研究对象，结果均表明企业股权集中度与企业经营绩效间存在显著负相关关系。以上两种结论仅从第一大股东持股比例或前十大股东持股比例角度研究股权集中度与企业经营绩效的关系，并未深刻探讨其他股东的持股比例对企业经营绩效或公司价值的影响。在此基础上，杨德勇等（2007）对5家上市银行的股权结构与企业经营绩效进行实证分析，结果表明第一股东的持股比例与经营绩效呈负相关，而前五大股东与前十大股东的持股比例与企业经营绩效均呈正相关关系[29]。董奋义等（2014）通过规范与实证分析认为第一大股东持股比例与公司经营绩效间具有显著正相关关系；而前七大股东持股比例与企业经营绩效间存在负相关关系[30]。第三类则认为股权集中度与企业绩效或企业价值具有非线性关系，两者主要呈现倒 U 型曲线与 U 型曲线的形状。吴淑琨（2002）提出企业的股权集中度与公司绩效间存在显著的倒 U 型关系，国家股、法人股与企业绩效也存在显著的 U 型关系[31]。张陶等（2006）通过对香港中资企业研究，发现股权集中度与企业经营绩效间存在倒 U 型关系，但国有企业股东持股比例与企业绩效存在 U 型关系[32]。此外刘银国等（2010）认为股权集中度与企业经营绩效间存在反向变动幂函数关系[33]。陈德萍等（2011）基于壕沟防御与利益协同效应假说，通过实证得出企业股权集中度与公司绩效呈正 U 型关系的结论[34]。

由于企业性质不同，其公司治理方式与企业绩效价值也会有所不同，因此对股票收益率影响作用也具有差异性。股票按照性质可分为国家股、法人股与流通股，杜莹等（2002）认为国家股与企业绩效间具有显著负相关关系，法人股与企业经营绩效间具有正相关关系，流通股与绩效间不存在显著相关性[35]。林莞娟等（2016）利用工具变量方法也得出国有控股比例与企业绩效呈负相关的结论[36]。但是郝阳等（2017）认为国企参股民企可减轻税负与融资约束，提高企业绩效[37]。同年，余汉等（2017）也得出相似的结论[38]。在资本市场中不仅是企业性质会对绩效产生影响，企业性质的转换同样也会对企业绩效产生影响（王甄等，2016）[39]。

通过梳理现有文献发现，在不同的市场与制度背景下，理论界对股票收益率影响因素的研究较多，在股权集中度影响方面具有一定的研究成果，为本章的研究提供了思路与方法。虽然国内外对股票收益率研究的范围较广，相关文献较为丰富，但是现有研究仍存在一定的不足之处：第一，现有研究中尚未对企业股权集中度与股票收益率间关系形成统一结论，且研究两者间关系的文献较少，因此该领域存在一定研究空间。第二，当前学者研究大多考虑企业股权集中度与股票收益率间是否具有线性关系，并未考虑两者可能具有非线性关系。第三，大多数学者进行研究时，将企业分为国企与非国企，少有研究按照控股股东性质划分。

因此，本章将从企业性质角度出发，研究企业股权集中度对股票收益率的影响。文中根据企业控股股东性质，将企业分为中央国有企业、地方国有企业、民营企业、外资企业、公众企业与集体企业六大类。在研究企业股权集中度对股票收益率的影响差异时，用第一大股东持股比例与前十大股东持股比例的平方和两类指标衡量企业股权集中度，通过构建线性与非线性多元回归模型，全面考察企业股权集中度对股票收益率的影响。

6.3 理论分析与研究假设

企业股权集中度的不同将会导致企业组织架构的不同，进一步影响公司的决策行为与经营绩效。股权集中度的不合理可能会在一定程度上妨碍企业吸收外部资金，影响企业的健康发展，最终导致公司价值与股票收益率增长陷入停滞状态。股权集中度主要基于委托代理理论与信息不对称理论等从内部与外部两方面对股票收益率产生影响。从企业内部来说主要包括监督管理机制与激励机制，外部则包括代理权之争与兼并收购。

当企业股权集中度较低时，股东持股比例分散并且比例大体相当。中小股东监督代理人成本大于其监督收益，存在"搭便车"等行为，此时股东制定激励方案的积极性不足，使得监督机制与激励机制未能充分发挥作用。监督机制与激励机制的不良运转会损害企业价值，进而影响股票收益率。此时企业代理权竞争机制发挥一定作用，但企业面临并购时大多数股东未能及时形成反并购联合抵制。事件发生在一定程度上对企业业绩与市值造成影响，进而影响股票收益率。

假设1：股权集中度对股票收益率的影响显著为正。

但当企业股权集中度较高时，企业中控股股东或者具有重大影响的股东对于选择代理人具有较高的话语权，此时代理人、大股东与企业的目标利益函数具有高度一致性。大股东监督代理人的成本小于其收益，且代理人具有较高的积极性参与企业运营，此时监督机制与激励机制有效程度较高。但代理人可能与大股东发生勾结进而侵占小股东利益，中小股东监督代理人成本较大且积极性不足，最终可能导致内部的监管机制未能有效实施。同时在企业中第一大股东占据绝对优势，因此能够抵制外部的收购与兼并。在此情形下企业的运营具有稳定性，但是企业代理竞争机制并未充分发挥作用，也可能使企业故步自封，对企业未来产生不利影响，这些影响最终作用于股票收益率。

假设2：股权集中度与股票收益率之间具有倒U型关系，即股票收益率先随股权集中度的增加而增加，当达到一定临界值后，股票收益率随股权集中度的增加而减少。

总体而言，投资者可以通过对股权集中度分析，判断企业的治理效率与业绩预期走向等，及时调整自身投资策略以获取更高的股票收益率。

6.4 实证分析

本节由变量定义、模型设定、样本数据、描述性统计分析和平稳性分析五部分组成。

6.4.1 变量定义

（1）被解释变量：股票收益率

现有研究中衡量股票收益率主要包含以下三种：股票对数收益率（董秀良等，2013）、交易日收盘价加权计算的股票收益率（张小宇等，2013）[40]与股票累计超额收益率（熊伟等，2015）[41]。本部分参考张小宇等学者的方法，选择以交易日收盘价计算的股票收益率（Ret）作为实证的被解释变量。实证研究以年度数据为基础，股票收益率的计算方式为特定上市公司第 t 年的最后一个交易日的股票收盘价（复权价）与 $t-1$ 年的最后一个交易日的股票收盘价（复权价）的增长百分比值。

（2）解释变量

企业股权集中度的衡量指标主要包括 CR 指数与 H 指数两大类。通过研究背景可知，我国企业处于股权相对集中阶段，在企业中第一大股东持股比例与其他大股东持股比例具有显著性差异；前十大股东持股比例的平方和在一定程度上能够全面衡量大股东持股比例差异。此外，为了全面地研究股权集中度与股票收益率间的关系，本章借鉴许静与张延良（2013）[42]的研究，同时选择 CR 指数中第一大股东持股比例与 H 指数中前十大股东持股比例的平方和来衡量股权集中度。两种指标数值越大则表示企业的股权集中度越高，指标数值越小则表示公司的股权集中度越低，即两种指数的大小和股权集中度存在正相关关系。

(3) 控制变量

本部分的控制变量是指除股权集中度外对股票收益率产生影响的变量。结合我国当前研究与 A 股市场实际情况，借鉴刘建徽（2013）[43]、孔东民与项君怡（2017）[44]研究，选取企业总资产规模、营业收入增长率、资产负债指标、账面市值比与换手率作为模型控制变量。此外，为了控制不同年份与行业对企业的影响，本部分引入年份与行业虚拟变量。具体如表 6-1 所示。

表 6-1 变量的定义与计算

名称	变量	简称	计算方式
被解释变量	股票收益率	Ret	（收盘价 P_t - 收盘价 P_{t-1}）/收盘价 P_{t-1}
解释变量	股权集中度	CR_1	第一大股东的总持股数/发行总股本数
		H_{10}	前十大股东各自持股比例的平方求和
控制变量	企业规模	SIZE	资产总计取自然对数
	营业收入增长率	GROW	（本期营业收入额 - 上期营业收入额）/上期营业收入额
	资产负债	LOAR	负债总额/资产总额
	账面市值比	BOOKV	账面所有者权益总额/企业市值
	换手率	TURN	成交量/发行总股数
	年度	YEAR	2008—2017
	行业	INDUSTRY	证监会 2012 年行业分类标准

6.4.2 模型设定

为验证假设 1 设立多元线性回归模型，将第一大股东持股比例 CR_1 与前十大股东持股比例平方和 H_{10} 分别作为解释变量。为剔除两者之间的交互影响作用，本章建立如下模型。

模型一：

$$Ret = \alpha + \beta_1 CR_{1it} + \beta_2 SIZE_{it} + \beta_3 GROW_{it} + \beta_4 LOAR_{it} + \beta_5 BOOKV_{it} + \beta_6 TURN_{it} + \beta_7 \Sigma YEAR + \beta_8 \Sigma INDUSTRY + \varepsilon_{it}$$

模型二：

$$Ret = \alpha + \beta_1 H_{10it} + \beta_2 SIZE_{it} + \beta_3 GROW_{it} + \beta_4 LOAR_{it} + \beta_5 BOOKV_{it} + \beta_6 TURN_{it} + \beta_7 \Sigma YEAR + \beta_8 \Sigma INDUSTRY + \varepsilon_{it}$$

其中 Ret_{it} 是被解释变量，CR_1 与 H_{10} 是解释变量，$SIZE_{it}$、$GROW_{it}$、

$LOAR_{it}$、$BOOKV_{it}$、$TURN_{it}$、$YEAR$ 与 $INDUSTRY$ 是控制变量，ε 是随机项，i 代表公司，t 表示时间。

为验证假设 2 建立多元非线性回归模型，借鉴 McConnell 与 Servaes (1995)[45]的研究方法，通过二次曲线表示股票收益率与股权集中度间的关系，本研究建立如下模型：

模型三：

$$Ret = \alpha + \beta_1 H_{10it} + \beta_2 H_{10it}^2 + \beta_3 SIZE_{it} + \beta_4 GROW_{it} + \beta_5 LOAR_{it} + \beta_6 BOOKV_{it} + \beta_7 TURN_{it} + \beta_8 \Sigma YEAR + \beta_9 \Sigma INDUSTRY + \varepsilon_{it}$$

模型四：

$$Ret = \alpha + \beta_1 CR_{1it} + \beta_2 CR_{1it}^2 + \beta_3 SIZE_{it} + \beta_4 GROW_{it} + \beta_5 LOAR_{it} + \beta_6 BOOKV_{it} + \beta_7 TURN_{it} + \beta_8 \Sigma YEAR + \beta_9 \Sigma INDUSTRY + \varepsilon_{it}$$

其中 Ret_{it} 是被解释变量，CR_1 与 H_{10} 是解释变量，$SIZE_{it}$、$GROW_{it}$、$LOAR_{it}$、$BOOKV_{it}$、$TURN_{it}$、$YEAR$ 与 $INDUSTRY$ 是控制变量，ε 是随机项，i 代表公司，t 表示时间。

二次函数中系数 β_1 与 β_2 为股权集中度的估计系数，根据假说若要得到估计系数的预期符号，需通过股票收益率—股权集中度曲线计算顶点。因此对上述公式简化，令 y 代表股票收益率，x 代表股权集中度。则上式变为：

$$y = \beta_n + \beta_1 x + \beta_x x^2 \quad (6-1)$$

为求顶点，令 $\frac{\partial y}{\partial x} = 0$

$$\frac{\partial y}{\partial x} = \beta_1 + 2\beta_2 x = 0, x = \frac{\beta_1}{2\beta_2} \quad (6-2)$$

根据实际可知，股权集中度变量符号为正，因此 x 符号为正，则 β_1 与 β_2 符号相反，而本假设则意味着 x 为最大值，因此 $\beta_1 > 0$，$\beta_2 < 0$。

6.4.3 样本数据

本章选取 2008—2017 年 A 股上市公司数据作为研究样本，为保证实证结果的准确性，借鉴现有研究的样本选择与处理方法，对相关的原始数据进行如下处理：

（1）为保证样本经营的可持续性，剔除 ST、*ST 等上市公司样本。

（2）金融行业与其他行业相比具有高负债经营的风险，为保证研究更具代表性,按照2012年证监会行业分类标准剔除金融、保险业上市公司样本数据。

(3) 为保证样本的完整性,剔除研究期间数据缺失的公司样本。

本章主要研究2008—2017年不同性质的企业股权集中度对股票收益率的影响,为了保证研究样本的统一性,剔除在研究期间企业性质发生变化的样本。

通过上述处理,最后获取有效样本总数共计1085家。所选取的上市公司股权集中度、企业性质、股票收益率与其他变量数据等均来源于Wind金融数据库。同时为了保证数据的准确性,选取国泰安数据进行核查。

6.4.4 描述性统计分析

本节的描述性统计如表6-2所示。

表6-2 描述性统计资料

变量	N/n	Mean	Std	Min	Max
Ret	10850/1085	0.182	0.683	-0.869	7.355
CR_1	10850/1085	0.371	0.152	0.034	0.900
H_{10}	10850/1085	0.176	0.124	0.003	0.810
$SIZE$	10850/1085	22.329	1.389	18.287	28.509
$GROW$	10850/1085	0.184	2.537	-1.000	251.797
$LOAR$	10850/1085	0.495	0.295	0.007	0.992
$BOOKV$	10850/1085	0.402	0.256	0.006	8.133
$TURN$	10850/1085	5.455	3.985	0	35.405

通过表6-2可知,股票收益率(Ret)最大值与最小值之间相差幅度较大,其平均数为0.182,说明不同企业股票收益率存在差距,但总体而言企业股票具有盈利能力。第一大股东持股比例(CR_1)的均值为0.371,其整体持股结构呈两极分化,说明企业内一股独大现象确实存在,但并非全部,也存在持股比例非常小的第一大股东。前十大股东持股比例的平方和(H_{10})的均值小于0.2,表明我国上市公司的股权分布较为均衡。通过上述分析可知,我国A股上市企业股权集中度较高,存在一股独大的现象,但前十大股东股权分布整体呈现偏态分布。

在企业层面,上市公司规模与成长性最大值与最小值之间具有显著差距,整体呈现偏态分布。同时,企业资产负债率分布表明市场中高负债风险经营与低负债稳健经营现象并行,但整体呈现正态分布状。在市场层面,不同企业的账面市值比具有显著的差异,股票换手率均值为5.45,同时最大值与最小值间具有显著差异,说明市场中既存在较高流动性的股票,也存在几乎不流动的股票。

6.4.5 平稳性检验

本部分以2008—2017年数据作为研究基础,因为该数据具有时间序列的特征,故在分析时需进行平稳性检验,以免发生伪回归现象。在实证中常用的平稳性检验方法主要为Levin,Lin & Chu检验和ADF-Fisher检验,为了全面客观地对变量平稳性进行检验,本部分同时采用两种检验方法,利用EVIEWS 7软件检验。表6-3汇总了各变量平稳性检验结果。

表6-3 平稳性统计资料

变量	Levin, Lin & Chu t*		ADF - Fisher Chi - square	
	Statistic	Prob.	Statistic	Prob.
Ret	-133.856	0.00	8806.37	0.00
CR_1	-264.741	0.00	2563.33	0.00
H_{10}	-1227.00	0.00	3334.54	0.00
$SIZE$	-48.9218	0.00	3018.93	0.00
$GROW$	-646.428	0.00	5876.17	0.00
$LOAR$	-42.6722	0.00	3048.04	0.00
$BOOKV$	-75.5909	0.00	5116.85	0.00
$TURN$	-93.7097	0.00	5227.30	0.00

由表6-3检验结果可知,各变量Levin,Lin & Chu检验与ADF-Fisher检验的P值均为0,综合判断,被解释变量、解释变量与控制变量等数据均具有平稳性,并且为零阶单整,因此不需要进行协整检验。

6.5 实证结果与分析

根据表6-4至表6-10的结果,对不同性质的企业股权集中度对股票收益率的影响分析如下:

(1) 由表6-4可知，从总体来看，第一大股东持股比例、前十大股东持股比例平方和与股权集中度均存在显著的正相关关系。说明提高企业的股权集中度有助于股票收益率的增加，但两者间的非线性特征并不显著。因此，假设1得到验证，假设2未得到验证。

企业股票收益率随股权集中度的增加而增加具有三大原因。第一，企业的股权集中度越高，表明股东利益与企业利益之间关联性越高，股东对企业业绩与价值的诉求越大，往往具有正向的激励作用。该激励作用可以提高股东管理企业与监督企业的积极性与动力，提升企业业绩与企业价值，进一步促进投资者预期与股票收益率提高。第二，当股权集中度提高时，企业存在控股股东或者具有影响力的大股东，控制权争夺、收购或者兼并等事件也会较少发生。股权结构较为稳定，企业可以稳健经营，健康发展，促进企业绩效与市值增长，最终表现为股票收益率的增加。第三，股权集中度高可能导致市场实际可流通的股票减少，股票流动性变差，基于此类情况，投资者在选择该企业时，会要求一定的风险溢价，使得股票收益率进一步提高。

(2) 对于不同性质的企业，其股权集中度对股票收益率影响也不同。

由表6-5和表6-6可知，中央国有企业与地方国有企业的股权集中度与股票收益率间存在显著的正相关关系，但是，中央国有企业的第一大股东持股比例对股票收益率不具有显著性影响。中央或地方政府作为国有企业的控股股东能够充分发挥治理机制与监督机制的作用，国家有能力对代理人实施监督与激励，能够更好地缓解委托代理问题，有助于提高企业的股票收益率。中央国有企业第一大股东隶属中央，企业高管往往直接由政府委派，第一大股东无法直接通过投票权决定管理层任命，进而影响企业价值与股票收益率。因此，第一大股东持股比例对股票收益率影响不显著。

由表6-7可知，民营企业的股权集中度与股票收益率间存在显著的倒U型关系，即股票收益率先随企业股权集中度的增加而增加，当到达某个临界值后，股票收益率随企业股权集中度的增加而减少。在民营企业中所有权与代理权分离，当股权集中度逐步提高时，大股东与企业代理人的目标利益函数具有一致性，大股东监督代理人成本小于监督收益，所以股东具有较高的积极性监督经理人员。因此，在民营企业中股权集中度的提高会激励监督机制的运行，进而提高企业的价值与股票收益。此外，企业股权集中度的提高有助于减少代理权争夺、收购与兼并等事件发生，维持企业稳定健康的运行。但是，随着股权集中度的进一步提高，可能会发生大股东与代理人相勾结侵害小股东利益等事件，此时大股东表现为侵害效应。因此民营企业股权集中度与股票收益率间存在显著的倒 U 型关系。假设 2 得到验证。

由表 6-8、表 6-9 和表 6-10 可知，外资企业、公众企业与集体企业的股权集中度对股票收益率不存在显著的线性与非线性关系。外资企业往往具有较为完善的公司治理方法与股权结构，其所有权与控制权分离，企业选择良好的职业经理人代理公司事务，股东一般不直接参与企业日常决策，所以大股东不具有直接决策权。我国对外资股东政策限制较严，外资股东对上市企业了解度较低，同时，现阶段我国股票市场蓬勃发展，所以外资股东倾向于持股而非直接参与企业经营获取收益。因此，在外资企业中，企业股权集中度对企业绩效价值与股票收益等不会产生直接显著性影响。公众企业是指股权结构高度分散且不存在控股股东的企业，是所有权与经营权分离的典型企业代表。在公众企业中，中小股东存在"搭便车"等行为，股东的监督成本大于其监督收益，同时不存在大股东通过掌握管理层任命而直接影响管理层经营决策的现象，在公众企业中经理人不易受到股东的影响。因此，在公众企业中，企业的股权集中度对股票收益率不存在显著性影响。集体企业的生产资料和产品由社会主义劳动群众集体所有，公司主要重大事项决策部门与权力机关均为职工大会，在此情形下不论股权集中度如何变化，大股东都难以通过行使投票权以达到控制管理层的目的，影响管理层的日常经营决策。因此，在集体企业中，股权集中度对股票收益率不存在显著性影响。

综合分析上述结果可知，全样本与不同性质的子样本企业股权集中度对股票收益率影响不同，造成的原因可能为：第一，本章对不符合条件样本进行剔除，在最终的 1085 个样本中，中央国有企业、地方国有企业、民营企业与集体企业占据主体地位，故全样本结果在一定程度上受到三者共同作用。第二，在民营企业中，股权集中度与股票收益率关系表现为显著的倒 U 型曲线，在前期股票收益率随股权集中度的增加而增加，因此可能导致全样本与不同性质的子样本股权集中度对股票收益率影响不同。

表6-4 全样本参数估计

变量	线性模型回归		非线性模型回归	
	模型一	模型二	模型三	模型四
CR_1	0.066** (2.31)	—	0.130 (1.10)	—
CR_1^2	—	—	-0.080 (-0.56)	—
H_{10}	—	0.087** (2.44)	—	0.170* (1.79)
H_{10}^2	—	—	—	-0.163 (-0.49)
SIZE	0.033*** (7.84)	0.033*** (7.57)	0.034*** (7.85)	0.033*** (7.60)
GROW	0.009*** (5.82)	0.009*** (5.81)	0.009*** (5.82)	0.009*** (5.81)
LOAR	-0.069*** (-2.80)	-0.067*** (-2.70)	-0.070*** (-2.84)	-0.068*** (-2.74)
BOOKV	-0.486*** (-24.53)	-0.485*** (-24.47)	-0.486*** (-24.54)	-0.484*** (-24.43)
TURN	0.022*** (16.54)	0.022** (16.56)	0.022*** (16.55)	0.022*** (16.59)
C	-1.299*** (-14.37)	-1.276*** (-13.69)	-1.315*** (-13.86)	-1.315*** (-13.86)
YEAR	control	control	control	control
INDUSTRY	control	control	control	control
R-squared	0.6213	0.6213	0.6213	0.6213
Adj R-squared	0.6202	0.6203	0.6202	0.6203
F	591.64***	591.69***	572.52***	572.63***

注：—表示该变量并未参与模型回归；*，**，***分别为在10%，5%与1%水平下显著；括号内为回归估计系数的 t 值。

表 6-5 中央国有企业参数估计

变量	线性模型回归		非线性模型回归	
	模型一	模型二	模型三	模型四
CR_1	0.111 (1.61)	—	0.255 (0.88)	—
CR_1^2	—	—	-0.175 (-0.51)	—
H_{10}	—	0.150* (1.76)	—	0.352* (1.74)
H_{10}^2	—	—	—	-0.390 (-1.10)
SIZE	0.029*** (3.29)	0.027*** (2.99)	0.030*** (3.32)	0.029*** (3.15)
GROW	0.120*** (4.59)	0.120*** (4.61)	0.120*** (4.69)	0.120*** (4.59)
LOAR	-0.085 (-1.53)	-0.078 (-1.41)	-0.091 (-1.61)	-0.093 (-1.63)
BOOKV	-0.451*** (-10.03)	-0.450*** (-10.00)	-0.451*** (-10.03)	-0.451*** (-10.03)
TURN	0.025*** (8.39)	0.025*** (8.42)	0.026*** (8.40)	0.026*** (8.49)
C	-1.256*** (-6.81)	-1.210*** (-6.43)	-1.315*** (-13.86)	-1.210*** (-6.43)
YEAR	control	control	control	control
INDUSTRY	control	control	control	control
R-squared	0.6157	0.6158	0.61583	0.6160
Adj R-squared	0.6108	0.6109	0.6107	0.6110
F	125.95***	126.00***	121.57***	121.70***

注：—表示该变量并未参与模型回归；*，**，***分别为在10%，5%与1%水平下显著；括号内为相应估计系数的 t 值。

表6-6 地方国有企业参数估计

变量	线性模型回归		非线性模型回归	
	模型一	模型二	模型三	模型四
CR_1	0.135*** (3.42)	—	-0.080 (-0.46)	—
CR_1^2	—	—	0.255 (1.26)	—
H_{10}	—	0.174*** (3.68)	—	0.056 (0.41)
H_{10}^2	—	—	—	0.221 (0.93)
SIZE	0.050*** (7.98)	0.048*** (7.64)	0.049*** (7.84)	0.048*** (7.65)
GROW	0.108*** (7.31)	0.108*** (7.34)	0.108*** (7.34)	0.108*** (7.35)
LOAR	-0.105*** (-3.08)	-0.102*** (-2.98)	-0.104*** (-3.05)	-0.103*** (-3.02)
BOOKV	-0.476*** (-17.01)	-0.474*** (-16.95)	-0.476*** (-17.02)	-0.476*** (-16.98)
TURN	0.025*** (12.79)	0.025*** (12.83)	0.025*** (12.77)	0.025*** (12.73)
C	-1.738*** (-12.92)	-1.686*** (-12.43)	-1.738*** (-11.95)	-1.674*** (-12.28)
YEAR	control	control	control	control
INDUSTRY	control	control	control	control
R-squared	0.6615	0.6616	0.6616	0.6617
Adj R-squared	0.6594	0.6595	0.6594	0.6595
F	309.30***	309.49***	299.08***	299.19***

注：—表示该变量并未参与模型回归；*，**，***分别为在10%，5%与1%水平下显著；括号内为相应估计系数的t值。

表6-7 民营企业参数估计

变量	线性模型回归		非线性模型回归	
	模型一	模型二	模型三	模型四
CR_1	0.055 (0.93)	—	0.625*** (2.68)	—

续表

变量	线性模型回归		非线性模型回归	
	模型一	模型二	模型三	模型四
CR_1^2	—	—	-0.796** (-2.53)	—
H_{10}	—	0.049 (0.60)	—	0.579*** (2.82)
H_{10}^2	—	—	—	-1.236*** (-2.81)
SIZE	0.022** (2.52)	0.023** (2.54)	0.024*** (2.66)	0.023*** (2.58)
GROW	0.007*** (4.24)	0.007*** (4.24)	0.007*** (4.23)	0.007*** (4.21)
LOAR	-0.012 (-0.26)	-0.011 (-0.23)	-0.011 (-0.23)	-0.009 (-0.20)
BOOKV	-0.487*** (-13.29)	-0.488*** (-13.26)	-0.493*** (-13.44)	-0.488*** (-13.27)
TURN	0.015*** (6.64)	0.015*** (6.64)	0.015*** (6.72)	0.015*** (6.74)
C	-1.005*** (-5.40)	-0.999*** (-5.34)	-1.113*** (-5.83)	-1.005*** (-5.40)
YEAR	control	control	control	control
INDUSTRY	control	control	control	control
R-squared	0.6193	0.6193	0.6200	0.6201
Adj R-squared	0.6162	0.6162	0.6168	0.6169
F	200.06***	200.01***	194.09***	194.18***

注:—表示该变量并未参与模型回归;*,**,***分别为在10%,5%与1%水平下显著;括号内为相应估计系数的 t 值。

表6-8 外资企业参数估计

变量	线性模型回归		非线性模型回归	
	模型一	模型二	模型三	模型四
CR_1	-0.340 (-1.52)	—	-0.223 (-0.12)	—

续表

变量	线性模型回归		非线性模型回归	
	模型一	模型二	模型三	模型四
CR_1^2	—	—	-0.118 (-0.06)	—
H_{10}	—	-0.359 (-1.46)	—	-0.236 (-0.16)
H_{10}^2	—	—	—	-0.175 (-0.09)
SIZE	0.197*** (3.05)	0.205*** (3.16)	0.200** (2.40)	0.210** (2.53)
GROW	0.068 (0.97)	0.071 (1.00)	0.069 (0.95)	0.072 (1.00)
LOAR	-0.340 (-1.11)	-0.399 (-1.24)	-0.352 (-0.96)	-0.407 (-1.21)
BOOKV	-1.721*** (-4.99)	-1.733*** (-5.00)	-1.729*** (-4.67)	-1.742*** (-4.78)
TURN	0.020 (1.66)	0.019 (1.59)	0.020 (1.64)	0.019 (1.58)
C	-4.051*** (-3.10)	-4.254*** (-3.28)	-4.139** (-2.15)	-4.360** (-2.45)
YEAR	control	control	control	control
INDUSTRY	control	control	control	control
R-squared	0.6619	0.6613	0.6619	0.6613
Adj R-squared	0.6035	0.6028	0.5998	0.5992
F	11.33***	11.30***	10.67***	10.64***

注：—表示该变量并未参与模型回归；*，**，***分别为在10%，5%与1%水平下显著；括号内为相应估计系数的t值。

表6-9 公众企业参数估计

变量	线性模型回归		非线性模型回归	
	模型一	模型二	模型三	模型四
CR_1	-0.174 (-0.49)	—	-0.041 (-0.03)	—

续表

变量	线性模型回归		非线性模型回归	
	模型一	模型二	模型三	模型四
CR_1^2	—	—	-0.163 (-0.10)	—
H_{10}	—	-0.117 (-0.27)	—	-0.214 (-0.20)
H_{10}^2	—	—	—	-0.174 (-0.10)
SIZE	0.004 (0.10)	0.006 (0.14)	0.005 (0.12)	0.004 (0.10)
GROW	0.088 (1.20)	0.085 (1.11)	0.091 (0.08)	0.082 (1.03)
LOAR	0.296 (0.83)	0.272 (0.78)	0.278 (0.69)	0.285 (0.76)
BOOKV	-1.108*** (-4.74)	-1.111*** (-4.75)	-1.111*** (-4.68)	-1.109*** (-4.72)
TURN	-0.004 (-0.37)	-0.005 (-0.43)	-0.004 (-0.37)	-0.005 (-0.43)
C	-0.331 (-0.38)	-0.405 (-0.48)	-0.376 (-0.38)	-0.371 (-0.40)
YEAR	control	control	control	control
INDUSTRY	control	control	control	control
R-squared	0.6473	0.6467	0.6473	0.6467
Adj R-squared	0.5826	0.5819	0.5787	0.5781
F	10.00***	9.98***	9.44***	9.42***

注：—表示该变量并未参与模型回归；*，＊＊，＊＊＊分别为在10%，5%与1%水平下显著；括号内为相应估计系数的 t 值。

表6-10 集体企业参数估计

变量	线性模型回归		非线性模型回归	
	模型一	模型二	模型三	模型四
CR_1	0.702 (1.13)	—	3.040 (0.40)	—

续表

变量	线性模型回归		非线性模型回归	
	模型一	模型二	模型三	模型四
CR_1^2	—	—	-3.452 (-0.31)	—
H_{10}	—	1.193 (1.21)	—	-0.247 (-0.05)
H_{10}^2	—	—	—	5.440 (0.28)
SIZE	0.098* (1.70)	0.080* (1.40)	0.112 (1.50)	0.076 (1.29)
GROW	-0.077 (-0.82)	-0.079 (-0.84)	-0.075 (-0.78)	-0.080 (-0.85)
LOAR	-0.247 (-0.79)	-0.179 (-0.54)	-0.246 (-0.78)	-0.176 (-0.54)
BOOKV	-0.710*** (-2.98)	-0.700*** (-2.93)	-0.682*** (-2.66)	-0.727*** (-2.81)
TURN	0.064*** (2.93)	0.065*** (2.97)	0.066*** (2.80)	0.061** (2.40)
C	-2.82** (-2.20)	-2.42** (-2.07)	-3.504 (-1.36)	-2.82** (-2.20)
YEAR	control	control	control	control
INDUSTRY	control	control	control	control
R-squared	0.7997	0.8002	0.7999	0.8004
Adj R-squared	0.7524	0.7530	0.7492	0.7498
F	16.91***	16.69***	15.77***	15.82***

注：—表示该变量并未参与模型回归；*，**，***分别为在10%，5%与1%水平下显著；括号内为相应估计系数的t值。

6.6 稳健性检验

股权集中度的衡量指标具有多样性，为了保证实证结果的可靠性，本文将通过更换股权集中度指标的方法对上述实证进行稳健性检验。通过上述描述性统计可知，我国A股市场股权集中度整体处于偏部分布状态。上述实证模型中股权集中度衡量指标为第一大股东持股比例与前十大股东持股比例的平方和。为了更好地判断股权集中度对股票收益率的影响，本章进行稳健性检验时，选择两者间的中介指标来衡量股权集中度。同时，本章借鉴龙婷等（2019）[46]的研究，最终选择前五大股东持股比例的平方和度量股权集中度，构建如下模型。通过稳健性检验判断企业的股权集中度对股票收益率影响情况是否与实证结果一致。

模型五：

$$Ret = \alpha + \beta_1 H_{Sit} + \beta_2 SIZE_{it} + \beta_3 GROW_{it} + \beta_4 LOAR_{it} + \beta_5 BOOKV_{it} + \beta_6 TURN_{it} + \beta_7 \Sigma YEAR + \beta_8 \Sigma INDUSTRY + \varepsilon_{it}$$

模型六：

$$Ret = \alpha + \beta_1 H_{Sit} + \beta_1 H_{5it}^2 + \beta_3 SIZE_{it} + \beta_4 GROW_{it} + \beta_5 LOAR_{it} + \beta_6 BOOKV_{it} + \beta_7 TURN_{it} + \beta_8 \Sigma YEAR + \beta_9 \Sigma INDUSTRY + \varepsilon_{it}$$

在稳健型检验中，全样本与不同性质的企业子样本检验结果如表 6-11 与表 6-12 所示。

表 6-11 与表 6-12 稳健性检验结果显示，在全样本模型回归中，企业的股权集中度和股票收益率间存在显著的正相关关系，即股权集中度与股票收益率具有正向同步变动的关系。在中央国有企业与地方国有企业中，模型回归结果表明，企业股权集中度与股票收益率间存在显著的正相关关系。民营企业子样本中，模型回归结果表明企业股票收益率与股权集中度呈显著倒 U 型关系，即股票收益率先随企业股权集中度的增加而增加，当达到临界值后随企业股权集中度的增加而减少；外资企业、公众企业与集体企业子样本回归结果表明股票收益率与企业股权集中度不具有显著的线性与非线性关系。

综合对比实证结果与稳健性结果可知，二者总体上实证结果一致，所得结论基本吻合，并无较大差异。

表 6-11 全样本、中央国有企业与地方国有企业的稳健性检验

变量	全样本		中央国有企业		地方国有企业	
	模型五	模型六	模型五	模型六	模型五	模型六
H_5	0.085 ** (2.38)	0.162 * (1.72)	0.148 * (1.74)	0.345 * (1.71)	0.173 *** (3.66)	0.052 (0.39)

续表

变量	全样本		中央国有企业		地方国有企业	
	模型五	模型六	模型五	模型六	模型五	模型六
H_5^2	—	-0.151 (-0.88)	—	-0.381 (-1.07)	—	0.226 (0.95)
SIZE	0.033*** (7.58)	0.033*** (7.62)	0.027*** (3.00)	0.029*** (3.16)	0.048*** (7.65)	0.048*** (7.65)
GROW	0.009*** (5.81)	0.009*** (5.81)	0.120*** (4.61)	0.120*** (4.59)	0.108*** (7.34)	0.108*** (7.35)
LOAR	-0.067*** (-2.70)	-0.068*** (-2.75)	-0.079 (-1.42)	-0.093 (-1.63)	-0.102*** (-2.98)	-0.103*** (-3.02)
BOOKV	-0.485*** (-24.48)	-0.484*** (-24.44)	-0.450*** (-10.00)	-0.451*** (-10.03)	-0.474*** (-16.96)	-0.476*** (-16.98)
TURN	0.022*** (16.55)	0.022*** (16.58)	0.025*** (8.41)	0.026*** (8.48)	0.025*** (12.82)	0.025*** (12.73)
C	-1.277*** (-13.97)	-1.288*** (-13.96)	-1.212*** (-6.43)	-1.270*** (-6.48)	-1.687*** (-12.44)	-1.674*** (-12.28)
YEAR	control	control	control	control	control	control
INDUSTRY	control	control	control	control	control	control
R^2	0.6213	0.6213	0.6158	0.6160	0.6616	0.6617
Adj R^2	0.6203	0.6202	0.6109	0.6109	0.6595	0.6595
F	591.67***	572.59***	125.99***	121.69***	309.47***	299.18***

注：—表示该变量并未参与模型回归；*，＊＊，＊＊＊分别为在10%，5%与1%水平下显著；括号内为相应估计系数的 t 值。

表6-12 民营企业、外资企业、公众企业与集体企业的稳健性检验

变量	民营企业 模型五	民营企业 模型六	外资企业 模型五	外资企业 模型六	公众企业 模型五	公众企业 模型六	集体企业 模型五	集体企业 模型六
H_5	0.045 (0.55)	0.565*** (2.77)	−0.359 (−1.46)	−0.248 (−0.17)	0.119 (0.12)	7.844 (1.54)	1.164 (1.19)	−0.433 (−0.08)
H_5^2	—	−1.210*** (−2.77)	—	−0.158 (−0.08)	—	−28.689 (−1.60)	—	6.060 (0.31)
SIZE	0.023*** (2.55)	0.023*** (2.59)	0.205*** (3.16)	0.209** (2.53)	−0.027 (−0.41)	−0.045 (−0.67)	0.080 (1.40)	0.075 (1.28)
GROW	0.007*** (4.24)	0.007*** (4.21)	0.071 (1.00)	0.072 (1.00)	−0.035 (−0.14)	0.081 (0.31)	−0.780 (−0.83)	−0.800 (−0.85)
LOAR	−0.011 (−0.30)	−0.010 (−0.20)	−0.399 (−1.24)	−0.406 (−1.21)	−0.567 (0.94)	0.314 (0.51)	−0.182 (−0.55)	−0.180 (−0.55)
BOOKV	−0.488*** (−13.27)	−0.488*** (−13.28)	−1.734*** (−5.00)	−1.742*** (−4.78)	−1.253*** (−3.37)	−1.321*** (−3.59)	−0.704*** (−2.95)	−0.733*** (−2.84)
TURN	0.015*** (6.63)	0.015*** (6.73)	0.019 (1.59)	0.019 (1.58)	−0.006 (−0.36)	−0.011 (−0.68)	0.064*** (2.96)	0.060** (2.39)
C	−1.000*** (−5.35)	−1.049*** (−5.59)	−4.253*** (−3.28)	−4.359** (−2.44)	0.517 (0.36)	0.642 (0.45)	−2.410** (−2.06)	−2.236* (−1.72)
YEAR	control	control	control	control	control	control	control	control
INDUSTRY	control	control	control	control	control	control	control	control
R^2	0.6193	0.6201	0.6613	0.6614	0.7250	0.7411	0.8000	0.8003
Adj R^2	0.6162	0.6169	0.6029	0.5992	0.6137	0.6274	0.7528	0.7497
F	200.01***	194.15***	11.31***	10.64***	6.51***	6.52***	16.95***	15.81***

注：—表示该变量并未参与模型回归；*，**，***分别为在10%、5%与1%水平下显著；括号内为相应估计系数的 t 值。

6.7 结论

基于2008—2017年中国A股上市公司的数据，本章研究了企业股权集中度对股票收益率的影响。以第一大股东持股比例（CR_1）与前十大股东持股比例平方和（H_{10}）等指标衡量企业股权集中度，通过分组检验不同性质的企业股权集中度对股票收益率的影响，得到以下结论。

在A股上市企业中，企业股权集中度与股票收益率呈显著正相关关系。企业股权集中度越高，往往预示着股东利益与企业利益具有一致性，股东监督管理的效率和积极性提高，使投资者的预期和股票收益率均有所提高。在中央国有企业与地方国有企业中，企业股权集中度与股票收益率具有正相关关系，即股票收益率随着股权集中度的增加而增加。大股东对企业主要表现为激励与监督效应，而非侵害效应。但中央国有企业的第一大股东持股比例对股票收益率不存在显著性影响。在民营企业中，企业股权集中度与股票收益率呈显著的倒U型关系。即股票收益率先随股权集中度的增加而增加，当达到一定临界值后随股权集中度的增加而减少。大股东在股权集中度增长前期对企业主要表现为激励与监督效应，在后期则主要表现为侵害效应。在外资企业、公众企业与集体企业中，股权集中度对股票收益率不存在显著性影响。

本章在展开研究时极力保证研究的规范性与严谨性，但是由于客观条件限制与本人研究水平有限，仍存在前文所述不足之处。因此股权集中度对股票收益率的影响这一研究课题仍存在一定研究空间，未来可从以下两个方面展开：一方面，在选择影响企业股票收益率的控制变量时，仅仅考虑了微观与中观层面，未来研究可以加入宏观层面影响变量，由此更加精准地揭示股权集中度与股票收益率间的关系。另一方面，我们直接证明股权集中度在一定条件下会对股票收益率产生影响，仅简单说明其影响机制，未来研究可着重研究股权集中度影响股票收益率的内在机制，更直接地揭示股权集中度与股票收益率间的关系。

本章小结

在资本市场中,股价波动会使企业股票收益率发生变动,不同性质的企业股权集中度变化可能直接影响企业股价走势。本章选取 2008—2017 年 A 股市场 1085 家上市企业作为研究样本,以第一大股东持股比例与前十大股东持股比例平方和来衡量企业的股权集中度。通过建立线性与非线性多元回归模型,实证检验全样本与不同性质的子样本股权集中度对股票收益率的影响。研究结果如下:第一,总体上 A 股上市企业股权集中度与股票收益率间具有显著正相关关系,表明企业股权集中度增加促进股票收益率的增加。对于不同性质的企业,二者具有不同的关系。第二,在中央国有企业与地方国有企业中,企业股权集中度与股票收益率也具有显著正相关关系。第三,在民营企业中两者具有显著的倒 U 型关系,即股票收益率先随股权集中度的增加而增加,达到临界值后随股权集中度的增加而减少。第四,外资企业、公众企业与集体企业的股权集中度与股票收益率不具有显著的线性与非线性关系。研究结果一方面直接表明股权集中度对股票收益率的影响,另一方面也从企业性质的视角提供了股权集中度对股票收益率影响的实证证据。研究结果不仅能够丰富该领域的研究成果,而且还能为投资者、企业以及监管者提供一定建议。

参考文献

[1] 马立行. 中国公司股权集中度趋势研究[M]. 上海:上海交通大学出版社,2013.

[2] Muktadir–Al–Mukit D. The Effects of Interest Rates Volatility on Stock Returns: Evidence from Bangladesh[J]. Global Business and Management Research: An International Journal, 2013, 3(3):269–279.

[3] 余洋,冀志斌. 保险公司股票收益率对利率变化敏感吗——来自中国上市保险公司的经验证据[J]. 宏观经济研究,2014(10):132–138.

[4] Javaid Attari M. I, Safdar L. The Relationship between Macroeconomic Volatility and the Stock Market Volatility: Empirical Evidence from Pakistan[J]. Pakistan Journal of Commerce & Social Sciences, 2013, 7(2):309–320.

[5] 董秀良,吴仁水,张婷. 通货膨胀率与股票收益率关系——基于门槛回归模型的

再检验[J]. 数理统计与管理, 2013, 32(01):155 – 164.

[6] 朱小能, 周磊. 未预期货币政策与股票市场——基于媒体数据的实证研究[J]. 金融研究, 2018(1):102 – 120.

[7] 郦金梁, 沈红波, 金沁. 地域性与股票收益的联动性研究[J]. 中国工业经济, 2009(2):109 – 119.

[8] 金洪飞, 金荦. 国际石油价格对中国股票市场的影响——基于行业数据的经验分析[J]. 金融研究, 2010(2):173 – 187.

[9] Sharpe, W. Capital Asset Price: A Theory of Capital Market Equilibrium under Conditions of Risk [J]. The Journal of Finance, 1964, 19(3):425 – 442.

[10] Mossin J. Equilibrium in a Capital Asset Market[J]. Econometrica, 1966, 34(4):768 – 783.

[11] Lintner J. The Valuation of Risky Assets and the Selection of Risky Investments in Stock Portfolios and Capital Assets[J]. Stochastic Optimization Models in Finance, 1969, 51(2):220 – 221.

[12] Amott RD, Kelso CM, Kiscadden S, et al. Forecasting Factor Returns[J]. The Journal of Portfolio Management, 1989, 16(1):28 – 35.

[13] 文海涛, 倪晓萍. 我国上市公司财务指标与股价相关性实证分析[J]. 数量经济技术经济研究, 2003(11):118 – 122.

[14] 潘莉, 徐建国. A股市场的风险与特征因子[J]. 金融研究, 2011(10):140 – 154.

[15] 田利辉, 王冠英. 我国股票定价五因素模型:交易量如何影响股票收益率?[J]. 南开经济研究, 2014(2):54 – 75.

[16] 张玲, 陈收, 邓霄敏. EVA – MVA及会计指标对股票收益解释能力的比较研究[J]. 数理统计与管理, 2006(1):84 – 92.

[17] Gul F A, Kim J B, Qiu A. Ownership Concentration, Foreign Shareholding, Audit Quality, and Stock Price Synchronicity: Evidence from China[J]. Journal of Financial Economics, 2010, 95(3):425 – 442.

[18] 付世俊. 终极控股股东的盈余管理影响股价同步性的实证研究[J]. 技术经济, 2014, 33(8):99 – 105.

[19] Adel Bino, Diana Abu – Ghunmi, Mohammad Tayeh & Dua'a Shubita. Large Shareholder's Identity and Stock Price Synchronicity: Evidence from a MENA Market[J]. International Journal of Financial Research, 2016(1): 135 – 153.

[20] Rostami S, Rostami Z, Kohansal S. The Effect of Corporate Governance Components on

Return on Assets and Stock Return of Companies Listed in Tehran Stock Exchange[J]. Procedia Economics and Finance, 2016, 36:137-146.

[21] 阮素梅,杨善林,张莉. 公司治理与资本结构对上市公司价值创造能力综合影响的实证研究[J]. 中国管理科学, 2015, 23(5):168-176.

[22] 王曙光,王琼慧. 混合所有制改革中商业银行股权结构与绩效——基于上市银行的实证研究[J]. 金融与经济, 2015(4):27-34,40.

[23] 杨永利,杨万顺. 上市公司股权集中程度与公司治理绩效关系的实证研究[J]. 运筹与管理, 2008(4):106-111,127.

[24] 颜爱民,马箭. 股权集中度、股权制衡对企业绩效影响的实证研究——基于企业生命周期的视角[J]. 系统管理学报, 2013, 22(3):385-393.

[25] 贺炎林,张瀛文,莫建明. 不同区域治理环境下股权集中度对公司业绩的影响[J]. 金融研究, 2014(12):148-163.

[26] 祝继高,饶品贵,鲍明明. 股权结构、信贷行为与银行绩效——基于我国城市商业银行数据的实证研究[J]. 金融研究, 2012(7):48-62.

[27] 谷雨. 我国证券公司股权结构对盈利能力影响的实证研究[J]. 系统工程, 2015, 33(2):82-86.

[28] 刘汉民,齐宇,解晓晴. 股权和控制权配置:从对等到非对等的逻辑——基于央属混合所有制上市公司的实证研究[J]. 经济研究, 2018, 53(5):175-189.

[29] 杨德勇,曹永霞. 中国上市银行股权结构与绩效的实证研究[J]. 金融研究, 2007(5):87-97.

[30] 董奋义,程莉莉. 旅游类上市公司股权结构与经营绩效关系实证分析[J]. 中国管理科学, 2014, 22(S1):357-361.

[31] 吴淑琨. 股权结构与公司绩效的U型关系研究——1997—2000年上市公司的实证研究[J]. 中国工业经济, 2002(1):80-87.

[32] 张陶,李汉铃,方淑芬. 香港中资公司股权结构研究[J]. 系统工程理论与实践, 2006(5):42-53.

[33] 刘银国,高莹,白文周. 股权结构与公司绩效相关性研究[J]. 管理世界, 2010(5):177-179.

[34] 陈德萍,陈永圣. 股权集中度、股权制衡度与公司绩效关系研究——2007—2009年中小企业板块的实证检验[J]. 会计研究, 2011(1):38-43.

[35] 杜莹,刘立国. 股权结构与公司治理效率:中国上市公司的实证分析[J]. 管理世界, 2002(11):124-133.

[36] 林莞娟,王辉,韩涛. 股权分置改革对国有控股比例以及企业绩效影响的研究[J]. 金融研究,2016(1):192-206.

[37] 郝阳,龚六堂. 国有、民营混合参股与公司绩效改进[J]. 经济研究,2017,52(3):122-135.

[38] 余汉,杨中仑,宋增基. 国有股权、政治关联与公司绩效——基于中国民营控股上市公司的实证研究[J]. 管理评论,2017,29(4):196-212.

[39] 王甄,胡军. 控制权转让、产权性质与公司绩效[J]. 经济研究,2016,51(4):146-160.

[40] 张小宇,刘金全,刘慧悦. 货币政策与股票收益率的非线性影响机制研究[J]. 金融研究,2013(1):38-52.

[41] 熊伟,陈浪南. 股票特质波动率、股票收益与投资者情绪[J]. 管理科学,2015,28(5):106-115.

[42] 许静,张延良. 股权结构对上市公司股利政策的影响分析[J]. 宏观经济研究,2013(4):53-58,106.

[43] 刘建徽,陈习定,张芳芳,谢家智. 机构投资者、波动性和股票收益——基于沪深A股股票市场的实证研究[J]. 宏观经济研究,2013(1):45-56,99.

[44] 孔东民,项君怡,代昀昊. 劳动投资效率、企业性质与资产收益率[J]. 金融研究,2017(3):145-158.

[45] Mc Connell J, Servaes H. Equity Ownership and the Two Faces of Debt[J]. Journal of Financial Economics, 1995, 39(1):131-157.

[46] 龙婷,衣长军,李雪,等. 股权集中度、机构投资者与企业对外直接投资决策——冗余资源的调节作用[J]. 国际贸易问题,2019(2):129-144.

第 7 章
首发限售股解禁对上市公司股价的影响研究

7.1 引言

IPO 是企业能够进入资本市场,进行上市交易的必需环节,也是资本市场中股权融资的最主要部分,对我国的资本市场具有重要意义。公司在上市后会大幅降低融资成本,也可以更灵活自由地进行资本运作。我国的证券发行承销管理办法中规定,企业在首次公开发行时,其控股股东及实际控制人等特定股东持有的股份在一定时期内处于锁定状态,并要求在招股说明书中注明限售锁定期的长短和期满后的减持数量。

股市的限售规模越来越大,限售股解禁的公司也越来越多。2016—2017 年,有 1691 家公司发生 3108 次限售股解禁事件,合计解禁股数约为 3400 亿股。2016—2017 年我国 A 股市场每月基本有 100 亿的股本解禁流通,其中 2016 年 12 月解禁股本最多,约为 260 亿股。

股权分置改革推行已有 10 余年,股改限售股的余量已经大大降低。随着上市企业的不断增加,IPO 带来的首发限售股的数量也会像股改限售股一样对股票市场产生不可小觑的影响。而越来越符合时代特点的政策与不断创新的技术推动着多层次资本市场的持续改革,这表明我国的金融市场有向价值投资方向转变的趋势。

在这种新的时代背景下,上市公司首次公开发行与随后的股权交易面临着已然发生革新的市场环境和监管环境,而在此情形下,限售股解禁对于公司股价具体产生的影响，也将随之呈现出新的特点。本章基于此背景，试图研究首发限售股解禁对股价的影响。

7.2 文献综述

2005年我国政府推行股权分置改革以来，股改限售股成为我国股票市场上特有现象，众多学者对我国市场上的股改限售股的解禁效应进行了研究。大多数学者的研究都表明，限售股解禁会对股价有负面影响，如何诚颖和李翔（2007）[1]运用事件研究法，研究股权分置改革的公司的市场反应发现，在股改前后的30个交易日内，股价有显著的负效应；在股改方案实施后，样本公司的股改效应随时间推移而减弱。但是黄汉利和余小燕（2009）[2]通过对限售股解禁中期市场反应的检验发现，限售股解禁前20周至后6周对股价有正的效应。

"大小非"解禁是股改限售股解禁的衍生现象，"大非"指解禁的限售股份数占总股本5%以上，其解禁规模较大；"小非"指解禁的限售股份数占总股本5%以下，其解禁规模较小。"大小非"解禁受到了学界的重视。李庆峰和黄维加（2011）[3]分组研究发现，"大非"和"小非"作为不同的解禁类型，对解禁的市场效应无显著影响。杨栋等（2009）[4]从交易分割视角研究"大小非"解禁对市场的影响。研究表明，"大小非"解禁本身没有形成单向下行压力，而是导致产生了股价下跌预期，以改变预期和交易量的方式影响了市场。陈睿（2011）[5]研究发现，"大小非"解禁对二级市场的冲击表现为解禁前的心理冲击和解禁后的实质冲击。

限售股解禁期间往往会有异常收益的产生，异常收益有多种影响因素。冯玲（2008）[6]认为上市公司的经营业绩、财务表现、生存能力和股权结构等特征及股票的交易特性显著影响限售股解禁期间的股价效应。夏清华和李文斌（2009）[7]发现上市公司限售股解禁时其股价的负异常收益与换手率、企业每股净资产显著正相关，与解禁比例、市场预期表现显著负相关。赵向琴等（2009）[8]研究发现，公司财务特征对异常收益的影响较小，股市周期对异常收益有明显的影响。黄张凯等（2010）[9]研究发现公司限售国有股比例越大，套利风险越小，异常换手率越大，异常收益越大。黄建欢等（2010）[10]通过博弈模型研究限售股解禁的减持效应，发现限售股解禁的心理冲击影响可能大于实际减持压力。刘娥平和唐舜（2014）[11]证实了新增流通股相对比例、股价套利风险以及公司获利水平与异常收益的负向影响。

限售股解禁事件除了会对上市公司自身股价产生影响，也可能会造成股票市场整体的波动。何诚颖和卢宗辉（2009）[12]从限售股解禁与大盘指数相互关系的角度构建限售股解禁市值影响系数，从而分析和预测限售股解禁对股票市场的影响。结果表明，"大非"的实际减持率不高，对市场的冲击程度不大，但限售股解禁对股市重大影响。张慧莲（2009）[13]使用调整后的TARCH模型，对股改前后我国股票市场的波动性进行检验。结果发现，股改之后我国A股市场的整体波动性在上升阶段和下降阶段都明显加剧。陈洁和张定胜（2011）[14]研究了不同投资者理性恐慌与股市暴跌之间的关系，发现股市暴跌是由理性的无信息交易者导致的，"大小非"减持可以影响暴跌的程度。陈其安和张红真（2014）[15]研究发现，在熊市，限售股减持更容易造成股市的下跌。

随着股权分置改革的不断推进，我国的股改限售股余量已经逐渐被消化。近年来首发限售股已经成为我国市场主要的限售股类型，近年的研究也以首发限售股解禁为主。

与股改限售股类似，多数对于首发限售股解禁事件的研究也证明了首发限售股解禁事件会对股价产生负面的影响。国外对于IPO限售股解禁的研究也表现出类似的特征，如Ofek和Richardson（2003）[16]的研究证明，在IPO限售股解禁前后，上市公司交易量有显著的增加而股价有显著的下降。Brav和Gompers（2003）[17]的研究结论也与此相似。

不同特征的公司在首发限售股解禁期间，异常收益的表现也有差别。Bradley等（2001）[18]等研究发现，首发限售股解禁时，上市后股价增长幅度较大的公司、高科技类型公司股价下跌的幅度更大。Field和Hanka（2001）[19]研究发现，当上市公司的解禁股股东主要为风险投资者时，首发限售股解禁时的股价下跌幅度更大。赵自兵等（2010）[20]研究发现，牛市样本比熊市样本存在更显著、程度更大的负面收益。刘子亚和张建平（2015）[21]对创业板上市公司首发限售股解禁事件进行研究发现，实际控制人首发限售股解禁市场反应最大，而风险投资股东限售股解禁无显著的市场反应。黄顺武和刘进（2013）[22]分别考察了创业板市场上第一次解禁和第二次解禁的市场效应，结果表明，第一次解禁会造成显著的异常收益，而第二次解禁则不会造成显著的异常收益。

同样，上市公司在首发限售股解禁期间的异常收益也有不同的影响因素。仇保妹（2010）[23]研究得出，对首发限售股解禁效应影响最显著的因素是市场指数和限售股占流通股比例。刘晓亚（2016）[24]研究发现，资产负债率对公司的累计超额收益率有显著影响。Chu（2016）[25]的研究结果证实，上市公司信息披露质量越高，异常收益和非流动性影响越低。

限售股还有其他不同的种类，而不同类型的限售股解禁效应也不尽相同。王秀丽和蔡让发（2011）[26]对不同类型的限售股解禁的市场波动进行研究发现，股改限售股解禁的异常收益低于首发、增发限售股，但股改限售股对市场的影响大于首发、增发限售股。谭浩和吴卫星（2018）[27]对限售股解禁的价格效应进行了研究，结果表明，与增发限售股解禁相比，首发限售股对股价有更大的影响。梁洪昀（2002）[28]则研究了战略配股的新股在解除锁定日前后的股价与成交量。结果发现，通过网上定价和网下配售的组合发行的股票的交易量将在解禁日大幅增加，股价会有一定程度的下跌。

本章在运用事件研究法研究首发限售股解禁效应时，考虑了分处上海市场和深圳市场的不同样本，对其进行了分组对比研究，也对于其他的公司特征如规模大小、企业属性等进行了分类讨论。另外，在研究首发限售股解禁期间股价波动的影响因素时，在前人的基础上，进一步选用了更多的变量，希望对首发限售股解禁事件有更充分的了解。

7.3 实证研究

7.3.1 研究假设

按照有效市场理论，强势有效股票市场上的价格反映了所有的公开信息，包括限售股解禁的信息。在强势有效市场中，首发限售股解禁前后，所有的预期已经在之前的交易中被完全反映，不应该出现累计超额收益率。但是，众多研究表明，我国的股票市场目前仍属于弱势有效市场，股票价格会严重偏离其内在价值，出现暴涨暴跌等异常波动现象，投资者对信息进行价值判断的效率也受到损害，从而给投资者带来巨大的投资风险。

价格压力假说认为，限售股解除锁定上市流通时，股票市场上的股份供给增加。虽然解禁时间属于历史公开信息，但是供给量的增加仍会造成股票价格下跌。向下倾斜的需求曲线认为，特定股票的需求曲线是向下倾斜的，股份解禁造成的供给增加会使股价出现永久性的下跌。

据此，我们提出第一个假设 H1：首发限售股解禁事件会带来负的异常收益。

对于我国的股票市场，沪深两市作为宏观系统的基础组成单元，具有相同的宏观经济基本面。沪深两市指数存在长期一致性，收益率存在短期双向因果联系（张萌，2017）[29]。但是，二者也存在一定的区别。与深圳证券交易所相比，上海证券交易所具有更加严格与完善的准入标准、交易机制、监管规则；其资金交易规模更大，市场信息发现、传递与反馈也更加迅速。对于我国股市存在非对称效应（利空消息对股市的冲击程度要大于利好消息对股市的冲击程度），沪市的效应强度要大于深市（周少甫和袁兴兴，2005；苏跃辉和陈扬，2015）[30,31]。而首发限售股作为一种利空消息，在沪深市场的股价波动可能也有所不同。

据此，我们提出第二个假设 H2：发生首发限售股解禁事件时，上海证券交易所的股票的异常收益会低于深圳证券交易所的股票的异常收益。

限售股解禁与股东减持之间存在紧密的联系，由于我国市场的信息披露机制不健全，信息不对称，在股东减持过程中，存在控股股东侵占小股东利益的现象。限售股解禁增加了控股股东的获利攫取私利的渠道，这就会导致市场上普通投资者的利益遭受损失，即异常收益的下降。吴冬梅、庄新田（2016）[32]测算了限售股解禁背景下控股股东的私人收益，并研究了影响因素。研究发现，公司规模与控股股东获取私利的程度成反比，大公司的股东获取私人收益较难。

根据以上理论，我们提出第三个假设 H3：不同规模的上市公司解禁事件前后的异常收益不同。发生首发限售股解禁时，大公司比小公司的异常收益更大。

异常收益的下降主要是解禁股份出售所导致的，对于不同性质的上市公司，其股东所持股份在锁定期解除后，出售股份的动力也不相同。在美国市场，IPO之前有风险投资注入公司，其IPO限售股解禁时，股价下跌幅度更大（Field和Hanka，2001）[19]，这是因为风险投资者出于利益最大化和投资协议的要求，在解禁时将所持股份立即售出，结果造成股价的下跌。可以推断，我国的A股市场也会存在类似的现象，如国有控股的上市公司，其股东出售股份的动力较小，而非国有控股的上市公司，其股东出售股份的动力相对较大。

据此，我们提出第四个假设H4：上市公司的企业属性不同，在首发限售股解禁事件前后，其累计异常收益也不同。国有控股上市公司的累计异常收益高于非国有控股上市公司。

7.3.2 样本选择和数据来源

7.3.2.1 样本选择

为了保证数据的时效性并消除股市环境对上市公司股价的影响，本章选取的样本时间为A股指数走势比较平稳的2016年1月1日—2017年12月31日，在此期间，A股市场共有606家公司发生761次首发限售股解禁事件，只研究每家公司发生的第一次首发限售股解禁事件。

为了保证数据的有效性与合理性，根据以下标准，对所收集的原始样本进行了筛选，剔除了：①数据记录不全，存在遗漏的公司；②在解禁日当日停牌的公司；③在事件窗口期内停牌时间过长（超过1个月）的公司。在经过筛选之后，共保留577个样本。

对每一个解禁事件，收集以下数据：①限售股可流通起始日；②限售股流通日及其前30个交易日至后10个交易日内股票的日回报率；③对应时期内上证指数和深证成分股指数，即市场指数的收盘价数据；④本次解禁股数占已流通股数的比值；⑤企业属性；⑥解禁日前一年年报的资产、前十大股东持股占比、总资产收益率、资产负债率、总资产周转率、总资产增长率和综合杠杆数据。

7.3.2.2 数据来源

首次公开发行限售股解禁公司、解禁时间和解禁股数占已流通股数比值信息来源于RESSET数据库，上市公司信息和股价数据、股票市场数据以及上市公司财务指标数据来源于CSMAR数据库。

7.3.3 对首发限售股解禁事件的股价效应的实证研究

7.3.3.1 事件日选择、窗口期和估计期的确定

本章将2016年1月1日—2017年12月31日之间发生的首次公开发行限售股解禁定义为事件,首发限售股解禁日即为事件日。

以事件日为0日($T=0$),选择事件日前后各10个交易日以及解禁日当天作为事件窗口期($T=[-10,10]$),共计21个交易日。

估计期的选取是为了找到一个合适的日期区间,通过该区间计算参数,以此更好地预计公司的股票价格。估计期太短可能会导致参数不准确,太长则有可能因为多个事件的交叉和重叠的干扰使估计结果出现较大偏差。因此本文选择的估计期为事件期之前的20个交易日($T=[-30,-11]$)。

7.3.3.2 计算累计超额收益率

我们采用市场模型来估计事件的异常收益率,通过以下步骤计算累计超额收益率。

(1) 正常收益率

本研究采用市场模型来估算各股票的正常收益率。根据样本公司所在市场,选择相应的市场指数,上交所的股票以上证指数(000001.SH)的收益率为市场收益率,深交所的股票以深证成分股指数(399001.SZ)的收益率作为市场收益率。

首先,用估计期内($T=[-30,-11]$)的样本股票收益率对相应的市场收益率进行参数回归,公式如下:

$$R_{i,t} = \alpha_i + \beta_i + R_{m,t} + \varepsilon_{i,t} \tag{7-1}$$

$R_{i,t}$——第i只股票在t日的实际收益率,$i \in [1,577]$

$R_{m,t}$——t日的市场收益率;

$\varepsilon_{i,t}$——为干扰项,满足$E(\varepsilon_{i,t})=0, \mathrm{var}(\varepsilon_{i,t})=\sigma^2$

由此得到参数估计$\hat{\alpha}$和$\hat{\beta}$,计算事件期内($T=[-10,10]$)各股票的正常收益率:

$$E(R_{i,t}) = \hat{\alpha} + \hat{\beta} R_{m,t} \tag{7-2}$$

$E(R_{i,t})$——第i只股票在t日的正常收益率。

(2) 异常收益率

异常收益率,即在事件期($T = [-10, 10]$)内股票的实际收益率与正常收益率之差,计算公式如下:

$$AR_{i,t} = R_{i,t} - E(R_{i,t}) \qquad (7-3)$$

$AR_{i,t}$——第 i 只股票在 t 日的非正常收益率。

(3) 累计异常收益率

将股票在事件期内($T = [-10, 10]$)的异常收益率叠加,即得到股票在该区间内的累计异常收益率(CAR),计算公式如下:

$$CAR_{i,t} = \sum AR_{i,t} \qquad (7-4)$$

$CAR_{i,t}$——第 i 只股票在 t 日的累计异常收益率。

7.3.3.3 统计结果与解释

(1) 基于全样本的检验

在计算出事件期内的异常收益率和累计超额收益率之后,对结果进行显著性检验。结果如表7-1所示。

表7-1 所有样本股票在事件期内的 CAR

date	CAR	t	p-value	date	CAR	t	p-value
-10	-0.000556	-0.469686	0.638579	1	-0.023677	-4.252348	0.000021
-9	-0.001637	-0.902663	0.366705	2	-0.024111	-4.047813	0.000052
-8	-0.003732	-1.617882	0.105688	3	-0.021266	-3.404991	0.000662
-7	-0.004283	-1.549810	0.121187	4	-0.020031	-3.097469	0.001952
-6	-0.004985	-1.604339	0.108639	5	-0.016826	-2.507444	0.012161
-5	-0.006094	-1.713942	0.086539	6	-0.016296	-2.336357	0.019473
-4	-0.006208	-1.594159	0.110900	7	-0.015944	-2.182189	0.029096
-3	-0.012395	-2.958796	0.003088	8	-0.016242	-2.129839	0.033185
-2	-0.016203	-3.552127	0.000382	9	-0.015546	-1.956211	0.050440
-1	-0.019768	-4.082105	0.000045	10	-0.016039	-1.947927	0.051424
0	-0.021624	-4.196715	0.000027				

由表7-1可以看出在事件期($T = [-10, 10]$)内 CAR 随时间的变化情况。

在事件期的21个交易日内,CAR 从0附近开始呈逐步下降趋势,在事件发生后第2个交易日下降到最低,为-2.4%;此后CAR开始回升并在事件发生第5个交易日开始稳定在-0.16%左右。事件期的前7个交易日,除去第-5天外,CAR值虽然为负,但程度并不显著;从第-3天至第4天,单个交易日的CAR值均在1%的检验水平上显著,从第5天至第8天,单个交易日的CAR值在5%的检验水平上显著,而从第9天至第10天,CAR值仅在10%的水平上显著。说明接近解禁日,解禁事件对股票异常收益有更显著的影响。

由此可以认为,在事件期($T = [-10, 10]$)内,首发限售股解禁事件会造成负的异常收益。

(2) 基于上交所和深交所样本的检验

对样本中205家在上海证券交易所上市的公司和372家在深圳证券交易所上市的公司分别计算累计超额收益率,并对结果进行显著性检验。

上交所股票检验结果如表7-2所示。

表7-2 上交所股票在事件期内的 CAR

date	CAR	t	p - value	date	CAR	t	p - value
-10	0.002610	1.462130	0.143706	1	-0.030390	-3.361556	0.000775
-9	-0.000422	-0.149275	0.881337	2	-0.032714	-3.461238	0.000538
-8	-0.000040	-0.011327	0.990963	3	-0.028398	-2.869166	0.004116
-7	-0.000986	-0.232208	0.816376	4	-0.026896	-2.611562	0.009013
-6	-0.002041	-0.443460	0.657433	5	-0.023150	-2.150526	0.031514
-5	-0.007380	-1.379521	0.167734	6	-0.019942	-1.794829	0.072681
-4	-0.008047	-1.353736	0.175821	7	-0.017944	-1.551386	0.120809
-3	-0.016712	-2.585089	0.009735	8	-0.018961	-1.560770	0.118578
-2	-0.020331	-2.826864	0.004701	9	-0.017968	-1.427602	0.153406
-1	-0.022618	-2.927795	0.003414	10	-0.016857	-1.276745	0.201692
0	-0.025232	-3.008737	0.002623				

可以看出,在事件期的21个交易日内,CAR值从0附近开始呈逐步下降趋势,在第2天降到最低,为-3.3%,在此后逐渐回升,并在第7天开始稳定在-1.8%附近。在第-10至和第-4天内,CAR值虽然为负,但程度不显著。从第-3天至第4天及第6天至第10天,单个交易日的CAR均在1%检验水平上显著,第5天的CAR值在5%的检验水平上显著,第6天的CAR值

在10%的水平上显著，说明上海证券交易所的解禁事件对股票异常收益有显著的负影响。

深交所股票检验结果如表7-3所示。

表7-3 深交所股票在事件期内的 CAR

date	CAR	t	p-value	date	CAR	t	p-value
-10	-0.002301	-1.489876	0.136257	1	-0.019977	-2.831242	0.004637
-9	-0.002307	-0.983705	0.325261	2	-0.019371	-2.538999	0.011117
-8	-0.005767	-1.919742	0.054891	3	-0.017336	-2.164743	0.030407
-7	-0.006099	-1.698171	0.089476	4	-0.016247	-1.963671	0.049568
-6	-0.006607	-1.611538	0.107062	5	-0.013340	-1.558940	0.119011
-5	-0.005385	-1.154267	0.248391	6	-0.014287	-1.600137	0.109568
-4	-0.005194	-1.022557	0.306517	7	-0.014843	-1.582082	0.113631
-3	-0.010017	-1.842414	0.065415	8	-0.014744	-1.510242	0.130982
-2	-0.013929	-2.374968	0.017550	9	-0.014211	-1.393058	0.163602
-1	-0.018197	-2.937741	0.003306	10	-0.015588	-1.483314	0.137991
0	-0.019636	-3.008688	0.002624				

可以看出，事件期内的 CAR 值均为负值，总体呈先下降、后回升的趋势，在解禁日后第1个交易日下降到最低水平，约为-2%。从第6天开始，稳定在-1.4%附近。在 [-10, -9]，[-6, -4] 和 [5, 10]，单日的 CAR 值虽然均为负值，但并不显著。第-8天、第-7和第-3天，CAR 值在10%的检验水平上显著；在第-2天开始至第1天，CAR 值在1%的检验水平上显著；从第2天至第4天，CAR 值在5%的检验水平上显著。由此可以说明，深交所的解禁事件对股票异常收益有显著的负影响。

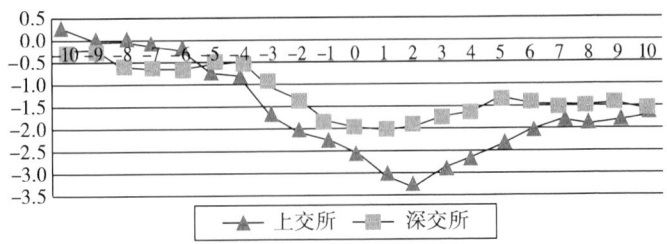

图7-1 沪深两市公司在事件期内的 CAR（%）

通过图 7-1，对比上海证券交易所和深圳证券交易所解禁事件对股票价格的 CAR，可以看出首发限售股解禁对二者股价影响的走势基本一致，这与全样本的结果相似。但二者也存在一些区别，从第 -5 天开始，上交所股票的 CAR 值均低于深交所的股票，且上交所 CAR 最低值为 -3.3%，深交所 CAR 的最低值为 -2.0%。这表明首发限售股解禁时，上交所股票异常收益的下跌幅度大于深交所股票异常收益的下跌幅度。

（3）基于不同规模公司的检验

为了比较不同规模的公司在首发限售股解禁期间的表现，我们查找了 577 家样本公司当年年报中的资产数据，以其中位数为界划分为 2 组。其中，资产较大的一组包括 288 家公司，资产较小的一组包括 289 家公司，对资产规模不同的 2 组分别计算超额收益率和累计超额收益率，并对结果进行显著性检验。

大公司在事件期内的 CAR 值和显著水平如表 7-4 所示。

表 7-4 大公司股票在事件期的 CAR

date	CAR	t	$p-value$	date	CAR	t	$p-value$
-10	-0.001257	-0.904591	0.365682	1	-0.018610	-2.841912	0.004484
-9	-0.000373	-0.168544	0.866155	2	-0.019291	-2.714919	0.006629
-8	0.000208	0.076186	0.939271	3	-0.016435	-2.205873	0.027393
-7	0.000117	0.036892	0.970571	4	-0.015110	-1.931639	0.053404
-6	-0.001865	-0.517651	0.604702	5	-0.013907	-1.702680	0.088628
-5	-0.001431	-0.341917	0.732414	6	-0.011637	-1.367206	0.171561
-4	-0.001418	-0.306384	0.759312	7	-0.010158	-1.150827	0.249804
-3	-0.006088	-1.231603	0.218097	8	-0.009583	-1.041870	0.297472
-2	-0.008996	-1.660908	0.096732	9	-0.008725	-0.911692	0.361931
-1	-0.012535	-2.245371	0.024744	10	-0.008429	-0.850841	0.394858
0	-0.014676	-2.395781	0.016585				

可以看出，在事件期内，CAR 值从 0 附近开始呈下降趋势，在解禁事件发生后的第 2 个交易日下降到最低点，约为 -1.93%，此后逐渐回升到 -0.8% 附近。在第 -2 天，CAR 值在 10% 的检验水平上显著；在第 -1 天、第 0 天和第 3 天，CAR 在 5% 的检验水平上显著；在解禁后第 1 天和第 2 天，

CAR在1%的检验水平上显著,在事件日后第4天和第5天,CAR值在10%的检验水平上显著。在事件期内CAR总体为负值,说明解禁事件对大公司股票异常收益存在显著的负影响。

小公司在事件期内的CAR值和显著水平如表7-5所示。

表7-5 小公司股票在事件期的CAR

date	CAR	t	p-value	date	CAR	t	p-value
-10	0.000143	0.074583	0.940546	1	-0.028726	-3.191179	0.001417
-9	-0.002897	-1.007845	0.313529	2	-0.028915	-3.024792	0.002488
-8	-0.007659	-2.068911	0.038554	3	-0.026080	-2.601931	0.009270
-7	-0.008668	-1.923995	0.054355	4	-0.024934	-2.421209	0.015469
-6	-0.008094	-1.599914	0.109618	5	-0.019734	-1.852412	0.063967
-5	-0.010741	-1.871784	0.061236	6	-0.020940	-1.894402	0.058172
-4	-0.010981	-1.755641	0.079150	7	-0.021711	-1.864610	0.062236
-3	-0.018681	-2.768201	0.005637	8	-0.022879	-1.881225	0.059941
-2	-0.023386	-3.194339	0.001402	9	-0.022342	-1.761432	0.078165
-1	-0.026976	-3.416877	0.000633	10	-0.023623	-1.796764	0.072373
0	-0.028548	-3.451442	0.000558				

可以看出,在事件期内,CAR从0附近开始逐渐下降,在解禁日后第2天达到最低,约为-2.9%,之后逐渐回升,最后稳定在-2.2%左右。在[-10,-6]内,CAR值虽然总体为负,但程度不显著;在[-5,-4]和[4,10]内,每个交易日的CAR值均在10%的水平上显著;在[-3,3]内,CAR在每一个交易日都在1%的检验水平上显著,在事件日后第4天,CAR在5%的检验水平上显著;由此可以说明,解禁事件对小公司股票异常收益存在显著的负影响。

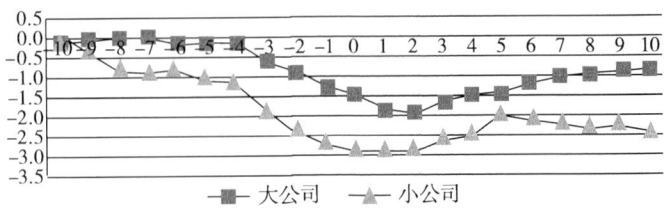

图7-2 不同规模的公司在事件期内的CAR

通过图 7-2 可以看出，解禁事件对于不同规模的公司股价影响的走势基本一致。但也存在明显的区别，大公司比小公司反应时间要晚，累计超额收益率较低。这一方面可能是因为大公司更容易受到外界的关注，其控股股东通过限售股解禁获取私人利益的难度较大；另一方面可能是因为大公司经营更稳健，盈利能力更强，在发生限售股解禁事件时，投资者对于大公司更有信心，所以会更晚、更少出售自己持有的股票。

（4）对不同性质的样本的检验

对样本公司按照企业性质的不同进行分组，对 65 家国有上市公司和 502 家非国有上市公司分别进行事件期内累计超额收益率的计算，并对结果进行显著性检验。

对国有企业在事件期内的 CAR 进行统计与检验，CAR 值和检验水平结果如表 7-6 所示。

表 7-6 国有企业股票在事件期内的 CAR

date	CAR	t	$p-value$	date	CAR	t	$p-value$
-10	0.002049	0.543697	0.586650	1	-0.002335	-0.157431	0.874905
-9	0.001814	0.280682	0.778955	2	0.002368	0.148553	0.881906
-8	0.001557	0.219480	0.826276	3	0.004688	0.277165	0.781653
-7	-0.000004	-0.000534	0.999574	4	0.004911	0.274667	0.783572
-6	-0.001663	-0.200037	0.841452	5	0.008711	0.461075	0.644745
-5	-0.003056	-0.336863	0.736221	6	0.008506	0.443751	0.657223
-4	0.001620	0.151204	0.879815	7	0.007454	0.385802	0.699643
-3	0.005720	0.491562	0.623029	8	0.012753	0.626280	0.531131
-2	0.001392	0.113430	0.909690	9	0.016405	0.754354	0.450636
-1	-0.002056	-0.154254	0.877409	10	0.020195	0.903360	0.366335
0	-0.000684	-0.048103	0.961634				

可以看出，在事件期（$T = [-10, 10]$）内，事件发生日之前，CAR 值在 0 上下波动；在事件发生之后，CAR 值逐渐上升，但每个交易日的 CAR 值都不显著。说明首发限售股解禁事件对国有上市公司的股票价格无显著影响。

对非国有企业在事件期内的 CAR 进行统计与检验，结果如表 7-7 所示。

表7-7 非国有企业股票在事件期内的 CAR

date	CAR	t	p-value	date	CAR	t	p-value
-10	-0.000887	-0.711686	0.476659	1	-0.026386	-4.412723	0.000010
-9	-0.002075	-1.107588	0.268040	2	-0.027473	-4.299123	0.000017
-8	-0.004404	-1.805121	0.071056	3	-0.024561	-3.668937	0.000244
-7	-0.004826	-1.636050	0.101829	4	-0.023197	-3.352899	0.000800
-6	-0.005407	-1.618278	0.105603	5	-0.020067	-2.800666	0.005100
-5	-0.006480	-1.687288	0.091548	6	-0.019445	-2.603369	0.009231
-4	-0.007201	-1.725506	0.084436	7	-0.018915	-2.407473	0.016063
-3	-0.014695	-3.281827	0.001031	8	-0.019923	-2.433144	0.014968
-2	-0.018437	-3.767337	0.000165	9	-0.019602	-2.303455	0.021253
-1	-0.022017	-4.246861	0.000022	10	-0.020639	-2.339766	0.019296
0	-0.024283	-4.405180	0.000011				

可以看出，在事件期（$T = [-10, 10]$），CAR值从0附近开始逐渐下降，在事件日后第2个交易日达到最低；之后逐渐回升，从第5天开始稳定在-2%附近。在[-10, -6]内，CAR值均为负值，但程度不显著；在[-5, -4]内，每个交易日的CAR值均在10%的检验水平上显著；CAR值在[-3, 6]内，单个交易日的CAR均在1%的检验水平上显著；在[7, 10]内，单个交易日的CAR值均在5%的检验水平上显著。这说明，首发限售股解禁事件对于非国有上市公司的股价有显著的负影响，且影响的时间较长。

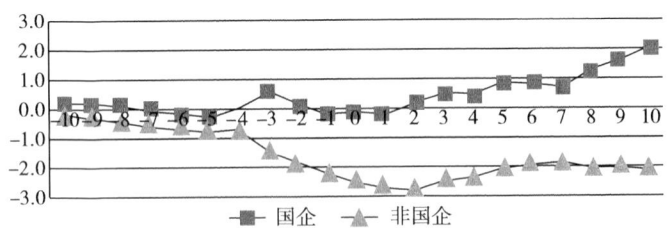

图7-3 不同属性的公司在事件期内的 CAR

通过图7-3的对比首发限售股解禁事件对于不同性质的上市公司股价影响，可以看出，解禁事件对于非国有上市公司的股价有显著而长期的负影响，但对于国有上市公司的股价无显著影响。这可能是因为投资者对于国有上市公司的长期业绩更有信心,故出售持有股票的意向不强。

综上所述,可以得出以下结论:

(1) 首发限售股解禁事件对于上市公司的股票价格有显著的负影响,这可能一方面是因为限售股解禁增加了股票的供给,从而导致了股票价格的下降;另一方面,由于解禁的限售股来自公司首次公开上市之前的股东,发起人股东减持会向市场传递信号,影响投资者的心理,使投资者降低了对公司长期绩效的信心,从而导致了股票价格的下降。

(2) 沪深两市的股票在发生首发限售股解禁事件时,CAR 值走势基本一致,但沪市异常收益比深市的更低,股票价格下降的幅度更大。大公司在发生首发解禁事件后,其累计异常收益高于小公司,股价的降低幅度比小公司的低,说明投资者对资产规模大的公司更有信心。同样,对于国有上市企业,解禁事件对其股票价格无显著影响,说明国有上市企业的投资者出售股票的动力较小。

7.3.4 股价波动的影响因素

本部分采用横截面回归的方法,分析首发限售股解禁的股价波动的影响因素。横截面回归所使用的样本公司为事件期累计超额收益率计算的样本公司,剔除 14 金融业公司后剩余的 563 家公司。

7.3.4.1 变量的选择

根据对国内外文献中对累计超额收益率影响因素所做的研究,结合相关理论,在做回归分析时,以事件期($T = [-10, 10]$)内的 CAR 作为被解释变量,以本次解禁规模、公司规模、股权集中度、盈利能力、偿债能力、营运能力、成长能力、风险水平和行业属性作为解释变量。

7.3.4.2 多元回归模型的建立

根据所选的变量,建立如下的多元回归模型:

$$CAR = \alpha + \beta_1 Ratio + \beta_2 Asset + \beta_3 OC + \beta_4 ROA + \beta_5 DR + \beta_6 TAT + \beta_7 Growth + \beta_8 DTL + \beta_9 IND_x + \varepsilon \tag{7-5}$$

其中 $Asset$ 表示公司的规模,用资产的对数表示;$Ratio$ 表示解禁规模,以解禁股数占已流通股数的比值表示;OC 表示股权集中度,以前十大股东持股占比表示；DR 表示资产负债率，衡量公司的偿债能力；ROA 表示公司的总资产收益率，代表公司的盈利能力，TAT 表示公司的总资产周转率，代表公司的营运能力；Growth 表示公司的成长能力，以总资产增长率表示；DTL 表示公司的综合杠杆，衡量公司风险水平；IND_x 是表示公司行业的虚拟变量，按照证监会《上市公司行业分类指引》根据行业分类对样本行业变量进行控制。

7.3.4.3 回归结果分析

横截面回归结果如表 7 – 8 所示。

表 7 – 8 横截面回归结果

CAR	Coef	Std. Err	t	P>t
Ratio	– 0.029815	0.010047	– 2.97	0.003
Asset	0.014202	0.008331	1.70	0.089
OC	0.134600	0.078681	1.71	0.088
ROA	– 0.245117	0.206759	– 1.19	0.236
DR	– 0.086895	0.065846	– 1.32	0.188
TAT	0.047832	0.022205	2.15	0.032
Growth	0.001794	0.016535	0.11	0.914
DTL	0.002444	0.003340	0.73	0.465
IND_X	控制			

从回归结果可以看出，变量 Ratio 的回归系数为 – 0.029815，P 值为 0.003，在 1% 的检验水平上显著。说明本次解禁股数占已流通股数的比例和累计超额收益率负相关，解禁股数占已流通股数的比例越大，股价下跌的幅度就越大。这可能是因为本次解禁的规模越大，在市场上就增加了越多的供给，从而导致了股票价格的下跌。

变量 Asset 的回归系数为 0.014202，P 值为 0.089，在 10% 的检验水平上显著。说明公司规模和累计超额收益率正相关，规模越大，股价下跌的幅度就越小。说明规模大公司经营稳健，信用程度更好，其股东出售股票的动力更小。

变量 OC 的回归系数为 0.134600，P 值为 0.088，在 10% 的检验水平上显著。说明股权集中度和累计超额收益率正相关，公司股权集中度越大，股价下跌的幅度就越小。这可能是因为大股东和机构投资者愿意持有该公司股票且公司权属分明，股权结构清晰，便于在此基础上运营治理。市场投资者会更倾向于持有该上市公司流通股，而限售股解禁对上市公司股价带来的下行压力也更小。

变量 TAT 的回归系数为 0.047832，P 值为 0.032，在 5% 的检验水平上显著。说明总资产周转率和累计超额收益率正相关，公司的总资产周转率越大，其股票下跌的程度就越小。这表明，营运能力越强的公司对于资产的管理利用效率越高，其发展效率也就越高，在单位时间和物资的投入下，能够产出的收益更高。市场投资者因此对公司前景持有更高的评价，市场信心也更为坚定，在发生限售股解禁时，会倾向于更少的售出股票。

综上所述，回归结果表明，公司的解禁规模、资产规模、股权集中度和营运能力是显著影响首发限售股解禁时股价波动的因素。公司的解禁规模越小，资产规模越大，股权集中度越高，营运能力越强，在首发限售股解禁时，股价下跌的程度越小。

7.4 结论

本章以 2016 年 1 月 1 日—2017 年 12 月 31 日 A 股市场上首发限售股解禁公司的第一次解禁事件为研究对象，通过事件研究法考察事件期内上市公司股价波动情况，并构建多元回归模型探究股价影响因素，进行实证分析得出以下结论：

（1）对于全样本的结果检验表明，首发限售股解禁事件对上市公司股价有显著且长期的负影响，越接近事件日，这种影响越显著。

（2）对于分处于沪深两市的子样本的结果检验表明，首发限售股解禁事件对于沪深两市的上市公司的股价有显著的负影响，且上交所的股票异常收益的下跌幅度大于深交所股票。

（3）对于不同规模公司的子样本的结果检验表明，首发限售股解禁事件对于不同规模的上市公司的股价有显著的负影响，小规模公司比大规模公司的累计超额收益率更低。

（4）对于国有企业和非国有企业的子样本检验结果表明，首发限售股解禁事件对于国有上市公司和非国有上市公司的股价有不同的影响。在事件期内，非国有上市公司的累计超额收益率为负，且其走势与全样本基本一致；但国有上市公司的股价波动并不显著。

（5）上市公司首发限售股解禁规模、公司资产规模、股权集中度和营运能力对解禁事件日前后股价下跌的影响较为显著。上市公司首发限售股解禁规模越小，资产规模越大，股权集中度越高，营运能力越强，首发限售股解禁期间股价下跌的程度越小。

本章小结

IPO及其限售股解禁直接影响到我国股票市场投资者的收益、上市公司的有序运转以及金融市场的稳健发展。本章采用事件研究法，选取了2016年1月1日—2017年12月31日在我国A股市场上所发生首发限售股解禁事件的上市公司作为样本，使用市场模型对窗口期的累计异常收益率进行估计，针对不同特征的子样本进行分组对比分析。针对窗口期内股价的影响因素，构建横截面回归模型进行了回归分析。根据研究，本章得出以下结论：首发限售股解禁对于上市公司股价存在明显的负面效应。在发生首发限售股解禁前后，沪市上市公司的累计异常收益率低于深市上市公司。大公司的累计异常收益率高于小公司；国有控股上市公司的累计异常收益率高于非国有控股上市公司。经横截面回归得出，上市公司解禁规模与事件期内的累计异常收益率成反比。资产规模、股权集中度和营运能力与异常收益成正比。

参考文献

[1] 何诚颖,李翔. 股权分置改革、扩容预期及其市场反应的实证研究[J]. 金融研究, 2007(4):157-170.

[2] 黄汉利,余小燕."大小非"解禁市场反应实证研究——来自沪深A股市场的证据[J]. 财会通讯,2009(18):64-67.

[3] 李庆峰,黄维加. 限售股解禁的市场效应与影响因素研究——基于事件研究法和沪深300指数样本[J]. 宏观经济研究, 2011(7):56-63.

[4] 杨栋,张建龙,张小涛."大小非"解禁冲击了中国证券市场吗？[J]. 当代经济科学,2009, 31(2):49-55.

[5] 陈睿. "大小非"解禁的市场反应[J]. 财经科学,2011(3):19-25.

[6] 冯玲. 限售股流通与股价效应关系的实证研究[J]. 技术经济,2008,27(9):98-104.

[7] 夏清华,李文斌. "大小非"解禁对我国A股上市企业股价的影响[J]. 技术经济,2009,28(5):64-70.

[8] 赵向琴,谢磊柯,辛苑. 股改限售股解禁的市场冲击及其影响因素分析——基于解禁特征、公司特征和股市周期三维角度[J]. 当代财经,2009(11):57-62.

[9] 黄张凯,赵龙凯,祖国鹏. 限售股解禁的价格效应研究[J]. 金融研究,2010(9):129-146.

[10] 黄建欢,张蓓蓓,尹筑嘉. 限售股解禁的市场反应:机制与特征研究[J]. 财经理论与实践,2010,31(1):37-41.

[11] 刘娥平,唐舜. 可交易性折扣、价值转移与限售股解禁[J]. 财经研究,2014,40(9):86-96.

[12] 何诚颖,卢宗辉. 沪深股市限售股制度安排及流通效应分析[J]. 管理世界,2009(4):180-181.

[13] 张慧莲. 股权分置改革前后股指波动性测度及原因分析[J]. 金融研究,2009(5):84-92.

[14] 陈洁,张定胜. "大小非"减持、理性恐慌与股市暴跌[J]. 投资研究,2011(9):91-102.

[15] 陈其安,张红真. 限售股减持对我国股票市场影响的实证研究[J]. 中国管理科学,2014,22(S1):318-323.

[16] Ofek E, Richardson M P. Large the IPO Lock-Up Period: Implications for Market Efficiency and Downward Sloping Demand Curves[J]. Social Science Electronic Publishing,2003.

[17] Brav A, Gompers P A. The Role of Lockups in Initial Public Offerings[J]. Review of Financial Studies, 2003, 16(1):1-29.

[18] Bradley D J, Jordan B D, Yi H C, et al. Venture Capital and IPO Lockup Expiration:An Empirical Analysis [J]. Journal of Financial Research, 2001, 24(4):465-493.

[19] Field L C, Hanka G. The Expiration of IPO Share Lockups[J]. The Journal of Finance, 2001, 56(2):471-500.

[20] 赵自兵,陈金明,卫新江. 中国A股股票需求弹性——基于全流通IPO锁定期解除效应的实证分析[J]. 金融研究,2010(4):115-127.

[21] 刘子亚,张建平. 发起人股东首发限售股解禁的市场反应与影响因素研究——基

于创业板的实证研究[J].云南财经大学学报,2015,31(3):89-98.

[22] 黄顺武,刘进.供给冲击的股价效应:来自创业板限售股解禁的证据[J].金融经济学研究,2013,28(5):97-108.

[23] 仇保妹.IPO限售股解禁的股价效应分析[J].学术交流,2010(6):120-124.

[24] 刘晓亚.事件驱动股价研究[D].杭州:浙江大学,2016.

[25] Xiaojun Chu. The Impact of Initial Public Offering Lockup Expirations on Liquidity:Evidence from Chinese Stock Market[J]. Journal of Shanghai Jiaotong University(Science),2016,21(1):81-89.

[26] 王秀丽,蔡让发.限售股解禁的市场波动及影响因素研究——基于A股限售股解禁的事件研究[J].山西财经大学学报,2011,33(1):49-57.

[27] 谭浩,吴卫星.股东为什么在解禁后会减持股票?——基于背景风险分析的股票解禁效应研究[J].中国管理科学,2018,26(7):9-17.

[28] 梁洪昀.新股持股锁定期到期前后的股价与成交量[J].经济科学,2002(4):72-79.

[29] 张萌.信息冲击、非理性投资与股市联动——基于沪深市场交易数据的实证检验[J].南方金融,2017(2):32-39.

[30] 周少甫,袁兴兴.我国股票市场波动非对称性的实证研究[J].当代经济管理,2005(3):154-158.

[31] 苏跃辉,陈扬.基于ARCH族模型的沪深股市波动性及动态相关性研究[J].金融教学与研究,2015(3):51-54,66.

[32] 吴冬梅,庄新田.限售股解禁、资本投资与控制权私利——来自我国上市公司股权分置改革的证据[J].管理评论,2016,28(10):67-78.

第8章
医药分开政策对医药上市公司股票收益率的影响

8.1 引言

2019年两会政府报告中又一次提到要继续深化医疗、医保、医药联动改革,稳步推进分级诊疗,进一步提高居民基本医保补助标准和大病保险报销比例。两会报告中政府对于就医方面依旧给予了足够的重视,并且又一次提到了推进分级诊疗。分级诊疗在2015年被提出,其间也一直出台相关政策致力于分级诊疗,这些年也取得了一定的效果,2017年提出的医药分开政策对于分级诊疗的实现有很大帮助。医药分开政策目前已经取得了显著的成绩,患者购药费用下降,住院费用也在下降,也有助于分级诊疗的实施。中国股市是有名的政策市,每一次政策的出台都给股市带来一定的变化,医药分开政策的出台,必定会给相关行业带来影响,医药行业一般受宏观因素影响比较大[1]。

医药行业是国民生活离不开的产业,不仅是保障社会民生的支柱,更是创造国内GDP的一大行业,如今,医药行业占全国GDP的6.6%,是人民生活不可或缺的一部分,时刻为人们所关注。医药股的稳定对于医药行业来说是至关重要的,只有医药股稳定,医药行业才得以稳定发展,才能保障整个社会的需求。改革开放以来,医药行业一直是国家扶持的重要产业,总产值持续上升,市场规模也日益扩大,随着我国人口老龄化比例的加大、医疗保健意识的提高,医药行业在宏观经济中的地位日益突出。医药股被投资者称为可以穿越牛熊市的板块,一向是被看好的存在。但是每一次的政策改革,都会引来医药股的波动，医药行业在近几年里有三个大的政策改革。第一个是在 2009 年，政府发布《关于深化医药卫生体制改革的意见》，以全民医保为核心目标的新改革开始实施，覆盖了 13.5 亿人。这一政策使得医药股在 2008 年的大熊市之后迎来 3～5 倍以上的涨幅。第二个大型改革是限抗令，2012—2017 年，都发行过相关政策限制抗生素的滥用，这些政策让一些以抗生素为主导的医药公司焦头烂额，医药股也遭遇了一定的跌损。第三个就是在 2017 年 4 月 8 日提出的医药分开改革，这一次的政策似乎让市民看到了以后用药就诊的新优惠，也助力了医院分级诊疗的实现，但是医药分开政策于医药公司来说究竟是利空作用还是利好作用，目前研究尚少，这也是本章要研究的重点。

研究政策性因素对股票收益率的影响，有助于投资者了解政策带来的效果，更给了投资者做决策的依据。股票收益率的分析本质上就要研究股价变动规律，政府作为市场上看得见的手，对于市场的调控尤为重要，政策的出台效果如何就需要对股票价格的变动进行研究得到验证。通过对股价变动的研究，给投资者传递正确的政策信息，从而影响散户或者是机构投资者的投资决策，为投资者更好地做出决策提供一定的依据。医药行业是保障民生的重要产业，此次的医药分开改革政策不仅关系到民生用药究竟有没有切实的优惠，也关系到投资者们对于医药股的信心以及投资前景。因此，对医药分开政策对股票收益率影响的深入研究，具有比较重要的理论意义和现实意义。

8.2 文献综述

在当前的研究中，影响股票收益率的因素有很多，分析股票收益率的变动必然要通过研究股价的变动来确定。首先，宏观经济会影响股票价格的变动，股票价格的变动会给投资者传递信息，从而影响投资者情绪，影响投资行为，继而影响投资收益率，造成股票收益率的波动。宏观经济包括很多因素，比如经济周期的变化以及熊市和牛市对同一事件做出的反应都是不同的；再如一些政策事件的出台，不仅会影响到公司的发展，而且也会使个股股价产生变化，从而导致股票收益率的变动；甚至是国际上的一些活动也会导致股价不同程度的变动，使得股票收益率有所变化。其次，不同的公司规模也会在不同程度上影响股票收益率，Brandt 等人（2010）以美国三大股票市场为研究对象，分别在这三个市场上区分了大型公司和小型公司两种规模，发现大型公司的股票价格变动是比较小的，而小型公司股票价格的变动却是比较大的，以上研究说明小公司比大公司更能引起股票价格变动，从而引起股票收益率的变化[2]。再次，投资者情绪也是影响股票收益率的一大因素[3]。投资者在投资时并不都是理性的，总会有从众的心理，这就能够对股票价格的大幅波动做出较好的解释，投资者情绪一般用换手率来衡量，换手率一般与股票收益率成正向关系，所以说投资者情绪与股票收益率一般是正向关系[4]。而且投资者情绪对于不同公司规模的股票来说，影响是不同的，公司规模越大的公司，在投资者情绪有所波动时，受投资者情绪影响程度越大，公司规模越小的公司，受投资者情绪影响越小[5, 6]。最后，市场行情也是影响股票收益率的一个重要因素[7]。投资者对于市场行情的指标通常会选择市盈率来衡量，短期来看，市盈率的波动与股价的变动不是呈显著的反向关系，反而会加剧股价变动；长期看来，市盈率的变动与股价的变动呈反向关系，起到控制股价大幅增长的作用[8]。

关于股市对信息冲击的反应，大部分学者都认为政策因素是造成股票收益率变动的重要因素[9]。Baesel and Stein（1979）通过研究发现，信息是在金融投资领域上很重要的一环，并从多方面进行了分析，指出新信息的产生会促使股票价格在短期发生大幅变动[10]。胡金焱（2002）认为宏观政策在很大程度上成为左右股票市场价格运行的主要因素或主导力量，并区分了利好政策与利空政策，认为如果政策干预的预期目标能够通过股票市场的价格反应迅速得以实现，没有留下政策"后遗症"，即为利好政策；当政策表现为"政策反应不足"或"政策反应过度"时，才是利空政策[11]。在我国，有研究表明我国股市是"政策市"，由于政府部门出台的政策对于股票市场的干预程度很大，导致股票价格大幅度波动，而且利空消息造成股票价格的波动幅度大于利好消息[12, 13]。而且具体表现为政策为利空消息时，市场的反应更为强烈，也更为持久，说明市场对坏消息的反应相对较慢但反应程度较为强烈，政策在牛熊市时也会有不同的表现，牛市阶段利空政策影响大，熊市阶段利好政策影响大[14]。政策的干预会给股市带来好或不好的影响，投资者也会有不同程度的反应，而这种反应一般都会引起股民的盲目跟风。由于我国股票市场经常受到管理层出台政策的干预并且投资者之间存在严重的信息不对称,施东晖(2002)得出我国股票市场羊群效应的存在,致使系统性风险在金融风险中占有较大比例[15]。

医药分开政策在2012年开始试点实行,2017年4月8日正式发布政策以来,取得了瞩目的效果,有关文献也对医药分开的影响做了研究,从支出水平看,医药分开后患者住院费用总支出增加了4.9%,但是由于医保基金支付增加,病人自付比例出现了显著下降,同时医保患者药费支出下降了9.5%,次均药费支出也有显著降低[16]。对于就诊患者来说医药费用以及自费住院费显著减少,说明医药分开政策对于患者是利好的。许欣悦等人(2017)研究发现医药分开政策不仅对患者有好处,对于公立医院分级诊疗来说也有明显的影响。医事服务费差距的加大,影响了患者对不同级别医师的选择,表现为门诊急诊人次增长0.85%,普通门诊人次下降1.75%,专家门诊人次增长6.42%,门诊医保患者人次下降0.52%,出院医保患者人次增长11.48%,急诊次均医疗费用下降0.54%[17]。左兴华(2017)也发现医药分开后对于三甲医院来说,工作效率大幅度提高,2013—2016年门诊量增长幅度为3.53%~15.20%,出院人数增长幅度为3.12%~8.48%[18]。上述表现说明医药分开对于控制药品费用增长均起到积极作用,降低了患者费用,在提高医院服务能力及效率等方面发挥了重要作用,也有助于实现医院的分级诊疗[19]。在医药分开政策实行以后,患者对医院的满意程度也在增加,患者认为与专家有足够的交流时间,对医生服务的总体满意度较高。总的来说,医药分开政策降低了患者购药费用以及住院费用,对于公立医院来说助力了分级诊疗的实现,也提高了医院效率和患者对医院的满意程度,对于患者和医院来说是为利好消息[20]。但医药分开政策对于医药上市公司股价的影响,目前文献较少,一部分学者认为是利好消息,一部分学者认为是利空消息。

研究政策对股票收益率影响的文章中模型的选取一般多为事件研究法,事件研究法主要用于事件的发生对于市场的影响,比如新政策的发布、公司股票更名、股东持股发生变化等,这些事件的发生都会对股票市场带来多方面的影响,比如股价的变动,股票收益率的变化,公司绩效以及公司日后的发展等,事件研究法被广泛应用于研究一些事件的变更给市场带来的影响[21]。但是事件研究法在当前的研究中还有一些不足之处,事件研究法要求必须是在有效市场下进行，但是有效市场中，一个事件的发生会被市场迅速消化，事件带来的结果也不会特别明显。而且事件研究法要求在事件期内没有其他事件的发生，但一个有效的市场，每一天都是瞬息万变，很难消除其他事件的影响[22]。纵然事件研究法有一定的局限性，但在金融领域依旧是很重要的，在很多研究中都可以用到。在国外，事件研究法最开始就被应用在金融领域，很多重要文献中都提及了事件研究法，并在近十几年将事件研究法普及到金融经济文献中。在我国，证券市场的稳步发展也为事件研究法的运用提供了数据条件，企业并购、股票更名、内幕交易、制度更迭等的研究中都用到了事件研究法。不仅是金融领域，其他领域也越来越重视事件研究法的应用。在公司财务核心领域上，现在的很多重要结论都得益于事件研究法的应用；在会计领域，收益分配公告的文献中也大量的应用了事件研究法，并由此得到有关结论；在法律领域，事件研究法也常被用于检验法规效应，以及评估法律责任的损失，等等；Brown 和 Warner（1985）将事件研究作为检验资本市场有效性的一种方法，在资本市场相关研究中也居于重要地位[23]。从20世纪90年代开始，就有学者运用该方法来研究相应课题，到现在，涉及事件研究法运用的文献已拥有相当的数量。事件研究法也在一天天地完善，被更好地应运到我国金融领域的大背景下，也开始运用在我国更多的领域。事件研究法一般分均值调整收益模型、市场调整收益模型与市场模型，对于中国市场上究竟更适合哪种模型，学者们也有不同意见。陈汉文与陈向民以中国证券市场为研究对象，探讨事件研究法的三个模型哪一个更适合中国市场环境，研究结果表明，均值调整模型在中国现有的环境下较其他两种模型更有优势[24]。随后陈信元与江锋（2005）以1990年12月—2003年12月为研究区间，以沪深两市所有A股公司为研究对象，研究发现，无论事件发生日期是临近的还是有一定的间隔，市场模型的优势更为突出[25]。胡永宏（2010）通过事件研究法中的市场模型研究农业政策对农业上市公司股票价格波动的影响研究，并得出了相关结论[26]。

综合以上文献，首先我们发现，在医药分开政策现有的效果分析方面，现有文献基本上支持了医药分开政策对于患者来说，住院费用以及医药费用有所下降，是利好的；对于医院来说，有利于实现分级诊疗，提高了医事效率，使患者满意程度提高。但是这些研究中并没有涉及医药分开政策对于医药上市公司有何影响，医药上市公司也是保障民生的重要行业，一个新政策的实现，对于医药行业的影响也很重要。其次，现有文献在政策对股票收益率影响因素的文章中，从多角度分析了可能影响股票收益率的因素，也都得出了最终结论。但我国文献中很少有研究政策出台对不同规模公司的影响程度。不同规模的公司在面对同一事件时，由于规模的限制，其表现也会不一样。考虑到现有研究尚未针对这一话题进行研究，我们期待在这方面补充现有文献的空缺，从而能更好地理解政策的出台对股票收益率的影响。最后，在研究政策事件对于股票收益率的影响中，选用的模型多为单独的事件研究法，但是事件研究法最后的结果只能是一个宏观的分析结果，股票收益率的影响因素有很多，在事件期内有可能是其他因素造成的，多元回归模型可以从微观角度验证医药分开政策对于医药上市公司影响的程度。

8.3　医药分开政策对医药上市公司股票收益率的效应分析

本部分采用事件研究法研究医药分开政策对于医药上市公司股票收益率的影响。以医药分开政策发布前后的股价为基础，检验股票收益率前后的差异，验证医药分开政策对于医药上市公司来说效应是否存在，进而揭示医药分开政策存在的效应特点。

8.3.1　数据选取

（1）本章选取上证综指、深证成分指数以及医药上市公司股票的日收盘价作为对医药上市公司的基础数据，分别计算两个市场的收益率 R_{mt} 以及个股公司的日收益率 R_{it}。

（2）本章首先剔除了被 ST 的医药公司。然后将每一天个股收益率和深市、沪市的每一天收益率分别进行对比，剔除在估计期、窗口期以及长期停牌的上市公司以外，有 136 个样本符合条件，沪市选取了 73 个公司作为样本，深市选取了 63 个公司作为样本。

（3）本章在数据的选取上遵循了在估计期和事件期间没有其他会影响股价的事件发生的条件，2017 年 1 月 9 日国务院医改办会同国家卫生计生委等 8 部门联合印发了《关于在公立医疗机构药品采购中推行"两票制"的实施意见（试行）的通知》，要求公立医疗机构药品采购中逐步推行"两票制"，这个政策的实施会对医药上市公司股价有一定波动，因此估计期的选取要在1月9号事件发生后，并预留一段时间的反应时间，让股价稳定下来后选取估计期以及窗口期。本章的研究在事件期内以及估计期内尽量避免了其他事件的影响，2017年4月5日国家发布的《仿制药质量和疗效一致性评价品种分类指导意见》对于医药上市公司来说并非会影响股价以及投资的大事件，可以忽略不计。因此估计窗的时间范围为2017年1月18日—2017年3月8日，选择[-51，-21]共30天作为估计窗。事件窗口的选取是由于医药分开政策是一个大型政策事件，需要一定的反应时间才能起效，所以事件窗口选取较长。2017年5月19日国务院发布了关于《修改医疗器械监督管理条例》的决定，这一决定对医药行业产生了其他的影响，因此本研究的窗口期选定在2017年5月19日之前，预留一定的事件提前反应时间。具体将事件窗口时间范围定在2017年3月9日到2017年5月9日，窗口期为[-20，20]。

8.3.2 研究假设

假设1：医药分开政策对于医药上市公司来说是利空消息。

本章第一节文献综述中提到，医药分开政策对于患者和医院来说，患者购药费用下降，对医院满意度提升了；医院有利于实现分级诊疗，效率提高。对于医药上市公司来说，医药分开改革取消了15%的药品加成费，患者在医院购药费用降低，就这一点来说，患者增加了在医院就诊次数，也增加了购药次数，因此可能会减少去市场药店购药次数，对医药上市公司是一个冲击。政府政策对于市场来说并不一定都是利好行为，陈冬华，姚振晔（2018）认为产业政策的宣告使获得产业政策支持的企业股价同步性下降，且在受到重点支持的企业中更加明显[27]。

假设2：医药分开政策对于规模较大的医药上市公司来说利空消息较弱。

Brandt等（2010）提出，市场效应对于大公司来说股票指数变动是比较小的，说明在市场有变动的时候，大公司总是可以因为规模较大可以更大地抵御利空消息，更好地接受利好消息，所以说医药分开政策基于上面的假设可能是利空消息，但对于大规模公司来说利空消息较弱。

假设3：医药分开政策对于规模小的医药上市公司来说利空消息较强。

Brandt等（2010）提出，市场效应对于小公司来说股票指数变动是比较大的，说明在市场有变动的时候，小公司总是可以因为没有较大的财力物力可以抵御利空消息，不能更好地接受利好消息，所以说医药分开政策基于上面的假设可能是利空消息，但对于小规模公司来说利空消息较强。

假设4：医药分开政策对于在不同市场上市的医药上市公司来说利空作用会略有不同，沪市可能更加强烈。

笔者选取的样本中沪市上市的有73家，20家为大规模公司、53家为小规模公司，深市上市的有63家公司，27家为大规模公司、36家为小规模公司。沪市多为小规模公司，深市大小规模公司数目相近。王曦，邹文理（2011）采用理论引导结构向量自回归（SVAR）的方法分析了我国货币政策对股票市场的影响，结果表明政策在沪深两市的反应略有不同，但差别不大，可能会由于两市的上市公司规模大小不同引起差异[28]。

8.3.3 事件研究结果分析

本章将通过事件研究法中的市场模型对136家医药上市公司股票收益率的计算，得到窗口期的累积超额收益率。

8.3.3.1 全样本结果分析

表8-1对全样本数据进行计算，统计了医药政策发布后导致的136家医药上市公司累积平均超额收益率和相应的T检验结果。

表8-1 累积平均超额收益率及其显著性

date	CAAR	se	t	p-value
-20	-0.001415	0.001229	-1.151451	0.249547
-19	-0.001173	0.001877	-0.627580	0.530280
-18	-0.003312	0.002052	-1.613902	0.106549
-17	-0.002106	0.002193	-0.961941	0.336079
-16	-0.004377	0.002611	-1.676305	0.093679
-15	-0.001430	0.003061	-0.467233	0.640333
-14	-0.000115	0.003668	0.031224	0.975096
-13	0.003195	0.004169	0.766443	0.443413
-12	0.001551	0.004000	0.387612	0.698303
-11	0.007216	0.004484	1.609419	0.107525
-10	0.004992	0.004636	1.076809	0.281565

续表

date	CAAR	se	t	p-value
-9	-0.000951	0.004832	-0.196816	0.843971
-8	-0.002662	0.004730	-0.562790	0.573579
-7	-0.003703	0.004877	-0.759419	0.447602
-6	-0.012659	0.005245	-2.413620	0.015795**
-5	-0.022958	0.005927	-3.873473	0.000107***
-4	-0.022340	0.005978	-3.737392	0.000186***
-3	-0.023727	0.005984	-3.964900	0.000073***
-2	-0.028185	0.006135	-4.594005	4.35e-06***
-1	-0.032968	0.006520	-5.056294	4.28e-07***
2	-0.047985	0.007427	-6.460600	1.04e-10***
3	-0.047150	0.007586	-6.215191	5.13e-10***
4	-0.050335	0.007918	-6.357129	2.06e-10***
5	-0.053645	0.008525	-6.292230	2.06e-10***
6	-0.051610	0.009230	-5.591302	2.26e-08***
7	-0.054082	0.009478	-5.706288	1.16e-08***
8	-0.045383	0.010154	-4.469529	7.84e-06***
9	-0.046061	0.010166	-4.531000	5.87e-06***
10	-0.056261	0.011022	-5.104574	3.32e-07***
11	-0.057070	0.011328	-5.037965	4.71e-07***
12	-0.058554	0.011605	-5.045667	4.52e-07***
13	-0.060131	0.011671	-5.152121	2.58e-07***
14	-0.060714	0.011545	-5.258729	1.45e-07***
15	-0.060278	0.011731	-5.138462	2.77e-07***
16	-0.059519	0.011613	-5.125046	2.98e-07***
17	-0.061297	0.011824	-5.183924	2.17e-07***
18	-0.066345	0.012306	-5.391246	7.00e-08***
19	-0.071725	0.012817	-5.596107	2.20e-08***
20	-0.072305	0.012662	-5.710425	1.13e-08***

注：* $p<0.1$，** $p<0.05$，*** $p<0.01$。

表8-1给出了全样本在医药分开政策发布前20日和后20日分别的累计平均超额收益的值和显著性。从表中可以看到，公告日前第6日、第5日、

第4日、第3日、第2日、第1日的CAAR分别为-0.0127、-0.0223、-0.0223、-0.0237、-0.0282和-0.0330，都为负数，P检验值分别为0.0158、0.0001、0.0002、0.0000、0.00000和0.0000，分别通过5%、1%、1%、1%、1%、1%的显著性，说明宣告日前6日出现的累计平均超额收益率在统计上是显著为负的。在政策事件公布前就有反应的原因是在2017年3月22日政府发布了公告，要在4月8号正式执行医药分开政策，因而引起投资者们的提前反应，但越接近宣告日投资者们的选择会更慎重，所以在事件公布后3日有累积平均超额收益率比较接近而且较为平缓。负的累积平均超额收益率表示市场把这一政策当作不利消息，而且在事件发布后20天累积平均超额收益率依旧为负，说明市场作出了强烈的负面反应，这也反映出了投资者们对于事件的过度反应[29]。而且投资者对于自己的判断持有过度的自信，认为判断没有出错，更加导致利空性的强烈反应[30]，股票收益率的变化取决于投资者情绪，当投资者持积极情绪时，股票收益率有显著的正向变化；当投资者持消极情绪时，股票收益率有显著为负的变化[31]。

从表中可以看到政策发布后20日内分别的累计平均超额收益率都为负值，且都通过1%的显著性检验。在政策发布后，投资者们都对政策做出了反应，且认为医药分开政策对于医药上市公司来说有一定的冲击，会造成医药公司业绩下滑，这个原因是医药分开政策以后医院取消了15%的药品加成，在医院购药价格下降，所以对医药市场的销售来看会有一定的冲击，造成利润的下降，所以投资者认为政策的实行会给医药上市公司带来不利影响。图8-1对这一现象描述得更加形象。

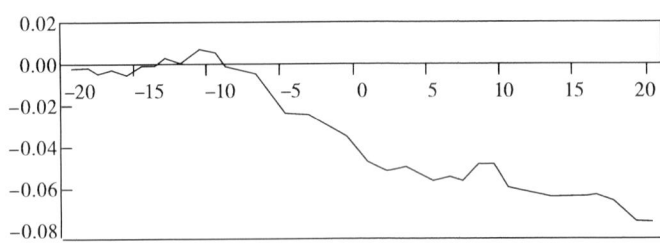

图8-1 事件前后20个交易日的累积平均超额收益率

从图8-1可以明显地看到累积超额收益率基本为负，只有在事件发布的前10天左右有正值出现，但都接近于零，然后累积超额收益率开始呈直线式下降，累积平均超额收益率为负的远远多于为正的，这就表明医药分开政策事件的推出对于医药公司来说利空作用远大于利好作用，政策信息的发布对于医药公司来说是利空消息，因为医药分开政策取消了在公立医院15%的药物加成，所以较以前大大降低了百姓在医院取药的费用，这个政策的发布是站在患者的角度考虑的，这一点对医药公司来说是不利的。投资者们也正是认识到了这一点，所以在短时期内医药上市公司的累积平均超额收益率会下降，一直为负值，而且是负值的天数远远大于正值的天数，说明此时市场行情起到了极大的负面刺激作用，降低了相关股票的价格，出现了非理性衰落，发现社会群体效应会影响股市。

8.3.3.2 不同公司规模的结果分析

一个新政策的发布对于不同规模的公司来说，会有不同的效果，本章以总资产作为衡量公司规模的指标，取136家公司的平均值，将资产总额大于平均值的公司定为规模较大，将资产总额小于平均值的公司定为规模较小，规模较大的公司一共有47家，规模较小的公司一共有89家。

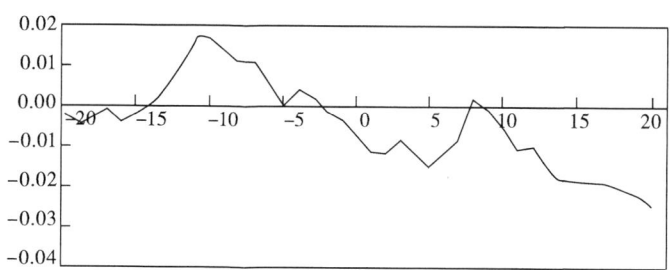

图8-2　事件前后20个交易日规模较大的公司累积平均超额收益率

从图8-2可以明显地看到，累积平均超额收益率为负的和为正的基本持平，但是在政策发布后累积超额收益率为负的大于为正的，这就表明医药分开政策事件的推出对规模较大的医药公司有一定的利空作用。规模较大的医药公司在政策信息的发布后因为资金规模较大、业务范围广，可以更好地应对政策发布后所面临的改革。在政策发布后投资者对规模较大的公司会处于观望状态，股票价格下降的幅度没有整体医药行业的大，因此对于规模较大的公司来说一个利空政策发布后带来的负面刺激没有整个行业的大。

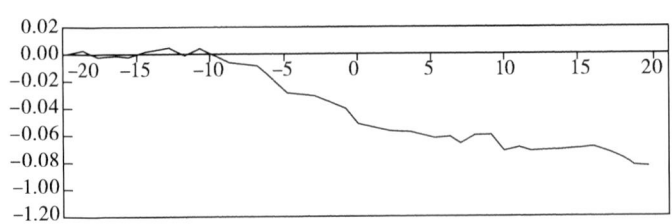

图 8-3 事件前后 20 个交易日规模较小的公司累积平均超额收益率

从图 8-3 可以明显地看到累积超额收益率基本为负，只有在事件发布的前 10 天左右有正值出现，但都很接近于零，然后累积超额收益率开始呈直线式下降，累积平均超额收益率为负的远远多于为正的，这就表明医药分开政策事件的推出对于规模较小的医药公司来说利空作用远大于利好作用，对于规模较小的医药公司来说，在政策信息的发布后因为资金规模较小、业务范围小，面对不利政策时，不能很好地及时应对，投资者对于规模较小的公司持有不看好的态度，降低了相关股票的价格，所以规模较小的公司出现了非理性衰落，发现社会群体效应会影响股市。对于规模较小的公司来说一个利空政策发布后带来的负面刺激几乎和整个行业的走势相同。

8.3.3.3 不同市场结果分析

我国最主要的两个股票交易所就是上交所和深交所，上交所创立于 1990 年 11 月 26 日，深交所成立于 1990 年 12 月 1 日，两者成立时间接近，规则也很相似，但还是存在一些不同之处。沪市只有主板与 B 股，深市有主板、中小板、创业板和 B 股；两者的基本的交易规则是一致的，只是存在最后 3 分钟的差别，即沪市是连续竞价，深市是集合竞价，这一交易规则会对两市的交易产生一定影响。一个新政策的发布对于在两个不同市场上市的公司来说，会有不同的效果，我们选取的样本公司有 73 家是上交所上市的，有 63 家是深交所上市的，两者差别不是很大，最终结果也会有一定的可取性。沪市上市的 73 家公司中，20 家为大规模公司，53 家为小规模公司，深市上市的 63 家公司中，27 家为大规模公司，36 家为小规模公司。

从图 8-4 可以明显地看到累积超额收益率基本为负，只有几天出现了正值，但都很接近于零，累积超额收益率基本呈直线式下降，这就表明医药分开政策事件的推出对于沪市上市的医药公司来说利空作用远大于利好作用，

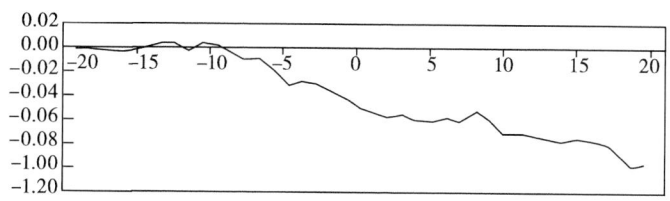

图 8-4 事件前后 20 个交易沪市的累积平均超额收益率

也从侧面证明了医药分开政策对于医药市场来说是一个利空消息。

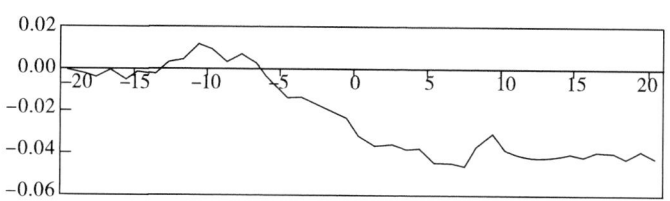

图 8-5 事件前后 20 个交易日深市的累积平均超额收益率

从图 8-5 可以明显地看到累积超额收益率基本为负,但还是有一段时间出现了正值,也持续了一段时间,随后累积超额收益率基本呈直线式下降,这就表明医药分开政策事件的推出对于深市上市的医药公司来说利空作用大于利好作用,但明显的是反应程度没有沪市明显,也从侧面证明了医药分开政策对于医药市场来说是一个利空消息。

根据对 136 家医药上市公司在医药政策发布期间的累积超额收益率的计算及其 T 检验,可以得出以下结论。

(1) 医药分开政策对于医药上市公司来说,在事件期内累积平均超额收益率为负的远远大于为正的,利空作用大于利好作用。

(2) 医药分开政策对于规模较大的医药上市公司来说,在事件期内累积平均超额收益率为正数和负数的基本上持平,但在政策发布之后为负值的多于为正值的,有一定利空作用,但是在整个行业出现利空趋势的情况下,整体态势还是不错的,这也体现了大规模公司在负面刺激出现时,依旧可以沉稳应对。

(3) 医药分开政策对于规模较小的医药上市公司来说,在事件期内累积平均超额收益率为负的远远大于为正的,利空作用大于利好作用。在整个行业出现利空趋势的情况下，规模较小的公司势态和整个行业基本相似，这也体现了规模较小的公司在负面刺激出现时，只能被动应对，跟随行业大盘的反应。

（4）医药分开政策对医药上市公司来说在两个市场都显示出了明显的利空作用，但在两个市场还是有一定的区别，利空作用在沪市更加明显，可能原因是在沪市上市的企业更多的是规模较小的企业，而深市以规模较大的企业居多，而且深市平台更多，对于利空消息抵御能力更强，没有沪市那么敏感。

8.4 医药分开政策对医药上市公司股票收益率影响因素的实证分析

上一节主要运用事件研究法研究医药分开政策对医药上市公司股票收益率的影响程度，得出的结论为医药分开政策对医药上市公司来说是利空消息。在股票市场中，新政策会影响股票收益率，除此之外，股票收益率也会受到其他因素影响[30]，所以下面选取会影响股票收益率的因素建立多元回归模型，进行回归分析，研究医药上市公司股票收益率的影响因素，可以从微观层面了解医药上市公司股票收益率变动究竟是由政策信息引起的还是由其他因素引起的。

8.4.1 变量选取

本部分实证研究中的变量包括因变量、自变量和控制变量三类。

因变量。即投资收益率的变量，采用上一部分实证计算出的136家样本上市公司的累积超额收益率为研究指标。

自变量。借鉴Campbell和Lettau（1999）的影响因素分类，从市场、行业、公司特征因素三个方面综合衡量对股票收益率的影响因素，主要有以下变量：

（1）市场因素

市销率（PS）。公司市销率是指普通股每股市价除以每股销售额（P/S）。一般市场因素的衡量指标多为市盈率，但医药上市公司大多是以销售为主，市销率比市盈率更适合作为市场因素的衡量标准。在市场上，市销率是投资者关注以销售为主营业务公司的重要指标。

（2）公司特征因素

账面价值市值比（BM）[32]。用企业的账面价值市值比即每股净资产与股票市场价格之比。Berk 等（1998）认为企业的权益市值和账面价值市值比能够更好地解释市场风险因素所不能反映的问题，可以更好地反映公司的风险、盈利能力[33]。

换手率（LIQ）。换手率也称股票流转周转率，指在一定时间内市场中股票转手买卖的频率，是反映股票流通性强弱的指标之一，也是衡量投资者情绪的指标之一，可以很好地衡量一个公司的价值。

（3）行业因素

政策哑变量。采用虚拟变量，当医药分开政策信息发布时，有就取值1，否则取值为0。

控制变量。①公司规模（SIZE），公司的规模的大小可能会对同一事件有不同的反应程度，取136家公司的资产总额的平均值，将资产总额大于平均值的公司定为规模较大公司，将资产总额小于平均值的公司定为规模较小公司[34]。②交易所：政策的发布对于在不同市场上市的公司反应程度是不同的，基于医药分开政策对于医药上市公司影响的分析，将在沪市和深市上市的公司分别进行分析，对比其有无区别。

8.4.2 描述性统计

描述性统计如表8-2所示。

表8-2 各变量的描述性统计

变量	OBS	MEAN	MED	STD	MIN	MAX
PS	136	8.1468	5.3562	0.0975	0.2338	174.016
LIQ	136	1.3307	0.7904	0.2118	0.0594	52.6657
BM	136	0.2756	0.2452	0.1597	0.0375	1.3027
SIZE	136	22.1835	22.1564	0.9975	20.2623	25.1390

（1）各相关变量变化基本不大，相对稳定，没有发生大的异常变化；平均值都在中位数附近，没有太大的偏离，这说明变量是符合统计分布的，分布比较对称。

（2）市销率在整个医药行业来说，行业均值在8~10倍，本章所选的样本均值为 8.15，处于行业均值之中，没有发生偏离。但整个样本中，最大值和最小值相差较大，说明在医药行业中个别企业被极度高估，也有企业存在被低估的情形，但整体来说较为平稳。

（3）换手率衡量的是股票在二级市场的流通程度，换手率高的股票在一定的时间内被转手的次数较多，说明该股票的流动性越强，投资者就投资越多的资金。反之，股票的换手率越低就代表它的流动性越弱，就越不会有投资者关注。样本数据有换手率极高的公司，达到 52.6%，说明医药行业有流通性极强的股票存在；也存在换手率极低的公司，达到 0.06%，说明也有被投资者极度不看好的公司。而且样本平均值高于样本中位数，说明样本数据中换手率较大的公司占大多数，整个医药行业流通性比较好。

（4）账面价值市值比衡量的是股票的价值。样本中平均值和中位数基本接近，没有很大的差距，最大值和最小值之间有一定的差距，但差距不大，说明样本公司数据没有很大的差异，数据分布比较均匀。

（5）对于控制变量公司规模来说，本研究所选的样本均值为 22.2，与中值相近，说明医药行业中公司规模较为集中，不存在差距特别大的情况，分布比较均匀。

8.4.3 单位根检验

为了避免伪回归，本研究对各变量做 ADF 检验。其公式如下：

$$X_t = \rho X_{t-1} + \sum_{i=1}^{k} \gamma_i X_{t-1} + \beta_i + \mu_t \frac{1}{2} \tag{8-1}$$

假设检验 H0：$\rho = 0$ 检验统计量服从 ADF 分布。若不能放弃 H0，表明时序 X_t 其中的单位根并非平稳的；拒绝 H0，意味着 X_t 是平稳的。

表 8-3 各变量的 ADF 值及其显著性

变量	统计量	p-value	平稳性
市销率（X_1）	-2.710	0.003 ***	平稳
换手率（X_2）	-21.215	0.000 ***	平稳
账面价值市值比（X_3）	-2.692	0.004 ***	平稳
累积超额收益率（Y）	-2.759	0.003 ***	平稳

把各个变量做单位根检验，结论整理如表 8-3 所示。从检验结果可以看

出，事件期内，各个变量都在1%的水平下显著，各变量均拒绝了原假设，即四列时间序列都是平稳的，对于时间序列平稳的数据来说，可以直接进行多元回归。

8.4.4 多元回归模型

为了检验市销率、账面价值市值比、换手率以及医药分开政策对医药上市公司股票收益率的影响程度，在借鉴前人对股票收益率的影响因素的研究基础上，笔者构建了一个多元回归模型，对各个变量与公司累积超额收益率进行回归拟合。回归方程构建如下：

$$Y = c + a_1X_1 + a_2X_2 + a_3X_3 + a_4X_4 + \varepsilon \tag{8-2}$$

其中：X_1——市销率（PS），X_2——换手率（LIQ），X_3——账面价值市值比（BM），X_4——政策事件，Y——累积超额收益率（CAR）。

8.4.5 多元回归结果分析

通过对四个自变量与因变量建模回归，得到以下结果，下面将对各结果进行分析。

8.4.6 全样本结果分析

通过对136家医药类上市公司多元回归，得到表8-4的结果。

表8-4 全样本多元回归结果

变量	系数	se	t	p-value
常数（C）	-0.016520	0.003411	-4.84	0.000 ***
市销率（X_1）	-0.000340	0.000101	-3.97	0.000 ***
换手率（X_2）	0.002052	0.000602	3.41	0.001 ***
账面价值市值比（X_3）	0.034596	0.008401	4.12	0.000 ***
政策事件（X_4）	-0.047968	0.002540	-18.89	0.000 ***

从表8-4可以看出，累积超额收益率与市销率成反向关系，在1%水平上显著，说明市销率对投资收益率具有负的影响作用。累积超额收益率与账面价值市值比成正向关系，在1%水平上显著，说明账面价值市值比对投资收益率具有正的影响作用。累积超额收益率与换手率成正向关系，在1%水平上显著，说明换手率对投资收益率具有正的影响作用。医药分开政策通过了1%水平上的显著性检验，且与累积超额收益率成负向关系，说明在事件期内，

医药分开政策对于医药上市公司来说,给投资者传递出一种利空信息,致使在事件期内医药上市公司出现累积超额收益率为负且直线下降的趋势。回归系数 $|a|$ 表示自变量变动1%,因变量上升或下降 $|a|\%$。所以根据回归系数可以看出,政策事件的系数是所有自变量中系数绝对值最大的,可以说医药分开政策在事件期内对股票收益率的影响程度很大,所以说医药分开政策对于医药上市公司来说存在利空消息,这一点与事件研究法的结果相映衬,两个模型均证明了假设1的合理性,并得出以下结论。

(1) 市销率(PS)符合研究假设,市销率与累积超额收益率具有负相关关系。

市销率是股票的价格和每股销售额的比率,能较好地展示出公司在市场上的销售能力,能很好地反映一个公司在市场上的价值,是投资者较为关注的市场因素。投资者一般更会关注市销率较低的公司,认为这类公司在长远来看会有发展潜力。市销率较低的企业更会受投资者青睐,投资者为了获得更多的投资收益,就会对市销率较低的企业进行投资。

(2) 账面价值市值比(BM)也符合研究假设。账面价值市值比是每股净资产与股票市场价格之比,能较好地展示出一个公司给予投资者回报的情况,用来衡量股票的投资价值。投资者一般更会关注账面价值市值比较高的公司,账面价值市值比较高的企业更会受投资者青睐,投资者为了获得更多投资收益,就会对账面价值市值比较高的企业进行投资,从而得到更高的回报。

(3) 流通能力因素中换手率(LIQ)也符合研究假设。换手率是衡量股票在二级市场的流通程度,越是流通快的股票,说明越被人们看好,能较好地展示出一个公司股票的受欢迎程度,所以投资者一般会对换手率较高的股票进行投资。换手率与累积超额收益率具有正比例关系,投资者一般更会关注换手率较低的公司,这样的股票在买入和卖出时比较快速。

8.4.7 不同规模的公司结果分析

将医药上市公司分成大规模和小规模后进行多元回归,得到如下表8-5、表8-6的结果。

表 8-5　规模较大公司多元回归结果

变量	系数	se	t	p - value
常数（C）	0.007518	0.005544	1.36	0.175
市销率（X_1）	-0.002371	0.000619	-3.83	0.000 ***
换手率（X_2）	0.006059	0.001898	3.19	0.001 ***
账面价值市值比（X_3）	-0.009905	0.009603	-1.03	0.302
政策事件（X_4）	-0.016909	0.003652	-4.63	0.000 ***

从表 8-5 可以看出，规模较大的公司与行业全样本的结果大致相同。累积超额收益率与市销率成反向关系，在 1% 水平上显著，但与账面价值市值比具有反比例关系，没有显著关系，其可能原因是样本数太小，不能很好地解释两者的关系，说明市销率对投资收益率具有负的影响作用。累积超额收益率与换手率成正向关系，在 1% 水平上显著，说明换手率对投资收益率具有正的影响作用。医药分开政策通过了 1% 水平上的显著性检验，且与累积超额收益率成负向关系，说明在事件期内，医药分开政策对于医药上市公司来说，给投资者传递出一种利空信息，致使在事件期内医药上市公司出现累积超额收益率为负且直线下降的趋势。而且根据回归系数可以看出，政策事件的系数是所有自变量中系数绝对值最大的，可以说医药分开政策在事件期内对股价波动的影响程度很大。对于规模较大的公司来说，市销率是投资者较为关注的，对于大规模公司来说，在一定程度上可以说明公司目前的经营状况，而且越大的公司，市销率如果越小，说明这个公司越有投资价值，投资者也更加青睐，关注程度及投资程度也会更多。对于大规模医药公司来说，医药分开政策在事件期内给公司带来了利空消息，但其不利影响并没有给整个行业带来大的影响，说明对于规模较大的公司来说，在遇到利空消息时，可以利用自身资源，抵抗不利消息带来的负面冲击，所以说医药分开政策对于规模较大的医药上市公司来说利空消息较弱。这一点与事件研究法的结果相映衬，两个模型均证明了假设 2 的合理性。

表 8-6　规模较小公司多元回归结果

变量	系数	se	t	p - value
常数（C）	-0.000482	0.005281	-0.09	0.927

续表

变量	系数	se	t	p-value
市销率（X_1）	-0.000322	0.000112	-2.87	0.004***
换手率（X_2）	0.0018959	0.0006604	2.87	0.004***
账面价值市值比（X_3）	-0.0543993	0.0177659	-3.06	0.002***
政策事件（X_4）	-0.0624543	0.0032703	-19.10	0.000***

从表8-6可以看出，规模较小的公司与行业全样本的结果有一些不同之处。累积超额收益率与市销率成反向关系，在1%水平上显著，说明市销率对投资收益率具有负的影响作用。与账面价值市值比具有反比例关系，在1%水平上显著。这也说明对于公司规模较小的医药公司来说，即使账面价值市值比再大，投资者也会谨慎选择，账面价值市值比对于规模较小的公司来说，并不是一个很好的投资关注指标。累积超额收益率与换手率成正向关系，在1%水平上显著，说明换手率对投资收益率具有正的影响作用。医药分开政策通过了1%水平上的显著性检验，且与累积超额收益率成负向关系，说明在事件期内，医药分开政策对于医药上市公司来说，给投资者传递出一种利空信息，致使在事件期内医药上市公司出现累积超额收益率为负且直线下降的趋势。而且根据回归系数可以看出，政策事件的系数是所有自变量中系数绝对值最大的，可以说医药分开政策在事件期内对股价波动的影响程度很大。对于规模较小的公司来说，换手率是投资者较为关注的，换手率对于小规模公司来说，在一定程度上可以说明公司目前的经营状况，而且越小的公司，换手率如果越大，说明这个公司股票流动性越好，越有投资价值，投资者也更加青睐，关注程度及投资程度也会更多。对于小规模医药公司来说，医药分开政策在事件期内给公司带来了利空消息，其不利影响甚至超过了整个行业带来的影响，说明对于规模较小的公司来说，在遇到利空消息时，自身没有能力抵抗不利消息带来的负面冲击只能随行业大盘走，甚至于负面冲击会比行业更甚，所以说医药分开政策对于规模较小的医药上市公司来说利空消息较强。这一点与事件研究法的结果相符合，两个模型均证明了假设3的合理性。

8.4.8 不同市场结果分析

将医药上市公司分成沪市上市和深市上市进行多元回归，得到如表8-7、

表 8-8 的结果：

表 8-7　沪市多元回归结果

变量	系数	se	t	p - value
常数（C）	-0.016999	0.005018	-3.39	0.001***
市销率（X_1）	-0.000301	0.000111	-2.71	0.007***
换手率（X_2）	0.001825	0.000776	2.35	0.019**
账面价值市值比（X_3）	0.023873	0.013982	1.71	0.088*
政策事件（X_4）	-0.059314	0.003629	-16.34	0.000***

从表 8-7 可以看出，累积超额收益率与市销率成反向关系，在 1% 水平上显著，说明市销率对投资收益率具有负的影响作用。累积超额收益率与账面价值市值比成正向关系，在 10% 水平上显著，说明账面价值市值比对投资收益率具有正的影响作用。累积超额收益率与换手率成正向关系，在 5% 水平上显著，说明换手率对投资收益率具有正的影响作用。医药分开政策通过了 1% 水平上的显著性检验，且与累积超额收益率成负向关系，说明在事件期内，医药分开政策对于在沪市上市的医药上市公司来说，给投资者传递出一种利空信息，致使在事件期内医药上市公司出现累积超额收益率为负且直线下降的趋势。医药分开政策系数的绝对值较大，说明这段时间政策信息对于沪市来说也是一件受投资者关注较大的事件，而且系数显著为负，说明在沪市上市医药分开政策也是对医药上市公司影响较大的因素。

表 8-8　深市多元回归结果

变量	系数	se	t	p - value
常数（C）	-0.008583	0.005681	-1.51	0.131
市销率（X_1）	-0.000752	0.000374	-2.01	0.045**
换手率（X_2）	0.001955	0.000981	1.99	0.046**
账面价值市值比（X_3）	0.025319	0.011436	2.21	0.027**
政策事件（X_4）	-0.034764	0.003462	-10.04	0.000***

从表 8-8 可以看出，累积超额收益率与市销率成反向关系，在 5% 水平上显著，说明市销率对投资收益率具有负的影响作用。累积超额收益率与账面价值市值比成正向关系，在 5% 水平上显著，说明账面价值市值比对投资收

益率具有正的影响作用。累积超额收益率与换手率成正向关系，在5%水平上显著，说明换手率对投资收益率具有正的影响作用。医药分开政策通过了1%水平上的显著性检验，且与累积超额收益率成负向关系，说明在事件期内，医药分开政策对于在深市上市的医药上市公司来说，给投资者传递出一种利空信息，但是利空程度不如沪市的大，这和事件研究法显示的结果相符。因此，上述结果和事件研究法的结果相符，验证了假设4的合理性。

8.4.9 多元回归结果对比

对比全样本，规模较大、规模较小的公司与在沪市上市、在深市上市多元回归结果，尤其是对比政策事件的结果。

表8-9 政策事件多元回归结果对比

变量	系数	se	t	$p-value$
全样本政策事件（X_4）	-0.047968	0.002540	-18.89	0.000***
规模较大政策事件（X_4）	-0.016909	0.003652	-4.63	0.000***
规模较小政策事件（X_4）	-0.062454	0.003270	-19.10	0.000***
沪市上市政策事件（X_4）	-0.059314	0.003629	-16.34	0.000***
深市上市政策事件（X_4）	-0.034764	0.003462	-10.04	0.000***

医药分开政策对于医药上市公司来说，累积平均超额收益率为负，根据多元回归结果看出造成累积平均超额收益率为负的主要因素就是医药分开政策带来的利空消息造成的。从表8-9可以看出，全样本下系数的绝对值为0.048，规模较大公司系数的绝对值为0.017，规模较小公司系数绝对值为0.062，对比系数可以得到：医药分开政策对于医药上市公司整个行业来说是一个利空消息。将整个医药行业分成大规模和小规模来看医药分开政策对于不同规模的公司影响，从系数的结果来看，医药分开政策对于大规模公司来说是一个利空消息，但是大规模公司有一定能力可以抵御这种不利消息带来的冲击，让投资者不至于失去信息，失去投资欲。存在利空效应，但效果没有整个行业带来的利空性大。医药分开政策对于小规模公司来说，系数的绝对值是三者里最大的，也是一个利空消息，而且利空行为更大。小规模公司抵御能力弱，出现这种不利消息后只能被动接受，无法抵御政策带来的冲击，公司规模较小的公司对于利空消息更为敏感。

从表 8-9 可以看出，全样本下系数的绝对值为 0.048，沪市上市公司系数的绝对值为 0.059，规模较小公司系数绝对值为 0.062，对比系数可以得到医药分开政策在不同市场上的表现：医药分开政策在两个市场对于医药上市公司来说都变现了利空作用，但是两个市场表现略有不同，沪市的反应更为强烈，深市反应略微平稳。可能原因是沪市上市的医药公司多为规模较小的公司，小公司对于利空消息反应更为敏感导致整个市场对利空消息反应也较为敏感；而深市上市的医药公司多为大规模公司，大规模公司对于利空消息抵御能力更强导致深市的利空作用比较平稳。

8.4.10 稳健性检验

为增强实证分析的可靠性，在这里使用事件窗口期内的超额收益率 AR 替代累积超额收益率 CAR，构造新的多元回归模型，结果如下表 8-10。

表 8-10 稳健性检验结果

变量	系数	se	t	p-value
常数（C）	0.025585	0.005962	4.29	0.000***
市销率（X_1）	-0.000815	0.000235	-3.47	0.001***
换手率（X_2）	0.000028	0.000436	0.07	0.948
账面价值市值比（X_3）	-0.019754	0.004925	-4.12	0.000***
政策事件（X_4）	-0.021948	0.005137	-4.27	0.000***

结果显示，医药分开政策系数为负，且在 1% 的水平上显著，说明医药费分开政策与医药上市公司超额收益率存在显著负相关，而且其系数的绝对值最大，说明医药分开政策对于超额收益率的影响最大。用 AR 作为被解释变量与用 CAR 作为被解释变量的分析结果一致，因此，可以认为本研究的实证结果稳健性良好，具有一定的可靠性。

8.5 结论

医药改革一直在路上，每一次都影响着医药股股价的波动，也一直推进着我国医药向前发展。医药分开政策从 2012 年 12 月 1 日开始，就陆续在部分试点医院实行，直到 3 月 22 日，政府披露《北京市医药分开综合改革实施方案》，明确了从 2012 年 4 月 8 日起将开始全面实施包括取消 15% 的药品加成费用，设立医事服务费等新一轮医改，即医药分开政策。这一政策的实行让百姓看到了就医的实惠，但是对于医药上市公司来说效果如何呢？本章应用事件研究法对医药分开政策对 136 家医药上市公司的影响进行宏观分析，基本得到医药分开政策对医药上市公司来说是利空消息，继而又建立了多元回归模型，从市场、行业、公司特征因素三方面选取对股票收益率有影响的变量进行回归。选取市销率、账面价值市值比、换手率、政策事件虚拟变量作为自变量，又考虑到不同的公司规模在政策期间会有不同反应、政策在沪深两市也会有不同表现，选取了资产总额的对数作为衡量公司规模的指标以及沪深两市作为控制变量，将 136 家医药上市公司分为大规模与小规模公司，进行多元回归，从微观方面进一步分析医药分开政策对于医药上市公司的影响，综合两种模型，得到以下结论。

（1）医药分开政策对于全样本医药上市公司来说，是利空消息。基于事件研究法，累积超额收益率在事件期内，大多数为负，说明在事件期内，行业不被看好，政策事件可能产生了利空影响。再基于多元线性回归分析，政策事件对于累积平均超额收益率来说显著为负，而且系数的绝对值是最大的，说明医药分开政策对于医药上市公司来说在事件期内是一个利空消息。综上，两个模型从宏观和微观角度都说明政策事件对医药上市公司来说是利空消息。

（2）医药分开政策对于公司规模较大的医药上市公司来说，是利空消息，但利空性较弱。基于事件研究法，累积超额收益率在事件期内，为负的和为正的基本持平，为负的较多一点，说明在事件期内，政策事件可能产生了利空影响，但由于其规模较大，有一定的抵抗利空消息的能力，所以利空消息较弱。再基于多元线性回归分析，政策事件对于累积平均超额收益率来说显著为负，而且系数的绝对值是最大的，说明医药分开政策对于规模较大的医药上市公司来说在事件期内是一个利空消息，但其系数与全样本公司系数相比，绝对值要小，也证明了规模较大公司有一定的抵抗利空消息的能力，所以利空消息较弱。综上，两个模型从宏观和微观角度都说明政策事件对规模较大的医药上市公司来说是利空消息，只是利空性较弱。

（3）医药分开政策对于公司规模较小的医药上市公司来说，是为利空消息，但利空性较强。基于事件研究法，累积超额收益率在事件期内，基本全部为负，说明在事件期内，政策事件可能产生了利空影响，但由于其规模较小，没有抵抗利空消息的能力，所以利空消息较强。再基于多元线性回归分析，政策事件对于累积平均超额收益率来说显著为负，而且系数的绝对值是最大的，说明医药分开政策对于规模较大的医药上市公司来说在事件期内是一个利空消息，但其系数与全样本公司系数相比，绝对值要大，也证明了规模较小公司没有抵抗利空消息的能力，只能随行业大盘走，所以利空消息较强。综上，两个模型从宏观和微观角度都说明政策事件对规模较小的医药上市公司来说是利空消息，只是利空性较强。

（4）医药分开政策在两个市场对于医药类上市公司起到了利空作用，但是两个市场表现略有不同，沪市的反应更为强烈。可能原因是沪市上市的医药公司多为规模较小的公司，小公司对于利空消息反应更为敏感导致整个市场对利空消息反应也较为敏感；而深市上市的医药公司多为大规模公司，大规模公司对于利空消息抵御能力更强导致深市的利空作用比较平稳。这也从侧面证明了不同规模公司对于政策表现有所不同，甚至会出现很大的差别。

结合以上结论，笔者最终利用事件研究法和多元回归两个研究方法验证了医药分开政策对于医药上市公司来说是为利空消息，导致医药上市公司在事件期内累积平均超额收益率显著为负。而且大规模公司和小规模公司对于医药分开政策的反应程度也有所不同，小规模公司反应更加敏感，利空性更强。对于在沪深两市上市的公司来说，对于医药分开政策反应都为利空性，但反应略有不同，沪市更为强烈。

本章小结

医药类企业是保障社会民生的重要产业，具有高风险高投入的特点，对于政策的反应情况显得尤其重要。医药分开政策取消了15%的药品加成费用，使医治和用药分开，医院购药费用下降，对医药上市公司股票价格产生影响、从而影响股票收益率。研究2017年4月8日出台的医药分开政策对于医药上市公司股票收益率的影响、对医药行业日后的发展以及投资者对于医药股的预期来说都有重要的现实意义，对于分析医药分开的政策效果有一定的理论意义。本章选取医药类上市公司2017年1月18日—2017年3月8日数据为估计期，2017年3月9日—2017年5月9日的数据为窗口期，通过事件研究法以及多元回归分析法对136家医药上市公司进行分析，研究医药分开政策对于医药上市公司股票收益率有何影响，以及对于不同规模的公司影响程度是否相同。通过实证研究，文章得到如下结论：①医药分开政策对于全样本医药上市公司来说，事件期内累积平均超额收益率基本为负，是为利空消息。②医药分开政策对于公司规模较大的医药上市公司来说，是为利空消息，但利空性较弱，规模较小的公司对于医药分开政策的利空反应更为敏感，利空性更强。③医药分开政策对于在沪市和深市上市的医药公司来说都显示了利空效果，但是两个市场表现略有不同，沪市的反应更为敏感。

参考文献

[1]寇明婷，杨海珍，汪寿阳. 股票价格与宏观经济联动关系研究——政策预期视角[J]. 管理评论，2018，30(9):3-11.

[2]Brandt MW, Brav A, Graham JR. The Idiosyncratic Volatility Puzzle: Time Trend or Speculative Episodes?[J]. Review of Financial Studies, 2010, 23(2): 863-899.

[3]宋泽芳，李元. 投资者情绪与股票特征关系[J]. 系统工程理论与实践，2012, 32(1):28-32.

[4]陈其安，雷小燕. 货币政策、投资者情绪与中国股票市场波动性：理论与实证[J]. 中国管理科学，2017, 25(11):1-11.

[5]王春. 投资者情绪对股票市场收益和波动的影响——基于开放式股票型基金资金净流入的实证研究[J]. 中国管理科学，2014, 22(9):49-56.

[6]Malcolm Baker, Jeffrey Wurgler. Investor Sentiment and the Cross-Section of Stock Returns [J]. The Journal of Finance, 2006, 61(6):1645-1680.

[7]康立，李振飞. 行业因素对我国A股市场收益率的效应研究——基于2001~2010年面板数据的实证检验[J]. 投资研究，2012, 31(7):65-77.

[8]张若钦，王刚. 论市盈率和利率对我国股价指数的动态影响[J]. 金融经济，2009(8):7-10.

[9]张新红，叶诚略. 中国股票市场政策效应的实证研究[J]. 宏观经济研究，2012(4):88-92.

[10]Baesel J, Stein G. The Value of Information: Inferences from the Profitability of Insider Trading [J]. Journal of Financial and Quantitative Analysis, (1979), 14(3):553-571.

[11]胡金焱. 政策效应、政策效率与政策市的实证分析[J]. 经济理论与经济管理，

2002(8):49-53.

[12]谢海滨,范奎奎,周末.中国股市对利好和利空信息反应的差异研究[J].系统工程理论与实践,2015,35(7):1777-1783.

[13]陆蓉,徐龙炳.中国股票市场对政策信息的不平衡性反应研究[J].经济学(季刊),2004(1):319-330.

[14]高雷,曹永锋,宋顺林.政策关联——数据挖掘在股市中的运用[J].统计与决策,2006(12):116-117.

[15]孙培源,施东晖.基于CAPM的中国股市羊群行为研究——兼与宋军、吴冲锋先生商榷[J].经济研究,2002(2):64-70,94.

[16]陈醉,宋泽,张川.医药分开改革的政策效果——基于医疗保险报销数据的经验分析[J].金融研究,2018(10):72-88.

[17]许欣悦,王宁利,李卫红,等.医药分开综合改革医疗数据分析[J].中国病案,2017,18(12):67-70.

[18]左兴华,谢世堂,韩优莉,等.北京某医院实施医药分开综合改革试点效果分析[J].中华医院管理杂志,2017,33(11):808-811.

[19]李娜,王晨,吴佳,等.医药分开为主导的改革对医院运行和患者就医的影响[J].中华医院管理杂志,2015,31(4):241-245.

[20]郑建,李奕璋.北京市医药分开改革对某三甲医院运营的影响分析[J].医院管理论坛,2017,35(1):5-7.

[21]袁显平,柯大钢.事件研究方法及其在金融经济研究中的应用[J].统计研究,2006(10):31-35.

[22]李云红,魏宇,吴晓雄.中国股票市场适应性特征的实证研究[J].管理工程学报,2016,30(4):72-79.

[23]Brown S. J, Warner J. B. Using Daily Stock Returns:The Case of Event Studies[J]. Journal of Financial Economics, 1985, 14(1), 3-31.

[24]陈汉文,陈向民.证券价格的事件性反应——方法、背景和基于中国证券市场的应用[J].经济研究,2002(1):40-47,95.

[25]陈信元,江峰.事件模拟与非正常收益模型的检验力——基于中国A股市场的经验检验[J].会计研究,2005(7):25-31,96.

[26]胡永宏.农业政策对农业上市公司股票价格波动的影响研究[J].统计与信息论坛,2010,25(12):64-68.

[27]陈冬华,姚振晔.政府行为必然会提高股价同步性吗?——基于我国产业政策的

实证研究[J]. 经济研究, 2018, 53(12):112-128.

[28] 王曦, 邹文理. 货币政策对股票市场的冲击[J]. 统计研究, 2011, 28(12):55-65.

[29] 叶勇立. 中国股票市场反应不足和反应过度的实证研究[J]. 时代金融, 2013(3):205.

[30] 何诚颖, 陈锐, 蓝海平, 等. 投资者非持续性过度自信与股市反转效应[J]. 管理世界, 2014(8):44-54.

[31] 杨晓兰, 沈翰彬, 祝宇. 本地偏好、投资者情绪与股票收益率:来自网络论坛的经验证据[J]. 金融研究, 2016(12):143-158.

[32] Eugene F, Fama, Kenneth R. The Cross-Section of Expected Stock Returns[J]. Journal of Finance, 1992(47):427-465.

[33] Berk JB. A Critique of Size-related Anomalies[J]. Review of Financial Studies, 1995, 8(2):275-286.

[34] Nawar Hashem, Larry Su. Industry Concentration and the Cross-Section of Stock Returns: Evidence from the UK[J]. Journal of Business Economics and Management, 2015(4):769-785.

第9章
业绩预告对证券分析师盈余预测准确性的影响研究

9.1 引言

1990年深沪两交易所成立至今,中国证券市场已初步实现了交易结算网络的全面普及。证券交易技术已基本与发达国家保持一致,证券监管体系初步建立。分析师作为市场中的重要组成部分,往往在管理层与投资者两大参与主体之间的信息传递中起到至关重要的作用。证券分析师会解读和研究企业发布的财务报告中的信息,并且与宏观经济环境及政府发布的相关政策条款相结合做研究。会定期或不定期地发布相关盈余预测报告以使广大投资者了解企业相关信息并以此为依据进行投资。目前,主要有证券分析师盈余预测和管理层盈利预测两类预测主体。业绩预告是指公司管理层在年度财务报告发布前披露的有关公司预测期内营业盈利变化的报告。当企业预计下一报告期业绩有变化(亏损、上升、下降、扭亏为盈等)时,应在截止日之前发布业绩预告。管理层进行的预测是基于自发性意愿所进行的主动性披露,可通过业绩预告的发布向投资者公开相关信息,市场总体预期产生与他们意愿期望一致的效果。在其他金融业较发达的国家中,业绩预测中的盈利预测是其非常重要的组成部分。

1998年,中国证监会引入了年度报告中关于预亏的规定,到20世纪初,逐渐形成了比较完整的制度体系。而由于我国业绩预告制度的起步时间较晚,起初证监会并未着手进行管理,上交所与深交所一直承担着相关制度规定制定者的角色。且我国幅员辽阔，地域与政策的差异化导致资本市场的发达程度也各不相同。我国较早时期新股发行上市施行额度制以及行政审批制，那段时期的上市公司产权性质绝大多数均为国有，这与市场经济的自然发展存在不同。这种产权性质方面的绝对差异使得上市公司对市场变化程度的关注也不尽相同。非国有企业在有融资需求时会更多地倾向于资本市场。因此，由公司主动发布（自愿发布）的盈利预测新闻公告而导致的公司股价波动会更为敏感。中国在资本市场的特殊背景导致了中国业绩预测制度发展缓慢。其他资本市场发展较为成熟的国家，企业的盈余预测大多为自愿披露，而在我国由于上述种种原因既有自愿性的披露也存在强制性的披露。

业绩预告是管理层向市场传递信息的一种方式。证券分析师则会接收、分析并解释接收到的所有信息并传达给市场中的投资者。可能作为证券分析师信息来源的业绩预告是否会对其盈余预测准确性有所影响？哪些方面的内容会有影响以及什么样的影响？本部分就以上几点问题展开讨论。

证券市场的信息不对称会给市场中参与者带来诸如逆向选择和道德风险等一系列问题，使弱势方的合法权益受到损失。信息最主要的特点就是分布不均匀（如宏观经济和微观经济的信息），而资本市场的规律和机制也限制了信息分布的匀称性。并且我国存在大量的中小型个人投资者，他们中的绝大部分都有着缺乏资金、缺乏相关的专业知识、缺乏可靠的信息来源及专业人员帮助等问题，基本是在"单枪匹马"地进行投资活动。因此在证券市场那庞大的信息量面前，缺少足够的信息获取和分析的能力。而证券分析师的存在，使得个人投资者可以从证券分析师对业绩预告的分析解读中获得有用的信息，从中进行筛选，进而对自己的投资决策进行优化。笔者在下面的研究中探讨了上市公司业绩预告中所含信息与证券分析师盈余预测准确性之间可能存在的相互联系，致力于进一步改善现有研究成果，尽可能补充该领域的相关研究，尝试证明公司业绩预告对证券分析师预测行为的影响以及业绩预告在减少市场信息不对称方面发挥的重要作用，在缓解市场中信息流通不足以及证明证券分析师预测价值方面有着一定的理论意义。

由于中国证券市场发展在一定程度上不够完善，且与之相关的制度条例及惩戒机制不健全，导致企业披露信息造成的各类丑闻数不胜数。而分析师可以起到制衡管理层信息公开的第三方监督者的作用，使得公司信息公开更加透明。分析师主要以上市公司公开披露的信息为依据进行盈余预测，所以企业披露信息的可靠性就对分析师的分析预测有着决定性影响。本章首先肯定了作为市场中两大预测主体的分析师和管理层在我国市场中的价值；其次在维护市场公平公正及保证广大投资者合法权益角度也有着一定实际意义。基于国外学者对证券市场监管的新干预主义思想证明，业绩预告的发布和预测方式将对投资者的投资决策产生影响。市场上的投资者预期将会发生变化，并且信息的利用价值也会有所改变。巴曙松等（2018）认为，管理层发布业绩预告的可靠程度可能会使股票市场对股价的涨跌有波及。预告越可靠，对股价的反馈也越利好，且前 1 期业绩预告中盈利预测的准确性会影响当期股价对预告信息的反馈[1]。同时，业绩预告中的信息性质也将引导投资者的期望、投资策略以及市场整体预期。相关监管机构的制度条例对业绩预告中出现大幅变动的情况有着一定限制，不过对业绩预告的具体形式及发布的时间却并未有强制性要求。

所以在信息掌握不对等的情况下，管理层有着发布有利于公司的信息以使市场整体预期走向他们的期望的动机。中国相关监管部门鼓励企业发布质量可靠的业绩预测，且逐步加大对自利业绩预测披露的监管力度。同时，监管机构可以根据管理层对业绩预告信息的公告，制定切实可行的相关政策体系，进而达到对整个证券市场的宏观调控，对资本市场上的投机行为达到抑制的作用，确保市场稳定，加速中国经济的蓬勃发展。证券分析师盈余预测的主要信息来源是公开披露的信息，信息披露程度会影响分析师的预测表现。因此，研究作为上市公司信息来源的业绩预告与证券分析师盈余预测间是否有联系，可以证明业绩预告的信息含量以及对证券市场和市场中投资者的影响，扩大广大投资者信息获取范围。

9.2 文献综述

本节对国内外有关公司业绩预告、分析师盈利预测及两者间联系的相关文献进行分类整理，并作综述。

9.2.1 管理层业绩预告披露动机

业绩预告作为管理层对公司一定时期经营业绩的预测性报告，在进行披露时往往会带着一定的目标。而公司本身特性，或者是其他外部因素的影响都会对管理层的披露动机造成影响。Healy 等（2001）发现，资本市场的交易、公司控制权的变化、股票报酬和管理层能力是业绩预告披露的重要影响因素。传递信号及独占成本的存在构成了上市公司发布自愿性盈利预测背后的深层原因。诉讼成本、融资需求以及管理者之间密切关注的上市公司往往是基于业绩的自愿披露策略；而诉讼成本低、经营状况差的公司的管理层则更多的是选择强制性的业绩预告披露[2]。自愿业绩预告信息披露理论认为，管理层权衡信息披露的成本和造成的利弊后，选择是否发布业绩预告，并且会在效率最优化以及利益优先的目标驱动下选择相应的披露策略。Graham 等（2005）的研究表明管理层发布的盈利预测可能会对分析师盈利预测产生影响，因为管理层发布消息能降低证券分析师的信息成本和时间成本，并且管理层发布的消息更为确切。分析师将根据管理层发布的信息对先前的预测进行更正并发布相应公告[3]。因此管理层发布业绩预告可能是为了使公司股价走向管理层的预期。Beekes 等（2016）从公司股权结构的角度出发，发现股权集中度与公司发布业绩预告概率之间呈反方向变动，且盈余波动较小的上市公司，表明近几年该公司发展稳定。其未来的经营业绩是可预测的，对未来业绩的预测相对容易[4]。因此，这类上市公司比其他公司更有可能发布业绩预告。Ettredge（2013）、Merkley 等（2013）经研究发现那些盈余波动较大、成长性不稳定的公司，其经营业绩变化幅度较大。管理层在发布预告时将会更加谨慎甚至存在作假的可能性，因此在此种状况下发布业绩预告的概率及可靠性较低[5,6]。Bertomeu 等（2004）发现，当企业自愿性披露信息意愿不足时，需要有相关监管机构施行强制要求。这种强制性要求能够在一定程度上减缓市场中信息不对称程度，尤其是企业不愿意发布的消息为坏消息时[7]。Karamanou 等（2005）从公司的治理结构角度出发，指出治理结构也是对管理层业绩预告披露策略选择的一大因素，治理结构的有效性对提高管理层发布业绩预告概率以及质量方面有着积极的作用[8]。以上为国外学者对管理层发布业绩预告的动机以及可能存在的后果所作的相关研究。

我国学者在相关领域的研究也取得了相似的结论。王雪（2008）使用 Logistic 模型，选取包括行业竞争力、公司总资产规模、业绩预告中消息性质、公司年度业绩状况以及机构投资者五个变量进行回归分析，研究与业绩预告披露策略间的联系，得到了公司总规模大小与发布业绩预告概率之间为反方向变动关系的结论。当年度业绩较好的公司有动力向市场投资者积极传递信息时，公司的大多数管理层将选择自愿性的业绩预告，机构投资者同样也是影响业绩预告质量的重要因素之一[9]。周开国等（2014）发现，公司关注度与之前分析师盈余预测准确性间为同方向变动的关系[10]。此外，王俊秋等（2013）的研究也证明影响业绩预告披露策略的因素主要包括盈余波动性、机构投资者及公司规模等。但是，前述特性对业绩预告的信息性质及披露形式所产生的影响存在一些差异[11]。以上是国内外部分从公司内部特质考虑与管理层业绩预告间关系的相关文献，发现公司的内部特性可能会对业绩预告披露策略产生一定的影响。纪新伟和宋云玲（2011）发现在2003—2008年中国业绩预告披露中，强制性业绩预告披露的占比达到八成左右，而自愿披露业绩预测的比例不足二成[12]，可以看出我国业绩预告的披露大部分是强制性的。但是，在这种监管限制下，公司管理层仍有条件选择自愿性业绩预测。当公司的年度净利润达到自愿履行披露的条件时，管理层有权选择是否自愿披露业绩预测。业绩预告中盈利预测的可靠性及准确度的可操作性，使得公司有可能向市场传达他们想传递给投资者的信息，而非公司真实的状况。张然和张鹏（2011）经研究指出，上市公司管理层自愿性披露的业绩预告有着充足的信息含量，能够使公司股价波动减少，使市场趋于稳定[13]。汪炜和蒋高峰（2004）在有关资本成本和信息披露的研究中发现管理层业绩预告的质量和数量与公司治理结构呈正相关关系，而与股权资本成本为反方向变动的关系[14]。巴曙松，王超（2018）认为证券分析师盈利预测的更正是向市场间接传达他们从业绩预告中获取的相关信息。信息含量非常明显，在发布业绩预告之后20个交易日内的 CAR（累积超常收益）、业绩快报或盈利公告后的 CAR 均有着相反方向变动的关系[1]。罗纹和宋云玲（2012）发现，业绩预告更正公告中的信息含量非常丰富[15]，因此管理层所发布的业绩预告中的信息质量是有所保障，并且会直接反映于证券市场中。周中胜和陈汉文（2008）考察了市场的资源配置效率与公司会计信息公开程度间存在何种联系，结果发现，当市场的规模和流动性受到控制时，两者之间呈反方向变动[16]。而刘慧芬和王华（2015）考虑了我国经济政策不确定性以及市场竞争程度与业绩预告间可能的联系，发现这两者对预告质量有着截然相反的影响。企业所在地区竞争度越高，预告质量就越好；而经济政策越充满不确定性的地区，该地区企业所发布的业绩预告质量就越差[17]。李青原（2009）以中国经济制度背景为基础，选取上交所及深交所上市公司为样本，发现公司会计信息质量与异常投资（即投资不足或投资过度等情况）间为反方向变动关系。表明公司经营稳健性也是影响业绩预告质量的主要因素之一[18]。韩传模和杨世鉴（2017）以2007—2010年我国所有上市公司发布过的业绩预告为样本，研究了不同披露意愿背景下发布的预告对分析师预测是否会有影响，结果发现自愿披露相比强制披露在预测准确度等方面明显优越，且分析师关注度和预测准确性更好，因此自愿性披露更值得信赖[19]。因此除公司本身内部特性之外，管理发布预告的动机、某些宏观因素以及公司本身的稳健性也会对管理层的业绩预告披露策略有着一定影响。

综上所述，上市公司管理层的业绩预告披露策略受到内部公司情况及外部监管等多种情况的影响，且所产生的后果会直接反映于股票市场中。可以认为业绩预告中信息含量有着一定的保证，因此证券分析师在进行盈余预测时可能会在一定程度上参考业绩预告。

9.2.2 证券分析师乐观倾向盈余预测

Fried等（1982）是最早研究并发现之前分析师在进行盈余预测及股票预测评级时有普遍乐观预测的现象的学者。他们发现之前分析师不仅对公司季度和年度盈余进行预测时存在乐观性预测的现象，而且对公司进行长期性盈余预测时也存在这种现象。长期性预测指证券分析师对某一公司2~5年成长性预测的行为，是验证资本市场有效性的主要标准[20]。刘永泽和高嵩（2014）以我国之前分析师行业专长这一视角探讨了与分析师预测准确性间的联系，发现两者之间为正相关关系，而随着公司的信息公开的加强，会减弱这两者间的正相关关系[21]。林晚发（2013）等发现债券市场上产品的价值同样将受分析师盈利预测的影响而有所波动，同时分析师预测准确度也会随着市场中债券信用利差的涨跌而有浮动。当某债券的信用利差较平均水平低时，对其关注程度会提高，且进行追踪的明星分析师数量更多[22]。谭松涛等（2005）从财经媒体报道频率和报道角度考虑了对证券分析师盈余预测的作用，发现与证券分析师预测准确性为同向变动的关系，而当公司信息公开不规范时这种关系更为明显[23]。因此，公司信息披露规范与否是影响证券分析师盈余预测的重要影响因素。我国学者发现在中国也存在证券分析师乐观预测的现象。分析师乐观预测这一现象在公司经营业绩不同时，也会发生改变。具体来说两者间为反向变动关系。游家兴等（2013）发现我国分析师预测存在明显的"顺周期"现象，即股票市场较好时乐观预测现象严重，而当股票市场下滑时则会转而倾向于悲观预测[24]。石桂峰和苏力勇（2007）等经研究后发现，分析师预测偏差与对公司所预测机构数量以及信息公开透明度间为反方向变动关系。盈利管理、盈利波动、可衡量性和企业增长在促进悲观预测方面发挥着重要作用[25]。李丹蒙（2007）选取了深交所对上市公司信息披露评价指标来代表信息公开程度，发现该指标与分析师追踪人数间为同方向变动关系；并且该指标与分析师预测准确性间也为同方向变动。但分析师追踪人数与该指标间并没有任何联系[26]。韩志霞（2016）发现，承销商分析师的独立性低于非承销商分析师，他们更倾向于发布乐观性的预测，同一公司的预测偏差将更高。这表明分析师的理性预测程度会受公司与分析师间承销关系的影响，进而作出非理性的预测[27]。因此证券分析师的预测行为无法做到完全理性，会受到多方因素的干扰。并且证券分析师的盈余预测十分依赖信息的获取。若证券分析师想要做到尽可能的理性，就须在信息获取渠道及信息质量方面做突破。

9.2.3 业绩预告与证券分析师盈余预测间联系

Matsumot（2002）发现企业管理层通常进行盈余管理时以上调利润或者以预期管理的方式使市场的整体预期降低来避免负盈余意外的发生[28]。Richardson等（2004）发现管理层越早于截止日期前公布业绩预告，分析师在进行盈余预测时的乐观倾向现象就越严重。随着年报披露日期的临近，逐渐转变为悲观性预测，以达到年报日披露的业绩超过过往市场预期的效果，向市场传递利好消息[29]。

通常证券分析师会根据上市年度财务报表中的数据来对公司下一阶段的经营业绩做预测。而国外有学者发现，证券分析师可能也会参考公司在公布年度财务报表之前的业绩预告以对公司的盈余预测做调整。Libby等（2006）发现，对公司进行追踪的证券分析师人数与公司发布预告概率增加之间存在正相关关系[30]。Frank（2008）发现证券分析师经常对公司发布的信息进行详细而准确的解释。因此公司关注度越高，管理层压力也就越大，在发布预告时将会更谨慎[31]。Cotter等（2006）发现，近六成证券分析师会于公司发布业绩预告后至少5个工作日内对他们先前所发布的盈利预测及时进行更正，并公布相应公告[32]。Cynthia等（2013）通过实证检验也发现证券分析师的盈利预测准确性会对上市公司业绩预告有着积极的影响[33]，因此证券分析师对公司的关注度也是影响其业绩预告披露策略的影响因素之一。

与西方相比，国内有关管理层发布的业绩预告与分析师盈利预测间关系的研究尚未成熟。薛祖云和王冲（2011）对公司管理层与分析师两者间存在何种联系进行了探讨，发现两者间并不是互斥关系，而是存在相互补充的现象。当管理层发布了盈利预测之后分析师会根据前一年度的年度财务报告对公司进行预测，并使管理层盈利预测更为完整[34]。刘春力（2014）认为证券分析师作为市场中信息提供者，以其专业技术水平为投资者撰写研究报告。随着报告质量的提高，证券分析师的预测逐渐变为了衡量管理层业绩预告质量的标准，若公司实际业绩低于分析师的预测，投资者就会认为该公司营运状况有风险，进而导致公司股价出现波动[35]。该研究初步证明了业绩预告与证券分析师盈余预测间存在联系。除此之外，地理位置也是影响证券分析师盈余预测的一项重要因素。张然等（2012）发现我国分析师具有"本地优势"，即证券分析师所属机构所在地与分析师关注公司所在地相同时，预测偏差将更小，并且还发现公司公开信息的可信程度也会对分析师盈利预测的准确度起到积极的作用[36]。王菊仙等（2016）发现券商机构与公司所在地间相隔越远，证券分析师对公司预测更新的次数越小，且盈利预测准确性也将更小。而当公司所在地区市场化较高时，距离因素对分析师预测准确性的影响将减弱[37]。可以说明分析师不仅依赖公开发布的信息，还需要一定的私密信息以增强预测的准确性。

白晓宇等（2009）发现分析师预测的准确性要明显高于随机游走模型预测的准确性。当对公司关注的分析师增多时，分析师的平均预测准确度将会更好[38]。王玉涛等（2011）发现一些管理层公布预测信息时常常伴随着许多机会主义行为，披露的信息模糊不清，这使其信息可靠性可能受到质疑[39]。李馨子和肖士盛（2015）发现，公司的信息公开政策越完整、信息公开越透明，关注该公司管理层发布预告的分析师人数就越多，并会以此为依据对先前预测做修正。当上市公司发布的业绩预测以点值形式发布时，分析师修正预测行为的发生概率将会增加[40]。

此外，袁振超等（2014）发现随着公司代理成本的增加，管理层盈利预测精确度将会降低，并且两者间的关系在公司产权性质为非国有时更为明显。证券分析师与管理层在对公司进行盈利预测时各自有短板与长处，二者之间是一种相互影响互补互利的关系[41]。郑建明和黄晓蓓（2015）认为公司分析师关注人数的增多有着显著限制管理层违规发布预告现象的功能。当对公司追踪的证券分析师中大部分为明星分析师数量时，分析师的限制作用更加明显，且其预测准确性越好。但是证券分析师的约束作用并不能对受监管较强的公司造成影响，仅对那些受监管力度较弱的公司造成影响，因此分析师的监管作用有限，只能在监管力度较弱时为监管制度做替代[42]。冯旭南（2014）以网络搜索指标作为投资者信息获取的衡量指标，在业绩预告发布前4个工作日，信息获取程度明显增强，并在发布当天达到顶峰，并且股票市场交易量也会增强。进一步发现，随着投资者信息获取程度的增强，股票市场对业绩预告的敏感程度却在下降，可以认为投资者的信息获取有着一定程度的价格发现作用[43]。资本市场中的中小型个人投资者更倾向于相信公司在会计年度之后公布的业绩预告，而以往有过发布预告更正公告历史的公司将会使以后发布的预告可信度大打折扣。如果该公司在过去3年中有过发布预告更正公告的历史并且频率较高，那么该公司预告的可信度将受到严重质疑。王玉涛和王彦超（2012）经研究发现，分析师跟踪及分析师盈余预测的精确度在公司强制性或自愿性进行业绩预告披露时的表现不同，可以认为披露意愿是衡量管理层发布业绩预告可信度的主要指标，并且也能促使分析师及时发布预测更正公告[44]。而高敬忠和王英允（2014）经研究认为，业绩预告和更正公告均含重要内容。虽然公司业绩公告及更正公告中信息已非常充足，但大多数投资者仍更倾向于相信管理层在每个会计年度后公布的预告结果。并且若公司以往有过发布更正公告的历史，则以后所发布预告的质量将在投资者心中大打折扣。股票市场也更倾向于对没有发布过更正公告公司的股价有所反应[45]。

综上所述，管理层发布的业绩预告有着向市场传递信息的作用，最终会反映于股票市场中,并且证券分析师会收集并利用这些数据对公司先前的盈余预测做调整。因此除公司发布的年度财务报表外,业绩预告可能也是公司的一大重要信息传递方式。

9.2.4 文献评述

本章梳理和回顾了国内和国外有关分析师盈余预测和业绩预告等相关领域的文献,可以发现有关管理层业绩预告披露的动机、特征及由此产生的经济后果等一系列问题在国外已有较完善的讨论研究。有关证券分析师在我国资本市场上的作用尚未有着统一的结论,且以往也有许多研究证实我国证券分析师的独立性不足。但是随着近些年我国证券市场的蓬勃发展,证券分析师这一职业必然也会随之越来越趋于成熟完善,我们必须理性并乐观地看待证券分析师这一职业。分析师预测的主要信息来源是公司的各种公共或内部信息,因此业绩预告中信息质量将成为影响分析师准确性的关键因素之一。因此,如果上市公司管理层披露的业绩预告在披露策略不同时,可能影响分析师的预测偏差和分析师跟踪。在我国,学者在这一领域的研究也是循着国外学者的脚步,由最初讨论业绩预告的发布所导致的经济后果,再到现在越来越多的学者将这一领域细分化。随着研究的加深,学者们讨论问题的视角也越来越多样化、完整化。但由于我国业绩预告这一制度的发展与国外的业绩预告制度有所区别,且我国在宏观经济、制度背景等各个方面与其他国家也不尽相同,因此在诸多方面因素的影响下导致我国形成了有别于国外、自成一体的业绩预告发展背景。我国学者在承销关系、分析师能力、宏观经济、投资者情绪等细分领域对证券分析师盈余预测影响的研究已趋于完善,也有学者对证券分析师盈余预测修正行为与业绩预告间的联系做过研究。然而,关于业绩预告对证券分析师盈余预测准确性产生影响的研究较为缺乏。本章将从业绩预告信息披露策略这一角度探讨是否会影响分析师盈利预测行为。

9.3 实证研究

本章基于前文提到的信息不对称理论、信号传递理论及有效市场理论并结合以往研究提出相应假设,在以往研究的基础上构建相关理论模型。最后对研究假设展开实证检验。主要内容包括样本选取与数据来源、相关变量的筛选及定义、模型的构建、实证分析、稳健性检验等内容。

9.3.1 研究假设

在半强效市场中，证券分析师和企业管理层可以有效减少信息不对称。当管理层尚未披露业绩预告之前，证券分析师的预测可以将市场中投资者的整体预期方向传达给公司；管理层随后的业绩预测信息将响应整体市场预期，以调整整体市场预期。高敬忠（2013）等发现在公司管理层和证券分析师的共同影响下，整体市场预期更接近公司的实际盈余，因此公司的股价很快就会靠拢真实价值[46]。并且当上市公司管理层发布了业绩预告之后，证券分析师将依据业绩预告中所提供的信息对之前的盈利预测进行修正调整，以期望其预测能更接近公司的真实盈利（白晓玉，2009）。因此业绩预告与证券分析师均是影响市场预期的两大主体。下面将从业绩预告信息特征这一角度研究其对证券分析师盈余预测准确性的影响。

在公司未发布年度财务报告之前，证券分析师主要依靠经济形势、行业趋势等宏观信息做出预测，而这些信息中有关公司层面的微观信息较少，只能依据前一年度的财务数据作为支撑（石桂峰、苏力勇，2007）。业绩预告作为上市公司管理层在未发布年报前向市场传递信息的载体，一定程度上可以认为是年度财务报告的预告，而上市公司管理层发布的业绩预告中重要的一项内容便是管理层对公司的盈利预测（如对公司的净利润、每股收益等财务指标做预测），是管理层对公司经营业绩最为直接的预测指标。Zhang（2006）研究了信息不确定程度对分析师预测行为的影响，结果表明，当信息不确定程度较高时，证券分析师在修正盈余预测时对新信息的重视程度降低，从而出现对新信息反应不足[47]。所以，能够准确预测年度业绩的管理者为了向投资者展示其高超的预测能力及企业控制能力这一好印象，就会以通俗明了的高精确性预告业绩披露盈利信息，而难以准确预测年度业绩的管理者则希望通过降低预告业绩的精确性来对其难以准确预测业绩的不好印象进行模糊化。由此可见，业绩预告中盈利预测的高精确性往往表明管理层卓越的预测能力，所以精确度高的业绩预告更能对证券分析师的盈余预测产生正向的影响。

根据上述分析，提出本章第三个研究假设：

假设1：业绩预告中盈利预测的精确度越高，证券分析师进行盈余预测时偏差越低。

Hodder 等（2008）发现公司所披露信息的复杂度会影响证券分析师对公司的现金流预测，信息复杂度越高，证券分析师的预测误差及预测分歧度就会越高[48]。相对于定性预告，定量预告中所披露的信息较为简洁明了且复杂度较低，更有助于证券分析师做出精确的盈余预测，这些内容反映了业绩预告中信息的具体度，是证券分析师对公司业绩预告进行分析整理时的主要研究对象。相比定性形式的业绩预告，证券分析师更倾向于在公司发布定量形式的业绩预告后发布盈余预测修正公告（巴松署、王超，2018）。有关业绩预告的披露形式，本章参考袁振超等（2014）的研究理论，定性形式的业绩预告只是表达了一种对公司业绩未来趋势的预测（如净利润将有所下滑、扭亏为盈、预计将亏损等），这类预告的信息含量最低，并没有具体财务数据提供支撑。而定量形式的业绩预告又可以根据信息精确度进一步细分为如下两类：第一种为点值预测，即有着明确具体的财务数值预测；第二种为区间预测，可以细分为闭区间预测和开区间预测（如管理层预测本年度盈余为 A% ~ B% 即为闭区间预测，管理层预测本年度盈余将增长/减少 C%，即为开区间预测）[41]。

从以上分析中可以初步推断定量形式的预测信息质量高于定性形式的预测，并且定量预测中点值形式预测信息最可靠且丰富，开区间形式预测中信息含量最低。尽管业绩预告无法完全披露上市公司业绩变化的原因，但它对公司业绩变化做出了声明，这反过来可以帮助证券分析师做出盈利预测。因此，业绩预告的披露形式越具体，可能越有利于分析师的盈余预测。

根据上述分析，提出本文第二个研究假设：

假设 2：定量形式的业绩预告披露相对于定性形式的业绩预告披露，其信息质量越高，证券分析师进行盈余预测时偏差越低。

有西方学者指出，管理层盈利预测披露的时间越晚，盈利预测越可靠（Hassell, Jenning, 1990）[49]。但是在我国，业绩预告的及时性普遍较差，因此该结论可能并不适用。本章参考李珊珊（2015）对我国业绩预告披露制度的研究统计，发现我国业绩预告的发布及时性较差，大部分公司并未在指定披露截止日期前按规定披露业绩预告相关信息[50]。业绩预告的截止日期早于年度报告发布日期（两者间相隔 3 个月）。部分公司的业绩预告发布较晚，乃至选择在临近会计年度结束前后才发布相应预告信息。较早发布业绩预告可以认为是管理层对公司未来业绩自信的表现。且随着会计年度结束日的临近，公司的盈利信息就越趋于稳定。因此业绩预告中信息的价值将会降低，对证券分析师的参考价值也可能不足（黄晓蓓，2016）[54]。因此若上市公司业绩预告发布日期与公司年报发布日期之间间隔越长（或越早于业绩预告披露截止日期），业绩预告中信息的可信度将越高，证券分析师将越有充裕的时间对业绩预告信息进行分析和解读，并最终做出准确的盈余预测。

根据上述分析，提出本章第三个研究假设：

假设3：业绩预告发布时间与公司年度财务报告发布日之间间隔越久，证券分析师进行盈余预测时偏差越低。

9.3.2 变量定义及选取

本节将根据所提假设对主要解释变量、被解释变量及控制变量的选取依据和计算过程做陈述。

9.3.2.1 被解释变量：证券分析师预测相对偏差（$Ferror$）

本部分参考谭松涛等（2015）的研究以证券分析师预测相对偏差代表分析师预测准确性。选取上市公司业绩预告披露后至当年年度财务报表披露日前最新1期的证券分析师对上市公司当年度每股收益预测数据[23]。具体计算公式为：

$$Ferror_{i,t} = \frac{|Mean(Feps_{i,t}) - Eps_{i,t}|}{Eps_{i,t}}$$

其中：$Eps_{i,t}$是i公司在第t年度的实际每股收益水平；$Mean(Eps_{i,t}, t)$指跟踪该公司的所有证券分析师在样本期间对i公司在t年度每股收益预测的平均值（若某分析师对企业当年盈余做过多次预测，则取年报披露日前发布时间最近一次的每股收益作为该分析师对企业每股收益的预测）；$Ferror_{i,t}$代表t年度分析师对i公司盈利预测的相对偏差值，该值越小，表示证券分析师盈余预测准确度越好。

9.3.2.2 解释变量

（1）业绩预告中盈利预测精确度（$Width$）

目前关于业绩预告中盈利预测精确度有以下两种计算方法：第一种为计算业绩预告盈利预测与公司实际盈利的相对偏差（陈翔宇等，2015）[53]。第二种为计算业绩预告中盈利预测的精确程度（王玉涛，2012）。第一种计算方法主要考量的是业绩预告与公司实际盈利的相对相差程度。而本章研究的问题是预测性数据（即业绩预告）对证券分析师盈余预测的影响，并且第一种计算方法的相关数据充足性相对不足。因此参考第二种方法，将盈利预测精确度以 $Width$ 表示，该值越小，表明业绩预告中信息含量越多，预测上下限长度将越小；相反，该值越大，则表明业绩预告中信息含量越不充足，长度将越大[44]。具体计算公式如下：

$$Width = \frac{|Upper - Low|}{|(Upper + Low)/2|}$$

因样本公司中绝大多数公司选择发布净利润预测，而每股收益预测数据缺失较严重，故上述公式中的预测值均选取净利润预测。其中：$Upper$ 表示预测净利润上限；Low 表示预测净利润下限。

（2）业绩预告披露形式（$Form$）

在业绩预测信息方面，业绩预测的定量形式比业绩预测的定性形式更准确，投资者可以获得更多与公司相关的信息。此外，定量形式的预告中点值形式预告，闭区间形式预告和开区间形式预告中信息的不确定性依次增大。因此，本章借鉴袁振超等（2014）的研究，根据预告中预测形式定义分配取值：业绩预测形式为点值预测时取 3；业绩预告形式为闭区间预测时取 2；业绩预测形式为开区间预测时取 1；业绩预告形式是定量预测时取 0[41]。

（3）业绩预告及时性（$Timely$）

管理层业绩预告越早于截止日，证券分析师将有充足时间分析并更正对公司的盈利预测。本章选取公司每年度年报公布日期与预告发布日期间相隔天数之差，并采用自然对数来表示业绩预告及时性。

9.3.2.3　控制变量

本部分参考龚光明和余海波（2017）的研究并做补充，选取了如下控制变量[51]（见表 9 - 1）。

（1）公司规模（$Logassest$）

基于规模效应理论，规模较大的公司与规模较小公司相比，有着更多的股东，在市场中也更受投资者的关注。规模较大的公司经营较平稳，未来发展明确，因此大规模公司管理层对公司的发展有着充足的自信。规模较大公司管理层更倾向于与投资者沟通信心，以此向市场传递信息，起到调整市场预期的作用。公司规模取 i 公司 $t-1$ 年末总资产并取自然对数表示。

（2）公司盈余波动性（Ev）

盈余波动可被视为公司运营的指南针。盈余波动越剧烈，表示公司近几年营运越充满不稳定性跟风险。此时，该公司倾向于减少向市场发布的信息。而当盈余波动性越低时，表示公司近几年经营稳定，财务状况平稳，公司越有信息向市场发布相关信息，因此分析师预测准确性将越高。选择 i 公司 t 年至 $t-3$ 年度净利润标准差并除以这 3 年的净利润平均值，最后取绝对值来代表盈余波动。

（3）机构投资者持股比例（$Hold$）

代表了较专业及较大型投资者对公司的关注度。该比例值越高，表示公司受关注程度较高。因此管理层在发布业绩预告时将更谨慎，分析师预测准确性也将越好（预测偏差越小）。取 i 公司 $t-1$ 年末机构投资者持有的股份数量与公司股份总数的比例代表该变量。

（4）加权权益报酬率（Roe）

反映公司的盈利能力。盈利能力越强，分析师跟踪这些公司时面临的风险越低，从而导致更多的分析师跟踪，也会对预测质量产生影响。选择 i 公司 $t-1$ 年度披露的财务报表中加权权益报酬率。

（5）审计机构（Cpa）

若公司 $t-1$ 年度所选审计机构为 $t-1$ 年度排名前 10（大致为普华永道、德勤、安永华明、毕马威、大华、大信、立信、瑞华、天健、信永中和、天职国际、致同等会计师事务所）会计师事务所时，可以认为审计质量相对较高。该公司财务信息、业绩预告信息等也会更加可靠。

表 9-1　变量定义表

变量类型	变量名称	变量符号	变量定义
被解释变量	分析师预测相对偏差	$Ferror$	所有分析师对 i 公司 t 年度预测平均值减去 t 年度年报中实际每股收益，并除以 i 公司 t 年度实际每股收益，最后取绝对值

续表

变量类型	变量名称	变量符号	变量定义
解释变量	盈利预测精确度	Width	业绩预告中净利润预测上限相对长度
	业绩预告及时性	Timely	年报发布日与业绩预告发布日之间差值
	业绩预告披露形式	Form	披露形式为点值预测时取3；当为闭区间预测时取2；当为开区间预测时取1；当为定性预测时取0
控制变量	机构投资者持股比例	Hold	i 公司 $t-1$ 年度机构投资者持股数除以公司已发行总股数
	加权权益报酬率	Roe	i 公司 $t-1$ 年度权益回报率
	公司规模	Logassest	i 公司 $t-1$ 年度总资产自然对数
	盈利波动性	Ev	取企业以 t 年为基准前3年度净利润的波动性
	审计机构	Cpa	若 i 公司 $t-1$ 年度审计机构为排名前10审计机构，取1；其他取0

9.3.3 实证模型的建立

本节是对研究中所使用模型的建立过程进行的阐述。研究主旨是业绩预告披露中的信息含量对分析师盈利预测的影响问题，在此分别研究每一个解释变量对每一个被解释变量的相关性，且考虑控制变量的加入对模型整体的影响。因业绩预告盈利预测精确度（$Width$）这一解释变量的样本统计量与其他变量有差异，故设置两个模型以便于分析。

针对本研究提出的三个假设，采用如下两个模型进行检验：

$$Ferror_{i,t} = \partial_0 + \partial_1 Width_{i,t} + \partial_2 Ev_{i,t-1} + \partial_3 Roe_{i,t-1} + \partial_4 Hold_{i,t-1} +$$
$$\partial_5 Logassest_{i,t-1} + \partial_6 Cpa_{i,t-1} + \varepsilon \quad (9-1)$$

$$Ferror_{i,t} = \partial_0 + \partial_1 Form_{i,t} + \partial_2 Timely_{i,t} + \partial_3 Ev_{i,t-1} + \partial_4 Roe_{i,t-1} +$$
$$\partial_5 Hold_{i,t-1} + \partial_6 Logassest_{i,t-1} + \partial_7 Cpa_{i,t-1} + \varepsilon \quad (9-2)$$

其中，$Ferror_{i,t}$ 表示分析师预测相对偏差值，为被解释变量；$Width_{i,t}$，$Form_{i,t}$，$Timely_{i,t}$ 分别表示盈利预测精确度、披露形式和及时性，为主要解释变量；控制变量如下：盈余波动性（Ev）、加权权益报酬率（Roe）、机构投资者（$Hold$）、公司规模（$Logassest$）以及审计机构（Cpa）。∂_0 为常数项，∂_i 是各个解释变量的系数，ε 为模型的随机误差。根据分析及为控制内生性问题，所选取控制变量数据均为滞后1期。

9.3.4 样本选择与数据来源

本节是对数据来源和数据整理过程的描述。研究样本及相关数据（分析师预测数据、业绩预告相关数据、公司相关财务指标等数据）选自 Resset 锐思数据库（http：//www.resset.cn），部分公司治理指标数据选自 CCER 色诺芬数据库（http：//www.ccerdata.cn）。

李洪（2011）的研究认为，创业板、中小板上市公司存在业务形式单一、股本发行不足而导致的股价人为操纵等缺点，相关信息不能充分保证真实有效[52]。因此为保证样本数据的可得性、真实性以及完整性，本研究以我国2014—2017年A股主板上市公司为样本，并按如下条件筛选样本。

金融行业上市公司在财务报表方面与其他行业上市公司有所差别，因此为保证样本数据的均衡性，筛选所有金融行业上市公司；筛除样本期间退市和暂定上市的企业样本数据；最后筛除被ST（特别处理）的企业样本数据。

对业绩预告相关数据进行筛选。首先筛除中期报告（我国分析师进行预测时均以年度为单位进行预测，故筛除中期报告）及在年报发布日期之后披露预告的样本数据，并筛除公司业绩预告结果描述为"其他"或"不确定"等部分结果不明晰样本数据；筛除内容与业绩预告不相关的样本数据。其次将上一步筛选完毕的最终公司业绩预告数据与对应的证券分析师盈余预测数据进行比对筛选。筛除证券分析师预测发布日期晚于对应公司当年年报披露日期的预测样本数据；筛除证券分析师对公司预测发布日期早于对应公司当年业绩预告公布日期的样本数据。最后筛除相关数据缺失的样本并整理。在4年样本数据的基础上最终得到了1815组样本数据。

9.3.5 描述性统计

本节将对所收集样本数据作描述性统计。

9.3.5.1 证券分析师态度描述性统计

下面对分析师预测倾向进行描述性统计。将所有分析师对 i 公司 t 年度每股收益预测平均值减去 i 公司 t 年度公司年报中所披露每股收益实际值，当所得值大于等于0时将其定义为分析师乐观态度预测；当所得值小于0时定义为分析师悲观态度预测。在所选取4年样本数据中，证券分析师在进行每股收益预测时对每股收益持乐观态度预测的公司样本有1123个，持悲观态度预测的公司样本有692个,可以说明在样本期间内,我国绝大多数分析师对公司进行预测时均选择持乐观态度。图9-1为样本期间分析师预测态度对比图,可以看出自2014—2017年分析师持乐观态度的预测普遍存在且保持平缓,因此可以认为我国证券分析师盈余预测的理性程度有待加强。证券分析师所掌握的信息质量将是影响其预测准确性的主要因素。

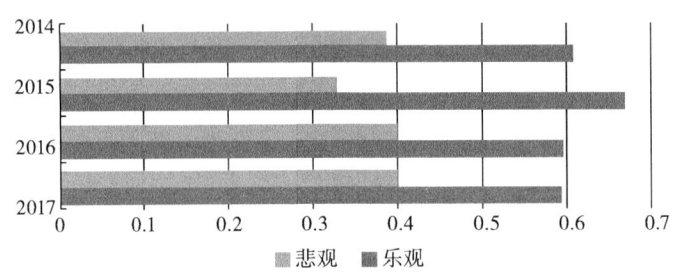

图9-1 分析师预测态度对比

9.3.5.2 各主要变量描述性统计

为了获得所建立模型中各个变量的特征,表9-2列出了主要变量的有关统计特征。由表9-2中可知,分析师每股收益预测的相对偏差的平均值是0.576,中位数是0.137,中位数与平均值间差距较明显,表明大部分公司的预测偏差较大;最小值为0.000,最大值为18.500,标准差为1.570,说明预测偏差的数据波动较大。可以看出在我国证券市场上分析师在对不同公司进行盈余预测时准确度具有较大差异,我国分析师预测能力差异较明显。

盈利预测精确度的平均值是0.179,中位数是0.095;最小值为0.000,最大值为2.000,标准差为0.299,最大值与最小值之间具有一定的差异,表明不同公司的业绩预告的精确度差异较大,因此披露的业绩预告中的信息含量有着较大差异。业绩预告及时性的平均值是4.561,中位数是4.440,中位数和平均值较接近(可能是因为对日期间隔取了自然对数),大致为80天。说明大部分公司在业绩预告披露截止日期(1月31日)前发布了预告。及时性的最大值为6.310,对应544天,即在年表披露前的544天发布了预告;及时性的最小值为1.060,对应1天,即在年报公布日前1天发布了业绩预告。可以看出我国各公司选择发布预告的时间不一,预告及时性水平的波动性较大。

表9-2 主要变量描述性统计

	预测偏差 (Ferror)	盈利预测精确度 (Width)	披露形式 (Form)	及时性 (Timely)
样本量	1815	1051	1815	1815
平均值	0.576	0.179	2.201	4.561
中位数	0.137	0.095	2.000	4.440
最大值	18.500	2.000	3.000	6.310
最小值	0.000	0.000	0.000	1.060
标准差	1.570	0.299	0.769	0.740

注：第二列中盈利预测精确度样本减少，是因为部分公司未公布净利润预测上下限数据。

表9-3为业绩预告披露形式统计表。披露形式的均值为2.201，标准差为0.751。在所有1815个观测样本中，选择定性形式业绩预告的公司有117家，选择定量预告的公司有1698家，选择定性形式业绩预告披露形式的公司占总样本量的6.45%，而选择定量形式业绩预告披露形式的公司占总样本量的93.55%，表明样本数据内大部分公司的业绩披露形式选择了定量预测。定量预测中，选择点值预测的公司有510家，选择闭区间预测的公司有832家，选择开区间预测的公司有356家。可以看出样本数据内大部分公司选择区间预测形式的披露。

表9-3 业绩预告披露形式统计

披露形式	点值形式预测	闭区间形式预测	开区间形式预测	定性形式预测
数量	510	832	356	117
占比	28.10%	45.84%	19.61%	6.45%

9.3.5.3 控制变量描述性统计

由表9-4可知，机构投资者持股比例的平均值是0.279，最大值是1.246，最小值是0.000；公司规模平均值是22.647，最小值是15.979，最大值是27.146，标准差是1.374；盈余波动性最大值是57.531，最小值是0.010，标准差是4.553；权益报酬率最大值是47.9%，最小值是-47.96%，标准差是11.956。以上三项控制变量波动较大，权益报酬率和盈余波动性分布在所选样本中不均匀，表明所选样本公司在经营业绩表现方面参差不一。

表9-4　控制变量描述性统计

	盈余波动性 (Ev)	加权权益报酬率 (Roe)	机构投资者持股比例 ($Hold$)	公司规模 ($Logassest$)	审计机构 (Cpa)
样本量	1815	1815	1815	1815	1815
中位数	0.847	0.053	0.192	22.558	1.000
平均值	2.132	0.058	0.279	22.647	0.583
最大值	57.531	0.480	1.246	27.146	1.000
最小值	0.010	-0.477	0.000	15.979	0.000
标准差	4.553	11.956	0.249	1.374	0.493

9.3.6　各变量间相关性分析

相关性分析不仅可以研究变量之间是否存在相关性，而且可以初步判断变量间相关符号方向，还可以检查是否由于变量间存在高相关性而引起的模型存在多重共线性问题。如果存在多重共线性问题将可能会导致回归估计结果出现偏差，回归结果可靠性不足。本节将使用Pearson相关系数检验法对变量间进行检验。

由表9-5中各变量的相关系数可以发现被解释变量（预测偏差）与解释变量（盈利预测精确度）的相关系数是0.209，两者之间呈正相关性；被解释变量（预测偏差）与解释变量（及时性）的相关系数是-0.072，两者之间呈负相关性。初步验证了假设1、假设2中所陈述。被解释变量（预测偏差）与解释变量（披露形式）的相关系数是-0.257，二者之间呈负相关性，初步验证了假设3中所陈述。

另外，在解释变量、被解释变量及控制变量间的相关关系中，相关系数均较小，其相关系数的绝对值均不大于0.4。可以推断本节所建立模型的变量间没有多重共线性问题，可以进行下一步分析。

表9-5　相关系数

	$Ferror$	$Width$	$Form$	$Timely$	Ev	Roe	$Hold$	$Logassest$	Cpa
$Ferror$	1.000	0.209	-0.257	-0.134	0.137	-0.144	-0.081	-0.074	-0.073
$Width$	0.209	1.000	0.055	-0.111	0.069	-0.201	-0.038	0.002	-0.011
$Form$	-0.257	0.055	1.000	0.103	0.017	-0.215	-0.130	0.046	0.056

续表

	Ferror	Width	Form	Timely	Ev	Roe	Hold	Logassest	Cpa
Timely	-0.134	-0.111	0.103	1.000	-0.167	0.209	0.042	-0.046	0.046
Ev	0.137	0.069	0.017	-0.167	1.000	-0.221	-0.015	-0.002	-0.001
Roe	-0.144	-0.201	-0.215	0.209	-0.221	1.000	0.083	-0.078	-0.001
Hold	-0.081	-0.038	-0.130	0.042	-0.015	0.083	1.000	0.142	0.016
Logassest	-0.074	0.002	0.046	-0.046	-0.002	-0.078	0.142	1.000	0.160
Cpa	-0.073	-0.011	0.056	0.046	-0.001	-0.001	0.016	0.160	1.000

9.3.7 业绩预告对证券分析师预测行为影响的实证检验

本节将对上述假设做实证检验并将样本分组以完善结论。

9.3.7.1 证券分析师预测偏差与业绩预告间联系实证检验

下面将进行实证检验以检验假设。因样本数据为非平衡面板数据，故采用混合面板数据进行回归分析。表9-6为多元回归估计结果。根据回归结果表可以得到，预测偏差与盈利预测精确度在1%的显著性水平下呈显著的正相关性，回归系数0.994594。说明盈利预测精确度越高（预测上下限区间长度越窄），分析师预测准确性越好（预测偏差越小），这与假设1相符；预测偏差与业绩预告披露形式在1%的水平下显著负相关，回归系数为-0.346020，说明披露形式与预测偏差之间存在明显的负相关关系，披露形式赋予值越高（披露越具体），代表业绩预告披露的信息含量越高，分析师预测准确性越好（预测偏差越小），这与假设2相符；业绩预告及时性在5%的显著性水平下显著为负，回归系数为-0.157397，说明及时性与分析师预测偏差之间存在明显的负相关关系，及时性越好，分析师预测准确性越好（预测偏差越小），这与假设3相符。

控制变量方面，在模型（9-2）中机构投资者持股比例与预测偏差在1%的显著性水平下呈显著的负相关性，而在模型（9-1）中与预测偏差不存在相关性。可以认为整体而言该比例越高，分析师预测准确性越好（预测偏差越小）；权益报酬率与预测偏差的相关系数在模型（9-2）中在1%的显著性水平下显著为负，而在模型（9-1）中不存在相关性，说明整体而言加权权益报酬率与预测偏差之间存在反向变动关系，加权权益报酬率越高，分析师预测准确性越好（预测偏差越小）；公司规模与预测偏差在模型（9-1）中呈明显的负相关性，并且通过了5%的显著性水平检验，而在模型（9-2）中不存在相关性。整体而言，公司规模越大，分析师预测准确性越好（预测偏差越小），两者呈反方向变动，但并不是主要影响因素；盈余波动性与预测偏差之间存在1%显著性下显著呈正的相关性，随表明营运状况越为平稳的公司，分析师预测准确性越好（预测偏差越小）；审计机构与预测偏差之间在模型（9-1）与模型（9-2）中分别在5%和10%显著性下呈正相关关系。表明当公司所选择的审计机构为当年度营业收入排名前10会计师事务所时，分析师预测准确性更好（预测偏差更小）。

表9-6 回归结果表

变量	模型（9-1）		模型（9-2）	
	回归系数	t值	回归系数	t值
C	2.228811	2.816690	3.045457	4.994777
Width	0.994594 ***	6.164973		
Form			-0.346020 ***	-8.635555
Timely			-0.157397 **	-3.398526
Ev	0.025660 ***	2.803913	0.040653 ***	5.084101
Roe	-0.004315	-1.095521	-0.012591 ***	-4.051951
Hold	-0.090559	-0.477184	-0.365758 ***	-2.836274
Logassest	-0.076190 **	-2.159600	-0.039249	-1.563200
Cpa	-0.198090 **	-2.047749	-0.116991 *	-1.705430
样本量	1053	1815		
R-squared	0.059546	0.078211		
Prob (F-statistic)	0		0	

注：*，**，***分别表示通过1%，5%和10%显著性水平。

9.3.7.2 不同交易所上市公司分组检验

为了考虑不同的在交易所上市的公司在各项特质上的差异而导致所得结论的完整性不足，在本节中将所有样本数据按照上市交易所的不同分为深交所及上交所两组样本进行分组分析以察看结果是否会有差异。

根据表9-7和表9-8可以看出，在两组数据中预测偏差与盈利预测精确度间均在1%的水平下呈显著的正相关性,说明盈利预测精确度越高(预测上下限长度越短),分析师预测准确性越好(偏差越小);预测偏差与业绩预告披露形式间在两组数据中均在1%下显著为负相关,说明披露形式与预测偏差之间存在明显的负相关关系;预测偏差与及时性在两组数据中均在5%水平下显著为负相关,说明及时性与分析师预测偏差之间存在明显的负相关关系。除控制变量显著性有所区别外,分组回归结果中主要变量回归结果与前述回归无显著差异,说明管理层发布业绩预告对分析师预测所造成的影响在深沪两市无显著差异,而具体回归系数方面上交所略微大于深交所。分析结果与上一节所得结论基本一致,进一步巩固了上一节所得出的结论。

表9-7 上交所分组回归结果表

变量	模型 (9-1)		模型 (9-2)	
	回归系数	t 值	回归系数	t 值
C	2.839969	2.050640	5.672836	3.912162
$Width$	1.515777 ***	4.867294		
$Form$			-0.810972 ***	-6.878061
$Timely$			-0.357287 **	-2.879048
Ev	0.028459 **	2.036493	0.022614 *	1.673897
Roe	0.002860	0.363899	-0.019614 ***	-2.621643
$Hold$	-0.079550	-0.243042	-0.278341	-0.895552
$Logassest$	-0.106925 *	-1.721348	-0.064857	-1.092993
Cpa	-0.240575 *	-1.408815	-0.210795	-1.296531
样本量	469		487	
$R-squared$	0.122984		0.076362	
$Prob$ ($F-statistic$)	0		0	

注:*,**,***分别表示通过1%,5%和10%显著性水平。

表9-8 深交所分组回归结果表

变量	模型 (9-1)		模型 (9-2)	
	回归系数	t 值	回归系数	t 值
C	1.925253	2.108533	2.280397	3.555174
$Width$	0.659993 ***	3.786576		

续表

变量	模型 (9-1)		模型 (9-2)	
	回归系数	t 值	回归系数	t 值
Form			-0.263270***	-6.614130
Timely			-0.107462**	-2.248416
Ev	0.021925**	1.823294	0.055503***	5.322959
Roe	-0.007525**	-1.807394	-0.010392***	-3.1664328
Hold	-0.101157	-0.462671	-0.408041***	-3.034896
Logassest	-0.063021	-1.552829	-0.026339	-0.994474
Cpa	-0.126385	-1.151297	-0.076285	-1.061285
样本量	584		1328	
R-squared	0.050516		0.076362	
Prob (F-statistic)	0		0	

注：*，**，***分别表示通过1%，5%和10%显著性水平。

9.3.8 稳健性检验

为考虑所选取主要变量计算方法所导致的回归结果偏差，在本节将换算部分主要变量计算方法以消除变量选取问题所导致可能的结论不严谨。

(1) 盈利预测精确度 (*Width*)

参考龚光明 (2017) 的方法，将在上一节中所使用的盈利预测精确度计算公式做进一步转换[51]。当 i 公司 t 年业绩预告中盈利预测精确度大于所有样本中位数时，取0；小于所有样本中位数时，取1。该指标衡量预测区间宽度，即精确度，因此精确度越好（对应上节预测上下限长度越短），分析师预测准确性越高（对应预测偏差越小）。以此检验假设1是否仍然成立。初步估计与被解释变量间为正相关关系。

(2) 披露形式 (*Form*)

将上一节中依次将点值、开区间、闭区间预测以及定性预测等披露形式赋值3、2、1、0的衡量方法统改为如下：定性预测时取0，定量预测时取1。以检验假设2是否仍然成立。初步估计与被解释变量间为负相关关系。

(3) 披露及时性 (*Timely*)

上一节中选取 i 公司 t 年年报披露日期与业绩预告披露日期之差来衡量业

绩预告及时性。本节以业绩预告披露截止日（每年1月31日）与业绩预告披露日期间取差来衡量及时性。检验假设3是否仍然成立。初步估计与被解释变量间为负相关关系。

上一节样本中存在部分业绩预告披露日晚于截止日（每年1月31日）的样本，在稳健性检验中将删除这部分晚于截止日发布的样本以消除可能存在的影响。表9-9为回归结果表，可从表中看出两个模型中除部分控制变量显著性有所变化外，主要解释变量（盈利预测精确度、披露形式以及及时性）均在5%或1%水平下与被解释变量（预测偏差）显著正相关。在显著性和符号方向上均与上节所得结论无明显差异。回归结果基本一致，可以认为所得结论依然有效。

表9-9 回归结果

变量	模型（9-1）		模型（9-2）	
	回归系数	t值	回归系数	t值
C	3.624971	3.756243	3.376359	4.950935
$Width$	0.270420**	2.417844		
$Form$			-0.934259***	-6.439405
$Timely$			-0.087176***	-3.530262
Ev	0.022950*	1.949672	0.036351***	-3.631107
Roe	-0.013477***	-2.722688	-0.010103***	-2.769836
$Hold$	0.023806	0.104853	-0.181542	-1.217589
$Logassest$	-0.135959***	-3.179745	-0.067899**	-2.328639
Cpa	-0.103416	-0.909995	-0.071529	-0.919824
样本量	746		1331	
$R-squared$	0.044817		0.065056	
$Prob$ ($F-statistic$)	0		0	

注：*，**，***分别表示通过1%，5%和10%显著性水平。

9.4 结论与展望

本节将对实证所得结论做整理，并在此基础上提出相关政策建议及可能的对策，最后指出本研究所在局限性以及对未来研究的展望。

9.4.1 研究结论

管理层发布业绩预告的目的是向市场传递信息，并向投资者提供与公司相关的信息，以达到缓解信息掌握不对称的现象以及使市场整体预期走向他们的期望的目的。已有研究已证实公司相关特征（如公司规模、盈利能力、股权结构等）会对分析师预测准确性以及业绩预告产生影响。本章研究了公司业绩预告对证券分析师预测行为的作用这一问题，尽可能地丰富了证券分析师盈余预测这一领域的研究。

我们选取2014—2017年我国A股上市公司相关数据为样本，从业绩预告信息质量的角度出发，探讨了对分析师预测准确性的影响。将分析师预测偏差（$Ferror$）作为主要被解释变量，将业绩预告中的盈利预测精确度（$Width$）、披露形式（$Form$）以及披露及时性（$Timely$）这三个因素作为主要解释变量，选取了权益报酬率（Roe）、机构投资者持股比例（$Hold$）、公司规模（$Logassest$）、盈余波动性（Ev）及审计机构（Cpa）作为控制变量，并运用实证检验的方法进行了研究。具体得出了以下结论。

（1）盈利预测精确度越高的公司（预测上下限区间长度越短），表明其对公司当年度营运越有信心，业绩预告所蕴含的信息质量也会更高，因此分析师预测准确性越好（预测偏差更小）。

（2）公司业绩预告形式中，与定性形式预告相比，定量形式预告中所含的信息质量更高，分析师预测也将会更准确；而定量形式预告中，开区间、闭区间及点值形式的预测中信息含量依次升高，分析师进行预测时所能获取的信息也依次增多，预测准确性也越好（预测偏差依次减少）。

（3）公司业绩预告披露越及时，分析师越有充沛的时间对公司所发布的业绩预告进行处理，相应的，后期预测偏差将会越低。与此相反，若分析师越晚发布（越临近年报披露日）业绩预告，分析师将越缺乏充足的时间进行信息处理，相应的，分析师预测偏差将会增大。并且以上所得结论在深沪两所上市公司均成立。

业绩预告整体而言对分析师预测准确性产生了积极作用，较好地起到了向市场传递信息的作用。但是由于我国现阶段证券分析师能力以及理性程度仍需提升，并且业绩预告制度仍存在不完善的地方，使得我国市场中的机会主义现象仍会给分析师的预测带来许多障碍。

9.4.2 政策建议

本节结合第二节实证分析成果与理论研究,提出相关建议与相应对策。

9.4.2.1 业绩预告披露制度

下面根据实证结果及理论研究从以下几个方面提出建议:

(1)分析师的预测在一定程度上代表了市场整体的预期,因此本研究认为,管理层在编制业绩预告时,应先考虑发布预告对分析师的预测可能造成的以及对投资者预期的影响。我国业绩预告披露制度的后续完善可以在盈利预测精确度等方面做进一步的明确规定;为了使投资者更能够直观地了解企业的经营情况以及相关讯息,可以对预告形式做更进一步的规定,如减少定性形式预告的发布转而要求更多的定量形式的预告;应对披露时间做更进一步的严格规定,如超过截止日发布预告的相应惩戒措施等,以弥补以往的政策空白,提高业绩预告信息质量。

(2)就监管单位而言,应对违规发布的公司加强惩戒措施并及时进行惩戒,以起到警示市场、净化市场的作用。具体来说,应指定具体所违规的等级设立应受的处罚,以及清楚分辨相关责任方等,以使管理层在编写业绩预告时能有效减少发布违规内容动机,维护市场公平公正,保护投资者的合法权益。

(3)公司在编制业绩预告时可能会考虑因对公司未来经营状况的不确定性,顾虑过于乐观盲目的业绩预告信息可能导致与实际情况出现较大差异使得承担相应的法律责任的情况,因此相关监管机构在对预告内容做强制性规定的同时,也应考虑到不确定风险的存在,在合理范围内颁布相应免责条款制度,以达到提高管理层发布业绩预告积极性的目的。

上述建议虽然能在一定程度上提高业绩预告的质量,但是仍不排除部分公司在利益驱使下选择违规发布预告。因此可以建立相应的评级机制,对公司以往所发布过的业绩预告作评级,并在指定媒体或网站进行公示,对评级较差公司建立黑名单制度,以达到警示作用。

9.4.2.2 证券分析师盈余预测表现

在我国证券市场,除承销商分析师与公司管理层间的利益勾结外,证券分析师作为信息传递者，其利润来源主要为发布有利于交易量提升的信息，这就导致了证券分析师更青睐对公司乐观性的预测。在市场中，作为信息中介的分析师承担着获取、分析并解读管理层发布业绩预告中的信息，并将其以研究报告的形式传递给市场中广大投资者的重要作用。因此上市公司管理层发布的业绩预告中的信息质量对于引导证券市场中证券价格回归的真实价值起到了很重要的作用。

就具体建议而言，分析师应对管理层所发布的业绩预告加强重视程度，特别是提高盈利预测精确度、披露日期以及披露形式这三大业绩预告中的主要内容。并且分析师应在管理层发布预告后及时更正之前的盈余预测并作公告，以提高预测准确度。分析师自身也应保持中立、客观，不得与相关公司存在任何利益勾结，以免分析师出现不理性预测。同时增加第三方监督者及加强相关制度措施的完善。我国分析师在市场中的信息中介作用日益凸显，对维护市场效率和稳定性做出了不可磨灭的贡献。分析师的专业素养和技术水平是制约市场效率最大化的重要因素，因此在将来应提高分析师的职业能力要求，并形成相应的淘汰机制及有效的良性循环。

9.4.3 展望

因我国包含证券分析师个人特征（如性别、学历、经验等）及隶属机构详细特征（如规模、营收能力、治理结构等）以及管理层个人特征（如经验、性别、学历等）等方面的数据较为不足，所以仅从公司层面研究了业绩预告信息质量与分析师预测准确性之间存在的联系。另外，目前我国证券分析师只对公司做年度预测，因而业绩预告样本中剔除了中期报告，只选取了年度预告，在预告数据完整性方面可能有所欠缺。往后研究可在以上角度做补充，以使该领域研究得到进一步完善。

本章小结

在证券市场中，上市公司管理层和证券分析师作为重要的市场参与者，共同起着传递、解读和处理信息的作用。非专业的个人投资者在市场中占大多数，他们会根据公开可得信息及证券分析师发布的研究公告对自身的投资决策做出改变，因此证券分析师在市场中承担着"信息中介"的责任。通常证券分析师以公司发布的年度财务报告及其他可获取信息为依据对公司下一年度的盈利进行预测。而业绩预告则是公司发布年度财务报告前管理层对公司一定会计期间盈利能力的预测性报告，是公司除年度财务报告以外的重要信息披露渠道，也是管理层向市场传递信息的重要方式，因此管理层发布的业绩预告可能会对证券分析师预测行为产生影响。两者均有助于改善市场中信息不对称现象，使资本市场的资源配置效率得到保障。探讨业绩预告会对证券分析师盈余预测产生的影响是本章的研究重点。本章从管理层发布的业绩预告中信息特征的角度探讨了对证券分析师预测准确性的影响。首先在理论上研究了两者间的关系。其次选用2014—2017年A股主板上市公司业绩预告与证券分析师预测数据作为研究样本，使用混合面板回归进行分析，并得出如下结论：①管理层所发布的业绩预告中盈利预测的精确度会影响证券分析师盈余预测的准确性，两者之间为正相关关系；②业绩预告的披露形式将影响证券分析师盈余预测的准确性，即披露形式越具体，盈余预测准确性越好；③管理层越早于截止日期前披露业绩预告，证券分析师盈余预测的准确性也越好。

参考文献

[1] 巴曙松,王超. 分析师对业绩披露信息含量及其市场定价效率的影响[J]. 金融论坛,2018(10):3-17.

[2] Palu M Healy, Krishna, Gpalepu. Information, Asymmetry, Corporate Disclosure and The Capital Markets: A Review of The Empirical Disclosure Literature[J]. Journal of Accounting and Economics,2001,31(1-3):405-440.

[3] Graham J, C R Harvey, S Rajgopal. The Economic Implications of Corporate Financial Reporting[J]. Journal of Accounting and Economics,2005,40(2):3-73.

[4] Beekes Wendy, Brown Philip, Wen Wen. CorporateGovernance, Companies' Disclousure Practices and Market Transparency: A Cross Country Study [J]. Journal of Business Finance&Accounting,2016,43(3):263-297.

[5] Ettredge M, Huang Y. Restatement. Disclosures and Management Earnings Forecasts [J]. Accounting Horizons,2013,27(2):347-369.

[6] Merkley, Linda S, Christense, TheodoreE. Detailed Management Earnings Forecasts: Do

Analysts Listen? [J]. Review of Accounting Studies,2013,18(2):479-521.

[7] Bertomeu J,Magee R. Mandatory Disclosure and Asymmetry in Financial Reporting[J]. Journal of Accounting and Economics,2014,24(3):4-61.

[8] Karamanou, Nikos. The Association Between Corporate Boards, Audit Committeesand Management Earnings Forecasts:An Empirical Analysis[J]. Journal of Accounting Research,2005,43(4):453-486.

[9] 王雪. 上市公司自愿性披露行为研究[D]. 成都:西南财经大学,2008.

[10] 周开国,应千伟,陈晓娴. 媒体关注度、分析师关注度与盈余预测准确度[J]. 金融研究,2014(2):139-152.

[11] 王俊秋,花贵如,姚美云. 投资者情绪与管理层业绩预告策略[J]. 财经研究,2013,39(10):76-90.

[12] 纪新伟,宋云玲. 管理层业绩预告与分析师盈余预测的相互影响:研究现状与启示[J]. 未来与发展,2011(8):56-61.

[13] 张然,张鹏. 中国上市公司自愿业绩预告动机研究[J]. 中国会计评论,2011,(1):3-20.

[14] 汪炜,蒋高峰. 信息披露、透明度与资本成本[J]. 经济研究,2004(7):107-114.

[15] 罗玫,宋云玲. 中国股市的业绩预告可信吗?[J]. 金融研究,2012(9):168-180.

[16] 周中胜,陈汉文. 大股东资金占用与外部审计监督[J]. 审计研究,2006(3):73-81.

[17] 刘慧芬,王华. 竞争环境、政策不确定性与自愿性信息披露[J]. 经济管理,2015(11):145-155.

[18] 李青原. 会计信息质量、审计监督与公司投资效率——来自我国上市公司的经验证据[J]. 审计研究,2009(4):65-73.

[19] 韩传模,杨世鉴. 自愿披露能提高上市公司披露质量吗?——基于我国上市公司业绩预告的分析[J]. 山西财经大学学报,2017,34(7):67-74.

[20] Fried, Givoly. Financial Analysts' Forecasts of Earnings:A Better Surrogate for Market Expectations[J]. Journal of Accounting and Economics,1982,42(1):53-85.

[21] 刘永泽,高嵩. 信息披露质量,分析师行业专长与预测准确性——来自我国深市A股的经验证据[J]. 会计研究,2014(12):60-65.

[22] 林晚发,李国平,王海妹,等. 分析师预测与企业债券信用利差——基于2008—2012年中国企业债券数据[J]. 会计研究,2013(8):69-75.

[23] 谭松涛,甘顺利,阚铄. 媒体报道能够降低分析师预测偏差吗?[J]. 金融研究,2015(5):192-206.

[24] 游家兴,邱世远,刘淳. 证券分析师预测"变脸"行为研究——基于分析师声誉的博弈模型与实证检验[J]. 管理科学学报,2013,16(6):68-84.

[25] 石桂峰,苏力勇. 财务分析师盈余预测精确度决定因素的实证分析[J]. 财经研究,2007,33(5):62-71.

[26] 李丹蒙. 公司透明度与分析师预测活动[J]. 经济科学,2007(6):107-117.

[27] 韩志霞. 承销关系,信息披露质量与分析师盈余预测乐观倾向[J]财会通讯,2016,36(12):120-123.

[28] Matsumoto D. Management's Incentives to Avoid Negative Earnings Surprises[J]. The Accounting Review,2002,26(2):304-319.

[29] Richardson, Teoh S H, Wysocki. The Walk Down to Beatable Analysts' Forecasts:The Role of Equity Issuance and Insider Trading Incentives[J]. Contemporary Accounting Research, 2004,21(4):885-924.

[30] Libby, R Tan, H T, Hxmton J E. Does the Form of Management's Earnings Guidance Affect Analysts' Earnings Forecasts? [J]The Accounting Review,2006,81(1):207-225.

[31] Frank Yu. Analyst Coverage and Earnings Management[J]. Journal of Financial Economics,2008,88(2):245-271.

[32] Cotter J, Tuna, P Wysocki. Expectations Management and Beatable Targets:How Do Analysts React to Public Earnings Guidance? [J]. Contemporary Accounting Research,2006,23(3):593-624.

[33] Cynthia L Taylor. Voluntary Disclousures and Analysts' Forcast Accuracy[J]. Journal of Business and Accounting,2013,6(1):40.

[34] 薛祖云,王冲. 信息竞争抑或信息补充:证券分析师的角色扮演——基于我国证券市场的实证分析[J]. 金融研究,2011(11):167-182.

[35] 刘春力. 中国证券分析师预测与盈余管理研究——基于盈利及现金流双预测的视角[D]. 成都:西南财经大学,2014.

[36] 张然,王会娟,张路. 本地优势、信息披露质量和分析师预测准确性[J]. 中国会计评论,2012(2):128-138.

[37] 王菊仙,王玉涛,鲁桂华. 地理距离影响证券分析师预测行为吗？[J]. 中央财经大学学报,2016(1):61-72.

[38] 白晓宇. 上市公司信息披露政策对分析师预测的多重影响研究[J]. 金融研究,2009(4):92-112.

[39] 王玉涛,陈运森,白晓宇. 业绩预告、管理层机会主义行为与分析师预测[C]. 中

国会计学会 2011 学术年会论文集. 重庆:2011. 323 - 339.

[40] 李馨子,肖士盛. 管理层业绩预告有助于分析师盈余预测修正吗?[J]. 南开管理评论,2015,18(2):30 - 38.

[41] 袁振超,岳衡,谈文峰. 代理成本、所有权性质与业绩预告精确度[J]. 南开管理评论,2014(3):49 - 61.

[42] 郑建明,黄晓蓓. 管理层业绩预告违规与分析师监管[J]. 会计研究,2015(3):50 - 56.

[43] 冯旭南. 中国投资者具有信息获取能力吗?——来自"业绩预告"效应的证据[J]. 经济学,2014,13(4):1066 - 1090.

[44] 王玉涛,王彦超. 业绩预告信息对分析师预测行为有影响吗?[J]. 金融研究,2012(6):193 - 206.

[45] 高敬忠,王英允. 强制或自愿:哪种披露政策下的业绩预告可靠性更高?——基于中国 A 股上市公司的经验研究[J]. 财贸研究,2014(1):149 - 156.

[46] 高敬忠,王英允. 管理层业绩预告披露策略选择:影响机制与经济后果——基于投资者决策有用观视角的分析框架[J]. 财经论坛,2013(1):61 - 68.

[47] Zhang X F. Information uncertainty and analyst forecast behavior[J]. Contemporary accounting research,2006,23(2):565 - 590.

[48] Hodder L,Hopkins L,Miller J. The Effect of Management's Prior Forecast Accuracy and The Form of Its Financial Forecasts on Investor Judgment[J]. The Accounting review,2008,83(4):915 - 956.

[49] Hassell J R,Jennings,D Lasser. Management Earnings Forecast :Their Usefulness As A Source of Film - specific Information to Security Analysts[J]. Journal of Financial Reaserch,1988,11(4):303 - 319.

[50] 李珊珊,上市公司业绩预告制度合理性研究[J]. 上海金融,2015(9):60 - 63.

[51] 龚光明,余海波. 业绩预告信息对分析师盈余预测修正的影响[J]. 财会月刊,2017,18(5):30 - 35.

[52] 李洪. 浅析创业板企业的财务特征[J]. 中国注册会计师,2011,2:109 - 110.

[53] 陈翔宇,肖虹,万鹏. 会计信息可比性、信息环境与业绩预告准确度[J]. 财经论坛,2015,10:58 - 66.

[54] 黄晓蓓. 业绩预告对分析师预测准确性的影响研究[J]. 国际商务——对外经济贸易大学学报,2016,4:152 - 160.

第 10 章
威廉指标在深圳股票市场的有效性检验

10.1 引言

自从上海证券交易所和深圳证券交易所成立以来,我国证券市场已有20多年的发展历史,与欧美国家的证券市场相比差距还是很大。随着我国股票市场监管体制不断地完善,股市也不断地规范化,积累的风险依次被解决,股市逐渐稳定地发展。与此同时,投资者的投资要求也不断地提高。根据基本面分析相关理论,股票市场交易的本质是对目标公司内在价值进行评估判断,比其他交易者更早地发现企业的潜在价值来赚取收益。以致很多投资者对上市公司的市场结构、商业模式、财务报表的披露程度及国家政策的鼓励程度等方面进行全面的考察,并根据公司经营状况做出合理投资决策。然而,越来越多的投资者在投资时发现,投资者对蓝筹股的长期投资组合并不能根据经验来判断短期股价趋势来买卖的股票挣得收益多。虽然短期股价趋势有一定地波动,但是运作方式的效率很高,操作中获得收益的概率也很大。因此众多投资者开始放弃以前的组合购买并长期持有的策略,投资者们认为在股市获得收益要通过应用一定的技术分析的技术指标来投资。投资者在投资时愿意承担一定风险而获得超额收益。在这种情况下,越来越多的人接受并应用股票的技术指标。因为中国股市中大部分属于个人投资者,这直接导致对技术指标应用情况的重视度的提高。研究股票市场技术指标的指导作用对投资者来说具有重要意义。本章选择的威廉指标是技术分析的较小的分支之一，也是技术指标的一种。研究威廉指标的主要原因在于它是短期指标。一方面对短期投资者参考价值大，另一方面投资者的使用率也高。研究威廉指标的有效性不仅对技术指标有参考价值而且也能为投资者提供建议。

　　国内外学者对技术分析的有效性做了大量研究，得出的结论也各不相同。检验技术分析超额收益显著性的方法也与众不同。

　　一部分学者发现国外研究中技术分析可以获得超额收益的。其中包括 Esfahanipour（2011）在德黑兰证券交易所上市的 10 家公司实证研究，研究中发现，技术分析交易策略下的收益率比无条件收益率要高并且结果显著，在伊朗的股票市场上技术指标是有效[1]。Yufeng，Han 等（2013）将股票市场的波动性和移动均线（MA）结合建立投资组合，研究结果发现投资组合收益率高于无条件收率。将高波动的投资组合用 CAPM 模型调整后，结果显著[2]。Wong，Manzur 和 Chew（2010）对新加坡海峡时报指数的日数据的移动平均线（MA）和相对强弱指标（RSI）进行了检验，检验结果发现移动平均线和相对强弱指标在新加坡海峡时报指数有效并且技术指标在新加坡股票市场获得收益[3]。Vasiliou D. Eriotis N 和 Papathanasiou S（2006）选取移动平均线和 *MACD* 指标对雅典证券交易所进行了检验，选取了雅典股票交易综合指数所对从 1991 年 1 月到 2004 年 12 月的数据进行实证研究，在 t 检验下移动平均线和 MACD 指标获得收益，在用引导程序下，技术指标也都获得收益。移动平均线和 MACD 指标在雅典证券交易所中有效[4]。Ng 和 Wing – Kam（2008）选取指数平滑异同平均线和相对强弱指标对伦敦证券交易所 FT30 指数的 60 年数据进行了研究，研究发现相对强弱指标以及指数平滑异同平均线规则下，大多数获得收益高于买入并持有策略的回报[5]。但是还是有一部分学者认为技术分析不能获得收益。其中包括 Yamamoto R（2012）日经 225 指数上的个股进行日间技术分析，选取的时间是 2006 年 9 月到 2007 年 9 月，在研究技术分析中不仅考虑共同的交易策略，还考虑了订单失衡的影响。通过实证检验得出日经 225 指数的个股的日间在技术分析下收益率比无条件收益率低[6]。Marshall 和 Cahan（2008）利用高频数据作为样本对美国股票市场进行检验，先对市场参与者的调查表明，他们更加重视技术分析（而不是基础分析），检验中使用 7846 种流行的技术交易规则下未获得收益[7]。从以上国外学者们的研究得出，大多数学者认为通过技术分析可以获取超额收益，少数学者认为技术分析无效。

通过对技术分析的实证研究，部分国内学者研究发现技术分析不能获得超额收益。其中包括李莎和李红刚（2009）使用移动平均线技术指标对上证指数、深证成指、恒生指数、台湾加权指数、标准普尔500、纳斯达克指数、美国指数、伦敦指数等指数有效性检验，并且对各国的指数进行互相比较。移动平均线对上证指数和深证成指明显地有预测能力，但是对发达国家的美国指数及纳斯达克指数没有预测能力[8]。梁淇俊、郑贵俊、徐守萍（2015）分析买卖信号的盈利能力的基础上，对技术指标选择时间是否有效进行检验，分别对指数平滑异同平均线、相对强弱指标、能量潮指标进行检验，检验发现前两个指标有效，能量潮指标无效[9]。刘伟、杨廷干（2010）选取了2008年4月9日—2010年6月9日沪深300指数对数收益率数据，使用技术指标的布林线，研究发现布林线预测风险的估计较为准确，可以获得收益[10]。宋巨生、黄逸轩、郑玮（2014）使用布林线（BOLL）对上证指数是否有预测和盈利力进行检验，检验时用SPA模型，研究发现布林线（BOLL）对上证指数有预测能力且可以获得收益[11]。刘叶玲、高玲（2010）用相对强弱指标（RSI）、随机指标（KDJ）和5日移动平均线（MA）建立非线性回归模型，用回归模型对短期股价进行预测，模型对股票的涨跌具有预测能力，技术指标可以预测短期股价[12]。周铭山等（2013）使用指数平均数（EXPMA）和图形结合对A股进行检验，不考虑交易成本对A股有预测能力且获得收益，当考虑交易成本后，对A股还是有预测能力且获得收益[13]，从国内文献研究发现技术指标中大多数在股票市场上可以获得超额收益，不同的技术指标在不同的股票市场获得收益各不相同。

10.2 威廉指标及数据来源

在本节，首先介绍威廉指标，其次是研究样本与数据来源。

10.2.1 威廉指标

威廉指标是1973年由Larry Williams提出的，表示的是市场处于超买还是超卖状态。威廉指标是当天的股票的收盘价在过去一段时间内的全部股票收盘价范围内相对的位置。威廉指标是超买超卖和强弱边界的指标。威廉指标和相对强弱指标、随机指标，事实上是同一种指标，都有着两条中界线和地线，并且一条中界线由 50 分隔，在 0~100 之间波动。

10.2.2 研究样本与数据来源

本章选取深圳股票市场，样本的时间选取为 2014 年 1 月 1 日—2018 年 12 月 30 日，日收盘价作为实证研究的样本。首先，选择的时间跨度较长，受股票价格的上涨和下跌影响较小，统计分析更有意义。其次，为了保证威廉指标的连续性，对威廉指标数据进行前复权的处理，消除股息分配对股票价格的影响。

深圳证券交易所是大陆两大证券交易所之一，与中国证券市场共同成长。在过去的十几年里，深交所借助现代科技的发展，成功成为新兴证券市场，并能辐射全国的股票市场。过去的十几年里，深交所累计为国民经济筹资 5000 多亿元，对建设现代化企业、完善经济结构，对投资者传播关于股票的信息等方面有一定重要作用。深圳证券交易所为组织和监督证券交易，以及股票的集中交易提供场所。深交所要履行国家相关法律法规及规章政策的职责，并要实行自律管理的法人。拥有丰富资源的深圳股票市场，对新兴企业和创业板企业的发展都起着促进作用。所以深圳交易所具有一定的研究价值。

首先，大盘指数方面。威廉指标对指数的有效性检验是的研究内容之一，可以检验威廉指标是否可以指导整个市场进行投资获利。在深圳股票市场中选取了有代表性的指数，该指数为深圳成指（399001）。研究样本时按指数的每日收盘价为数据。

其次，个股方面。因为条件的不同，所以技术指标获得有效检验结果也不同。

威廉指标是否有效，什么时候有效及对哪类股票更有效，这些是研究威廉指标应考虑的问题。所以首先对个股进行分类，将深圳股票市场按市值分为大中小盘股。从每类股票各选 30 只个股作为样本。

10.3 实证研究

大盘股是发行在外的市场总市值在 300 亿元以上的上市公司股票。所选取的大盘股样本如表 10-1 所示。

表 10-1 大盘股样本

序号	公司名称	证券代码	序号	公司名称	证券代码
(1)	美的集团	000333	(16)	云南白药	000538
(2)	万科 A	000002	(17)	立讯精密	002475
(3)	格力电器	000651	(18)	双汇发展	000895
(4)	五粮液	000858	(19)	东方财富	300059
(5)	平安银行	000001	(20)	泸州老窖	000568
(6)	京东方 A	000725	(21)	鞍钢股份	000898
(7)	洋河股份	002304	(22)	长安汽车	000625
(8)	分众传媒	002027	(23)	同花顺	300033
(9)	中兴通讯	000063	(24)	长江证券	000783
(10)	广发证券	000776	(25)	科大讯飞	002230
(11)	海康威视	002415	(26)	潍柴动力	000338
(12)	苏宁易购	002024	(27)	爱尔眼科	300015
(13)	比亚迪	002594	(28)	荣盛石化	002493
(14)	顺丰控股	002532	(29)	恒逸石化	000703
(15)	宁波银行	002142	(30)	长春高新	000661

中盘股是指市场总市值在 100 亿~300 亿元的上市公司发行的股票，按照总市值排序从中选符合要求的 30 只股票，所选取的中盘股样本如表 10-2 所示。

表 10-2 中盘股样本

序号	公司名称	证券代码	序号	公司名称	证券代码
(1)	广宇发展	000537	(16)	水晶光电	002273
(2)	新洋丰	000902	(17)	中顺洁柔	002511
(3)	兆驰股份	002429	(18)	深科技	000021
(4)	光启技术	002625	(19)	东方盛虹	000301
(5)	巨星科技	002444	(20)	领益智造	002600
(6)	诚志股份	000990	(21)	神州高铁	000008
(7)	安科生物	300009	(22)	许继电气	000400
(8)	中粮地产	000031	(23)	华数传媒	000156
(9)	我武生物	300357	(24)	神州信息	000555
(10)	美锦能源	000723	(25)	华润三九	000999

续表

序号	公司名称	证券代码	序号	公司名称	证券代码
(11)	越秀金控	000987	(26)	本钢板材	000761
(12)	龙蟒佰利	002601	(27)	北斗星通	002151
(13)	万润股份	002643	(28)	光迅科技	002281
(14)	掌趣科技	300315	(29)	台海核电	002366
(15)	闰土股份	002440	(30)	长信科技	000555

小盘股的总市值在100亿以下的公司发行的股票。从中选符合要求的30只股票,所选取的小盘股样本如表10-3所示。

表10-3 小盘股样本

序号	公司名称	证券代码	序号	公司名称	证券代码
(1)	安洁科技	002635	(16)	金贵银业	002716
(2)	达华智能	002512	(17)	东方精工	002611
(3)	神雾环保	300156	(18)	江苏国泰	002091
(4)	利源精制	002501	(19)	华东科技	000727
(5)	奥马电器	002668	(20)	众泰汽车	000980
(6)	印纪传媒	002143	(21)	绿景控股	000502
(7)	东土科技	300353	(22)	华天酒店	000428
(8)	川能动力	000155	(23)	中原环保	000544
(9)	长鹰信质	002664	(24)	理邦仪器	300206
(10)	道氏技术	300409	(25)	西部牧业	300106
(11)	珈伟新能	300317	(26)	金亚科技	300028
(12)	金洲慈航	000587	(27)	和顺电气	300141
(13)	天神娱乐	002354	(28)	三毛派神	000779
(14)	通化金马	000766	(29)	宁波东力	002164
(15)	慈文传媒	002343	(30)	永安林业	000663

依据 Brock 的做法,在考虑威廉指标预测时,威廉指标发出交易信号后一个交易日内进行交易。假设检验时,采用统计量检验显著性。原假设 H_0:在威廉指标指导下的买卖区间收益率与买入并持有策略下的无条件收益率无显著差异。检验统计量:

$$T = \frac{Mr_{b-s} - m}{\sqrt{\dfrac{\sigma^2}{N_b} + \dfrac{\sigma^2}{N_s}}}$$

其中，Mr_{b-s} 为在威廉指标指导下的买卖区间收益率，m 为买入并持有策略下的收益率无条件均值，σ^2 为样本的无条件均值的方差，N_b 和 N_s 为分别发出买入和卖出信号的个数。取显著性水平 $\alpha = 0.5\%$，则当 T 值大于 0.05 时，拒绝原假设，说明在指导下的买卖区间收益率显著大于买入并持有策略下的无条件收益率。首先对样本数据进行处理，采用的股票的日收益率 $R_t = \ln P_t - \ln P_{t-1}$，其中 P_t 表示第 t 天的收盘价，对样本的收益率进行描述性统计分析，如表 10-4 到表 10-7 所示。

表 10-4 指数的无条件收益率的描述性统计

指数	N	m	Std	S	K
深圳成指	1220	-0.00942%	0.0174	-0.9362	4.342

表 10-5 大盘股的无条件收益率的描述性统计

股票名称	S/N	N	m	Std	S	K
美的集团	(1)	1169	-0.025%	0.0405	-14.306	34.29
万科 A	(2)	1082	0.102%	0.0268	0.508	2.38
格力电器	(3)	1068	0.009%	0.0365	-11.644	74.64
五粮液	(4)	1161	0.105%	0.0236	-0.083	2.81
平安银行	(5)	1220	-0.018%	0.0225	-1.476	14.85
京东方 A	(6)	1217	0.016%	0.0253	-0.297	3.86
洋河股份	(7)	1221	0.076%	0.0281	-2.811	44.17
公众传媒	(8)	1119	-0.002%	0.0454	-2.203	87.76
中兴通讯	(9)	1140	0.034%	0.0385	-9.748	94.64
广发证券	(10)	1215	0.003%	0.0257	-0.045	4.61
苏宁易购	(11)	1209	0.006%	0.0287	-0.176	2.98
海康威视	(12)	1177	0.013%	0.0311	-4.349	62.88
比亚迪	(13)	1210	0.025%	0.0286	0.095	3.22
顺丰控股	(14)	1171	0.021%	0.0399	-3.044	62.28
宁波银行	(15)	1219	0.047%	0.0248	-1.753	21.27
云南白药	(16)	1066	-0.027%	0.0245	-4.266	75.23

续表

股票名称	S/N	N	m	Std	S	K
立讯精密	(17)	1201	-0.006%	0.0372	-4.662	50.82
双汇发展	(18)	1221	-0.056%	0.0254	-4.884	83.94
东方财富	(19)	1153	-0.021%	0.0484	-1.585	64.89
泸州老窖	(20)	1203	0.06%	0.0258	-0.174	2.5
鞍钢股份	(21)	1160	-0.01%	0.0286	-0.246	4.2
长安汽车	(22)	1164	-0.05%	0.0245	0.628	9.91
同花顺	(23)	1219	0.04%	0.0476	-4.441	63.67
长江证券	(24)	1204	-0.06%	0.0352	-7.787	65.02
科大讯飞	(25)	1157	-0.06%	0.0396	-3.431	41.61
潍柴动力	(26)	1217	-0.07%	0.0376	-11.513	217.18
爱尔眼科	(27)	1208	-0.01%	0.0358	-4.775	54.75
荣盛石化	(28)	1215	-0.03%	0.1344	0.008	13.46
长春高新	(29)	1205	0.04%	0.0284	-0.267	2.91
恒逸石化	(30)	1148	0.04%	0.0341	-1.612	14.44
均值		1177	0.0062%	0.0357	-3.344	42.71

其中 S/N 表示样本的序号，N 表示样本个数，m 表示样本收益率的无条件均值，Std 表示收益率的标准差，S 表示收益率的偏度，K 表示收益率的峰度。

从表 10-4 中可以看出，深圳成指的无条件的收益率为负数，但是接近 0。从表 10-5 中可以看出，大盘股中美的集团、平安银行、公众传媒、云南白药、立讯精密、双汇发展、东方财富、鞍钢股份、长安汽车、长江证券、科大讯飞、潍柴动力、爱尔眼科、荣盛石化的无条件收益率均值小于 0，其余的无条件收益率大于 0，大盘股无条件收益率的均值也大于 0。大盘股样本的标准差的均值在 0.03 左右，说明市场有一定的价波动。大盘股的收益率偏度以负数为主，所以左偏态为主，说明从整体上看样本的日均收益率大于收益率均值的交易日数较多。样本的收益率峰度平均值比较大，即日均收益率均有尖峰的特点，说明所获得的收益集中在平均值周围。

表 10-6 中盘股的无条件收益率的描述性统计

股票名称	S/N	N	m	Std	S	K
广宇发展	(1)	1142	0.025%	0.0331	-0.474	2.31
新洋丰	(2)	1188	-0.008%	0.0327	-7.544	51.91
兆驰股份	(3)	1139	-0.174%	0.0410	-11.741	56.19
光启技术	(4)	909	-0.017%	0.0471	-2.391	25.88
巨星科技	(5)	1216	0.012%	0.0296	-0.552	2.92
诚志股份	(6)	1022	0.021%	0.0268	1.331	20.23
安科生物	(7)	1084	-0.018%	0.0402	-0.676	15.95
中粮地产	(8)	1032	0.027%	0.0337	-0.059	2.89
我武生物	(9)	1201	-0.003%	0.0377	-4.485	63.01
美锦能源	(10)	1058	-0.064%	0.0378	-4.421	64.16
越秀金控	(11)	1039	-0.016%	0.0456	6.475	55.02
龙蟒佰利	(12)	1124	-0.031%	0.0523	-13.127	57.62
万润股份	(13)	1102	-0.026%	0.0411	-11.975	83.89
掌趣科技	(14)	946	-0.225%	0.0447	-4.691	67.54
闰土股份	(15)	1162	-0.005%	0.0339	-3.262	48.03
水晶光电	(16)	1187	-0.043%	0.0380	-1.453	12.86
中顺洁柔	(17)	1181	-0.028%	0.0379	-5.762	75.36
深科技	(18)	1198	0.077%	0.0312	-0.253	3.72
东方盛虹	(19)	1053	0.051%	0.0307	0.473	11.42
领益智造	(20)	957	-0.13%	0.0463	-2.777	70.99
神州高铁	(21)	967	-0.087%'	0.0548	-4.196	62.59
许继电气	(22)	1220	-0.10%	0.0297	-2.455	33.07
华数传媒	(23)	1061	-0.09%	0.0323	0.609	11.58
神州信息	(24)	943	-0.11%	0.0486	-3.307	58.66
华润三九	(25)	1202	0.00%	0.0227	-0.572	4.3
本钢板材	(26)	1194	0.01%	0.0277	-0.438	3.04
北斗星通	(27)	1031	-0.05%	0.0391	1.231	45.38
光迅科技	(28)	1212	-0.03%	0.0481	-12.541	67.43
台海核电	(29)	1009	-0.01%	0.0512	3.212	41.18
长信科技	(30)	806	-0.16%	0.0502	-5.431	72.81
均值		1086	-0.038%	0.0388	-3.042	39.73

从表10-6中可以看出，中盘股中广宇发展、巨星科技、诚志股份、中粮地产、深科技、东方盛虹、华润三九、本钢板材等公司的无条件收益率为大于0，其余公司的无条件收益率小于0，中盘股的无条件收益率的均值小于0。

表10-7　小盘股的无条件收益率的描述性统计

股票名称	S/N	N	m	Std	S	K
安洁科技	(1)	1120	-0.103%	0.0429	-4.638	68.23
达华智能	(2)	811	-0.098%	0.0446	-6.735	71.33
神雾环保	(3)	971	-0.122%	0.0478	-7.692	47.01
利源精制	(4)	1204	-0.132%	0.0375	-5.434	95.70
奥马电器	(5)	985	-0.154%	0.0683	-6.117	97.65
印纪传媒	(6)	874	-0.179%	0.0554	-7.686	86.06
川能动力	(7)	762	0.016%	0.0374	-1.849	24.20
东土科技	(8)	880	-0.111%	0.0477	-6.682	97.43
长鹰信质	(9)	1004	-0.118%	0.0435	-4.599	61.38
道氏技术	(10)	894	-0.163%	0.0018	-4.629	52.04
珈伟新能	(11)	912	-0.106%	0.0447	-1.211	53.95
金洲慈航	(12)	1073	-0.155%	0.0487	-0.884	97.29
天神娱乐	(13)	934	-0.063%	0.0513	-9.283	89.67
通化金马	(14)	810	0.031%	0.0302	-0.338	3.63
慈文传媒	(15)	1024	0.012%	0.0391	2.049	32.29
金贵银业	(16)	1021	-0.119%	0.0518	-11.338	84.71
绿景控股	(21)	959	0.018%	0.0304	-0.281	3.53
华天酒店	(22)	1126	-0.081%	0.0309	-1.116	10.44
中原环保	(23)	1118	-0.071%	0.0324	-2.512	41.57
理邦仪器	(24)	1217	-0.118%	0.0445	-8.101	97.49
西部牧业	(25)	1198	-0.104%	0.0326	-1.296	10.35
金亚科技	(26)	772	-0.295%	0.0568	-2.736	112.41
三毛派神	(27)	1018	0.0007%	0.0401	4.335	77.81
宁波东力	(28)	1037	-0.031%	0.0322	-0.121	2.66
和顺电气	(29)	1108	-0.024%	0.0464	3.151	68.13
永安林业	(30)	1032	-0.063%	0.0367	-0.253	7.26
均值		1003	-0.088%	0.0413	-3.199	58.97

从表 10-7 中可以看出，只有川能动力、通化金马、慈文传媒、三毛派神、绿景控股 5 个公司的无条件收益率大于 0，其余公司的无条件收益率小于 0，小盘股的无条件收益率的均值也小于 0。其中中小盘股的标准差、偏度、峰度跟大盘股标准差、偏度、峰度差不多，所以得出的结果也一样。综合来看，大盘股在无条件收益率大于 0 的比较多，小盘股在无条件收益率小于 0 的比较多。

需要使用的指标符号如下。N_b 和 N_S 分别是在威廉指标指导下买入和卖出信号的次数。mr_b 和 mb_s 是买入区间收益率均值和卖出区间收益率的均值，检验显著性的 T 统计量为 $T = \dfrac{mr_b - m}{\sqrt{\dfrac{\sigma^2}{N_S} + \dfrac{\sigma^2}{N}}}$ 和 $T = \dfrac{mr_S - m}{\sqrt{\dfrac{\sigma^2}{N_b} + \dfrac{\sigma^2}{N}}}$，其中 N 为样本的总天数。$Mr_{b-s}$ 是买卖区间的收益率均值之差，检验显著性的 T 统计量为 $T = \dfrac{Mr_{b-s} - m}{\sqrt{\dfrac{\sigma^2}{N_b} + \dfrac{\sigma^2}{N_S}}}$。$N_b > 0$ 和 $N_S > 0$ 为买入区间和卖出区间内收益率大于的占比。Std_b 和 Std_s 为买入区间和卖出区间收益率的标准差。

为了检验威廉指标是否有效，同时为了更准确地检验威廉指标的超额收益。投资者进行投资时都会按规定交出相关的费率，一般股市场设定双边交易费用为 0.5‰，单边印花税为 1‰，即买入价格为价格 ×1.0005，卖出价格为价格 ×0.9985。

接下来根据威廉指标的定义及应用规则，对深圳成指及大中小盘股得到标准检验结果如表 10-8、表 10-9。

表 10-8 深圳成指标准检验结果

指数	N_b	N_S	mr_b	mb_s	Mr_{b-s}	$N_b>0$	$N_S>0$	Std_b	Std_s
深圳成指	196	451	-0.014 (-11.06)	0.007 (7.39)	0.022 (14.73)	0.21	0.75	0.021	0.011

表 10-9 大盘股标准检验结果

个股	S	N_b	N_S	mr_b	mb_s	Mr_{b-s}	$N_b>0$	$N_S>0$	Std_b	Std_s
美的集团	(1)	185	265	-0.024 (-8.14)	0.017 (6.21)	0.041 (10.59)	0.23	0.83	0.083	0.022

续表

个股	S	N_b	N_s	mr_b	mb_s	Mr_{b-s}	$N_b>0$	$N_s>0$	Std_b	Std_s
万科A	(2)	255	176	-0.012 (-6.94)	0.026 (12.27)	0.038 (14.72)	0.28	0.82	0.020	0.032
格力电器	(3)	202	242	-0.014 (-5.18)	0.018 (7.13)	0.032 (9.47)	0.24	0.78	0.026	0.026
五粮液	(4)	172	264	-0.016 (-8.52)	0.017 (10.38)	0.033 (13.87)	0.19	0.77	0.023	0.022
平安银行	(5)	293	189	-0.012 (-8.25)	0.016 (7.27)	0.028 (13.64)	0.18	0.86	0.025	0.022
京东方A	(6)	224	220	-0.016 (-8.81)	0.018 (9.95)	0.034 (14.36)	0.27	0.84	0.028	0.024
洋河股份	(7)	203	261	-0.019 (-9.01)	0.019 (10.06)	0.038 (14.33)	0.21	0.78	0.001	0.025
分众传媒	(8)	237	204	-0.025 (-7.96)	0.026 (7.72)	0.052 (12.1)	0.31	0.83	0.016	0.032
中兴通讯	(9)	180	278	-0.019 (-6.32)	0.023 (6.98)	0.042 (10.09)	0.27	0.8	0.033	0.024
广发证券	(10)	295	221	-0.014 (-8.61)	0.019 (10.23)	0.033 (14.68)	0.24	0.82	0.025	0.026
苏宁易购	(11)	244	209	-0.018 (-6.82)	0.022 (10.66)	0.040 (15.2)	0.27	0.8	0.307	0.029
海康威视	(12)	212	264	-0.021 (-8.91)	0.014 (0.68)	0.035 (7.67)	0.27	0.51	0.047	0.045
比亚迪	(13)	281	182	-0.015 (-8.03)	0.023 (10.38)	0.038 (14.17)	0.27	0.8	0.026	0.029
顺丰控股	(14)	249	193	-0.024 (-8.65)	0.026 (8.50)	0.050 (13.12)	0.22	0.81	0.054	0.042
宁波银行	(15)	186	193	-0.017 (-9.02)	0.019 (9.89)	0.036 (14.19)	0.24	0.84	0.034	0.024
云南白药	(16)	227	209	-0.014 (-8.29)	0.014 (8.09)	0.028 (12.83)	0.23	0.76	0.032	0.014
立讯精密	(17)	218	241	-0.025 (-9.48)	0.019 (7.52)	0.044 (13.59)	0.23	0.8	0.062	0.025
双汇发展	(18)	270	239	-0.016 (-9.45)	0.013 (7.33)	0.029 (13.25)	0.28	0.82	0.001	0.005
东方财富	(19)	266	200	-0.026 (-7.97)	0.029 (7.87)	0.055 (12.28)	0.28	0.78	0.003	0.035

续表

个股	S	N_b	N_s	mr_b	mb_s	Mr_{b-s}	$N_b>0$	$N_s>0$	Std_b	Std_s
泸州老窖	(20)	208	273	-0.017 (-8.93)	0.017 (10.02)	0.034 (14.33)	0.25	0.8	0.027	0.023
鞍钢股份	(21)	271	214	-0.007 (-3.17)	0.009 (4.91)	0.016 (6.82)	0.42	0.68	0.028	0.027
长安汽车	(22)	287	166	-0.014 (-9.24)	0.019 (9.35)	0.033 (14.41)	0.25	0.85	0.024	0.023
同花顺	(23)	289	182	-0.025 (-8.21)	0.037 (9.95)	0.062 (13.95)	0.27	0.78	0.064	0.043
长江证券	(24)	322	164	-0.016 (-7.47)	0.023 (8.03)	0.039 (12.03)	0.28	0.79	0.048	0.032
科大讯飞	(25)	245	233	-0.026 (-9.55)	0.025 (8.78)	0.051 (14.39)	0.25	0.79	0.055	0.033
潍柴动力	(26)	224	268	-0.021 (-7.93)	0.015 (5.98)	0.036 (11.05)	0.27	0.82	0.071	0.019
爱尔眼科	(27)	174	260	-0.026 (-8.96)	0.019 (5.54)	0.045 (13.01)	0.29	0.79	0.066	0.025
荣盛石化	(28)	195	256	-0.027 (-2.69)	0.021 (2.27)	0.048 (3.85)	0.34	0.73	0.077	0.032
长春高新	(29)	215	280	-0.022 (-10.7)	0.017 (9.51)	0.039 (15.61)	0.24	0.77	0.031	0.025
恒逸石化	(30)	189	255	-0.026 (-9.96)	0.022 (9.38)	0.048 (14.81)	0.25	0.82	0.044	0.027
均值		233	226	-0.019 (-8.04)	0.020 (8.09)	0.039 (12.61)	0.27	0.79	0.046	0.027

如表10-8和表10-9所示，对深圳成指及大盘股的标准检验结果，括号中的数值为各指标的 T 值，用来检验各指标值的显著性。在2014年1月1日—2018年12月30日这段样本期间，在威廉指标的指导下，连续出现的买入信号的交易日为买入区间，连续出现的卖出信号的交易日为卖出区间，由于买入区间和卖出区间的长度是不固定的，所以这种规则为变长移动平均。依据变长移动平均的概念计算出指数和样本股票的买入区间和卖出区间的收益率的均值和标准差，买卖区间收益率均值之差以及买卖区间收益率大于0的占比。

从检验结果来看，深证成指和大盘股买入区间收益率均值小于0，而卖出区间收益率均值大于0，这意味着买入信号发出当天的价格比前一天的价格要低。卖出信号发出当天的价格比前一天价格要高。从显著性来看，大盘股中的海康威视卖出区间收益率均值不显著。其他30只股票的买卖收益都大于无条件收益。

再看买卖区间收益率均值之差的标准检验，在威廉指标指导下深圳成指收益率为2.2%，大盘股的收益率均值的平均为3.9%，分别明显大于买入并持有的无条件收益率均值－0.0094%及0.0062%。综上，通过标准检验证实了威廉指标对大盘股是有一定的预测能力。

表 10－10　中盘股标准检验结果

个股	S	N_b	N_S	mr_b	mb_s	Mr_{b-s}	$N_b>0$	$N_S>0$	Std_b	Std_s
广宇发展	(1)	223	230	－0.025 (－10.44)	0.024 (10.07)	0.049 (15.81)	0.26	0.8	0.038	0.021
新洋丰	(2)	236	260	－0.017 (－7.48)	0.017 (7.63)	0.034 (11.77)	0.24	0.79	0.049	0.022
兆驰股份	(3)	276	212	－0.022 (－8.05)	0.017 (5.69)	0.039 (11.05)	0.27	0.8	0.067	0.023
光启技术	(4)	236	263	－0.025 (7.36)	0.039 (9.87)	0.064 (13.56)	0.26	0.88	0.057	0.042
巨星科技	(5)	231	241	－0.022 (－10.52)	0.020 (9.702)	0.042 (15.59)	0.26	0.84	0.035	0.023
诚志股份	(6)	172	223	－0.018 (－8.39)	0.014 (7.28)	0.032 (12.04)	0.27	0.77	0.029	0.022
安科生物	(7)	242	221	－0.025 (－8.92)	0.026 (8.84)	0.051 (13.88)	0.25	0.8	0.048	0.039
中粮地产	(8)	245	143	－0.017 (－7.36)	0.032 (10.86)	0.049 (14.11)	0.27	0.86	0.033	0.036
我武生物	(9)	203	278	－0.027 (－9.52)	0.020 (8.08)	0.047 (13.66)	0.27	0.82	0.061	0.025
美锦能源	(10)	238	188	－0.022 (－8.24)	0.025 (8.47)	0.047 (13.11)	0.28	0.86	0.052	0.029
越秀金控	(11)	284	186	－0.019 (－6.48)	0.027 (4.96)	0.046 (7.92)	0.29	0.76	0.042	0.072
龙蟒佰利	(12)	215	232	－0.026 (－6.68)	0.019 (5.17)	0.045 (9.26)	0.28	0.21	0.094	0.024
万润股份	(13)	228	220	－0.021 (－7.27)	0.022 (7.35)	0.043 (11.41)	0.28	0.79	0.069	0.028

续表

个股	S	N_b	N_s	mr_b	mb_s	Mr_{b-s}	$N_b>0$	$N_s>0$	Std_b	Std_s
掌趣科技	(14)	283	107	-0.023 (-7.71)	0.035 (7.74)	0.058 (12.01)	0.47	0.85	0.058	0.038
闰土股份	(15)	230	245	-0.023 (-9.69)	-0.021 (8.75)	0.044 (14.48)	0.34	0.84	0.045	0.024
水晶光电	(16)	269	243	-0.024 (-9.73)	0.023 (8.94)	0.047 (14.67)	0.24	0.79	0.045	0.030
中顺洁柔	(17)	193	272	-0.009 (8.58)	0.009 (5.64)	0.018 (4.34)	0.26	0.8	0.068	0.027
深科技	(18)	240	219	-0.020 (-9.26)	0.21 (9.41)	0.041 (14.38)	0.28	0.85	0.034	0.025
东方盛虹	(19)	180	246	-0.021 (-8.28)	0.017 (8.22)	0.038 (12.58)	0.31	0.83	0.036	0.025
领益智造	(20)	248	177	-0.025 (-7.65)	0.027 (7.31)	0.052 (11.91)	0.31	0.81	0.058	0.050
神州高铁	(21)	205	149	-0.021 (-5.14)	0.026 (5.44)	0.047 (8.27)	0.27	0.79	0.081	0.026
许继电气	(22)	310	195	-0.016 (-8.84)	0.020 (8.81)	0.036 (13.95)	0.28	0.81	0.035	0.025
华数传媒	(23)	292	158	-0.017 (-8.05)	0.022 (8.26)	0.039 (12.81)	0.27	0.81	0.032	0.022
神州信息	(24)	249	160	-0.028 (-8.26)	0.030 (7.23)	0.058 (12.13)	0.24	0.75	0.059	0.041
华润三九	(25)	225	279	-0.016 (-10.09)	0.013 (8.65)	0.029 (14.59)	0.25	0.83	0.026	0.017
本钢板材	(26)	282	239	-0.015 (-8.63)	0.021 (10.73)	0.037 (15.11)	0.29	0.84	0.027	0.024
北斗星通	(27)	264	114	-0.020 (-7.57)	0.036 (9.53)	0.056 (13.06)	0.32	0.85	0.041	0.062
光迅科技	(28)	218	305	-0.029 (-8.27)	0.021 (7.05)	0.050 (12.02)	0.27	0.78	0.087	0.029
台海核电	(29)	228	173	-0.028 (-7.53)	0.032 (7.71)	0.060 (11.78)	0.23	0.81	0.057	0.075
长信科技	(30)	198	174	-0.027 (-7.01)	0.023 (5.68)	0.051 (10.22)	0.31	0.77	0.075	0.032
均值		238	211	-0.016 (-8.236)	0.028 (7.97)	0.044 (12.38)	0.29	0.78	0.051	0.031

从表 10-10 中可以看出,中盘股标准检验的买卖区间收益率均值规律与大盘股一样。从显著性看中盘股的股票全部都显著。其中 30 只股票买卖收益要大于无条件收益。在威廉指标指导下,中盘股的买卖区间收益率均值之差均值为 4.4%,明显大于无条件收益率均值 -0.038%。买卖区间收益率大于 0 的占比来看,威廉指标有一定的趋势判断能力。综上,通过标准检验证实了威廉指标对中盘股是有一定预测能力。

表 10-11 小盘股标准检验结果

个股	S	N_b	N_s	mr_b	mb_s	Mr_{b-s}	$N_b>0$	$N_s>0$	Std_b	Std_s
安洁科技	(1)	278	241	-0.026 (-9.28)	0.025 (6.62)	0.051 (13.96)	0.26	0.79	0.059	0.029
达华智能	(2)	136	198	-0.029 (-7.06)	0.017 (3.49)	0.046 (9.57)	0.24	0.82	0.080	0.021
神雾环保	(3)	229	217	-0.004 (-1.19)	0.0035 (0.97)	0.007 (1.97)	0.54	0.57	0.044	0.033
利源精制	(4)	267	238	-0.022 (-9.41)	0.021 (6.31)	0.043 (13.86)	0.26	0.81	0.051	0.025
奥马电器	(5)	207	166	-0.032 (-6.15)	0.031 (5.45)	0.063 (9.12)	0.29	0.82	0.014	0.062
印纪传媒	(6)	203	180	-0.033 (-7.81)	0.031 (6.74)	0.064 (11.64)	0.25	0.78	0.086	0.036
川能动力	(7)	179	166	-0.023 (-7.23)	0.028 (8.87)	0.051 (12.59)	0.31	0.84	0.043	0.030
东土科技	(8)	219	153	-0.024 (-6.93)	0.034 (7.93)	0.058 (11.78)	0.21	0.86	0.034	0.034
长鹰信质	(9)	207	175	-0.028 (-8.49)	0.029 (6.38)	0.057 (12.96)	0.26	0.81	0.067	0.032
道氏技术	(10)	228	162	-0.031 (-7.52)	0.034 (7.48)	0.065 (11.94)	0.24	0.83	0.071	0.034
珈伟新能	(11)	216	159	-0.026 (-7.96)	0.031 (8.07)	0.058 (12.64)	0.27	0.81	0.053	0.019
金洲慈航	(12)	243	167	-0.021 (-6.35)	0.023 (5.48)	0.044 (9.351)	0.32	0.83	0.069	0.028
天神娱乐	(13)	261	154	-0.025 (-6.73)	0.026 (5.89)	0.051 (10.16)	0.31	0.79	0.073	0.049
通化金马	(14)	140	177	-0.023 (-8.36)	0.019 (7.89)	0.042 (12.47)	0.25	0.75	0.034	0.028

续表

个股	S	N_b	N_s	mr_b	mb_s	Mr_{b-s}	$N_b>0$	$N_s>0$	Std_b	Std_s
慈文传媒	(15)	241	180	-0.024 (-8.32)	0.025 (8.13)	0.049 (12.69)	0.23	0.80	0.038	0.031
金贵银业	(16)	225	183	-0.027 (-7.09)	0.029 (7.04)	0.056 (11.15)	0.29	0.83	0.039	0.033
东方精工	(17)	223	232	-0.031 (-8.57)	0.025 (7.21)	0.056 (12.55)	0.27	0.84	0.073	0.031
江苏国泰	(18)	243	192	-0.021 (-9.08)	0.020 (5.51)	0.041 (11.24)	0.31	0.83	0.043	0.026
华东科技	(19)	304	178	-0.019 (-7.72)	0.023 (8.01)	0.042 (12.42)	0.28	0.83	0.050	0.029
众泰汽车	(20)	240	172	-0.022 (-8.37)	0.029 (9.38)	0.052 (13.73)	0.22	0.86	0.031	0.026
绿景控股	(21)	192	186	-0.021 (-8.87)	0.022 (9.23)	0.043 (13.94)	0.25	0.79	0.031	0.029
华天酒店	(22)	278	217	-0.020 (-9.43)	0.018 (8.21)	0.0383 (13.99)	0.27	0.81	0.035	0.036
中原环保	(23)	224	210	-0.019 (-8.38)	0.018 (7.32)	0.037 (12.35)	0.33	0.81	0.045	0.028
理邦仪器	(24)	257	245	-0.025 (-8.46)	0.021 (7.026)	0.046 (5.807)	0.28	0.82	0.053	0.027
西部农业	(25)	263	203	-0.023 (-10.6)	0.022 (8.83)	0.045 (15.29)	0.29	0.84	0.001	0.027
永安林业	(26)	208	199	-0.024 (-8.71)	0.023 (8.11)	0.047 (13.18)	0.27	0.81	0.038	0.029
三毛派神	(27)	219	184	-0.022 (-7.45)	0.021 (6.65)	0.043 (10.88)	0.31	0.81	0.038	0.029
宁波东力	(28)	259	215	-0.019 (-8.61)	0.020 (8.45)	0.039 (13.46)	0.31	0.81	0.033	0.031
和顺电气	(29)	282	185	-0.026 (-8.41)	0.036 (9.83)	0.062 (14.24)	0.27	0.83	0.046	0.036
金亚科技	(30)	246	93	-0.024 (-5.81)	0.025 (6.71)	0.049 (11.54)	0.31	0.89	0.035	0.021
均值		223	187	-0.024 (-7.81)	0.024 (6.71)	0.048 (11.54)	0.28	0.81	0.046	0.030

从表10-11中可以看出，小盘股的标准检验的买卖区间收益率均值规律

与大盘股和中盘股一样。从显著来看，小盘股的神雾环保不显著，其余股票都是显著。其中 30 只股票买卖收益大于无条件收益。在威廉指标指导下小盘股的买卖区间的收益率之差均值为 4.8%，明显大于小盘股的无条件收益率 -0.088%。综上，通过标准检验证实了威廉指标对小盘股是有一定的预测能力。

在威廉指标指导下，大盘股的买卖区间收益率均值之差的平均值为 0.039，中盘股买卖区间收益率均值之差的平均值为 0.044，小盘股买卖区间收益率均值之差的平均值为 0.048，相比之下，在威廉指标的指导下，小盘股的超额收益率要高于其他，在无条件收益率中小盘股的收益率最小，但是在威廉指标的指导下小盘股的收益率最高，从而可以看出威廉指标对小盘股的指导意义更强。

从买入和卖出区间大于 0 的占比检验结果来看，威廉指标有一定的趋势辨别能力。买入区间的收益率大盘股、中盘股、小盘股均值大于 0 的占比分别是 0.27、0.29、0.28。卖出区间的收益率大盘股、中盘股、小盘股均值大于的 0 占比分别是 0.79、0.78、0.81。买入区间的收益率的大中小盘的大于 0 的值相差不大，但是卖出区间收益率小盘股的大于 0 的比例的均值是 0.81，明显大于中盘和大盘股。所以说威廉指标对小盘股的指导效果最好，对大盘股和中盘股的指导效果不如小盘股。

如果用标准差来衡量波动率的话，标准检验中的买卖区间的收益率的标准差可以衡量波动率。波动率一般意味着风险。大盘股、中盘股、小盘股买入的标准差均值分别是 0.046、0.051、0.046。大盘股、中盘股、小盘股卖出的标准差均值分别是 0.027、0.031、0.030。从检验结果看出中盘的买入和卖出标准差分别是 0.051、0.031，明显高于大盘股小盘股的买入和卖出标准差，因此中盘股的风险比较大。

综上，通过标准检验得出威廉指标对深圳市场股票有一定的预测能力，其中对小盘股的预测能力最好，同时小盘股的风险也比较低。

为了避免威廉指标频繁变动产生伪信号，当威廉指标低 10%，在超买状态下，行情将要见顶，应该考虑卖出。当威廉指标高 90%，在超卖状态下，行情将要见顶，应该考虑买入。

接下来威廉指标对深圳成指及大中小股得到稳健性检验结果如下。

表 10-12　深圳成指稳健性检验结果

指数	N_b	N_S	mr_b	mb_s	Mr_{b-s}	$N_b>0$	$N_S>0$	Std_b	Std_s
深圳成指	105	281	-0.023 (-13.46)	0.00963 (8.305)	0.0335 (16.82)	0.057	0.86	0.021	0.011

表 10-13　大盘股稳健性检验结果

个股	S	N_b	N_S	mr_b	mb_s	Mr_{b-s}	$N_b>0$	$N_S>0$	Std_b	Std_s
美的集团	(1)	90	120	-0.040 (-9.01)	0.025 (6.25)	0.065 (-11.47)	0.11	0.98	0.032	0.023
万科A	(2)	126	72	-0.019 (-7.79)	0.045 (13.67)	0.064 (15.92)	0.11	0.94	0.022	0.032
格力电器	(3)	103	103	-0.030 (-7.93)	0.031 (8.22)	0.061 (11.95)	0.15	0.96	0.086	0.028
五粮液	(4)	73	116	-0.025 (-8.81)	0.025 (11.03)	0.050 (14.01)	0.09	0.93	0.024	0.209
平安银行	(5)	146	68	-0.019 (-9.78)	0.025 (9.04)	0.044 (13.56)	0.15	0.92	0.029	0.024
京东方	(6)	109	87	-0.026 (-10.83)	0.029 (10.51)	0.055 (15.27)	0.16	0.97	0.029	0.025
洋河股份	(7)	96	100	-0.029 (-9.92)	0.030 (10.35)	0.050 (14.71)	0.08	0.92	0.048	0.025
公众传媒	(8)	114	91	-0.030 (-6.78)	0.042 (8.64)	0.072 (11.45)	0.14	0.96	0.032	0.031
中兴通讯	(9)	84	120	-0.044 (-10.26)	0.031 (8.41)	0.075 (13.76)	0.13	0.96	0.097	0.024
广发证券	(10)	149	72	-0.023 (-10.59)	0.033 (10.71)	0.056 (15.45)	0.08	0.95	0.027	0.028
苏宁易购	(11)	112	81	-0.030 (8.04)	0.036 (8.77)	0.066 (15.94)	0.09	0.92	0.031	0.031
海康威视	(12)	101	110	-0.034 (-10.81)	0.027 (8.87)	0.061 (14.53)	0.118	0.96	0.062	0.021
比亚迪	(13)	122	75	-0.029 (-10.96)	0.023 (11.80)	0.052 (16.61)	0.06	0.96	0.029	0.033
顺丰控股	(14)	117	83	-0.037 (-9.68)	0.039 (10.16)	0.076 (13.37)	0.11	0.95	0.062	0.031
宁波银行	(15)	92	66	-0.027 (-10.18)	0.033 (10.53)	0.060 (14.96)	0.13	0.96	0.001	0.001

续表

个股	S	N_b	N_s	mr_b	mb_s	Mr_{b-s}	$N_b>0$	$N_s>0$	Std_b	Std_s
云南白药	(16)	119	90	-0.022 (-9.21)	0.021 (7.95)	0.043 (12.71)	0.14	0.88	0.041	0.022
立讯精密	(17)	105	92	-0.048 (-12.67)	0.033 (8.34)	0.081 (15.48)	0.12	0.96	0.081	0.023
双汇发展	(18)	135	89	-0.026 (-11.34)	0.019 (7.03)	0.045 (13.36)	0.13	0.93	0.045	0.017
东方财富	(19)	146	121	-0.034 (-7.97)	0.031 (7.87)	0.065 (12.28)	0.18	0.88	0.052	0.024
泸州老窖	(20)	105	116	-0.029 (-8.57)	0.027 (11.09)	0.056 (16.41)	0.06	0.93	0.027	0.021
鞍钢股份	(21)	129	78	-0.015 (-5.67)	0.010 (3.07)	0.025 (6.21)	0.32	0.71	0.031	0.011
长安汽车	(22)	134	58	-0.022 (-10.12)	0.027 (8.33)	0.049 (13.13)	0.13	0.96	0.027	0.024
同花顺	(23)	136	79	-0.041 (-9.57)	0.064 (11.66)	0.11 (15.62)	0.11	0.91	0.069	0.036
长江证券	(24)	177	57	-0.026 (-9.21)	0.043 (9.15)	0.069 (13.12)	0.19	0.96	0.061	0.031
科大讯飞	(25)	129	101	-0.038 (-10.47)	0.039 (9.56)	0.077 (14.89)	0.14	0.93	0.064	0.031
潍柴动力	(26)	118	122	-0.034 (-9.39)	0.020 (4.28)	0.054 (11.45)	0.18	0.92	0.095	0.015
爱尔眼科	(27)	80	115	-0.043 (-10.42)	0.030 (8.79)	0.073 (14.18)	0.19	0.93	0.081	0.025
荣盛石化	(28)	99	108	-0.047 (-3.38)	0.038 (2.85)	0.085 (4.62)	0.18	0.96	0.101	0.031
长春高新	(29)	105	126	-0.035 (-12.18)	0.030 (17.41)	0.065 (17.41)	0.13	0.93	0.034	0.026
恒逸石化	(30)	83	113	0.041 (-10.84)	0.033 (9.95)	0.075 (15.23)	0.14	0.95	0.055	0.026
均值		123	96	-0.026 (-11.16)	0.031 (8.58)	0.059 (13.63)	0.13	0.92	0.049	0.032

表 10-12 和表 10-13 通过对深圳成指和大盘股的稳健性检验，发现买入区间收益率的深圳成指和大盘股均值都小于 0，卖出区间收益率的深圳成指

和大盘股均值基本都大于 0，跟标准检验得出结果一样，但从显著性来看的话，大盘股中海康威视从不显著到显著。30 只股票的买卖收益都大于标准检验的收益，同时大于无条件收益。在威廉指标指导下买卖区间收益率的深圳成指均值之差为 3.3%，大于其无条件收益率均值 -0.0094%，同时也大于标准检验的收益率 2.2%。稳健性检验的大盘股的超额收益率均值的平均值为 5.9%，大于标准检验收益率均值的平均值 3.9%。综上，通过标准检验证实了威廉指标对大盘股买卖有一定的预测能力，稳健性检验的收益率也明显提高。

表 10-14 中盘股检稳健性验结果

个股	S	N_b	N_s	mr_b	mb_s	Mr_{b-s}	$N_b>0$	$N_s>0$	Std_b	Std_s
广宇发展	(1)	115	88	-0.041 (-12.79)	0.033 (9.09)	0.074 (15.89)	0.11	0.97	0.038	0.023
新洋丰	(2)	103	104	-0.029 (-8.86)	0.025 (7.58)	0.054 (12.14)	0.12	0.94	0.068	0.022
兆驰股份	(3)	103	88	-0.037 (-9.92)	0.028 (6.26)	0.065 (11.95)	0.16	0.95	0.091	0.024
光启技术	(4)	73	80	-0.043 (-9.77)	0.064 (11.78)	0.108 (16.13)	0.12	0.97	0.068	0.036
巨星科技	(5)	146	97	-0.041 (-13.72)	0.030 (9.72)	0.071 (17.16)	0.06	0.96	0.036	0.025
诚志股份	(6)	109	94	-0.031 (-10.04)	0.022 (7.92)	0.053 (13.22)	0.09	0.95	0.029	0.023
安科生物	(7)	96	96	-0.039 (-10.29)	0.042 (9.91)	0.081 (14.98)	0.14	0.91	0.052	0.046
中粮地产	(8)	114	57	-0.029 (-9.11)	0.055 (12.05)	0.084 (15.61)	0.1	0.98	0.032	0.036
我武生物	(9)	84	131	-0.047 (-12.44)	0.031 (8.78)	0.078 (15.69)	0.15	0.94	0.075	0.026
美锦能源	(10)	149	85	-0.037 (-9.83)	0.038 (8.83)	0.075 (13.83)	0.19	0.96	0.071	0.037
越秀金控	(11)	112	77	-0.034 (-8.45)	0.051 (9.47)	0.085 (13.27)	0.15	0.96	0.049	0.103
龙蟒佰利	(12)	101	96	-0.043 (-8.55)	0.031 (5.74)	0.075 (10.52)	0.16	0.94	0.124	0.024
万润股份	(13)	122	91	-0.034 (-8.61)	0.033 (7.42)	0.067 (11.83)	0.14	0.9	0.092	0.027

续表

个股	S	N_b	N_S	mr_b	mb_s	Mr_{b-s}	$N_b>0$	$N_S>0$	Std_b	Std_s
掌趣科技	(14)	117	45	-0.037 (-9.64)	0.058 (8.57)	0.095 (12.96)	0.16	0.98	0.064	0.038
闰土股份	(15)	113	105	-0.038 (-11.61)	0.029 (8.56)	0.067 (14.98)	0.12	0.92	0.056	0.025
水晶光电	(16)	145	110	-0.038 (-11.65)	0.039 (10.42)	0.077 (16.41)	0.12	0.94	0.050	0.029
中顺洁柔	(17)	101	117	-0.041 (-10.34)	0.029 (8.01)	0.070 (13.66)	0.12	0.94	0.087	0.030
深科技	(18)	113	88	-0.035 (-11.63)	0.032 (9.56)	0.068 (-8.05)	0.09	0.93	0.035	0.029
东方盛虹	(19)	84	117	-0.036 (-10.41)	0.025 (8.55)	0.061 (13.97)	0.16	0.94	0.038	0.027
领益智造	(20)	131	73	-0.042 (-9.83)	0.041 (7.44)	0.083 (12.65)	0.15	0.94	0.070	0.031
神州高铁	(21)	103	62	-0.035 (-6.26)	0.043 (6.04)	0.078 (9.06)	0.15	0.98	0.111	0.112
许继电气	(22)	152	77	-0.028 (9.39)	-0.027 (-10.85)	0.055 (14.81)	0.15	0.98	0.043	0.023
华数传媒	(23)	130	64	-0.031 (-10.26)	0.034 (8.37)	0.065 (13.48)	0.12	0.96	0.033	0.031
神州信息	(24)	135	70	-0.042 (-9.56)	0.049 (8.21)	0.091 (13.02)	0.14	0.9	0.072	0.036
华润三九	(25)	115	116	-0.026 (-12.07)	0.021 (9.69)	0.049 (16.11)	0.11	0.96	0.027	0.017
本钢板材	(26)	137	104	-0.027 (-10.84)	0.030 (10.58)	0.057 (15.81)	0.11	0.95	0.028	0.025
北斗星通	(27)	118	38	-0.034 (-9.02)	0.050 (7.79)	0.084 (11.67)	0.16	0.98	0.048	0.031
光迅科技	(28)	101	138	-0.053 (-10.66)	0.034 (8.02)	0.087 (13.98)	0.13	0.92	0.121	0.029
台海核电	(29)	109	74	-0.044 (-8.53)	0.056 (9.13)	0.100 (13.03)	0.12	0.94	0.074	0.107
长信科技	(30)	108	79	-0.042 (-8.25)	0.037 (6.39)	0.079 (11.02)	0.21	0.96	0.093	0.031
均值		118	88	-0.037 (-10.08)	0.034 (8.69)	0.071 (13.56)	0.13	0.94	0.062	0.036

从表 10-14 中盘股的稳健性检验看出，买入区间中盘股的收益率均值都小于 0，卖出区间中盘股的收益率均值基本都大于 0，跟标准检验的结果一样，从显著性来看中盘股的股票全部都显著。30 只股票的买卖收益都大于标准检验的收益，同时大于无条件收益。在威廉指标指导下，中盘股的买卖区间收益率均值之差的均值为 7.1%，大于标准检验收益率均值的平均值 4.4%。综上，通过标准检验证实了威廉指标对中盘股买卖是有一定的指导能力，稳健性检验的收益率也明显提高。

表 10-15 小盘股稳健性检验结果

个股	S	N_b	N_s	mr_b	mb_s	Mr_{b-s}	$N_b>0$	$N_s>0$	Std_b	Std_s
安洁科技	(1)	119	103	-0.049 (-12.02)	0.039 (6.65)	0.088 (15.45)	0.08	0.94	0.077	0.030
达华智能	(2)	50	89	-0.066 (-10.22)	0.021 (4.29)	0.087 (11.26)	0.06	0.91	0.118	0.025
神雾环保	(3)	103	91	-0.006 (-1.49)	0.003 (0.59)	0.009 (1.68)	0.57	0.56	0.048	0.034
利源精制	(4)	73	98	-0.037 (-11.62)	0.032 (8.72)	0.069 (15.11)	0.12	0.95	0.063	0.027
奥马电器	(5)	146	74	-0.058 (-7.76)	0.053 (6.54)	0.112 (10.62)	0.16	0.99	0.068	0.017
印纪传媒	(6)	109	84	-0.052 (-8.54)	0.047 (5.72)	0.099 (12.13)	0.13	0.91	0.016	0.036
川能动力	(7)	96	72	-0.035 (-8.62)	0.045 (9.77)	0.080 (13.66)	0.13	0.95	0.025	0.027
东土科技	(8)	114	73	-0.039 (-8.11)	0.051 (8.83)	0.090 (12.71)	0.11	0.97	0.036	0.033
长鹰信质	(9)	84	75	-0.051 (-10.73)	0.042 (7.99)	0.093 (13.85)	0.07	0.94	0.080	0.032
道氏技术	(10)	149	70	-0.046 (-9.25)	0.056 (8.34)	0.102 (13.03)	0.12	0.94	0.085	0.031
珈伟新能	(11)	112	77	-0.044 (-9.58)	0.046 (8.52)	0.090 (13.48)	0.16	0.88	0.057	0.042
金洲慈航	(12)	101	50	-0.044 (-8.72)	0.033 (4.59)	0.077 (9.31)	0.12	0.98	0.062	0.029
天神娱乐	(13)	122	59	-0.041 (-8.55)	0.047 (6.91)	0.088 (11.31)	0.15	0.94	0.067	0.055

续表

个股	S	N_b	N_s	mr_b	mb_s	Mr_{b-s}	$N_b>0$	$N_s>0$	Std_b	Std_s
通化金马	(14)	117	81	−0.035 (−9.51)	0.030 (8.56)	0.045 (13.32)	0.14	0.86	0.037	0.029
慈文传媒	(15)	116	66	−0.037 (−9.72)	0.042 (8.41)	0.079 (13.09)	0.12	0.93	0.042	0.033
金贵银业	(16)	108	73	−0.050 (−9.59)	0.046 (5.91)	0.096 (12.45)	0.13	0.94	0.052	0.036
东方精工	(17)	125	108	−0.048 (−10.51)	0.035 (7.08)	0.083 (13.18)	0.18	0.95	0.091	0.031
江苏国泰	(18)	123	77	−0.032 (−10.67)	0.033 (8.61)	0.065 (14.12)	0.16	0.97	0.052	0.028
华东科技	(19)	136	68	−0.033 (−9.81)	0.040 (8.79)	0.073 (13.58)	0.15	0.97	0.069	0.031
众泰汽车	(20)	139	73	−0.031 (−9.22)	0.041 (8.76)	0.072 (13.11)	0.13	0.98	0.032	0.033
绿景控股	(21)	83	71	−0.036 (−10.32)	0.035 (9.51)	0.071 (14.51)	0.14	0.95	0.035	0.034
华天酒店	(22)	152	82	−0.028 (−10.84)	0.033 (7.01)	0.061 (12.13)	0.13	0.93	0.039	0.031
中原环保	(23)	123	77	−0.033 (−10.51)	0.029 (7.79)	0.062 (13.34)	0.21	0.96	0.053	0.025
理邦仪器	(24)	114	115	−0.049 (−11.29)	0.034 (7.87)	0.083 (14.38)	0.11	0.92	0.098	0.029
西部农业	(25)	127	103	−0.038 (−12.75)	0.031 (9.21)	0.069 (16.34)	0.15	0.98	0.045	0.027
永安林业	(26)	103	85	−0.041 (−10.89)	0.036 (8.78)	0.077 (14.56)	0.14	0.92	0.039	0.033
三毛派神	(27)	108	87	−0.038 (−9.35)	0.035 (7.85)	0.073 (12.69)	0.11	0.96	0.037	0.027
宁波东力	(28)	126	90	−0.033 (−11.12)	0.034 (9.63)	0.067 (15.34)	0.13	0.92	0.034	0.035
和顺电气	(29)	139	84	−0.044 (−10.57)	0.049 (9.37)	0.093 (14.59)	0.14	0.96	0.051	0.034
金亚科技	(30)	136	40	−0.036 (−6.94)	0.062 (6.67)	0.098 (9.89)	0.17	0.98	0.037	0.039
均值		115	79	−0.041 (−9.63)	0.038 (7.18)	0.079 (12.81)	0.14	0.93	0.054	0.031

从表 10-15 中小盘股的样本股的稳健性检验可以发现，买入区间小盘股的收益率均值都小于 0，卖出区间小盘股的收益率均值基本都大于 0，从显著性来看的话，在小盘股的神雾环保不显著，其他都显著，30 只股票的买卖收益都大于标准检验的收益，同时大于无条件收益。从买卖区间收益率均值之差来看，在威廉指标指导下小盘股的收益率均值的平均值为 7.9%，大于标准检验收益率的无收益率均值 4.8%。

在威廉指标指导下，大盘股的买卖区间收益率均值之差的平均值为 0.059，中盘股买卖区间收益率均值之差的平均值为 0.071，小盘股买卖区间收益率均值之差的平均值为 0.079，分别都大于无条件收益率均值和标准检验的收益率均值。相比之下，在威廉指标指导下，小盘股的超额收益率要高于大盘股和小盘股，从这一点来看威廉指标对小盘股的指导意义更强。

从买入和卖出区间大于 0 的占比检验结果来看，威廉指标有一定的趋势辨别能力。买入区间的收益率大盘股、中盘股、小盘股均值大于 0 的占比分别是 0.13、0.13、0.14。卖出区间的收益率大盘股、中盘股、小盘股均值大于 0 的占比分别是 0.92、0.94、0.93。买入区间和卖出区间的大中小盘股收益率大于 0 的均值相差都不大，但比起标准检验的趋势辨别能力更强。

如果用标准差来衡量波动率的话，标准检验中的买卖区间的收益率的标准差可以衡量波动率。波动率一般意味着风险。大盘股、中盘股、小盘股买入的标准差均值分别是 0.049、0.062、0.054。大盘股、中盘股、小盘股卖出的标准差均值分别是 0.032、0.036、0.031。从检验结果看出中盘的买入和卖出标准差分别是 0.062、0.036，明显高于大盘股、小盘股的买入和卖出标准差，因此中盘股的风险比较大。

综上，在标准检验中发现威廉指标对股票的买卖有一定的指导作用，稳健性检验更进一步地证实了威廉指标对股票买卖是有一定的指导预测能力。在威廉指标指导下的大中小盘股都会获得收益，对比大中小盘的收益后发现小盘股获得超额收益。

10.4　结语

主要对威廉指标对深圳股票市场有效性进行检验，即检验在其指导下进行股票买卖能否获得超额收益。本章选取深圳成指和大中小盘股各选30只为样本,样本的时间选取为2014年1月1日—2018年12月30日的日收盘价。

首先根据威廉指标的定义确定股票的买卖点,然后通过标准检验和稳健性检验证实了威廉指标对股票买卖是有一定的预测能力,尤其对小盘股的指导效果最好,在威廉指标指导下,买卖区间的指数及大中小盘股收益率显著大于买进并持有策略的指数及大中小盘股收益率,并且研究发现小盘股的收益率要高于其他指数和大盘股以及中盘股。从检验结果看出,深证成指和大中小盘股买入区间收益率均值小于0,而卖出区间收益率均值大于0,这意味着买入信号发出当天的价格比起前一天价格要低。卖出信号发出当天的价格比起前一天价格要高。指数及大中小盘股在使用产生买入信号后股票价格比以前降价的趋势更大,而卖出信号发出后股票价格比以前价格涨价的趋势更大,其中小盘股上体现得最好。综合来看,威廉指标有较强的预测股价走势的能力。稳健性检验的大盘股、中盘股、小盘股的收益率都比标准检验的收益率高。小盘股的收益率也高于指数和中盘股、大盘股。无论从标准检验还是稳健性检验都证实了威廉指标对小盘股的预测能力是最好。

中国股票市场的波动的特点让技术指标获得了超额收益。我国股票市场牛市的时间短,熊市的时间长,波动范围比较大,股市的系统风险要高于发达国家,所以有时长期的投资不如短期的投资。投资者根据技术指标的投资策略短期投资有可能获得收益。近几年来,我国股票市场不断完善中,股票市场的波动范围有可能缩小,但是股市的系统性风险是不可能消失的。因此,应用技术指标来投资仍能获得收益。

本章小结

技术分析还有很多探索的方面,吸引着越来越多的学者对此的研究。在技术指标方法中,威廉指标经常被投资者使用。本章通过对威廉指标的分析,对威廉指标是否在深圳股票市场上的有效性进行实证研究。首先选取深圳股票市场的90只成分股以及深圳成指2014年1月1日—2018年12月31日的股价数据进行实证研究。其次,对无条件收益的股票进行描述统计,在威廉指标的指导下的超额收益进行标准检验和稳健性检验。最后对无条件收益率和在威廉指标指导下的收益率进行比较得出相应结果。研究发现，威廉指标在深圳股票市场有预测能力，通过对比发现小盘股的预测效果最好。

参考文献

[1] Esfahanipour Akbar, Mousavi Somayeh. A genetic programming model to generate risk – adjusted technical trading rules in stock markets[J]. Expert Systems with Applications, 2011, 38(7): 8438 – 8445.

[2] Han Y, Yang K, Zhou G. A New Anomaly:The Cross – Sectional Profitability of Technical Analysis[J]. Journal of Financial and Quantitative Analysis, 2013, 48(5): 1433 – 1461.

[3] Wong, Manzur, Chew. How rewarding is technical analysis? Evidence from Singapore stock market[J]. Applied Financial Economics, 2010(7): 543 – 551.

[4] Vasiliou Dimitrios, Eriotis Nikolaos, Papathanasiou Spyros. How rewarding is technical analysis? Evidence from Athens Stock Exchange[J]. Operational Research, 2006, 6(2):85 – 102.

[5] Chong T L, Ng W K. Technical analysis and the London stock exchange: testing the MACD and RSI rules using the FT30[J]. Applied Economics Letters, 2008, 15(14):1111 – 1114.

[6] Ryuichi Yamamoto. Intraday Technical Analysis of Individual Stocks on the Tokyo Stock Exchange[J]. Journal of Banking&Finance, 2012(11): 3033 – 3047.

[7] Marshall Ben R, Cahan Rochester H, Cahan Jared M. Does intraday technical analysis in the U. S. equity market have value? [J]. Journal of Empirical Finance, 2008, 15(2):0 – 210.

[8] 李莎, 李红刚. 股票市场中技术分析有效性的实证研究[J]. 北京师范大学学报（自然科学版），2009, 45(2):212 – 214.

[9] 梁淇俊, 郑贵俊, 徐守萍. 基于生存分析的择时策略择优体系研究——以技术指标交易信号为例[J]. 金融经济学研究, 2015, 30(1):96 – 106.

[10] 刘伟, 杨廷干. 关于股市技术分析的风险测度研究[J]. 金融与经济, 2010(9):57 – 59.

[11] 宋巨生, 黄逸轩, 郑玮. 对布林线有效性的研究[J]. 统计与决策, 2014(17):168 – 171.

[12] 刘叶玲, 高玲. 利用技术指标及多元回归模型预测股票价格[J]. 技术与创新管理, 2010, 31(2):235 – 237.

[13] 周铭山, 冯新力, 林靓, 方旭赟, 周开国. A股市场均线策略有效性与收益率随机特征研究[J]. 证券市场导报, 2013, (01):58 – 64

第 11 章
BOLL – SAR 指标在 A 股市场的有效性检验

11.1 引言

在学术界 Brock，Lakonishok 和 Le Baron（1992）[1] 是最早研究技术分析指标的学者，他的研究引发了金融学界对技术分析的普遍关注。技术分析是指使用过去的价格来预测未来的变化趋势[2]。技术分析主要是预测股价变动的方向与波动幅度，侧重对短期和个股进行分析。投资者在进行投资时根据个人偏好对技术指标的选择也会不同，学者们也对各类技术指标都有研究。例如 Khatua A（2016）[3] 对 MACD 指标在 5 只股票上的应用展开研究，但是只对 MACD 指标的应用进行了介绍，我们并不能确定依据技术指标进行投资是否真能带来超额利润。Hejase（2017）[4] 把 MACD 运用到黎巴嫩股票市场，结果表明运用 MACD 不能显著提高投资收益。Milionis 和 Papanagiotou（2013）[5] 对移动平均线交易规则的预测性能展开研究，发现当应用于模拟指数时交易规则明显被削弱，规则的预测性能的主要部分是由利用股票收益中的线性依赖决定。戴洁和武康平（2002）[6] 对移动平均线（MA）进行了有效性检验，从检验结果发现移动平均线（MA）具有预测能力。滕永平和吴迪（2018）[7] 对沪深 300 股指期货 KDJ（随机指标）进行了有效性检验，对 2010 年 12 月—2017 年 9 月的数据进行分析。最后发现随机指标在 5 日线的最佳的交易策略，在 5 日线的随机指标获得收益最大且预测能力最好。但是这些研究都是只针对一种技术指标的，在现实中理性投资者进行投资时一般会考虑多个指标相结合来综合考虑，而不是只依赖一个指标，之后也有研究对多个指标同时进行了研究。如 Papathanasiou 和 Rousis（2018）[8]对传统技术分析的多个研究方法都在一个文章里进行了简单介绍，这对刚刚接触这方面知识的初学者来说了解起来比较方便，但是对投资者没有太大的参考价值。Williams O. D（2013）[9]研究了 MACD 和相对强弱指数（RSI）以确定这些规则是否有利可图。使用伦敦证券交易所 FT30 指数的 60 年数据，发现 RSI 以及 MACD 规则在大多数情况下可以产生高于买入并持有策略的回报。周彩霞和张斌等（2003）[10]用随机震荡指标和布林线来对股票价格的未来趋势进行判断，研究发现技术分析对股票市场有一定的规律，但技术分析存在一些不能避免的局限，所以一些指标不能直接搬过来使用。国外学者也对多个技术指标进行研究。Chong 和 Ng（2008）[11]对依靠移动平均线和相对强弱指数进行操作是否有利可图进行了研究，结果发现移动平均线和相对强弱指数规则在大多数情况下可以产生高于买入并持有策略的回报。Cai Xia 和 Bin 等（2003）[12]选取在上交所上市的 30 只股票，计算 KD 指数和 BOLL 指数来判断股票价格预测的正确比例以及其实际价值。游士兵和都娟（2012）[13]在 Sharp 指数的胜算指标基础上进行了有效性检验，研究发现应用胜算指标的收益要明显大于无条件的收益，同时发现，胜算指标在 A 股市场有着一定的应用性。经过以上文献的研究发现，学者们对 *BOLL* 和 *SAR* 指标的研究很少，更别说对 *BOLL* - *SAR* 指标的研究了，而且同时在多个指标进行研究时对指标的选取上并未充分考虑指标之间的互补性问题。

有些学者认为技术指标能带来超额利润。如 Wong 和 Meher 等（2010）[14]选取 1974 年 1 月 1 日—1994 年 12 月 31 日共 21 年 the Singapore STII 的日收盘价数据，采用移动平均线交易策略以及反转交易指标 RSI 交易策略进行实证研究。实证结果发现使用技术指标可以获得超额收益。Berry（2017）[15]把四种技术分析方法运用到印度股市，EMA 和 MACD 表现得最好，表明投资者可以依靠技术分析方法做出投资决策。Lin（2018）[16]利用多个技术指标的组合来预测美股市场，发现有非常显著的预测能力，而且还能预测按不同特性进行分类的股票组合的收益。Renu Isidore（2018）[17]技术分析证明了弱式有效市场假说，通过利用股票价格的历史数据，能够形成价格趋势来战胜市场，技术指标有助于预测价格变化。梁淇俊和郑贵俊等（2011）[18]分别对指数平滑异同平均线、相对强弱指标、能量潮等进行有效性检验,在生存模型基础上,T检验的结果看出指数平滑异同平均线、相对强弱指标可以获得收益且显著,但是能量潮不能获得收益。张永冀和汪昌云(2013)[19]对指数平滑异同平均线(MACD)和简易波动指标(EMV)进行比较研究,其中指数平滑异同平均线只反映股价,而简易波动指标对股价和成交量都进行反映。通过对比发现简易波动指标比指数平滑异同平均线更有效。只看股价比看股价和成交量预测能力低。邓伟和傅军(2014)[20]在布林线做出股票策略的平稳的指标,并测算出股价会服从几何布朗运动,且平稳。通过检验得出布林线具有获利能力,用平稳性做出的股票交易,是一种新的思想,也值得研究。Hsu(2010)[21]考虑到数据窥探偏差的影响,运用SPA检验来测试基于增长和新兴市场指数及其交易所交易基金数据的交易规则的预测能力。结果发现,技术交易对这些市场具有显著的预测能力。Massoud和Juri等(2012)[22]对欧洲股票市场的几个简单技术交易规则的盈利能力进行研究发现,即使考虑到数据窥探偏差的影响,增加移动平均规则确实具有预测能力。

然而还有些学者认为技术指标并不能给投资者带来超额收益,投资者进行投资时应该进行多方面的考虑而不是仅仅依赖于技术指标的分析。如Yamamoto(2012)[23]分析了股票的一些数据,以5分钟在日经225指数上的收益率为数据,分析了2006年9月1日—2007年8月31日这个区间的收益率数据,这一分析不仅加入了经常用的交易策略,还把订单非平衡的影响因素加入进来,以它们作为日间交易的策略。最后再用怀特真实检验和Bootstrap检验做出总结,在日本市场上,任何策略都无法得出超出买入且持有策略的收益。徐尚友和聂传英(2015)[24]验证了相关技术指标买入选股的有效性,采用的是虚拟变量模型,对沪市股票的样本分析得出结论,MACD、BOLL指标有效性短期不显著,相关指标无法获得额外收益,令投资者满意。宋巨生和黄逸轩(2014)[25]研究获得这样的结论,简单布林线规则与反布林线指标相比对股价预判是没有效的,他们还认为中国对布林线指标的有效性研究很少。

随着计算机技术的发展,有了与传统理论相对应的现代技术分析理论,对有效性检验的方法也不再是单一的,变得越来越多,如配对检验、双样本

t、boostrape 等多种方法。孙碧波（2005）[26]对上证指数就移动平均线是否有盈利和预测能力进行了研究，研究发现移动平均线具有预测能力且获得收益，在考虑交易成本和异步交易等情况下也具有预测能力且获得收益。陈浪南和王艺明（2001）[27]在技术交易规则受到数据窥察的影响下，通过建立检验发现数据是否窥察偏倚，从而确定技术交易存在显著的数据窥察。对现代技术分析理论的研究学者有 Reza 和 Abbasioun（2008）[28]，Biso 和 Dash（2014）[29]等。王志刚和曾勇等（2009）[30]用人工神经网络（ANN 模型）来检验技术分析非线性预测能力。研究发现，移动平均线显著且有效。移动平均线的人工神经网络模型比起其他移动平均线更有预测能力。魏宇（2007）[31]用随机波动模型预测了股票价格的精确度，结果表明预测股票价格效果好。瞿慧和刘烨等（2011）[32]使用遗传的方法进行了有效检验，研究发现获得收益。很多人认为股票价格和基本面分析没有关系。陈希和朱众望等（2011）[33]通过运营人工神经网络建立模型，证明股价有可能失真，研究发现上市公司的股价和基本面具有一定关联性。技术指标分析除运用在股票市场以外还运用于黄金、商品期货、融资融券和投资者情绪等等[34-39]。从以上的研究中我们可以发现，配对检验方法是最基本、最简单的方法。

11.2 实证检验

11.2.1 BOLL-SAR 指标的介绍

Bollinger Bands 指标，简称 BOLL，是由约翰布林利用统计学的理论最先提出，他通过计算出股票价格的标准差确定股市波动趋势，利用置信区间解释股市未来走势，根据显示出的波带形状判断股票价格是否在合理的范围内波动，这种具有区间，且会跟随股价变化而产生结果的波动就称为布林带。抛物线指标或停损转向操作点指标简称 SAR 指标，是由美国技术分析大师威尔斯—威尔德提出的一种较为通俗易懂的技术分析工具。此工具方法参考移动平均线的原理，其含义可以具体分为两个方面：一方面是指即停止亏损，具体做法是让投资者根据其确立的止损价位来进行买卖股票操作，以期能够减少风险。另一方面是指反向操作。

BOLL-SAR 就是将上述的 BOLL 指标与 SAR 指标相结合使用形成新的指

标,这两种方法的应用既可以判断股票的波动又可以确定股票买卖点。

11.2.2 BOLL-SAR 指标的研判标准

价格向上跃过 BOLL 指标的上轨且价格向下突破 SAR 值的时候卖出。价格向下跃过 BOLL 指标的下轨线且价格向上突破 SAR 值的时候买入。

11.2.3 对交易费用的假设

我们对一些费用即金额进行了假设以便算出收益率。我们假设本金为100万元,并且每次进行交易使用全部资金来进行交易以便计算。买卖价格均按当日的股票收盘价进行计算,因为一天当中股票价格是不断波动的。我们设定双边交易费用为 0.03%,单边印花税为 0.1%,买入费率为 0.03%,卖出费率为 0.13% 来计算收益率,会更加通俗易懂。

11.2.4 检验结果

表 11-1 实证检验的结果

序号	公司名称	盈利次数	总次数	胜率/%	手续费	净利润	收益率/%	买入持有收益率/%
1	中信证券	11	20	55.96	31452.72	-13267.70	-1.33	-1.15
2	东方财富	19	26	74.52	41837.05	-391492.06	-39.15	-32.62
3	京东方A	19	37	49.57	59803.26	-33073.24	-3.31	-2.83
4	中兴通讯	18	24	74.94	37799.10	156395.61	15.64	17.77
5	中国平安	15	25	58.21	40161.67	849735.03	84.97	75.87
6	华泰证券	15	35	43.06	56470.87	-24794.01	-2.48	-2.19
7	东方通信	13	24	54.71	38665.24	174324.29	17.43	14.53
8	深天马A	13	27	50.17	42963.11	-553004.54	-55.30	-48.09
9	广发证券	20	35	57.13	55376.54	-226695.10	-22.67	-20.24
10	欧菲科技	11	20	52.83	32309.13	-142169.60	-14.22	-17.06
11	海通证券	15	27	53.30	44043.82	-409133.69	-40.91	-34.09
12	格力电器	21	28	75.69	44845.25	1121187.30	112.12	100.11
13	恒生电子	14	32	44.80	51879.27	-46371.15	-4.64	-4.14
14	康美药业	15	31	49.34	50205.71	-331693.94	-33.17	-38.14
15	亨通光电	9	18	50.03	29450.69	766986.39	76.70	68.48
16	烽火通信	12	26	46.34	41005.56	69193.80	6.92	7.86

续表

序号	公司名称	盈利次数	总次数	胜率/%	手续费	净利润	收益率/%	买入持有收益率/%
17	贵州茅台	12	15	76.68	24433.88	2345627.61	234.56	195.47
18	兴业证券	14	24	58.22	38609.17	-584588.66	-58.46	-52.20
19	中国联通	10	18	54.40	29575.31	-104389.39	-10.44	-9.08
20	美的集团	11	21	53.26	32865.98	1188000.60	118.80	103.30
21	东方证券	16	28	55.87	45283.27	-671804.61	-67.18	-59.98
22	工商银行	12	19	60.22	31145.69	411047.74	41.10	36.70
23	万科A	9	25	36.44	39585.89	80497.68	8.05	9.15
24	国泰君安	27	36	74.71	56947.53	-273344.38	-27.33	-24.41
25	五粮液	15	30	48.92	48368.67	1275723.38	127.57	110.93
26	方大炭素	22	30	74.26	47907.75	1656266.19	165.63	58.60
27	隆基股份	17	34	48.10	55145.35	873434.08	87.34	100.44
28	科大讯飞	18	31	59.10	49358.28	97835.09	9.78	11.74
29	海康威视	21	37	57.61	58951.04	1061445.82	106.14	94.77
30	西部证券	15	28	53.21	44202.33	-799844.03	-79.98	-69.55
31	招商证券	20	35	56.42	55596.50	-314226.80	-31.42	-27.32
32	新华保险	21	35	58.50	56259.46	-86398.52	-8.64	-7.71
33	同花顺	13	28	45.53	44642.19	-431438.47	-43.14	-37.52
34	平安银行	18	37	49.15	59001.27	33375.19	3.34	4.01
35	分众传媒	13	21	60.08	33468.79	-622146.16	-62.21	-51.85
36	三安光电	9	19	46.49	30473.48	-179091.53	-17.91	-15.35
37	三一重工	17	29	59.39	46886.24	473628.65	47.36	42.29
38	农业银行	10	20	52.27	31255.50	392265.88	39.23	34.11
39	大华股份	11	21	53.42	34305.30	-162307.95	-16.23	-14.49
40	招商银行	15	26	55.93	41986.22	713286.45	71.33	62.02
41	安信信托	15	27	54.37	43396.40	-321833.54	-32.18	-38.62
42	中天科技	12	21	56.29	34467.39	-9282.57	-0.93	-0.83
43	东旭光电	18	34	54.06	53866.42	-520136.50	-52.01	-43.34
44	海螺水泥	10	20	50.03	32402.70	1108178.93	110.82	98.94
45	天齐锂业	17	22	76.57	35635.06	-9767.12	-0.98	-0.84
46	光大证券	15	32	48.34	51007.77	-610291.73	-61.03	-54.49

续表

序号	公司名称	盈利次数	总次数	胜率/%	手续费	净利润	收益率/%	买入持有收益率/%
47	温氏股份	12	26	47.49	40775.85	-86741.77	-8.67	-7.44
48	申万宏源	13	24	55.45	38073.54	-454676.82	-45.47	-40.60
49	新希望	17	34	48.52	54782.69	-159048.88	-15.90	-13.83
50	保利地产	12	22	53.10	35459.39	394564.23	39.46	35.23
51	万华化学	19	32	59.97	52122.21	941254.13	94.13	112.95
52	中国铁建	11	23	47.84	37307.59	-81334.11	-8.13	-7.26
53	伊利股份	14	37	38.73	58551.07	740246.58	74.02	64.37
54	中国建筑	22	37	59.80	59255.95	517335.48	51.73	44.99
55	上海莱士	12	21	59.13	32986.69	-707720.22	-70.77	-61.54
56	方正证券	20	35	57.83	56261.25	-422376.56	-42.24	-37.71
57	长江证券	13	22	59.30	35016.29	-575538.13	-57.55	-50.05
58	东兴证券	10	19	51.51	30382.13	-709120.85	-70.91	-63.31
59	兴业银行	10	19	54.30	30085.58	19517.45	1.95	2.30
60	大族激光	15	27	55.54	42763.56	365896.14	36.59	32.67
61	赣锋锂业	17	37	47.13	59306.83	159517.24	15.95	18.13
62	中航资本	15	31	49.14	49708.83	-435327.20	-43.53	-37.85
63	苏宁易购	16	31	51.71	49853.51	-198993.51	-19.90	-17.77
64	南方航空	14	23	58.70	36886.35	-130833.85	-13.08	-11.21
65	建设银行	7	15	49.53	23493.83	350489.48	35.05	31.29
66	山东黄金	13	24	55.41	38401.33	635982.53	63.60	55.30
67	中国国航	18	38	47.44	61155.04	16331.03	1.63	1.92
68	用友网络	11	26	41.59	42315.79	-15893.51	-1.59	-1.42
69	中国太保	17	29	60.11	46119.16	114092.61	11.41	13.42
70	长春高新	12	20	59.85	32287.96	1016774.56	101.68	88.42
71	立讯精密	15	32	46.54	51432.64	1438122.67	143.81	39.12
72	国元证券	23	38	59.57	60648.10	-509107.71	-50.91	-45.46
73	中天金融	17	33	51.11	52451.27	-60857.66	-6.09	-5.29
74	招商蛇口	23	31	74.52	49751.27	-59305.81	-5.93	-5.30
75	恒瑞医药	9	17	53.10	26980.01	1325119.26	132.51	110.43
76	圣农发展	15	30	48.15	48624.12	-146524.08	-14.65	-17.58

续表

序号	公司名称	盈利次数	总次数	胜率/%	手续费	净利润	收益率/%	买入持有收益率/%
77	乐普医疗	10	21	48.37	33176.78	126409.72	12.64	15.17
78	通威股份	16	33	48.66	53289.91	372385.19	37.24	33.25
79	中公教育	10	17	57.25	27312.65	-85963.06	-8.60	-7.48
80	中国人寿	14	23	60.21	36973.33	-215584.09	-21.56	-18.75
81	洛阳钼业	12	20	58.06	32543.15	-48409.18	-4.84	-4.21
82	紫金矿业	17	23	75.28	36369.07	58523.00	5.85	6.89
83	中国中车	14	29	48.70	46376.84	-222054.37	-22.21	-19.31
84	双汇发展	9	17	55.13	26693.74	451364.78	45.14	54.16
85	潍柴动力	10	20	49.24	32403.08	1051960.01	105.20	91.47
86	牧原股份	21	36	58.46	57024.13	1791423.72	179.14	155.78
87	中国巨石	11	21	53.55	32981.71	443725.85	44.37	39.62
88	中国神华	19	33	56.19	53108.97	658111.14	65.81	57.23
89	复星医药	14	28	49.88	45421.06	84608.01	8.46	10.58
90	TCL集团	17	35	48.56	55546.60	-355541.37	-35.55	-31.74
91	比亚迪	13	22	60.03	34808.89	-133733.33	-13.37	-11.94
92	民生银行	15	38	38.93	60794.62	-190331.36	-19.03	-16.99
93	国信证券	18	32	55.81	50973.71	-560666.36	-56.07	-50.06
94	上汽集团	13	21	59.35	34011.41	698362.75	69.84	60.73
95	蓝思科技	15	28	54.48	45347.85	-252798.00	-25.28	-52.07
96	南京银行	16	31	50.88	49122.33	70512.09	7.05	8.01
97	交通银行	13	22	59.95	35632.84	86572.27	8.66	9.84
98	中国石油	21	38	55.95	60295.76	-91001.73	-9.10	-7.91
99	泸州老窖	20	37	53.68	59633.04	614592.42	61.46	73.75
100	中国石化	19	36	53.76	56939.67	206816.16	20.68	23.50
101	东方航空	11	22	47.71	35282.06	-339796.82	-33.98	-30.34
102	中国银行	21	38	56.17	60389.57	67594.46	6.76	7.95
103	智飞生物	18	30	60.63	48150.61	1505989.76	150.60	134.46
104	航天信息	16	31	50.88	49796.79	-164355.33	-16.44	-14.67
105	包钢股份	16	27	58.11	42791.78	-304741.76	-30.47	-36.57
106	正泰电器	9	16	55.26	25955.15	100833.95	10.08	11.86

续表

序号	公司名称	盈利次数	总次数	胜率/%	手续费	净利润	收益率/%	买入持有收益率/%
107	洋河股份	27	35	75.37	56519.15	649811.81	64.98	58.02
108	片仔癀	15	32	48.39	50893.16	1298472.79	129.85	112.91
109	华东医药	7	25	26.61	39224.35	68142.36	6.81	7.74
110	万达电影	15	28	54.35	44281.34	−797817.79	−79.78	−69.38
111	陕西煤业	20	28	74.11	44113.10	891045.34	89.10	79.56
112	新和成	24	32	76.25	50946.60	837994.95	83.80	72.87
113	永辉超市	14	28	51.20	44571.01	924982.10	92.50	80.43
114	青岛海尔	12	22	52.47	35436.54	1546743.34	154.67	47.54
115	中国国旅	14	28	49.30	44714.13	1421897.42	142.19	123.64
116	国投资本	14	28	49.66	44410.18	−726536.56	−72.65	−60.54
117	华夏幸福	18	34	52.88	54755.09	−36362.24	−3.64	−3.03
118	华兰生物	12	21	55.98	34240.90	292941.14	29.29	33.69
119	中国重工	14	28	51.01	45280.05	−587484.73	−58.75	−51.09
120	白云山	17	31	55.05	49127.60	389385.19	38.94	34.77
121	中国中铁	16	34	47.27	53853.51	−298281.56	−29.83	−26.63
122	金风科技	16	31	52.09	48995.29	−273072.41	−27.31	−32.77
123	攀钢钒钛	19	32	59.28	50673.43	−101818.18	−10.18	−9.09
124	华侨城A	16	32	48.25	51839.30	−163158.00	−16.32	−14.57
125	新城控股	11	20	53.81	32540.85	892230.26	89.22	77.59
126	世纪华通	12	24	51.87	38513.17	75469.82	7.55	8.88
127	上海机场	15	29	50.30	47007.29	966259.30	96.63	86.27
128	光大银行	20	36	54.52	57316.23	25089.42	2.51	3.14
129	北方稀土	9	24	38.13	38569.35	−252721.45	−25.27	−30.33
130	三环集团	14	25	55.88	39889.68	−7641.19	−0.76	−0.66
131	中信银行	20	38	52.66	61133.76	−116852.70	−11.69	−10.16
132	东方明珠	15	28	52.96	44721.58	−665050.77	−66.51	−59.38
133	海大集团	16	27	60.02	43808.12	1931181.38	193.12	77.60
134	绿地控股	11	20	55.81	31191.08	−454137.84	−45.41	−54.50
135	江西铜业	17	31	56.19	49279.94	−66311.46	−6.63	−5.53
136	山西汾酒	18	36	51.13	57300.62	858051.83	85.81	102.97

续表

序号	公司名称	盈利次数	总次数	胜率/%	手续费	净利润	收益率/%	买入持有收益率/%
137	云南白药	16	33	48.27	52566.67	107890.65	10.79	12.69
138	国电南瑞	13	17	76.27	26906.65	303227.45	30.32	25.27
139	中航飞机	15	29	50.74	45921.34	-474810.81	-47.48	-41.29
140	宁波银行	13	25	54.06	39454.28	479681.99	47.97	57.56
141	中国铝业	18	34	52.34	54922.68	-260566.45	-26.06	-22.66
142	葛洲坝	14	29	50.41	45923.15	-68816.92	-6.88	-5.73
143	同仁堂	16	29	53.80	46703.58	-249488.62	-24.95	-29.94
144	五矿资本	11	22	49.77	35777.07	-561241.46	-56.12	-50.11
145	汇川技术	9	20	43.33	32268.14	-36579.02	-3.66	-3.05
146	紫光股份	17	22	75.43	35040.15	-563424.73	-56.34	-50.31
147	华夏银行	11	20	58.79	31286.71	-185638.24	-18.56	-16.57
148	宝钢股份	18	25	74.30	39270.81	409436.39	40.94	36.56
149	浙江龙盛	20	35	55.87	56691.45	-29029.19	-2.90	-2.59
150	浦发银行	15	29	52.43	46266.36	-1191051.2	-119.11	-17.06
151	三六零	17	30	57.89	47948.04	400508.79	40.05	48.06
152	中国交建	15	30	49.83	47619.51	-537911.76	-53.79	-3.30
153	大秦铁路	7	15	44.43	24361.64	181721.80	18.17	15.14
154	荣盛发展	12	20	58.70	31968.61	45331.08	4.53	5.15
155	兖州煤业	14	30	46.30	48236.16	61363.24	6.14	7.22
156	爱尔眼科	11	20	51.63	32700.03	1224651.22	122.47	109.34
157	美年健康	17	34	50.59	54364.58	137392.50	13.74	16.49
158	长江电力	15	26	56.54	41960.66	397192.16	39.72	35.46
159	广汽集团	11	22	48.78	35345.20	-283766.43	-28.38	-25.34
160	顺丰控股	15	29	51.46	45999.15	1453019.92	145.30	129.73
161	福耀玻璃	20	37	53.03	59952.42	899906.16	89.99	80.35
162	宇通客车	11	19	54.12	31217.84	-411007.97	-41.10	-35.74
163	长安汽车	16	34	48.53	53913.33	-566615.65	-56.66	-50.59
164	中国核电	14	25	55.30	40669.90	-414389.64	-41.44	-37.00
165	广联达	12	21	56.28	33582.09	370246.53	37.02	33.06
166	巨人网络	15	29	53.32	45790.79	-577863.96	-57.79	-51.59

续表

序号	公司名称	盈利次数	总次数	胜率/%	手续费	净利润	收益率/%	买入持有收益率/%
167	北京银行	12	21	58.93	33247.02	-125241.12	-12.52	-11.18
168	中航沈飞	17	29	59.68	46704.20	1067117.69	106.71	95.28
169	天茂集团	19	32	60.54	51098.04	-488559.21	-48.86	-42.48
170	青岛啤酒	17	38	43.18	61218.81	134643.15	13.46	16.16
171	国投电力	21	28	74.94	44300.07	115893.65	11.59	13.17
172	长城汽车	15	27	53.77	43999.04	-522158.81	-52.22	-45.41
173	中航光电	18	33	54.89	53019.53	301708.22	30.17	26.24
174	金隅集团	13	23	55.93	37193.96	-178924.86	-17.89	-15.83
175	航发动力	8	15	51.01	24673.94	-533191.95	-53.32	-47.61
176	海天味业	18	32	55.70	50495.70	1331931.16	133.19	118.92
177	中集集团	16	31	51.13	50094.20	-484459.82	-48.45	-42.13
178	金地集团	21	34	60.58	54081.82	-106188.04	-10.62	-9.39
179	石基信息	13	32	40.54	51967.95	-473784.18	-47.38	-42.30
180	华能国际	13	25	50.89	39559.68	6833.87	0.68	0.57
181	海航控股	17	35	47.60	56395.87	-525596.13	-52.56	-46.93
182	古井贡酒	10	20	50.92	31833.23	730547.21	73.05	65.23
183	华域汽车	10	22	45.56	35850.78	307066.78	30.71	35.31
184	芒果超媒	15	21	74.54	33251.16	38976.17	3.90	4.43
185	上海医药	27	36	74.82	57102.87	-32285.95	-3.23	-2.88
186	中国电建	13	25	54.00	39243.39	-355642.27	-35.56	-30.93
187	完美世界	17	28	58.62	45286.14	376472.35	37.65	33.61
188	申通快递	16	32	49.79	51739.33	-510674.83	-51.07	-61.28
189	中国中冶	12	21	57.90	34240.00	-459468.71	-45.95	-39.95
190	小天鹅A	12	31	37.62	49964.47	961124.61	96.11	85.81
191	科伦药业	12	20	60.04	32405.67	279975.06	28.00	25.00
192	中联重科	17	30	55.70	48198.38	-217057.20	-21.71	-19.38
193	川投能源	16	28	58.98	44733.88	-70180.15	-7.02	-6.02
194	延安必康	15	32	48.05	50822.40	152985.88	15.30	18.00
195	宋城演艺	18	35	52.49	55314.88	-195688.81	-19.57	-17.02
196	春秋航空	14	29	49.99	46396.50	-475130.07	-47.51	-42.42

续表

序号	公司名称	盈利次数	总次数	胜率/%	手续费	净利润	收益率/%	买入持有收益率/%
197	恒力股份	16	32	49.72	50563.69	152225.02	15.22	17.30
198	鞍钢股份	9	21	44.87	33046.12	157795.61	15.78	17.93
199	三花智控	7	38	18.20	60762.42	445062.99	44.51	39.74
200	国电电力	15	32	48.55	50920.58	-243497.19	-24.35	-21.74
201	河钢股份	16	28	58.28	44044.14	-30853.39	-3.09	-2.57
202	恒逸石化	13	25	54.37	39229.29	705344.95	70.53	62.98
203	中远海控	21	37	57.18	58456.31	-577832.51	-57.78	-50.25
204	华电国际	9	20	47.00	31488.01	-218731.11	-21.87	-18.23
205	中油资本	13	24	53.65	37983.80	-247983.16	-24.80	-21.56
206	陆家嘴	18	31	56.65	49940.08	-523814.73	-52.38	-46.77
207	苏泊尔	21	36	60.14	57103.97	1465624.63	146.56	175.87
208	宁沪高速	19	32	58.11	51469.69	406981.87	40.70	36.34
209	江苏国信	15	20	75.67	32759.59	-142111.80	-14.21	-12.57
210	广汇汽车	9	22	39.35	35821.53	-628302.14	-62.83	-52.36
211	上海电气	15	28	54.81	44661.36	-430375.11	-43.04	-51.65
212	招商港口	14	25	55.01	40145.84	-53285.22	-5.33	-4.63
213	海澜之家	29	38	75.24	61006.52	-306876.39	-30.69	-25.57
214	中国动力	5	8	59.14	13020.51	-519771.38	-51.98	-46.41
215	中煤能源	20	35	57.70	56102.48	-168285.95	-16.83	-14.63
216	上港集团	14	25	58.44	39663.05	-72406.83	-7.24	-6.30
217	豫园股份	11	25	46.29	39273.37	-551240.50	-55.12	-47.93
218	浙能电力	13	26	49.64	41787.41	-257438.36	-25.74	-22.39
219	韵达股份	12	22	57.19	34795.24	1114210.18	111.42	96.89
220	金科股份	19	34	54.29	54892.57	486931.00	48.69	43.48
221	圆通速递	18	31	57.05	49825.72	-213425.76	-21.34	-19.06
222	宁波港	15	35	42.54	55680.20	-659421.85	-65.94	-57.34
223	上海石化	17	29	57.03	47227.44	-364861.79	-36.49	-5.56
224	桂冠电力	16	30	52.94	47909.80	-120816.18	-12.08	-10.79
225	荣盛石化	15	37	40.97	59016.74	756376.76	75.64	65.77
226	大唐发电	10	36	29.04	57385.65	-327942.46	-32.79	-29.28

续表

序号	公司名称	盈利次数	总次数	胜率/%	手续费	净利润	收益率/%	买入持有收益率/%
227	中海油服	12	23	55.27	36092.34	-436657.59	-43.67	-38.99

由检验结果可知，在227只股票中，有76只股票运用日线BOLL-SAR指标规则下进行投资所获得收益率大于买入持有策略下的收益率的占比为33.48%。由此可见，在本章所给的研究条件下，我国A股市场中BOLL-SAR指标对投资者进行投资时没有太大的参考价值，在很多情况下并不能带来超额收益率。从上面的表格中我们可以得出，共227只股票中一共有124只股票在日线BOLL-SAR技术指标规则下算出来的收益率是亏损的，同样在227只股票中按买入持有策略算出来的收益率的124只股票是亏损的。在两个技术指标指导下亏损股票数与买入持有策略下股票亏损数相等。就这方面来说，BOLL-SAR技术指标指导的策略与买入持有策略效果是相当的，并无区别。

从盈利次数方面来讲，所有样本股中盈利次数占比大于50%的股票有162只，占样本股票数的71.36%。由此可见，该技术指标从这个角度来讲是有效的。

通过该技术指标规则下进行交易时，关于样本股在交易中发生的交易费用超过本金5%的有81只，但是交易费用超过本金10%的股票数量为0。

从结果可知，对于A股中选取的227只成分股而言，在这整3年的程序化交易中，盈利次数总占比为54%。所以仅从这个角度考虑时BOLL-SAR指标规则下的交易策略是比较有效的，但是54%差不多还是1/2的概率。然而，从净利润数据角度来看，该指标规则下的净利润大部分情况下并未获得收益。

综上所述，在BOLL-SAR指标规则情况下的收益率相比买入并长期持有股票，不能获得超额收益，投资者在进行投资时不能太多依赖于该技术指标。

11.3 结论

通过实证研究得出如下结论：对于A股中227只成分股而言，根据检验结果可知，大多数成分股在这3年的交易当中是亏损的，少数成分股的收益率为正但是也是低于买入持有的无条件收益率。只有极少数的成分股的条件收益率大于买入持有的无条件收益率从而获得超额收益率。由此可见，在BOLL－SAR指标规则下进行交易相比较于买入持有策略交易不能获得超额收益率。因而可以得出结论，在本章的前提假设下BOLL－SAR指标规则下进行交易并不能带来超额收益。

本章小结

对技术指标来说，目前所面临的问题有：一是投资者通过技术指标来预测股价未来走势的准确性到底有多高？二是技术指标对判断股价走势到底有多大的参考价值？三是目前我国股票市场存在很多不成熟的方面，因此技术分析能否发挥其相应的作用？针对上述问题，本章选取BOLL－SAR指标进行相关研究，希望对上述问题的解决提供一些建议。由实证检验结果可知，BOLL－SAR指标规则下的收益率并未显著高于买入持有策略下的收益率，这表明BOLL－SAR指标在我的国A股市场中是无效的。

参考文献

［1］Brock. W, Josef Lakonishok, Blake Le Baron. Simple Technical Trading Rules and the Stochastic Properties of Stock Returns［J］. Journal of Finance,1992,47(5):1731－1764.

［2］David P. Brown,Robert H. Jennings. On Technical Analysis［J］. The Review of Financial Studies,1989,2(4):527－551.

［3］Khatua A. An Application of Moving Average Convergence and Divergence (MACD) Indicator on Selected Stocks Listed on National Stock Exchange (NSE)［J］. Social Science Electronic Publishing,2016,6(3):76－79.

［4］Ale J. Hejase. Technical analysis:Exploring MACD in the Lebanese Stock Market［J］. Journal of Research in Business,Economics and Management,2017,8(4):1493－1502.

［5］Milionis A E,Papanagiotou E. Decomposing the Predictive Performance of the Moving Average Trading Rule of Technical Analysis:the Contribution of Linear and non－Linear Dependencies in Stock Returns［J］. Journal of Applied Statistics,2013,40(11):2480－2494.

［6］戴洁,武康平. 中国股票市场技术分析预测力的实证研究［J］. 数量经济技术经济研究,2002(4):55－69.

[7] 滕永平,吴迪. 沪深 300 股指期货程序化交易策略比较分析研究[J]. 现代经济信息,2018(1):312.

[8] Papathanasiou S,Rousis P. Is Technical Analysis Profitable on Athens Stock Exchange? [J]. Journal of Business Research,2018(61):24.

[9] Williams O D. Empirical optimization of Bollinger Bands for profitability[J]. Social Science Electronic Publishing,2013,6(2):89 - 91.

[10] 周彩霞,张斌,张义葆. KD 和 BOLL 指标对判断股价走势有效性分析[J]. 郑州航空工业管理学院学报,2003,21(2):49 - 52.

[11] Chong T L, Ng W K. Technical analysis and the London stock exchange: testing the MACD and RSI rules using the FT30[J]. Applied Economics Letters,2008,15(14):1111 - 1114.

[12] Cai Xia Z,Bin Z,Yi Bao Z. An Empirical Analysis on the Stock's Price Forecast by Using KD and BOLL Indexs[J]. Journal of Zhengzhou Institute of Aeronautical Industry Management,2003,18(9):104 - 108.

[13] 游士兵,都娟. 胜算指标在股票技术分析中的有效性检验[J]. 统计与决策,2012(22):161 - 164.

[14] Wong W. K., Meher M. Boon K. C. How Rewarding is Technical Analysis? Evidence from Singapore Stock Market[J]. Applied Financial Economics,2010(7):543 - 551.

[15] Rahul Berry, Dr. Sulochna. Study on Use of Technical analysis in Forecasting Price Moments of Seleceted Companies of NSE&BSE[J]. Imperial Journal of Interdisciplinary Research,2017,3(2):1394 - 1401.

[16] Qi Lin. Technical Analysis and Stock Return Predictability: An Aligned Approach [J]. Journal of Financial Markets,2018,38:76 - 84.

[17] Renu Isidore,R. P. Christie. Fundamental Analysis Versus Technical Analysis – a Comparative Review [J]. International Journal of Recent Scientific Research,2018,9(1):23009 - 23013.

[18] 梁淇俊,郑贵俊,徐守萍. 基于生存分析的择时策略择优体系研究——以技术指标交易信号为例[J]. 金融经济学研究,2011,30(1):96 - 106.

[19] 张永冀,汪昌云,华晨. 历史价量信息在价格发现中更有效吗?——基于中国证券市场的数据分析[J]. 中国管理科学,2013,(s1):346 - 354.

[20] 邓伟,傅军,刘红. 基于 BOLL 的平稳技术指标在股票交易中的应用[J]. 四川理工学院学报(自然科学版),2014,27(3).

[21] Hsu P H,Hsu Y C,Kuan C M. Testing the predictive ability of technical analysis using a new stepwise test without data snooping bias[J]. Journsal of Empirical Finance,2010,17(3):

471-484.

[22] Massoud, Juri, Yung-Ho Chang. Are Moving Average Trading Rules profitable? Evidence from the European Stock Markets[J]. Applied Economics,2012(44): 1539-1559.

[23] Yamamoto R. Intraday Technical Analysis of Individual Stocks on the Tokyo Stock Exchange[J]. Journal of Banking&Finance,2012,36(11):3033-3047.

[24] 徐尚友,聂传英. 股市技术选股指标有效性检验[J]. 现代经济信息,2015(21):311.

[25] 宋巨生,黄逸轩,郑玮. 对布林线有效性的研究[J]. 统计与决策,2014(17):168-171.

[26] 孙碧波. 移动平均线有用吗?——基于上证指数的实证研究[J]. 数量经济技术经济研究,2005,22(2):149-156.

[27] 陈浪南,王艺明. 技术交易规则与超常收益研究[J]. 经济研究,2001(12):73-81.

[28] Reza T, Abbasioun V. Application of Artificial Neural Networks in Stock Market Timing: a Technical Analysis Approuch[J]. Journal of Futures Markets,2008,35(1):31-51.

[29] Bisoi R, Dash P K. A Hybrid Evolutionary Dynamic Neural Network for Stock Market Trend Analysis and Prediction Using Unscented Kalman filter [J]. Applied Soft Computing Journal, 2014,19(6):41-56.

[30] 王志刚,曾勇,李平. 中国股票市场技术分析非线性预测能力的实证检验[J]. 管理工程学报,2009,23(1):45-53.

[31] 魏宇. 中国股市波动的异方差模型及其SPA检验[J]. 系统工程理论与实践,2007(6):113-123.

[32] 瞿慧,刘烨,李娟. 基于遗传编码的中国股票市场有效性检验[J]. 统计与决策,2011(23):137-142.

[33] 陈希,朱众望,王玉峰. 基于遗传神经网络上市公司股价向基本面回归的分析研究[J]. 科学技术与工程,2011,11(27).

[34] 向诚,陆静. 基于技术分析指标的投资者情绪指数有效性研究[J]. 管理科学,2018,31(1):129-148.

[35] 徐雪. 中国黄金期货市场价格发现功能的实证分析[J]. 管理世界,2014(11):172-173.

[36] 尹力博,杨清元,韩立岩. 技术指标能够预测商品期货价格吗?[J]. 管理科学学报,2018,21(6):99-109.

[37] 李志生,杜爽,林秉旋. 卖空交易与股票价格稳定性——来自中国融资融券的自然实验[J]. 金融研究,2015(6):149-156.

[38] 贾权,陈章武. 中国股市有效性的实证分析[J]. 金融研究,2003(7):21.

[39] 程琬芸,林杰. 社交媒体的投资者涨跌情绪与证券市场指数[J]. 管理科学,2013,26(5):111-119.

第12章
我国股票市场价格与房地产市场价格关系研究

12.1 引言

与国外发达国家比较完善的金融市场相比,我国金融市场起步晚而且不健全,投资者的投资渠道也较为单一。我国从1998年实行住房商品化改革后,房地产与股票就成为两种比较重要的投资方式。由于我国房地产行业的上下游产业链众多,对关联行业都有着牵一发而动全身的作用,而我国股票市场经历了20多年的发展,其价格变动对宏观经济运行和发展有很大的影响,所以,研究房地产价格与股票价格变动关系,探究房地产市场与股票市场的价格变动是否存在某种规律,这种关联关系中哪个市场占据着主导地位就有着非常重要的意义,有助于利用两个市场之间的关联性来促进我国国民经济的健康发展,优化资源配置。

纵观1998—2017年我国商品房价格与股票价格指数可以发现,房地产市场价格与股票市场价格长期呈现一种正向相关的关系。分阶段来看,我国房地产市场化发展于1998年房产改制后,在2004年基本成型,这一阶段的房地产市场由于处于发展初期,各个方面还不健全,房地产价格的波动较为频繁。而我国的证券市场自1998年开始正式启用法律法规进行规范管理后,相继出台《证券法》《公司法》,法律的出台颇有成效,促使中国股票市场也在这一阶段中波动上涨。反观2004—2007年的房地产市场,房地产市场的价格突然大幅上涨,为了抑制过热的房地产市场继续膨胀,国家出台了很多调控政策。而同一时期，我国股票市场也有很大的变动，2005年5月开始的股权分置改革使得中国股市开始重塑，中国股市进入了一个蓬勃发展的时代。然而好景不长，全球经济危机很快对我国的房地产市场产生影响，很多投资者不敢出手买房，房地产市场一度陷入了无人问津的局面，价格当然也受到了影响，一路下坡。在经历了2008年股灾的打击后，上证综指跌至最低点1706.7点，政府立马出台了积极的财政政策和适度宽松的货币政策，政策效果显著，房价下行的趋势很快就得到了遏制，并且一路上扬。而此时的股票市场也于2009年10月19日回到3000点以上。2010年4月17日，由于前期调控力度过大，股价下跌局势虽然得到扭转，但却在后期出现了商品房价格增长过快的问题，政府出台了《关于坚决遏制部分城市房价过快上涨的通知》，开始通过差别化政策来抑制过热的房地产市场。2010年4月我国商品房销售额为4448.44亿元，后出现销售速度减慢的趋势，截至2010年5月，我国商品房销售额降到了3861.06亿元。同一时期，上证指数也出现了下行的局面，从2010年4月17日的3130点降到了2010年5月20日的2555点，降幅达22%。2012—2014年初，由于政府对房地产市场介入微调，部分改善性需求开始入市。房地产市场又开始出现欣欣向荣的景象，全国100个城市新建住宅平均价格实现连续23个月环比增长。而同一时期的上证指数收盘价基本在2500点以下，股票市场行情惨淡。紧接着从2014年5月至2015年3月，连续10个月内，全国100个城市新建住宅平均价格出现了环比下跌，而同时期的上证指数收盘价一路上涨。然而股市走势好景不长，于2015年经历了一轮崩盘。面对股市的不景气，部分城市的房地产价格却出现了新一轮的飙升。

通过观察可以发现，每当我国股市崩盘后，北京、上海、广东、深圳都会出现一波商品房价格快速上涨，但是二、三线城市的房价上涨就没有那么明显。整体来看，股票价格与房地产价格呈现出一种正相关的关系。但是分区域来看，股票波动与房地产价格波动关系在不同的经济发展地区所呈现的状态也不同，可能会在替代效应、投资组合效应作用下呈现出一种负相关关系，也可能在财富效应、信贷扩张效应作用下呈现出一种正相关关系。那么分区域来分析股价与房价之间的关系就有一定的必要了。能够帮助我们看出不同区域之间的投资者投资偏好，投资者的投资组合方式是否存在差异，这关系着我国经济的地域性发展以及民生问题，对于两个市场发展的预测与相关政策措施的制定都有着很重要的意义。

我国从 1998 年实行住房商品化改革以来，由于国内金融发展比较滞后，金融产品较为单一，投资者选择的投资方式就集中在了股票市场与房地产市场。通过分析房地产市场价格与股票市场价格波动关系，一方面有助于分析房地产市场与股票市场的供求关系，另一方面又有利于帮助我们直观地看出资金在两个市场之间的流动状态。

而进一步分析经济发展程度不同的地区，股票成交总金额同商品房销售价格总额的关系，能够帮助我们看出不同的经济发展程度会对股票价格与房地产价格关系产生什么样的影响，进而更好地看出经济发展程度不同的地区投资者的投资偏好，不同发展程度地区资金在房地产与股票市场的流动状况。

本研究微观上有利于投资者根据相应的数据预测经济增长点，合理规划投资组合。宏观上有利于政府部门针对现实的经济情况做出正确的货币政策与财政政策。对于促进两个市场健康发展、防范金融风险、推动国民经济持续稳定发展、防止股票市场与房地产市场泡沫的滋生和膨胀都有着理论意义和现实意义。

12.2 文献综述

国外对于股票价格和房地产价格研究时间比较早，而且前期都偏重于实证研究两者之间直接的关系，大多数学者都认同了房地产价格与股票价格之间存在正相关关系，而且两者之间表现出一种螺旋交替上涨的关系。比较早的研究学者有 Stone 和 Ziemba（1993），他们选择 1955—1989 年日本的相关数据，对股票指数与收益、土地价格与收益进行实证研究，发现土地价格与股票价格交替上涨，而且两者的上涨速度也呈现一种交替攀升的状态，两者呈现出一种正相关关系[1]。同时，股票市场对商业用地价格影响更为显著。得出类似结论的还有 Chen（2001），他对中国台湾 1980—2000 年的股价与房价数据进行研究，从宏观经济的信贷角度进行了分析，发现房价与股价相互作用，并形成螺旋上升的趋势[2]。在此基础上，Quan 和 Daniel（2002）想要研究股票价格对房地产价格的影响程度大小，他们利用 1984—1998 年美国 130 个大都市区的面板数据，估计出股票指数每上涨 1% 都会对住宅价格上涨产生出 0.16% 的贡献[3]。我国学者皮舜（2004）利用误差修正模型对我国 1997—2003 年的金融市场与房地产市场的月度数据进行研究，发现我国房地产市场与金融市场不论长期还是短期都存在双向线性因果关系，两个市场有着一定程度的共生性[3]。

在得出简单关系的基础上，很多学者深入分析这种波动关系产生的原因，想要解释资金在两个市场中的流动传导机制。比如 Fung 等（2006）分析了 2001—2004 年中国房地产市场和股票市场的关系[4]，虽然这一时期的中国股票市场低迷，但房地产市场却飞速发展，他认为是资金流动的原因导致了两个市场不同的发展状态。我国学者周京奎（2006）试图找到资产价格之间的传导路径，他通过建模研究房屋销售价格指数和股票价格指数的关系，得出了股价的变化对房价的影响不显著，而房价的变动将导致股价波动的结论，并提出我国股价的变化在很大程度上是由非货币因素引起的观点[5]。唐建伟（2006）则研究了银行系统与股票、房地产价格之间的传导机制。他从银行的角度展开研究，认为房价与股价的波动将通过市场风险渠道、信贷风险渠道、为附属机构注资的风险渠道等传导渠道传递到银行系统，最终影响到银行系统的稳定。

还有很多学者选择从货币这一视角展开研究房地产市场与股票市场价格波动的关系。侯玉玲和罗来东（2005）分析了我国的通货膨胀问题，他们选择从两个市场吸纳货币供应量角度出发，研究股票市场同房地产市场的关联性，认为货币供应量的增长与股票市场以及房地产市场之间存在长期稳定关系[6]。而耿中元和曾令华（2010）在前人的基础上，选择了从货币流速的角度出发，探讨股价与房价的关系。研究发现，由于股票市场和房地产市场导致货币流通速度下降，所以即使货币供应量大大提高，却并不会导致很高的通货膨胀。

从上述看来，很多学者选择分析某一时间段房地产市场与股票市场的价格波动关系，部分学者认为有必要对两个市场进行分时间段的分析，他们认为房市与股市之间可能存在阶段相关性，因此在模型中，运用邹氏转折法来检验不同阶段的房地产市场与股票市场的相关性。赵建（2007）对我国 1998—2005 年的股票价格和房价月度数据进行研究。张跃龙，吴江（2008）在对我国房地产市场与股票市场 1998—2007 年的波动关系进行研究时，也使用邹氏转折法。他们认为,我国房价和股价之间的波动在不同阶段表现不同。

前人关于股票市场与房地产市场价格变动关系的研究很多,近些年的我国学者偏向于研究某一市场价格变动与宏观经济之间产生的联动效应。陈继勇等(2013)研究了1998—2011年的相关数据,选择了从房价与股价变动关系对宏观经济预测的角度,得出了流动性在资产价格各个阶段都很重要的结论;股票、房地产价格波动均隐含了一定程度的未来产出和通货膨胀信息;货币总量和信贷总量分别对股票价格和房地产价格的调控效果较好[7]。陈娟和高静(2016)则是从相反的角度出发,选择观察政策变动对房价产生的影响,发现在房价调控政策的冲击下,二手住宅价格指数,大、中、小户型新建商品住宅价格指数和总价格指数都表现出不同的波动特征。发现房控政策只能短期发生效力,虽然在短期能够降低人们关于房价的预期,但是通过累积效应,人们关于房价的强烈预期依然不能收到抑制[8]。

综上所述,国内外关于房价与股价关系的研究很多,基本上都认同股票价格与房地产价格是呈现正相关关系。国外学者对于房价与股价的关系研究偏向于借助实证研究,利用模型来研究数据之间的关系。而国内学者偏向于通过理论分析来阐述股票市场与房地产市场之间的传导机制。比较有代表性的有周京奎,他从资产价格波动的传导途径推出货币—信用—资产价格之间的相互关系,模型选择和分析方法都值得我们学习与借鉴。

有关股票市场价格变动、房地产市场价格变动、两个市场之间的联系等相关研究一直是国内外学者关注的热点,两者关系的研究无疑对国家宏观层面政策的制定有很大的借鉴作用。可以看出,国内外学者尚无人做出股票市场与房地产市场区域性的互动研究。由于受到不同发展水平的地区投资者投资方式不同的影响,各个地区房地产价格波动与股票价格波动的关系也表现出不同。可能会在替代效应、投资组合效应作用下呈现出一种负相关关系,也可能在财富效应、信贷扩张效应作用下呈现出一种正相关关系。那么我们在分析两个市场价格波动时,采取分地区来分析就很有必要了。因为国家虽然在进行宏观调控时能够根据股票市场发展状况制定相关政策,但由于我国各地经济发展水平不均,有关房地产调控的政策就不能以偏概全,而应该具体地区具体分析了。这种细分有助于帮助我们看出不同地域消费者的投资方式方法,不同地区资金在两个市场之间的流动状态,更有助于政府根据实际情况制定更为科学合理的财政政策。

12.3 我国房地产市场与股票市场相互关系的实证研究

本节将结合实证研究结果，来分析我国股票市场和房地产市场是否存在某种长期稳定的互动关系，引起两者之间互动关系的作用机制是什么；研究不同经济发展程度的地区两个市场价格变动之间的关系是否相同，这种不同点可以通过什么理论来解释。本节将利用VAR模型，先对上证综合指数与商品房销售价格指数的关系进行分析，再分别对各个省份的股票交易总额与商品房销售总额进行比较分析。

12.3.1 数据选取

我国房地产市场起步较晚，发展时间较短，相关的政策措施不够完善，有关的法律法规也不够健全，关于房地产市场的数据、资料比较有限。本部分选取了国房景气指数的八个分类指数中的商品房销售价格指数来反映我国房地产市场价格变动情况。选用这一指标有两个优点：一是国房景气指数由国家统计局编制，具有一定的权威性。它是从房地产业发展的基本要素出发，对能反映房地产整体运行状况的八个方面构建分类指数，对这些分类指数进行加权平均得到的综合指数，能够综合地反映房地产市场的变化趋势与变化程度。二是该数据较为完整，获取也比较便捷。能够收集到1990—2016年底的月度数据，数据的完整性也有利于提高研究的科学性。

相较于房地产市场的晚起步、短发展，我国的股票市场发展时间要长，本部分选择上证综合指数来代表股票价格进行研究。一是上证综合指数公开，资料比较多而且全面，二是上证综合指数的计算包含了所有在上海证券交易所挂牌上市的股票，以发行量为权数，是一种加权综合股票价格指数，能够很好地衡量我国股票市场的发展状况。

本节选取的数据指标时间区间为2000年1月—2016年12月，在研究我国股票价格变动与房地产价格变动时，采用商品房销售价格与上证综合指数价格的月度数据；在研究不同经济发展水平的两市场关系时，采用的是各个省份的股票交易总额与商品房销售总额月度数据。采用Eviews7软件进行统计分析，利用VAR模型对两市场的价格关系进行研究。

12.3.2 我国房地产价格与股票价格相互作用实证研究

12.3.2.1 平稳性检验

由于数据的平稳性是建立 VAR 模型的前提条件,因此需对原始数据进行严格的单位根检验。所谓时间序列的平稳性,是指时间序列的统计规律不会随着时间的推移而发生变化。检查序列平稳性的标准方法是单位根检验。

表 12-1 原始数据 ADF 检验结果

变量	水平检验结果		
	ADF-T 值	5%临界值	结论
FJ	1.161043	-2.877012	不平稳
SZ	-2.007035	-2.876123	不平稳

从表 12-1 中可以看出,股价和房价指数原始序列为不平稳序列,所以需要将原始序列取一阶差分后,再进行单位根检验结果显示平稳。结果如下:

表 12-2 一阶差分数据 ADF 检验结果

变量	水平检验结果		
	ADF-T 值	5%临界值	结论
DFJ	-3.512999	-2.877012	平稳
DSZ	-12.27120	-2.876200	平稳

从表 12-2 中可以看出一阶差分后的结果,在显著水平下拒绝的零假设,得出一阶差分为平稳序列,可以接下来进行格兰杰因果检验、方差分析、脉冲响应分析。

12.3.2.2 Granger 格兰杰因果检验

本部分建立滞后期最大为 10 的无约束 VAR 模型,并在 VAR 模型基础上进行最优滞后期检验。检验结果显示,SC 和 AIC 显示 7 为最优滞后期,LR 显示 2 是最优滞后期,选择 7 作为最优滞后期。平稳性检验可知,一阶差分后的序列是平稳性序列,因此利用一阶差分后的商品房销售价格指数 FJ 和上证综合指数 SZ 进行滞后期 7 的格兰杰因果关系检验,检验结果如表 12-3 所示:

表 12-3　DSZ 与 DFJ 的格兰杰因果关系检验结果

原假设	滞后项	F-统计量	P 值	结果
DSZ 不是 DFJ 的格兰杰原因	7	2.20263	0.0362	拒绝
DFJ 不是 DSZ 的格兰杰原因	7	0.80267	0.5861	接受

检验结果表明，当滞后期为 7 时，在 5% 的显著性水平下拒绝了 SZ 不是 FJ 的格兰杰原因，而在其他滞后期均接受了 SZ 是 FJ 的格兰杰原因。即认为上证指数 SZ 是中国商品房销售价格指数 FJ 的格兰杰原因，但商品房价格指数 FJ 不是上证指数 SZ 的格兰杰原因。这表示，用上证综合指数来预测未来房地产销售价格指数要比用房地产价格指数预测其本身未来指数要更为合理。检验结果发现 SZ 与 FJ 之间的滞后期较长，Granger 因果比较弱，说明股票价格变动时期较长才能影响到房地产价格。

12.3.2.3　脉冲响应分析

在进行脉冲响应分析前，必须要进行 AR 根检验，用以证明该模型是稳定的。如果在 AR 根检验时，特征方程的根均落在单位圆内，说明该特征方程是稳定的，可以展开下一步的脉冲响应分析。否则，脉冲响应的分析结果将无效。对一阶差分后的 SZ 与 FJ 进行 AR 根检验，结果见图 12-1。

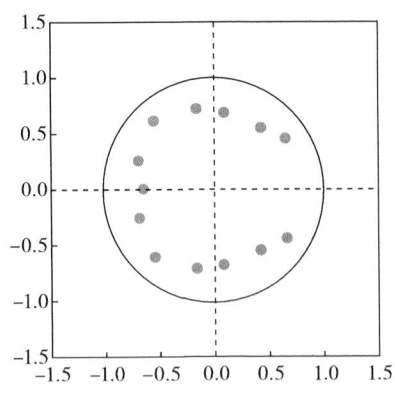

图 12-1　AR 根检验

检验结果表明，一阶差分 VAR 模型的特征方程的根均小于 1，特征方程的根均落在单位圆内，即一阶差分后的 VAR 模型不存在单位根，一阶差分后的 VAR 模型是平稳的。可以继续接下来的脉冲响应分析。

观察脉冲响应图表时，主要观察图中三条线的中间线，如果该线在0轴以上，表明对于一个标准差的冲击产生正向的响应，反之，如果蓝线在0轴以下，表明对于一个标准差的冲击产生反向的响应。而上下的两条线代表的是正负两倍标准差，也就是置信区间。DSZ与DFJ脉冲响应函数分析结果如下图所示：

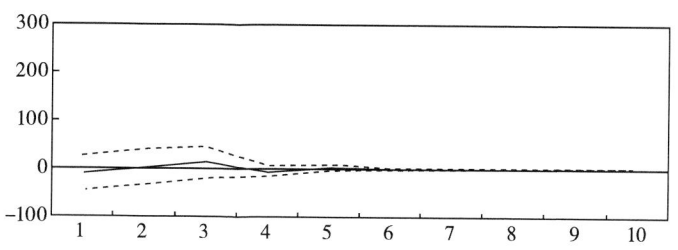

图12-2　股市价格冲击引起商品房销售价格的响应函数

由图12-2可以看出，股票指数SZ对房地产价格FJ的一个标准差冲击后，在一开始很快表现出正向响应状态，这种正向响应状态持续2个时期，在第2个时期达到最大，表明在第2个时期时，房地产价格受到股票价格影响最大。在第3个时期时，出现了微弱的负向响应关系后逐渐趋于0。表明股票指数在房地产价格影响下，整体上是呈现出一种正向相关关系的。

表现在现实生活中，可以解释为，当股票价格上升时，在财富效应、信贷扩张效应以及宏观经济效应作用下，股票价格的升高会让消费者与投资者的财富与投资信心提升，加大投资力度的同时会投资商品房市场，带动商品房价格的抬升。反之，如果股票价格下降，那么在同样的效应作用下，消费者与投资者会觉得自身的资产价值减少，降低投资信心，进而减少投资，最终商品房价格也会降低。

由图12-3可以看出，对于房地产价格FJ产生一个标准差的冲击后，股票指数SZ的响应函数可见图12-3，在最初的1期是显示负的响应状态。第2期开始呈现正向的响应关系，并持续到第3期，在第3期表现出最大的响应状态。然后从第4期开始收敛于0。表明在受到房地产价格冲击后，股票价格在初期会与房地产价格呈现反向的走势，但在第2期就开始同方向发展了。而且整体看来脉冲响应是收敛于最初值的，说明VAR模型是平稳的。

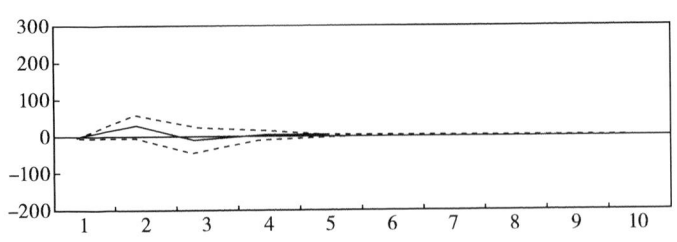

图 12-3 商品房销售价格冲击引起股市价格的响应函数

与实际相结合,如果房地产价格上升,那么在最初阶段,股票价格会由于替代效应、投资组合效应的作用呈现出下降的态势。但是这个过程很短而且幅度比较小,很快,财富效应、信贷扩张效应以及宏观经济效应的作用效果就会出现,并且作用力度超过替代效应和投资组合效应,股票价格就会恢复上升。这表明,商品房价格升高会让消费者与投资者的财富与投资信心提升,加大力度投资的同时也会投资股票市场,带动股票价格的抬升。反之,如果房地产价格下降,那么在最初阶段,股票价格会由于替代效应、投资组合效应的作用呈现出上升的态势。这个过程很长但是幅度比较小,很快,财富效应、信贷扩张效应以及宏观经济效应的作用力度就会超过替代效应和投资组合效应,股票价格就会下降。

12.3.2.4 方差分解

可以利用方差分解来研究模型的动态特征。方差分解可以分析预测变量残差的标准差由不同信息的冲击影响的比例,也就是对应内生变量对标准差的贡献比例。下面分析一阶差分下商品房销售价格指数 FJ 和上证综合指数 SZ 的预测方差分解,并从中抽出房地产价格对房地产价格和股票指数以及股票指数对房地产价格和股票指数的预测方差的贡献度,结果如下表所示:

表 12-4 DSZ 与 DFJ 的方差分解结果

DSZ 的方差分解				DFJ 的方差分解			
时期数	标准误差	DSZ	DFJ	时期数	标准误差	DSZ	DFJ
1	204.0951	100	0	1	253.3721	0.3738	99.6262
2	228.9458	98.86395	1.136046	2	254.8192	0.369759	99.63024
3	229.0084	98.85811	1.141886	3	256.9998	0.419155	99.58084

续表

DSZ 的方差分解				DFJ 的方差分解			
时期数	标准误差	DSZ	DFJ	时期数	标准误差	DSZ	DFJ
4	229.9977	98.14966	1.850339	4	260.3569	0.657574	99.34243
5	230.7896	98.05574	1.944263	5	262.4643	2.243637	97.75636
6	233.2607	95.99174	4.008258	6	262.8985	2.51042	97.48958
7	234.1837	95.28012	4.719876	7	263.7011	3.034095	96.96591
8	238.563	92.11221	7.887790	8	263.918	3.055459	96.94454
9	239.5731	91.99517	8.004832	9	264.0403	3.143122	96.85688
10	239.6116	91.97052	8.029477	10	264.0625	3.146661	96.85334

方差分解结果显示了10个时期股票指数对房地产价格预测方差的贡献率，由表12-3可知，无论是股票指数SZ还是商品房销售价格指数FJ，他们对彼此的价格预测方差贡献率都是呈现增大趋势，在第10期，上证指数SZ对商品房销售价格指数FJ的预测方差的贡献率达到了3.14%，而商品房价格指数FJ对上证指数SZ的预测方差贡献率达到了8.03%。总体来看，房地产价格对股票指数的方差贡献明显小于股票指数对房地产价格的方差贡献，这种预测方差贡献率上升的趋势在未来期间还会持续。

12.3.3 我国分区域股票价格与房地产价格关系实证研究

由于受到不同发展水平的地区投资者投资方式不同的影响，各个地区房地产价格波动与股票价格波动的关系也表现出不同。可能会在替代效应、投资组合效应作用下呈现出一种负相关关系，也可能在财富效应、信贷扩张效应作用下呈现出一种正相关关系。那么我们在分析两个市场价格波动时，采取分地区来分析就很有必要了。本节将选取各个省份的股票交易总额和商品房交易总额来分析股票市场与房地产市场的关系。

12.3.3.1 区域划分标准

国家信息中心在对我国行政区域经济划分时，结合经济发展水平指标、产业结构现状指标、自然资源和经济资源指标、经济效益指标、交通与环境指标、科技文化教育水平指标，将我国的经济区域依划分为六大类。第一类地区：北京、天津、上海；第二类地区：辽宁、广东、江苏、浙江、湖北、河北、湖南；第三类地区：山东、山西、黑龙江、四川；第四类地区：福建、安徽、吉林、陕西、江西、湖南、广西；第五类地区：宁夏、新疆、云南、贵州、甘肃、青海、内蒙古；第六类地区：西藏。

与国家统计局发布的2016年31个省的居民人均收入相结合，我们可以将31个省划分三个区域：经济发达地区、经济较为发达地区、经济较为落后地区。其中经济较为发达地区以居民人均收入前10名为标准，也就是划分依据中的第一类第二类；经济较为落后地区以居民人均收入排名靠后的8个省份为标准，也就是划分依据中的第五类与第六类，剩余的10个地区划分为经济较为发达地区。

12.3.3.2 不同经济发展地区两市场的实证过程

对不同经济发展地区房地产市场与股票市场价格研究时，考虑到想要通过研究观察出不同经济发展地区居民的投资方式是否不同，消费者和投资者在面对股票价格上涨或商品房价格上涨后会如何进行投资，是抽离资金选择别的市场，还是同时加大对两个市场的投资力度。为此，本部分选取了各个省份的股票交易总额和商品房交易总额，通过上一节相同的实证方法进行检验。

在对时间数列的平稳性进行检验时，发现除了个别省份（上海的商品房交易总额原始数据就表现平稳，西藏的股票交易总额与商品房交易总额二阶差分才显示平稳）外，都需要对时间序列进行一阶差分。而在VAR模型建立过程中除了西藏的AR根检验出现了点不在单位圆以内的情况，别的省份都满足平稳条件，可以建立VAR模型。所以对以上实证结果的图表不再一一赘述。

12.3.3.3 经济发达地区的股价与房价实证分析

由于本节主要研究不同经济发展地区的股票市场与房地产市场的价格变动关系，所以选择了脉冲响应图表来帮助结果阐述。

表 12-5 经济发达地区房地产价格与股价的关系

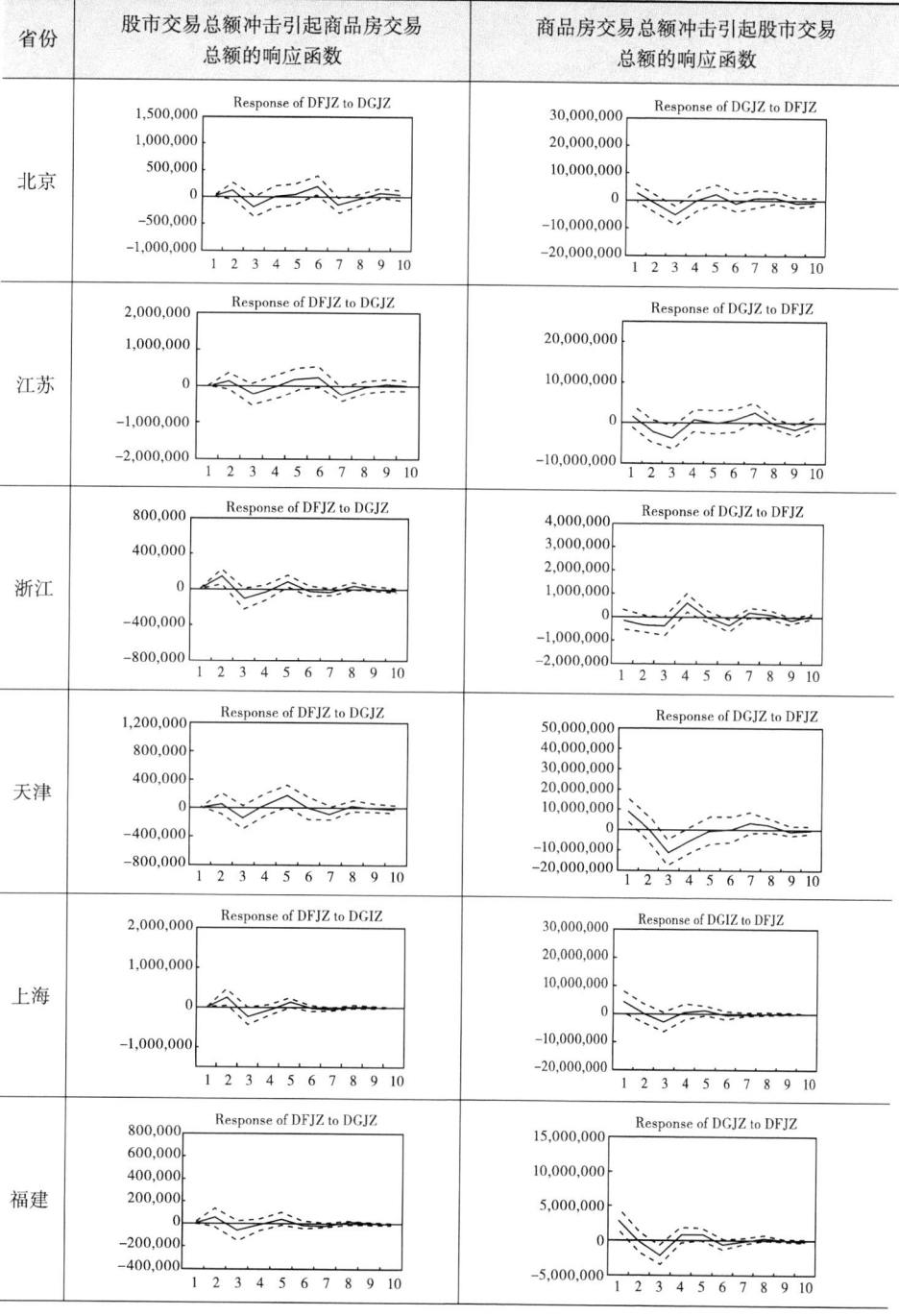

续表

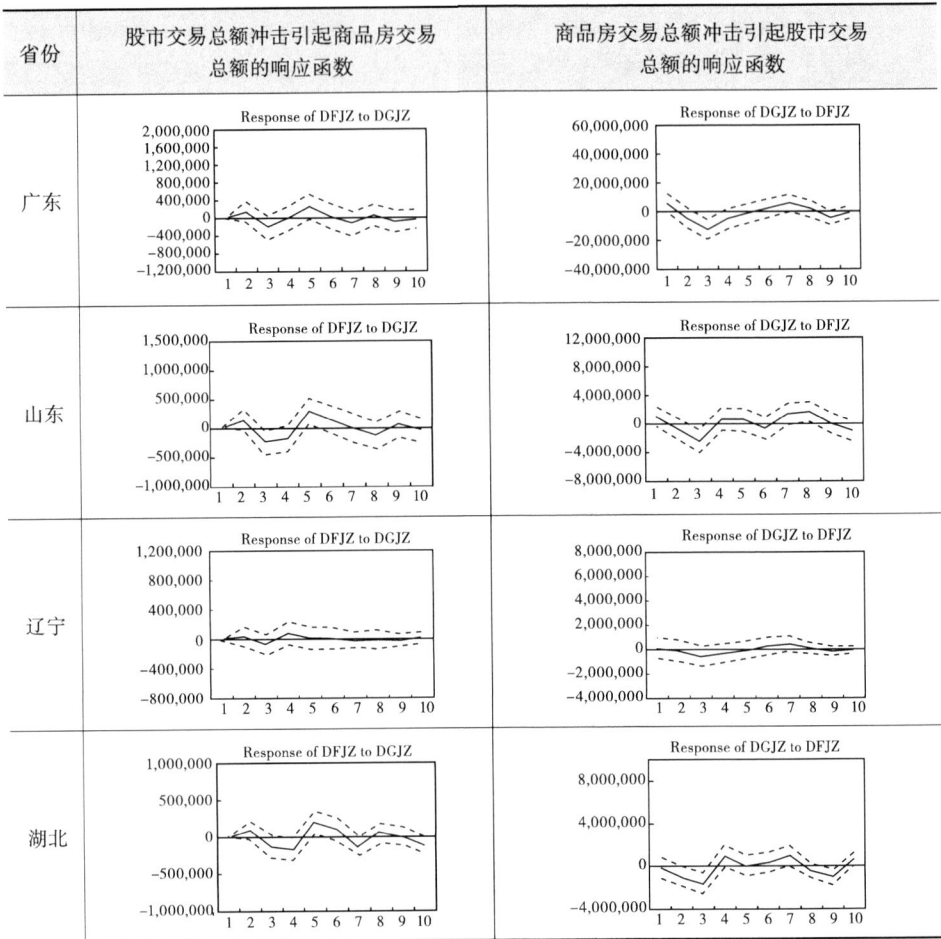

由以上实证结果可以看出,经济发达地区的股票价格能够在初期引起商品房价格同向的变动关系,而商品房价格在初期也能够引起股票价格正向的变动关系。

当股票交易总额给予一个标准差冲击时,房地产市场交易总额首先会产生1~2个时期正向的响应,然后在1~2个时期的负向响应后再次回归正向的响应。说明经济发达地区股市交易总额变动的冲击,会对房地产市场交易总额最初带来正向的变动,1~2个时期负向变动后再转为正向的变动。由于股票交易总额和商品房交易总额可以反映出股票价格和商品房价格的大小,可以判断出,经济发达地区的股票价格能够在初期引起商品房价格同向的变动关系。

而当商品房交易总额给予一个标准差冲击时,股票市场交易总额会在大约1个时期的短暂正向响应后,出现2~3个时期的负向响应,而后回归0值。可以判断出,经济发达地区的房地产价格能够在初期引起股票价格正向的变动关系。

与实际相结合,对于经济较为发达地区,财富效应、信贷扩张效应以及宏观经济传导效应比较明显,股票价格变动能够引起房地产价格一定时期的同向变动。这一地区的消费者与投资者的投资方式比较积极,当股票价格上涨,消费者一方面自身资产价值增加,一方面对未来预期收入信心增强,不但不会减少对商品房的投资,反而会增加对商品房的投资。

12.3.3.4 经济较为发达地区的股价与房价实证分析

表 12-6 经济较为发达地区房地产价格与股价的关系

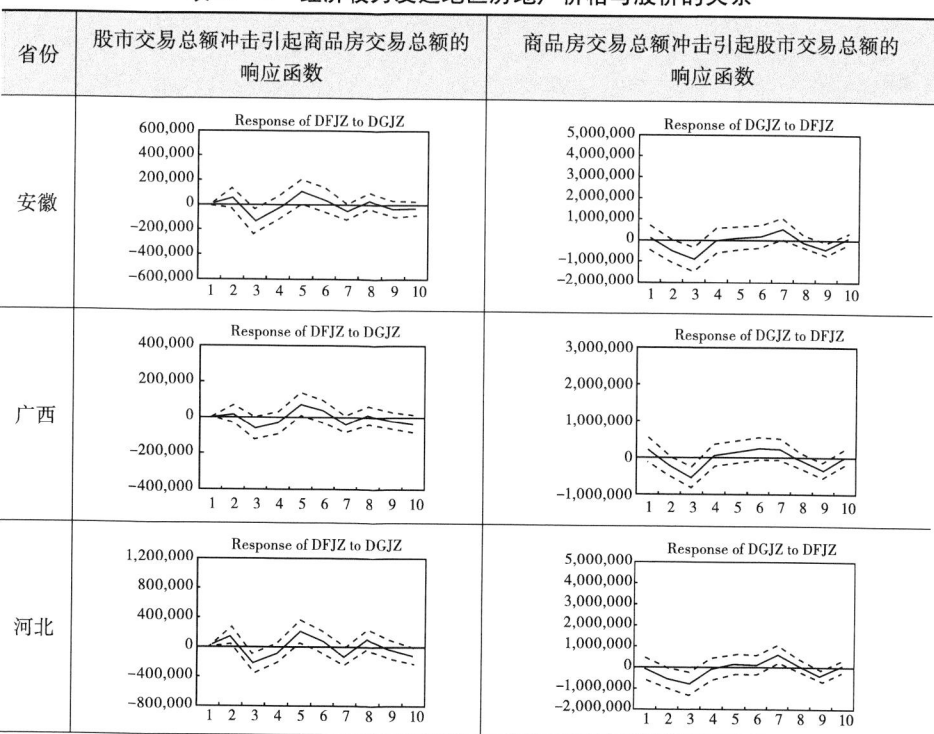

续表

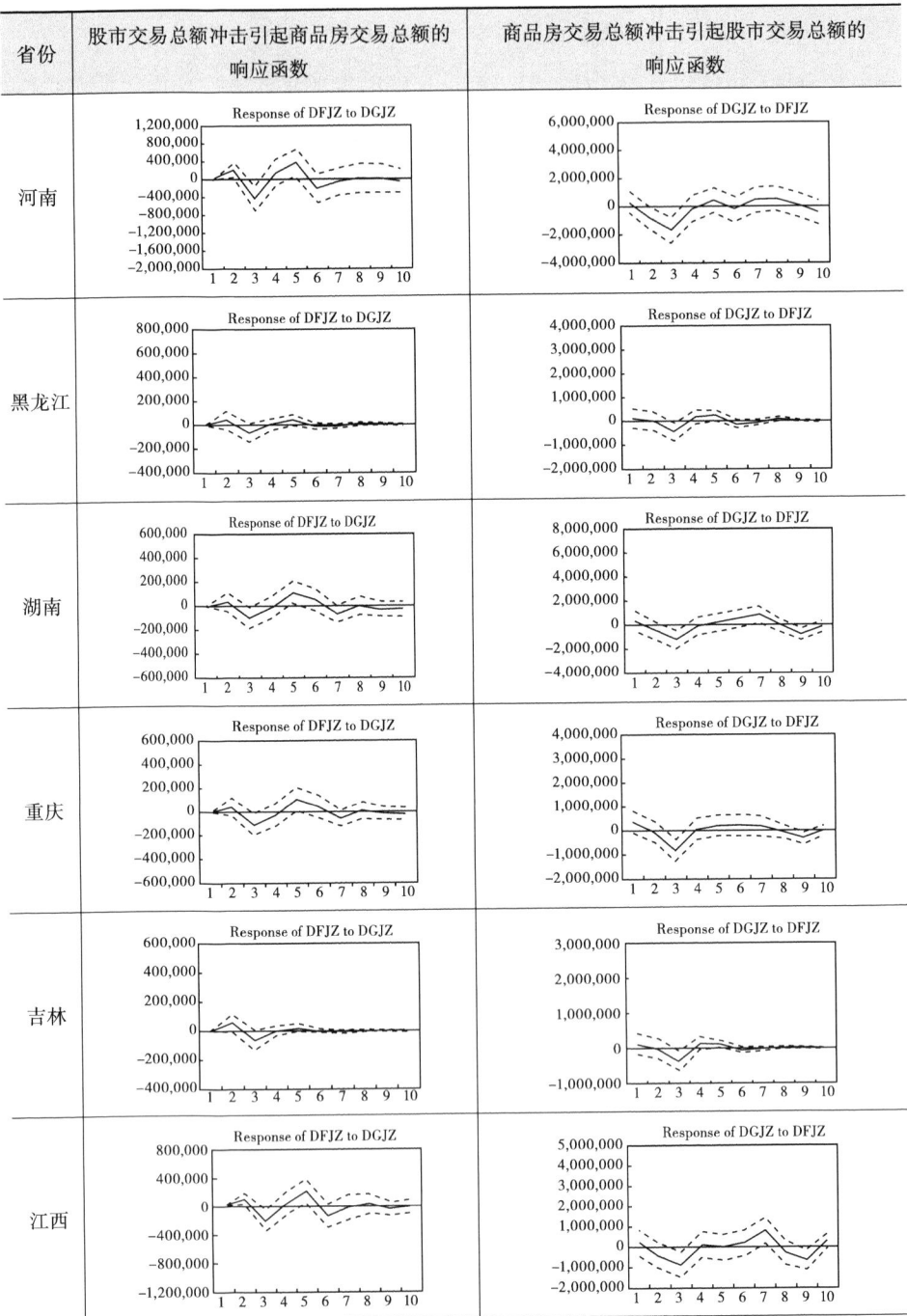

续表

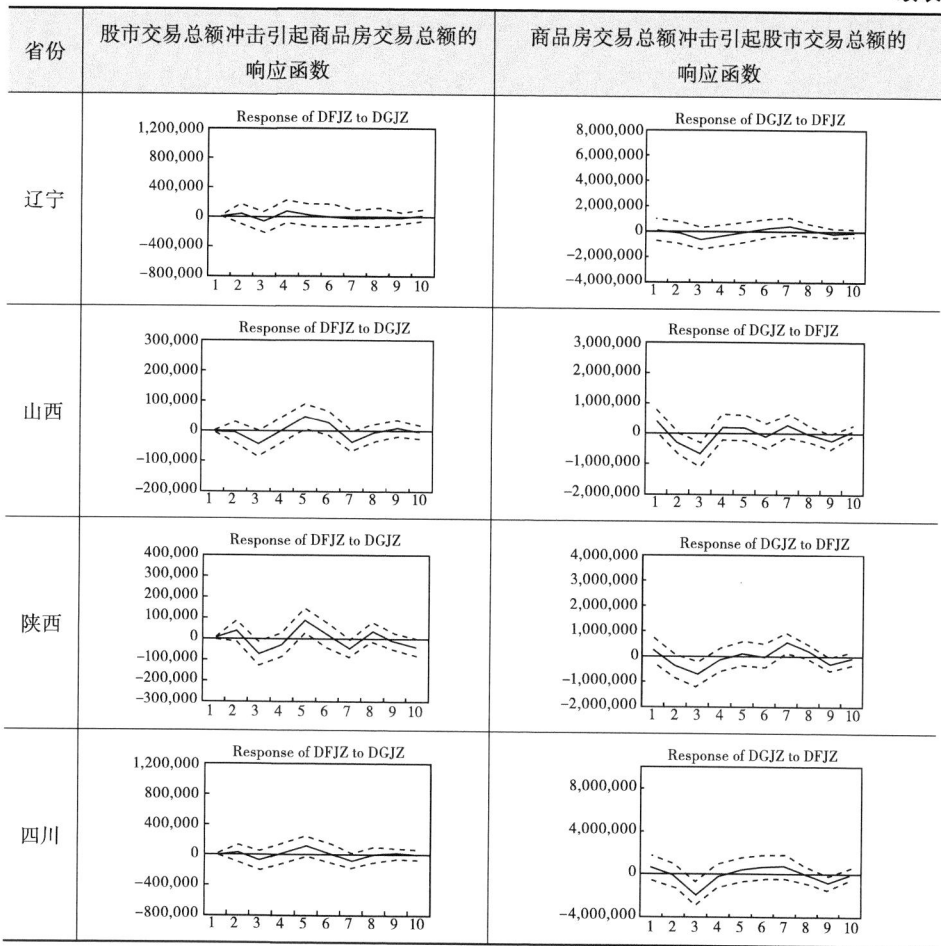

由以上实证结果可以看出,经济较为发达地区与经济发达地区相同,股票价格能够引起商品房价格同向的变动关系,而商品房价格能够引起股票价格反向的变动关系。

当股票交易总额给予一个标准差冲击时,房地产市场交易总额首先会产生1个时期正向的响应,然后在2~3个时期的负向响应后再次回归正向的响应。说明经济发展地区股市交易总额变动的冲击,会对房地产市场交易总额最初带来正向的变动,2~3个时期负向变动后再转为正向的变动。由于股票交易总额和商品房交易总额可以反映出股票价格和商品房价格的大小,可以判断出,经济较为发达地区的股票价格能够在初期引起商品房价格同向的变动关系。而当商品房交易总额给予一个标准差冲击时,股票市场交易总额会在大约1个时期的短暂正向响应后,出现2~3个时期的负向响应,而后回归0值。可以判断出,经济较为发达地区的房地产价格在初期能够引起股票价格正向的变动关系。

对于经济较为发达地区,两个市场的价格关系与经济发达地区相同,财富效应、信贷扩张效应以及宏观经济传导效应比较明显,股票价格变动能够引起房地产价格一定时期的同向变动。这一地区的消费者与投资者的投资方式比较积极,当股票价格上涨,消费者一方面自身资产价值增加,一方面对未来预期收入信心增强,不但不会减少对商品房的投资,还会增加对商品房的投资。

机构投资者相较于自然人在投资经验、投资规模、投资机会等方面皆有优势,因而在交易时更趋于理性,而且其交易行为不容易被大众模仿,不仅可以获得稳定的收益,还不会造成股价的大幅波动,可以起到稳定市场的作用[26]。但是就我国股票市场而言,成立以来,个人投资者始终占有主体地位,机构投资者在市场中的份额很小,并不能发挥其作用。

12.3.3.5 经济较为落后地区的股价与房价实证分析

表12-7 经济较为落后地区房地产价格与股价的关系

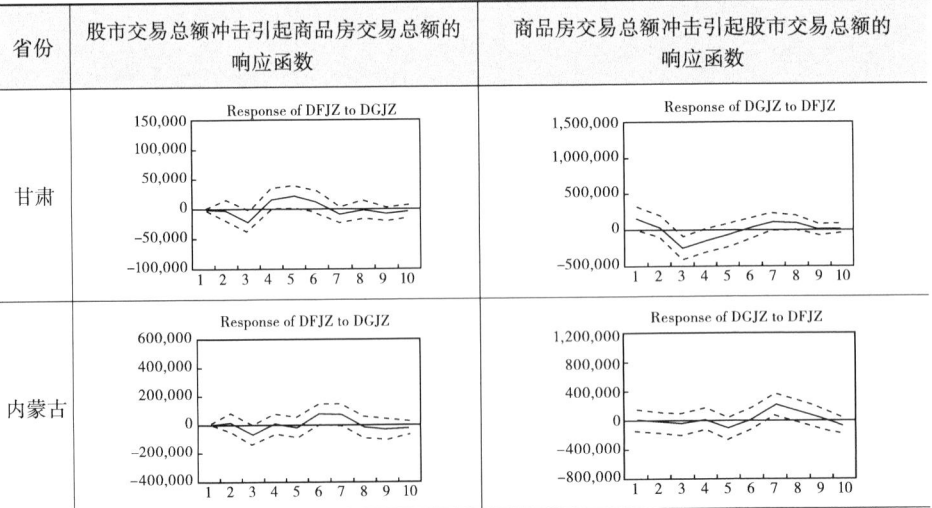

省份	股市交易总额冲击引起商品房交易总额的响应函数	商品房交易总额冲击引起股市交易总额的响应函数
甘肃		
内蒙古		

续表

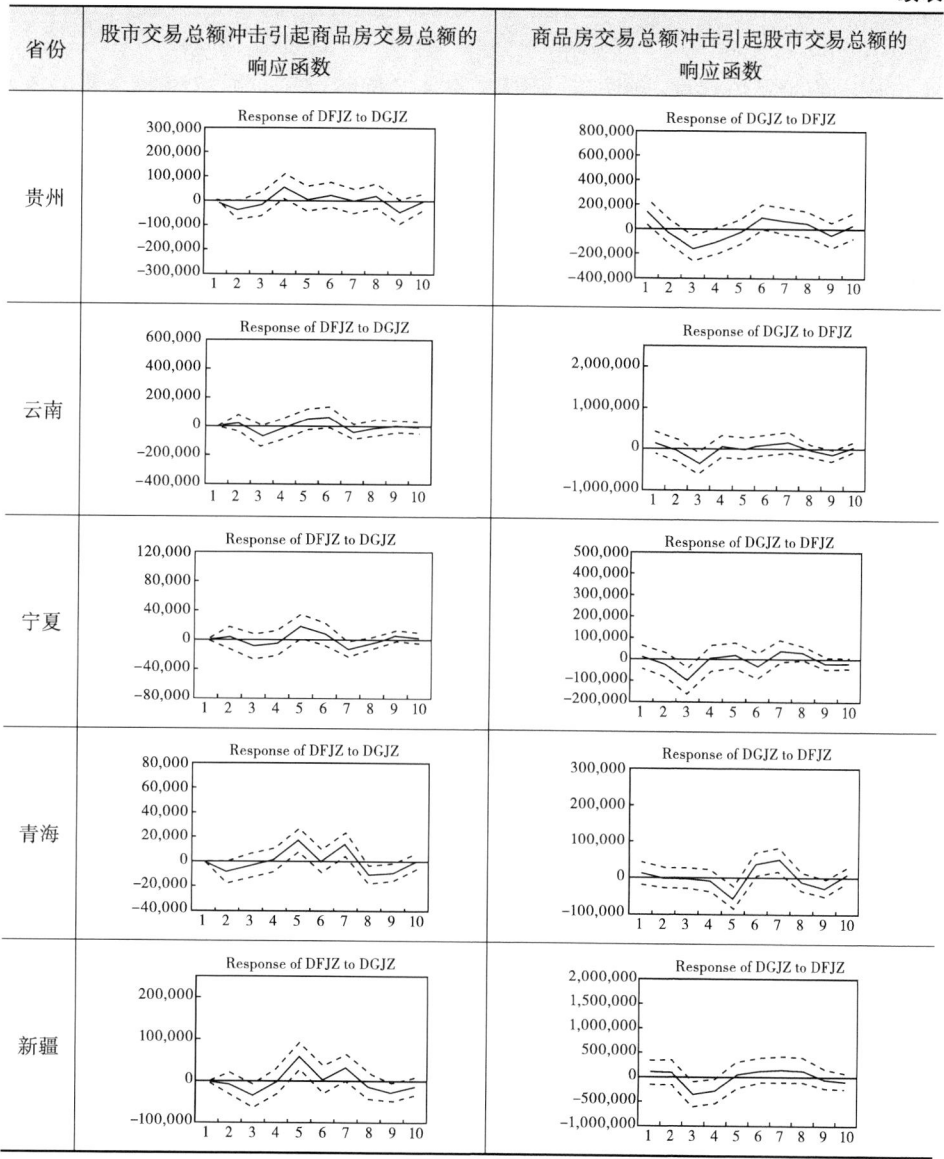

由以上实证结果可以看出，经济较为落后地区的股票价格变动能够引起商品房价格反向的变动关系，而商品房价格变动能够引起股票价格反向的变动关系。

当股票交易总额给予一个标准差冲击时，商品房市场交易总额会在1~3

期产生反向的响应。而后会产生 3~4 期的正向响应。由于股票交易总额和商品房交易总额可以反映出股票价格和商品房价格的高低，可以判断出，经济落后地区的股票价格变动时，首先引起商品房价格较长时期反向的变动关系，然后会出现正向的关系。而股票交易总额的变动对商品房交易总额的变动所产生的反应也比较一致。都是在初期呈现 1~2 期的正向关系，而后产生 3~4 期的反向关系，继而正向关系。反映出来在这些地区商品房价格的一个标准差的冲击，会先引起股票价格呈现正向的变动，然后产生反向变动，最终再次呈现正向变动。可以判断出，经济较为落后地区的商品房价格变动时，会引起股票价格反向的变动关系。西藏与别的地区有所不同，在进行 VAR 模型建立时，由于其 AR 根检验结果显示不平稳，所以在此没有展示其脉冲响应图。

与实际相结合，对于经济较为落后地区，替代效应、资产组合效应比较明显，股票价格能够在初期就引起房地产价格反向变动。这一地区的消费者与投资者的投资方式比较保守，当股票价格上涨，更多的资金流入股票市场，消费者与投资者就会相应减少对商品房市场的投资。反之，当商品房价格上涨后，该地区的消费者与投资者会选择将资金抽离股市，转而投向商品房市场。

12.4 研究结论与政策性建议

前一节首先对我国股票价格指数与商品房销售指数的关系进行实证分析，接着划分不同经济发展区域，对不同经济发展程度地区的两个市场进行实证分析，通过对比发现了两个市场在不同经济发展区域之间较为明显的区别。本节主要对结论进行总结，并提出相应的政策建议。

12.4.1 研究结论

在进行两个市场价格关系分析时，本部分将理论分析和实证分析相结合。首先从理论角度，结合前人的相关理论，阐述了股票市场与房地产市场价格变动的相互关系。然后从实证角度，对我国房地产市场和股票市场的互动关系进行研究，最后又对各个省份的房地产交易总额与股票交易总额数据进行实证检验，分析不同经济发展区域房价与股价变动的关系，最终得出了以下结论。

12.4.1.1　我国股票价格与房地产价格呈现正相关关系

当我国股票市场繁荣，在财富效应、信贷扩张效应以及宏观经济传导效应作用下，能够引起我国房地产市场的繁荣。而这种商品房价格的上涨，又能够进一步引发股票价格的上升，从而形成一种长期的股市与房市交替上升的状态。

通过前面的脉冲响应图可以看出，股票指数 SZ 对房地产价格 FJ 的一个标准差冲击后，在一开始很快表现出正向响应状态并持续两个时期，在第 3 个时期时，出现了微弱的负向响应关系后逐渐趋于 0，表明股票指数在房地产价格影响下，整体上是呈现出一种正向相关关系的。而对于房地产价格 FJ 产生一个标准差的冲击后，股票指数 SZ 的响应函数在最初始的第 1 期是显示负的响应状态。第 2 期开始呈现正向的响应关系，并持续到第 3 期，然后从第 4 期开始收敛趋于 0，表明在受到房地产价格冲击后，股票价格在初期会与房地产价格呈现反向的走势，但在第 2 期就开始同方向发展，整体上是呈现出一种正向相关关系的。这种图形表现可以借助财富效应、信贷扩张效应、宏观经济传导效应来解释。

从财富效应角度来看，当某一市场价格上涨、繁荣发展时，投资者手中的财富增加，其投资信心增加，将更多的资金用来投资，从而引起另一市场价格上涨，而这种上涨又会引起新一轮的价格上涨，于是两个市场价格交替上涨。反之，则会导致两个市场价格交替下降局面的出现。

从信贷扩张效应角度来看，如果房地产市场价格上升，企业的厂房和土地的价格上升，意味着其资产价值的升高，那么在进行抵押贷款活动时，企业就有资格获得更高的贷款额度，从而进一步扩大生产或者进行投资。与此同时，该企业在投资者眼中的估值也会提高，有更多的投资者会选择投资该企业的股票，在提升股票价格的同时也提升了企业的融资能力，企业又可以借助融来的资金进一步扩大生产或者进行投资。所以，两个市场在信贷扩张效应作用下，只要其中有一方开始价格上涨，便会带动另一方价格上涨，最终导致两个市场的价格呈螺旋式交替上升，而只要其中有一方开始价格下跌，也会带动另一方价格下跌。

从宏观经济的传导效应角度来看，由于宏观经济发展情况与货币供应量、利率水平和通货膨胀息息相关，在这三因素的作用下，股票市场价格与房地产市场价格变动之间也存在相互的联系。当利率下降时，持有货币所能获得的收益减少，投资者就会选择将手中的货币进行投资以使资产保值增值，于是大量的资金流入股票市场与房地产市场，两个市场在交易量增加的状况下必定会产生价格的上涨。而受到通货膨胀的影响，人们持有的货币越多，通胀带来的货币贬值损失就越大。更多的人会选择将持有的货币进行投资，从而保证资产保值增值，于是大量的资金会流入股票市场与房地产市场，两个市场价格上涨的局面也会产生。而货币供应量的增多也会带来与利率降低和通货膨胀相同的作用，推动资金流入两市场，造成价格双双上涨的局面。

12.4.1.2　我国两个市场对彼此的影响力度不同

通过前面实证部分可以看出，我国股票市场对房地产市场价格的影响要大于房地产市场对股票市场的影响。

在 Granger 因果检验中，当滞后期为 7 时，在 5% 的显著性水平下拒绝了 SZ 不是 FJ 的格兰杰原因，且置信度为 96.4%，而在其他滞后期均接受了 SZ 是 FJ 的格兰杰原因，即认为上证指数是中国商品房销售价格指数的格兰杰原因，但商品房价格指数不是上证指数的格兰杰原因。这表示，用上证综合指数来预测未来房地产销售价格指数要比用房地产价格指数预测其本身未来指数更为合理。

在方差分析中，表 12-4 可知，无论是股票指数 SZ 还是商品房销售价格指数 FJ，他们对彼此的价格预测方差贡献率都是呈现增大趋势，在第 10 期，上证指数 SZ 对商品房销售价格指数 FJ 的预测方差的贡献率达到了 3.15%，而商品房价格指数 FJ 对上证指数 SZ 的预测方差贡献率达到了 8.03%。总体来看，房地产价格对股票指数的方差贡献明显小于股票指数对房地产价格的方差贡献。

在脉冲响应图上也能观察出，上证综合指数对商品房销售价格指数的冲击带来的幅度要大于商品房销售价格指数对上证综合指数带来的冲击幅度。

以上数据和图形结果都表明，我国股票市场价格对房地产市场价格的影响要大于房地产市场价格对股票市场价格的影响。这可以从房地产与股票这两种投资方式的自身特点来解释，房地产投资具有资金需求量大、投资周期较长、投资回报相对较慢等特点，而股票市场则具有流动性更强，资本转换率更快的特点。当股价上涨时消费者投资信心增强，会更愿意投资别的产品来获得更多的收益，而房地产作为一种刚需以及稳健的投资产品，更多的投资者会愿意投资房地产。相反，当商品房价格上涨时，一方面会吸引更多的投资者投资商品房，会从股票市场抽离更多资金；另一方面，即使有投资者选择变现房地产来投资股票市场，那么这个时间也需要很久。

12.4.1.3　经济发达地区两市场价格呈正向关系

经济发达的地区，股票价格对房地产价格的影响是正向的。由之前的实证结果可以看出，当股票交易总额给予一个标准差冲击时，房地产市场交易总额首先会产生1~2个时期正向的响应，然后在短暂的负向响应后再次回归正向的响应，说明经济发达地区股市交易总额变动的冲击，会对房地产市场交易总额带来正向的影响。由于股票交易总额和商品房交易总额可以反映出股票价格和商品房价格的大小，可以判断出，经济发达地区的股票价格能够在初期引起商品房价格同向的变动关系。而当商品房交易总额给予一个标准差冲击时，股票市场交易总额会在初期就产生正向响应后，然后出现2~3个时期的负向响应后再次产生正向响应，由此可以判断出，经济发达地区的房地产价格能够在初期引起股票价格正向的变动关系。

这反映出对于经济发达地区，消费者与投资者的投资方式比较积极，当股票价格上涨，持有股票的投资者的资产价格增加，消费者投资信心增加的同时，对未来预期收入增加，会增加消费与投资。不但不会减少对商品房的投资，还会增加对商品房的投资。同样，当房地产价格上涨，消费者与投资者自身资产价值的增加也会促进其对股票市场进行投资。

12.4.1.4　经济较为落后地区两市场价格呈反向关系

经济较为落后的地区，股票价格对房地产价格的影响是反向的。由之前的实证结果可以看出，当股票交易总额给予一个标准差冲击时，商品房市场交易总额会在1~3期产生反向的响应。由于股票交易总额和商品房交易总额可以反映出股票价格和商品房价格的高低，可以判断出，经济较为落后地区的股票价格变动时，会引起商品房价格较长时期反向的变动关系。而股票交易总额的变动对商品房交易总额的变动所产生的反应也比较一致，都是在初期呈现短暂的正向关系,而后产生 3~4 期的反向关系,反映出在这些地区,商品房价格的一个标准差的冲击,会引起股票价格呈现反向的变动。可以判断出,经济较为落后地区的商品房价格变动时,会引起股票价格反向的变动关系。

与实际相结合,对于经济较为落后地区,替代效应、资产组合效应比较明显,股票价格能够在初期就引起房地产价格反向变动。这一地区的消费者与投资者的投资方式比较保守,当股票价格上涨,更多的资金流入了股票市场,消费者与投资者就会相应减少对商品房市场的投资。反之,当商品房价格上涨后,该地区的消费者与投资者会选择将资金抽离股市,转而投向商品房市场。

12.4.2 政策建议

分析房地产市场价格与股票市场价格变动关系,宏观上有助于政府部门针对现实的经济情况做出正确的货币政策与财政政策,推动房地产市场与股票市场价格的健康稳定发展,在微观上有助于投资者根据相应的数据预测经济增长点,合理规划投资组合。通过以上的研究,我们主要提出以下政策建议。

12.4.2.1 对两个市场进行统筹兼顾

作为投资者的两个较为重要的投资产品,我国房地产市场和股票市场深刻影响着经济的发展。从整体来看,在财富效应、信贷扩张效应以及宏观经济传导效应的作用下,我国股票市场的繁荣能够带动我国房地产市场的繁荣,而这种商品房价格的上涨,又能够进一步引发股票价格的上升,从而形成一种长期的股市与房市交替上升的状态。那么为了推进我国经济稳固发展,就需要对两个市场进行统筹兼顾,促进两个市场持续稳定向上发展。

在进行政策制定时,要把握好财富效应、信贷扩张效应和宏观经济的传导效应,通过合理科学规划,稳定房地产市场与股票市场的价格,促进两个市场稳健发展。

(1) 普及金融知识,提高全民投资能力

一方面将金融知识普及到义务教育中,一方面通过讲座、论坛、节目等方式将科学的投资理念宣传出去,有助于投资者与消费者形成科学合理的投资理念，在面对宏观经济形势变化时，做出较为科学的选择。

（2）完善信贷体系，健全信贷监督管理

通过控制信贷规模、调整利率等金融手段调节市场。银行等金融机构在进行房地产相关贷款时，应分情况讨论。对于刚需消费型房产给予一定的支持，保证中低收入阶层居民的住房需求能够得到满足，而对于两套以上投资和投机型的房产贷款，进行一定程度的抑制。通过提高首付比例、提高贷款要求、控制贷款年限、降低贷款总额等一系列手段来遏制房地产市场过热的投机行为，防止房地产市场泡沫的产生。

（3）制定政策的同时考虑两个市场的反应

由于房地产价格与股票价格可能在财富效应、信贷扩张效应和宏观经济的传导效应作用下呈现正相关关系，而在替代作用、投资组合效应作用下呈现反向相关关系。那么政府在针对某一市场制定相关政策时，要结合相关的联动作用，考虑到对别的市场的影响，从而将政策的作用效率提高，以推进国民经济的稳定发展。

12.4.2.2 加大调控股票市场价格

我国股票市场对房地产市场价格的影响要大于房地产市场对股票市场的影响。由于股票市场流动性强、资本转换率快、变现快捷，面对宏观经济形势的变化，股票市场能够迅速做出反应，这种反应快而且波动比较大。而对于房地产市场而言，因为变现较慢，资金流动性差，可能在较长的一段时间后才会发生明显的变化。虽然在财富效应作用下，股票价格的变动会对宏观经济有很好的推动作用，但这种效应的形成也需要股票价格长时间稳定的增长，过快或者波动过大的股票价格并不能对宏观经济形成良好的效应影响。所以，加大对股票市场价格变动的监管与调控就显得尤为重要，可以从以下几点展开。

（1）增大股市规模，提高股票市值

相较于国外发达国家的股票市场，我国股票市场的整体市值偏低，上市的股票种类也相对较少，所以投资者可以选择的股票也因此较少。通过扩大股市规模可以增加财富效应的作用，从而积极推动国民经济的发展。

(2) 规范股票市场的制度，加大相关监管力度

改革开放以来，我国股票市场虽然发展迅速，但相关规章制度却不完善，还存在较多投机行为，投资者盲目投资、市场较为浮躁等问题。因此，通过完善股市相关法律制度、加大对股票的实时监管，实现市场优胜劣汰，同时也要保证中小投资者的合法权益，减少投资者的不确定预期，增强投资信心，推动股票市场的健康发展。

(3) 提高上市公司的门槛，保证上市公司的质量

上市公司的经营能力和盈利能力对股票价格的影响较强。保证上市公司的质量有利于股票价格健康稳定发展，在减轻投资者风险的同时，也有助于形成稳定健康的股票价格环境，推动整个经济环境稳步发展。

12.4.2.3 推动房地产市场价格稳健发展

房地产行业作为我国的支柱型产业，上下游行业链多，可谓"牵一发而动全身"。房地产行业对我国国民经济的促进作用已得到明显的体现，并成为中央和地方政府的主要经济来源。因此在房地产市场价格发生变化时，通过传导机制，影响到上下游各个行业的价格时会对整个国民经济产生较大影响，此时，宏观经济政策应该做出相应的调整，推动房地产市场价格稳健科学的发展。

(1) 完善房地产相关政策措施

政府首先应该完善房地产交易市场，公开透明房地产交易过程，让刚需购房者的购房需求得到满足，对投机行为的购房需求进行遏制；其次通过监督监控，及时了解房地产市场的供给和需求。

(2) "宽税基、少税种、低税率"

通过降低税率来降低房地产的建造成本，降低投资者的购买成本。较低的税率一方面有助于刺激房地产建造商更多地开发房地产业，保证房地产的供给；另一方面有利于减少想要买房的消费者的购买成本，推动房地产的需求增多。同时，也可以利用税的相关制定来保证刚需购房者的购房需求得到满足，对投机行为的购房需求进行遏制。

12.4.2.4 宏观调控要有区别和针对性

由于我国幅员辽阔，各地经济发展水平不均，有关房地产调控的政策就

不能以偏概全,而应该具体地区具体分析。受到不同发展水平的地区投资者投资方式不同的影响,各个地区房地产价格波动与股票价格波动的关系也表现出不同。经济较为发达地区表现出一种正向的相关关系,而经济较为落后地区表现出一种负向的相关关系。那么根据这一特点,国家在出台相关政策措施时,就应该具体问题具体分析。对于经济较为发达地区,调控力度更大,更多地考虑紧缩性的财政政策与货币政策,减少盲目跟风性质的投资,保障经济的平稳健康运行。而对于经济较为落后地区,调控力度需要更温和,多考虑扩展性和积极的政策和适度宽松的货币政策,当该地区经济发展上行时,利用好财富效应和信贷扩张效应来促进经济发展速度的提升,比如提高该地区的投资知识普及度,完善信贷机制等。这种细分有助于政府根据实际情况制定更为科学合理的财政政策与货币政策。

本章小结

我国从1998年实行住房商品化改革以来,股票与房地产就成为两个比较重要的投资方式。分析房地产市场价格与股票市场价格变动关系,一方面有助于分析房地产市场与股票市场的供求关系,另一方面又有利于帮助我们直观地看出资金在两个市场之间的流动状态,反映出投资者的投资方式。宏观上有利于政府部门针对当期经济环境做出正确的财政政策与货币政策,微观上有利于投资者根据相应的数据预测经济增长点,合理规划投资组合,从而推动房地产市场与股票市场价格的健康稳定发展,合理优化资源配置,实现国民经济的持续、稳定发展。本章对股票市场价格与房地产市场价格变动的研究主要从两个角度展开,首先,从整体角度分析中国股票市场价格与房地产市场价格变动之间的关系;然后从局部角度进行分析,对比不同经济发展水平的省份,其股票价格与房地产价格之间的变动关系。在研究的过程中借助了VAR模型,利用该模型框架下的Granger因果检验、脉冲响应函数、方差分析挖掘出股价与房价两个时间序列变量之间的线性关系。由实证结果可知,从整体来看,我国房地产市场价格与股票价格呈现出正向的关系;从局部来看,我国房地产市场与股票价格在不同的经济发展地区,其关系的表现形式也不同。在经济较为发达地区与经济发展地区,房地产市场的价格与股票价格呈现出正向关系,而在经济较为落后的地区,房地产市场的价格与股票价格呈现出反向的关系。这说明,在经济较为发达地区以及经济发展地区,当投资增多导致某一市场价格上升时,消费者与投资者的投资方式较为积极,会在财富效应、信贷扩张效应和宏观经济传导效应作用下同时加大对另一市场的投资,带动另一市场的价格上涨。而对于经济较为落后的地区,当投资增多导致某一市场价格上涨,消费者与投资者的投资方式比较保守,会在替代效应、投资组合效应作用下减少对另一市场的投资。

参考文献

[1] Bolerslev T. Generalized Autoregessive Conditional Heteroskedasticity[J]. Journal of Econometrics,1986(2):307-327.

[2] Dirk B. ,Robert C. Return and Volatility Linkages Between the US and the German Stock market[J]. International Money and Finance,2006(25):598-613

[3] Engle R. Dynamic Conditional Correlation:a Simple Class of Multivariate GARCH Models [J]. Business and Economic Statistic,2002(20):339-350.

[4] Gannon G. Simultaneous Volatility Transmissions and Spillover Effects:United States and Hong Kong stock and Futures Markets[J]. International Review of Financial Analysis,2005(14):326-336.

[5] Glosten L. R. ,Jagannathan R. ,David E. On the Relation Between the Expected Value and the Volatility of the Norminal Excess Return on Stocks[J]. The Journal of Finance,1993,48(5):1779-1801.

[6] Jeon B. N. ,Furstenberg G. M. V. Growing International Co-movement in Stock Price Indexes[J]. Quarterly Review of Economics and Business,1990(30):15-30.

[7] Liow K. H. Long-term Co-Memories and Short-Run Adjustment:Securitized Real Estate and Stock Markets[J]. Real Estate Finance and Economics,2005(6):12-14.

[8] Ling D. C,Naranjo A. The Integration of Commercial Real Estate Markets and Stock Market[J]. Real Estate Finance and Economics,1997(14):15-17.

[9] Miyakoshi T. Spillovers of Stock Return Volatility to Asian Equity Marketets From Japan and the US[J]. Int. Fin. Markets,Inat. And Money,2003(13):383-399.

[10] Tai C. S. A multivariate GARCH in Mean Approach to Testing Uncovered Interest Parity:Evidence from Asia-Pacific foreign exchange markets[J]. The Quarterly Review of Economics

and Finance,2001(41):441-460.

[11] 陈守东,陈雷,刘艳武. 中国沪深股市收益率及波动性相关分析[J]. 金融研究,2003(7):34-35.

[12] 樊智,张世英. 多元建模及其在中国股市分析中的应用[J]. 管理科学学报,2003(2):34-36.

[13] 高铁梅. 计量经济分析方法和建模 Eviews 应用及实例[M]. 北京:清华大学出版社,2006:55-57.

[14] 赵留彦,王一鸣. A、B 股之间的信息流动与波动溢出[J]. 金融研究,2003(10):37-51.

[15] 米尔斯. 金融时间序列的经济计量学模型[M]. 北京:经济科学出版社,2002:33-35.

[16] 章超,程希骏. 模型对上海股市的一个实证研究[J]. 运筹与管理,2005(4):144-146.

[17] 戴园晨. 股市泡沫生成机理以及由大辩论引发的思考[J]. 经济研究,2001(4):48-50.

[24] 张晓晶,孙涛. 中国房地产周期与金融稳定[J]. 经济研究,2006(1):32-35.

[18] 郭莉. 我国房地产市场价格波动机制研究[J]. 统计与决策,2012(18):118-119.

[19] 李子奈,叶阿忠. 高等计量经济学[M]. 北京:清华大学出版社,2000:34-36.

[20] 谈儒勇. 中国金融发展和经济增长关系的实证研究[J]. 经济研究,1999(10):53-61.

[21] 温君,赵旭峰. 我国股票市场、房地产市场与经济增长的关系[J]. 统计与决策,2007(20):13-14.

[22] 邹昆仑,张晶. 货币政策、通货膨胀与股票资产价格波动研究[J]. 统计与决策,2013(1):173-174.

[23] 皮舜. 中国房地产市场与金融市场的 Granger 因果关系分析[J]. 系统工程理论与实践,2004(12):29-33.

[24] 刘建江. 徐长生股票市场财富效应研究[M]. 北京:经济科学出版社,2010:21-53.

[25] 巴曙松,覃川桃,朱元倩. 中国股票市场与房地产市场的联动关系[J]. 系统工程,2009(9):31-34.

[26] 叶德磊. 利率水平、股票指数与资本的国际流动——理论模型与实证检验[J]. 世界经济研究,2011(4):6-10.

[27] 刘建红,徐长生. 股票市场财富效应研究[M]. 北京:经济科学出版社,2010:90-94.

[28] 况大伟. 房地产与中国宏观经济[M]. 北京:中国经济出版社,2010:5-7.

[29] 刘陈璐,韩兆洲. 后危机时代我国房地产价格与通货膨胀关系研究[J]. 统计与决策,2013(6):123-124.

[30] 赵留彦,赵岩,陈瑛. 金融交易与货币流通速度的波动[J]. 国际金融研究,2013(4):32-35.

[31] 李爱华,杨婧,林则夫. 我国房地产价格与股票价格波动关系的研究——基于1998—2013年间周度数据的实证分析[J]. 管理评论,2014(11):15-17.

[32] 寇明婷,杨海珍,肖明. 中国股票市场与货币政策的互动关系——基于股指期货推出前后的比较研究[J]. 管理评论,2016(4):28-29.

[33] 杨赞,张欢,赵丽清. 中国住房的双重属性:消费和投资的视角[J]. 经济研究,2014(1):59-62.

[34] 刘祥东,刘澄,王立民. 资产结构与证券价格的非线性动态模型[J]. 中国管理科学,2012(20):15-17.

[35] 广喜,姚奕. 沪深股市动态溢出效应与动态相关性的实证研究[J]. 系统工程,2008(5):47-54.

[36] 余元全. 房价与股价的互动关系研究——基于重庆市的实证分析[J]. 价格理论与实践,2009(7):44-45.

[37] 袁志刚,樊潇彦. 房地产市场理性泡沫分析经济研究[J]. 经济研究,2003(3):34-43.

[38] 丰雷,朱勇,谢经荣. 中国房地产泡沫的实证研究[J]. 管理世界,2002(10):35-40.

[39] 王晓明. 银行信贷与资产价格的顺周期关系[J]. 金融研究,2010(3):12-14.

[40] 马亚明,刘翠. 房地产价格波动与我国货币政策工具规则的选择——基于DSGE模型的模拟分析[J]. 国际金融研究,2014(8):31-33.

[41] 郭娜,章倩. 我国房地产价格波动背后的金融影响因素分析[J]. 国际金融研究,2016(11):31-33.

[42] 张占军,薛宏刚,贺斌. 我国房地产市场及股票市场变动对城镇居民消费支出影响研究[J]. 管理学刊,2017(2):34-41.

[43] 赵胜民,方意,王道平. 金融信贷是否中国房地产、股票价格泡沫和波动的原因[J]. 金融研究,2011(12):62-73.

[44]伍旭川.利率提高对中国金融市场的影响[J].金融与经济,2015(1):13-15.

[45]黄延慧,周建中.透视我国房市与股市被扭曲的深层原因[J].金融与经济,2015(10):13-15.

[46]黄延慧,周建中.透视我国房市与股市被扭曲的深层原因[J].经济研究,2015(10):30-31.

[47]刘翠.我国房价波动与货币政策关系研究——基于风险溢出效应的分析[J].财经问题研究,2016(10):48-53.

[48]沈悦,卢文兵.中国股票价格与房地产价格关联性研究[J].当代经济科学,2008(7):87-92.

第 13 章
区域性视角下研究利率对我国房地产价格的影响

13.1 引言

自从 1998 年我国开始推行住房分配货币化改革以来,中国房地产价格在高涨的国民购房需求及市场机制的作用下一路攀升。据国家统计局数据显示,全国商品房平均销售价格从 1999 年的每平方米 2053 元上升到 2016 年的每平方米 7476 元。随着房价的上涨,房地产行业在国民经济中的地位也逐渐提升,房地产投资额占国内生产总值(GDP)的比重从 1999 年的 4.9% 上升到 2016 年的 13.78%。房地产作为我国的居民持有的主要固定资产和我国的核心支柱产业之一,其价格的过快增长,不仅会影响到人们的居住质量和生活水平,而且关系着国民经济的健康发展和社会的和谐稳定。习近平总书记在党的十九大会议报告中强调,"房子是用来住的,不是用来炒的",从政府角度表明了对房价问题的高度重视。如何有效调控房价成为政府以及学术界广泛关注的重点。而通过调高利率来控制房价是各国普遍采用的方式,我国长期以来也主要采取利率调控的手段来稳定房价,所以研究利率对房价的影响具有较强的现实意义。以下将对我国房地产调控政策的发展过程进行简单描述。

1996 年中国政府提出将房地产业作为带动国民经济的新的增长点,并于 1998 年下半年开始进行住房分配货币化改革。此后 3 年,政府不断规范房地产市场,同时采取减免税收的政策来刺激居民对住房的需求。2002 年,政府规定必须采用公开交易的方式进行土地使用权的转让,正是土地出让的"招拍挂"制度和现存的商业用地批租机制构成了诱发房价泡沫的基础（刘民权，2009）。连续多年扩张的房地产市场需求和上涨的土地价格，推动了我国房价的快速上升。为了抑制房价的过快增长，国务院于2003年发布《关于促进房地产市场持续健康发展的通知》，明确提出要保持房地产行业的持续健康发展，并于2004年3月推行"831大限"来抬高拿地的"门槛"，从控制土地供给方面来抑制房价上涨，尽管如此，房价却始终居高不下，房地产供给政策调控收效甚微。

随后，房地产的政策调控从供给管理转向了需求管理。2004年10月央行首次宣布上调存贷款利率；2005年取消住房贷款优惠利率；2006年房贷利率再次上调，并出台"国六条""限制套型90/70"政策和二手房营业税等政策；2007年央行六次加息，同时出台"9·27房贷新政"，这些房地产调整政策大多是通过提高购房的贷款成本来打压房屋需求。经过4年的利率政策调控，我国房地产价格从先前的持续上涨到涨幅逐渐平稳，最后开始出现下跌趋势，说明利率调控政策在一定程度上能控制房价的上涨趋势。

房地产市场的逐步完善和发展，使房地产行业成为中国经济增长的重要动力之一，所以每当国民经济出现下滑或呈现萧条趋势时，政府往往通过刺激房价的方式来带动经济增长，经济危机过后又再次控制房价的上涨。我国房地产政策的非连贯性和非持续性导致了房价的反复波动。例如，2008年我国遭遇全球金融危机后，政府为了拉动经济而下调存款准备金及存贷利率，通过刺激房地产的成交量来推动经济增长，以致2009年经济复苏后，房价迎来新一轮的上涨，并在随后几年，国务院持续采取从紧的房地产限制政策。但到2014年，面对停滞不前的中国经济和过剩的房屋库存，政府又开始通过全面松绑之前的信贷政策来刺激国民的购房需求，导致部分热点城市出现楼市过热现象。所以从2016年第四季度开始，房地产政策又逐步收紧，以期控制房价和地价的过快上涨。

可以看出，2004年以来，利率调控政策一直伴随着我国房地产行业的发展，虽然调高利率能在一定程度上控制房价的上涨趋势，但房价的整体波动却极不稳定。一方面一旦面临经济的波动，政府通常会牺牲房价的稳定来换取经济增长；另一方面，面对全国房价问题，采用统一的利率调控政策可能会导致个别地区矫枉过正的情况。例如，2014年为了解决过剩的房屋库存，政府在全国范围放开信贷政策，导致部分热点城市的楼市过热。所以进入2017年后，房地产市场开始进入调整阶段，由先前统一的宏观调控转变为各省"因地施政"的区域性调控。全国各地发布的调控政策的次数多达250次以上，其中包括北京、上海、广州、深圳、杭州、成都等城市多次发布政策，仅北京一个城市发布的各类型房地产调控政策就超过30次。房地产调控开始从国家层面逐步转向各地响应国家政策，出台符合各省区经济现状的利率政策。

所以在区域性视角下研究利率对房价的影响，可以更直观地看出全国统一利率对各省份房价影响的差异性，并在理论上进一步支持房地产政策的区域性转变。

2017年以后，政府开始将全国统一利率调控的房地产政策，转变为各省份根据自身经济特征和房地产市场发展状况来制定相应的利率调控政策。从区域角度研究利率对房地产价格的影响，一方面完善了最优货币理论，说明我国并不是一个完整的最优货币区；另一方面为各地区政府推行区域性房地产政策提供了理论参考，具有理论意义和现实意义。

13.2 文献综述

从全国房价和区域性房价两方面来介绍国内外对利率与房价关系的研究现状，并评述以往的研究方法和成果，从而引出本部分的研究方法。

13.2.1 国内外研究现状

随着我国房价的不断攀升，高房价已逐渐影响到国民经济的持续健康发展。而利率作为资本价格，可以通过决定房地产开发商和购房者的融资成本大小，进而影响房地产的供给和需求，达到调节房价的目的。所以在全球范围内，多数国家普遍采用利率调节的方式来解决高房价问题，我国长期以来也同样采用利率的手段来调控房价变动。可见国内外学者大多从利率的角度出发来研究房地产价格，在相关文献里主要将房地产价格分为全国房价和区域性房价两方面来进行研究。

在研究利率对房地产价格影响的初期阶段，多数学者以全国房价作为研究范围，并据此得出不同结论。国外学者Iacoviello（2002）利用VAR模型分析了欧洲 6 国（法国、德国、意大利、西班牙、瑞典和英国）房价与宏观经济的相互影响，发现利率对房价具有显著的负影响。而 Deokho 和 Ma（2006）采用协整检验和光谱分析的方法，对韩国 1991—2002 年房价与利率的月度数据进行研究也得出同样结果，认为房价与利率在长期是负相关关系。我国学者梁云芳、高铁梅（2006）和陈诗一等（2016）对中国房价数据进行研究得出与国外学者类似的结果。郑世刚（2016）通过脉冲响应分析发现利率只能在短期内对房价产生负向影响。谭政勋和王聪（2015）构建了后顾型结构模型，认为紧缩性货币政策能有效抑制房价。

也有一些学者认为随着金融创新的发展，利率和房价之间的关系被逐步弱化。Wheaton 和 Nechayev（2008）利用美国 59 个城市 1998—2005 年的数据，考察了收入、人口、利率等变量对房价的影响，发现利率与房价关系非常复杂，利率变动已不能解释房价变动。我国学者罗斌和王花（2013）运用系统动力学分析原理，构建了房地产调控政策动态分析模型，并利用计算机软件进行仿真模拟。其结果显示：调节利率工具等金融政策对我国房地产市场的影响不大。范新英和张所地（2013）通过构建状态空间模型，利用卡尔曼滤波进行参数估计，研究利率对房价影响的变化规律时，同样发现利率对房价的影响作用不明显。

但上述文献均忽略了各城市间房地产市场存在的差异性是否会影响利率调控的问题，为了弥补这一缺陷，有些学者开始将区域性因素纳入考虑范围，进一步研究利率对不同区域房价的影响。国外学者 Fratanton 和 Schuh（2003）对美国 1986—1996 年的数据进行研究发现，虽然利率与住房投资和住房升值呈负相关关系，但由于不同地区的初始经济条件及其对货币政策的反应不同，导致利率的作用效果在区域间存在差异，而这种利率作用效果的区域差异性在我国也同样存在。袁科和冯邦彦（2007）认为中国地域辽阔、人口众多，各省市的经济基础差异较大，用单一货币政策对各地房地产市场进行调控，所得效果不甚显著。满欣辉（2013）同样发现，利率提高只能抑制部分地区房价的上涨，对其他区域效果没那么明显。所以正如余华义和黄燕芬（2015）的研究表明，全国性"一刀切"式的房价宏观调控政策其效果可能非常有限，应实行地区差异化的房地产政策。

13.2.2 国内外研究评价

综上所述，以前的学者大多从全国视角和区域视角两方面来研究利率对房地产价格的影响。从整体上看，早期文献偏向于研究利率对全国房价的影响，但随着国内经济差距的逐渐拉大，不同城市的房价对利率政策的反应也有所不同。为了更深入地探讨利率政策对我国各省份房价的作用效果，本章将在区域性视角下研究利率对我国房地产价格的影响。

虽然后期也有许多学者对区域性房价进行研究，但他们大多没有控制区域性因素可能对房价产生的影响。即使有学者从供给和需求层面考虑了区域性因素对房价的影响，其指标的选取往往也不够充分。除供给和需求因素以外，国际层面也是研究房价影响时不可或缺的因素。因为我国加入WTO后，持续放宽外商直接投资准入条件并加大吸引外资力度。房价的持续攀升促使这些新增加的外商直接投资大量涌入各地区的房地产行业，进一步推升房价。

综上，本章将从供给、需求和国际三个方面考虑区域性因素对房价的影响，从而在研究不同省份房价对利率调控反应的差异时，进一步考察利率对房价的调控是否受区域因素的影响。

13.3 利率对区域房价影响的理论分析

本部分是从区域性的角度来研究利率对房价的影响。

房地产既是我国核心产业之一，又是国民普遍持有的固定资产和投资的主要渠道之一，其影响因素涉及国民经济的多个方面。所以要想准确衡量单一利率调控对各省份房地产价格的影响，尽量控制除利率以外其他影响房地产价格的经济变量。为此笔者首先将在理论层面分析利率对房地产价格的影响；其次从需求方面、供给方面和国际方面找出可能影响房地产价格的区域因素。

13.3.1 利率对房价的影响

房地产是一个资金密集型行业，其开发和购买过程都会受到融资影响。而利率作为资金的价格，其变动会影响住房的供给和需求，进而对房价产生影响。虽然利率变动会导致住房供给和需求同时反向变动，但利率变动究竟会对房价产生何种影响，取决于住房供给和需求的利率弹性，即住房供给和需求对于利率变动幅度的大小。

在需求方面,利率会影响购房者对房地产的消费和投资需求。首先,由于大部分的购房者采取按揭贷款的方式购买房产,因此无论其所购房产是用作居住或作为投资的手段,利率都会对其金融成本产生直接的影响。较低的利率意味着更低的房屋总价,从而会增加购房者对房屋的需求。同时,除决定购房成本以外,利率本身也是影响房地产投资性需求的重要因素之一。较低的银行利率将促使人们寻求银行存款之外的其他投资渠道。而房地产作为一种可以提供保值、增值功能的固定资产,由于其低风险性及收益性成为国民投资的重要方式。在供给方面,利率则会影响房地产开发商的融资成本与融资规模。如果利率提高,将导致开发商的融资成本上升,影响开发商的利润空间。而且目前银行贷款构成了我国房地产开发商的主要资金来源,利率的变化将直接影响到房地产开发商的可用资金规模,从而减少房地产的总供给。

但由于住房开发建设周期较长,并且土地供应量难以调整,开发商短期内难以调整开发规模,因而住房供给的利率弹性相对于购房者的利率弹性而言较小。理论上,央行降低信贷利率,短期内会导致住房供给增加的幅度小于需求增加的幅度,进而导致房价上涨。反之亦然。

13.3.2 影响房价的区域性因素

房屋不仅是一种消费品,同时也是一种重要的投资品,所以影响房价的因素非常的繁多且复杂。如果在研究过程中只考虑自变量利率和因变量房价,势必会忽略其他影响房价的因素,如果不控制其他影响房价的因素,得出的实证结果可能不能准确反映利率对房价的影响,同时还会使构建的线性模型拟合度不好。同时,本章是在区域性视角下研究利率对房价的影响,这种区域性视角不光体现在对各省份房价进行分析上,还要将多种区域因素纳入模型来营造该区域的实证环境。所以笔者从需求方面、供给方面和国际方面将可能影响房价的因素作为控制变量分别加入利率与房价的基础模型中。以下将通过理论分析,找出需求、供给和国际方面可能影响房价的因素。

从需求方面,影响房价的因素主要包括人口结构、人口密度以及居民收入。①一个地区人口的密度和结构将影响该地区的房屋需求,如地区外来人口比例过高会推动该地区的房价（陆铭等，2014）。②居民的实际收入上升将提高居民的购买力，使居民有能力购置自己心仪的房屋，从而推动房价上涨。通过对 OECD 国家大量的实证结果表明，真实房价对可支配收入弹性始终为正（袁东，2016）。

从供给方面，影响房价的因素主要包括房产存量、土地成本和房地产开发投资完成额。①房屋存量的多少将影响房地产商的房屋供给。按照商品的供求机制，房屋存量过多导致房地产市场供大于求，使房价走低。②土地的购置费用作为建造房屋的主要成本之一，其价格的上涨势必会推动房价的上涨。中国政府招标、拍卖、挂牌出让土地的方式在给政府带来大量财政收入的同时也推高了房价（邵新建等，2012）。③房地产开发投资完成额表示投资用于房地产开发建设的总金额，既可以表示房地产资金的可获得性，也可以表示房屋的建设成本，两者都会直接影响房价变动。

国际方面，影响房价的因素主要包括汇率、外商直接投资和经常账户赤字。①实际有效汇率的上升导致热钱流入，热钱的流入一方面会促使房地产投资需求的增加；另一方面充沛的资金供给促使实际利率下降，最终导致房价上涨（袁东等，2015）。②房地产市场成了多元化投资的投资品（Caseb 等，2000）。而在我国投资渠道单一的经济环境下，利润较高且稳定的房地产行业吸引了绝大多数外商的直接投资，导致房价的抬高。③经常账户赤字和房价升值有很强的正相关关系（Aizenmanj 和 Jinjaraky，2009）。

13.4　利率对区域性房价影响的实证分析

首先，为了避免政策态度变化对房价的影响，本章将研究的时间区间分为 1999—2003 年和 2004—2017 年两个时间段，从而分时段比较利率对全国房价的影响。其次，以 2004—2017 年为研究时间区间，考察全国统一利率政策对各省份房价的调控效果。

13.4.1　样本时间及数据选取

对时间区间分段的原因及数据的选取和处理进行介绍。

13.4.1.1　研究时间区间

自从 1998 年 7 月国务院下发了《关于进一步深化城镇住房制度改革，加快住房建设的通知》后，我国房地产市场逐步向商品化、货币化方向转变，同时房价也开始逐渐由市场机制决定。因此该政策出台前后的房价变动不具有可比性，所以以1999年1月份作为研究的起始点。

随后几年，政府不断出台各种鼓励政策来扶持房地产行业的发展，但房价的过快增长影响了社会经济的健康发展和人民的福利水平。2004年前后，政府对房地产行业的态度发生巨大转变，从起初的鼓励住房需求到后期从供给和需求两个方面来抑制房价上涨。所以为了尽量避免政策变动对房价的影响，以2004年作为时间分割点，来分别研究1999—2003年底和2004—2017年这两段时间区域内利率对房价的影响。

13.4.1.2 研究数据的选取及处理

首先，从国家统计局的数据库选取所需数据。利用商品房销售额除以商品房销售面积来代替全国及各区域的房价数据（万元）、用1~3年期银行贷款基准名义利率减去环比定基化的全国居民消费价格指数表示实际利率。从需求、供给和国际方面进行控制变量的选取：①需求方面的因素包括：人口结构［用城市人口占总人口的比重（%）表示］、人口密度（人/平方千米）和居民实际可支配收入（万元）。②供给方面的因素包括：房屋竣工面积（平方米）、房地产开发实际投资额（亿元）和土地实际购置费用（亿元）。③国际方面的因素包括：汇率（人民币/美元）、外商实际直接投资（亿元）和经常项目赤字（亿元）。以上数据中，只有利率和汇率采用全国统一数据，其他数据均采用各省市的当地数据，以此将不同区域的经济要素纳入利率对房价影响的实证过程。表13-1呈现了本章所选取的各项指标。

表13-1 指标选取

序号	指标	单位	指标频率	时间区间
1	1~3年期银行贷款基准实际利率	百分率	月度	1999.01—2017.12
2	商品房销售价格（商品房销售额/商品房销售面积）	万元	月度	1999.01—2017.12
3	人口结构	百分比	月度	1999.01—2016.12
4	人口密度	人/平方千米	月度	1999.01—2016.12
5	居民实际可支配收入	万元	月度	1999.01—2016.12

续表

序号	指标	单位	指标频率	时间区间
6	房屋竣工面积	平方米	月度	1999.01—2017.12
7	房地产开发实际投资额	亿元	月度	1999.01—2017.12
8	土地实际购置费用	亿元	月度	1999.01—2017.12
9	汇率	人民币/美元	月度	1999.01—2017.12
10	外商实际直接投资	亿元	月度	1999.01—2016.12
11	经常项目赤字	亿元	月度	1999.01—2017.12

其次，根据实证需要对数据进行相应处理。以1999年为基年，将环比的全国居民消费价格指数（CPI）进行定基化处理。把房价、房地产开发投资额、土地购置费用、外商直接投资和经常项目赤字除以定基化处理后的全国居民消费价格指数（CPI），将其转化为实际变量。

为了保证实证研究过程中样本量的充足性，所有数据均采用月度数据。由于我国各类宏观数据公布的频率并不一致，而本章获取的人口结构、人口密度、人均实际可支配收入和外商直接投资的数据只有年度数据。为了后续的实证检验必须将这些样本的年度数据转换为月度数据。在 Eviews 软件中，人们通常有四种方法将低频率的数据转换为高频率的数据：恒匹配平均法（Constant – Match Average）、恒匹配总和法（Constant – Match Sum）、二次匹配平均法（Quadratic – Match Average）和二次匹配总和法（Quadratic – Match Sum）。其中，恒匹配平均法和二次匹配平均法得到的月度数据在加和之后远超过年度数据，所以将这两种方法排除。恒匹配总和法是将年度数据等分，形成一年中数值相同的12个月份，由此处理过的数据呈现阶梯式增长，可能会影响数据的平稳性。二次匹配总和法利用二次差分法将年度数据转换为月度数据，这样处理后的数据波动更为平稳。所以本章采用二次匹配总和法进行频率转换。

13.4.2　利率对我国房价影响的实证研究

首先，为了规避政策态度的转变对房价的影响，本章在1999—2003年和2004—2017年两个时间段来研究全国统一利率政策对全国房价的调控效果。结果发现2004—2017年利率对全国房价的调控效果要明显优于1999—2003年。所以以2004—2017年作为研究的时间区间，进行分省份的房价研究。其次，分别对31个省份的房价数据进行上述五种模型的实证检验。

13.4.2.1 基于全国房价数据的实证分析

为了剔除2003年底我国对房地产行业政策转变给房价波动带来的影响，本章的研究时间区间被划分为1999—2003年和2004—2017年。

首先以1999—2003年作为时间区间对全国数据进行实证检验。

表13-2 实际利率与房价——OLS回归结果

因变量：房价	（1）	（2）	（3）	（4）	（5）
实际利率	-0.03382	-0.001064	-0.00597	-0.038712	0.00454
	(0)	(0.9045)	(0.8329)	(0.0001)	(0.8867)
人均可支配收入		-0.000126			0.0000228
		(0.0884)			(0.9081)
人口密度		0.022465			0.013671
		(0.4279)			(0.7558)
人口结构		-0.008153			-0.001114
		(0.6826)			(0.972)
土地购置费用			0.0000801		-0.000227
			(0.6804)		(0.4665)
房屋竣工面积			-0.00000358		0.0000006
			(0.0679)		(0.8848)
房地产开发投资额			0.0000163		0.0000452
			(0.6832)		(0.4282)
汇率				-4.589238	-24.22035
				(0.1018)	(0.2474)
外商直接投资				0.00000237	0.0000298
				(0.8599)	(0.2467)
经常项目赤字				-0.0000318	-0.0000556
				(0.0521)	(0.2251)
观测值个数	60	60	24	48	24
方程拟合度 R	0.422196	0.594926	0.278331	0.469835	0.472991

注：表中是五种模型的回归结果，括号中的数字是每种回归结果的 P 值。

由表13-2中五种模型的回归结果可知：①在不控制任何变量，只单一研究利率对全国房价影响的情况下，利率对房价的影响高度显著，且为负向影响。②在控制其他变量后，只有模型（4）中利率对房价的影响是高度显著，即只有在考虑国际方面的因素时，利率对房价才能保持显著的影响，说明这些国际因素并不会干扰利率对房价的显著性影响。但考虑到我国在1999—2003年对外开放程度并不够，而且模型（4）中汇率、外商直接投资和经常项目赤字这3个控制变量在5%的显著性水平下均不显著，说明国际因素不会影响利率对房价调控的原因并不是利率政策的抗干扰性，而是这3个国际因素对房价的影响本身就很微弱。③在考虑了需求因素的模型（2）、供给因素的模型（3）和全部影响因素的模型（5）中利率对房价的影响均不显著，说明影响我国房地产需求和供给方面的其他经济变量会干扰利率政策对房价的调控。而且我国直到2003年还没有放开利率的市场化，所以没有形成有效的利率对房价影响的传导机制。④所有模型的拟合度都很低。这说明此时我国的房地产行业刚被列为主要产业，其价格也逐渐由政府把控转为由市场机制决定，还有很多不完善有待发展的地方，所以我国很多经济因素对房价的影响并不明晰。

其次，以2004—2017年作为时间区间对全国数据进行实证检验。

表13-3 实际利率与房价——OLS回归结果

因变量：房价	（1）	（2）	（3）	（4）	（5）
实际利率	-0.057005	-0.007032	-0.019066	-0.042335	-0.008336
	(0)	(0.025)	(0)	(0)	(0.0052)
人均可支配收入		-0.0000737			-0.0000239
		(0.0196)			(0.4168)
人口密度		0.021617			0.024606
		(0.0047)			(0.0004)
人口结构		0.004999			0.005026
		(0.2578)			(0.2951)
土地购置费用			-0.000094		-0.0000515
			(0)		(0.0012)
房屋竣工面积			-0.00000269		-0.00000178
			(0)		(0)
房地产开发投资额			0.0000502		0.00000245
			(0)		(0.569)

续表

因变量：房价	(1)	(2)	(3)	(4)	(5)
汇率				-0.073284	-0.00123
				(0)	(0.8544)
外商直接投资				0.0000269	0.0000188
				(0.1717)	(0.0865)
经常项目赤字				0.00000477	-0.0000089
				(0.2511)	(0.0012)
观测值个数	166	156	166	166	156
方程拟合度 R	0.328234	0.887782	0.811204	0.789292	0.933384

注：表中是五种模型的回归结果，括号中的数字是每种回归结果的 P 值。

由表 13-3 中五种模型的回归结果可知：①根据模型（1）的回归结果，利率对房价的影响高度显著，且为负向影响，既利率的上升将会有效抑制房价上涨。但整个方程的拟合程度不高，还需要加入其他控制变量。②根据模型（2）的回归结果，利率依然显著但系数明显减小，说明需求因素的加入明显降低了利率对房价的影响。除人口结构外，其他需求因素均在 5% 的置信水平下显著。方程的拟合度明显上升，说明需求因素的加入提高了方程对房价变动的解释力。③根据模型（3）的回归结果，利率对房价的影响依旧高度显著，但系数减小，说明供给因素的加入削弱了利率对房价的影响。而土地购置费用、房地产开发投资额和房屋竣工面积对房价的影响显著，但系数都很小，说明供给方面的因素对房价的影响较小。④根据模型（4）的回归结果，利率对房价的影响依旧高度显著，且系数只略微减小，说明国际因素的加入并没有明显削弱利率对房价的影响。除汇率外，经常项目和外商直接投资对我国房价的影响都不显著。且汇率对房价的影响为负向，说明美元兑人民币汇率的上升即人民币相对美元的贬值可以抑制房价的上涨。因为人民币的贬值一方面抑制外商对中国的投资，另一方面中国投资者也会转投外币或者国外资产，以此来获得投资收益和资本增值的双重收益，这其中对国内减少的投资也包括房地产行业，导致房价下降。⑤根据模型（5）的回归结果，利率依然显著但系数明显减小，根据模型（2）和模型（3）的回归结果，主要是需求和供给因素的加入降低了利率对房价的影响。

综上，通过比较1999—2003年与2004—2017年这两个时间段的回归结果，我们不难发现：①利率对房价的影响，无论是从显著性还是变量系数而言，2004—2017年相较于1999—2003年都有明显提升。主要原因是在1999—2003年我国的房地产行业还未足够完善，房价也刚开始逐渐由市场机制决定，而且利率的市场化进程还未开展，所以利率对房价的影响并不十分有效。②需求和供给因素对房价的影响越来越明显，只有国际因素没有发生明显变化。说明在房地产发展前期，我国很多经济因素对房价的影响并不明晰，导致模型的回归结果不论是变量的显著性还是模型的拟合程度都不好。其中，模型加入需求和供给因素后降低了自变量利率的系数，即降低了利率对房价的影响程度，所以政府在运用利率政策调控房价时，应注意考虑需求和供给方面对利率调控效果的削弱。尤其是需求方面的因素严重减弱了利率对房价的调控。而诸如人均工资、人口密度和人口结构等需求方面的因素，都是一个城市的基本经济结构，也因城市的不同有很大的差异性。所以利率对房价的影响很有可能因城市的不同而产生差异。

13.4.2.2 基于各省份房价数据的实证分析

由上述全国数据的回归分析可知，2004—2017年我国的房地产行业已发展得较为完善，利率政策对房价的调控效果也明显提高；而且各地区的数据相对于全国数据而言可查询到的数据时间区间相对较短。所以本章在研究利率对区域性房价的影响时，将只考虑2004年之后房价的变动情况。为了准确衡量利率对各区域房价的影响，本章选取了31个省（区市）的房价及需求、供给和国际方面的区域性因素，来对各区域数据构建模型进行实证检验。

表13-4 实际利率与各省（区市）份房价——OLS回归结果

因变量：房价	(1)	(2)	(3)	(4)	(5)
北京	-0.366602	-0.085706	-0.22533	-0.050536	-0.074756
	(0)	(0)	(0)	(0.0210)	(0)
上海	-0.315548	-0.121112	-0.156861	-0.140431	-0.127543
	(0)	(0)	(0)	(0)	(0)
广东	-0.073046	-0.019363	0.003338	-0.012016	-0.014451
	(0)	(0)	(0.6405)	(0)	(0.0290)

续表

因变量：房价	(1)	(2)	(3)	(4)	(5)
天津	-0.139686	-0.012679	-0.07043	0.008152	-0.005348
	(0)	(0.0779)	(0)	(0.2102)	(0.3910)
浙江	-0.079721	-0.02846	0.008799	-0.022163	-0.051262
	(0)	(0)	(0.4693)	(0)	(0)
江苏	-0.064422	-0.006993	-0.012903	-0.032359	-0.007741
	(0)	(0.0167)	(0)	(0)	(0.0157)
山东	-0.045216	0.007054	-0.012224	-0.018481	-0.00097
	(0)	(0)	(0)	(0)	(0.8611)
辽宁	-0.035714	-0.005970	-0.031413	-0.001943	-0.010427
	(0)	(0.0874)	(0)	(0.6579)	(0.0110)
四川	-0.039163	-0.002984	0.020881	0.006573	0.004591
	(0)	(0.3944)	(0)	(0)	(0.0245)
重庆	-0.045407	-0.008354	0.004904	-0.013073	-0.001683
	(0)	(0.064)	(0.3664)	(0)	(0.7308)
观测值个数	166	156	166	144	144

表13-5 实际利率与各省（区市）房价——OLS回归结果

因变量：房价	(1)	(2)	(3)	(4)	(5)
福建	-0.069904	0.025852	0.004871	0.010336	0.027026
	(0)	(0)	(0.5476)	(0.0554)	(0)
湖南	-0.034798	0.013504	0.002101	0.004726	0.008508
	(0)	(0)	(0.4808)	(0.1411)	(0)
湖北	-0.054828	0.000201	-0.007951	0.006836	0.003342
	(0)	(0.9488)	(0.0815)	(0.0173)	0.3467
黑龙江	-0.052465	-0.001534	-0.050514	-0.017233	-0.00529
	(0)	(0.6609)	(0)	(0)	(0.2812)
吉林	-0.04223	0.00632	-0.041143	-0.014676	-0.004897
	(0)	(0.4263)	(0)	(0.0184)	(0.5785)
广西	-0.042923	-0.000841	-0.0108	-0.02754	-0.005643
	(0)	(0.7065)	(0)	(0)	(0)
山西	-0.043242	0.003342	-0.030768	-0.021491	0.001665

续表

因变量：房价	(1)	(2)	(3)	(4)	(5)
	(0)	(0.3594)	(0)	(0)	(0.7362)
河北	-0.055221	0.013651	0.001675	0.006313	0.0205
	(0)	(0)	(0.768)	(0.054)	(0)
河南	-0.040919	0.00644	0.005939	0.000805	0.003507
	(0)	(0)	(0.0488)	(0.7011)	(0.1682)
海南	-0.079408	0.037109	0.032777	-0.019083	-0.016894
	(0)	(0.0357)	(0.0371)	(0.0505)	(0.2074)
观测值个数	166	156	166	144	144

表13-6　实际利率与各省（区市）房价——OLS回归结果

因变量：房价	(1)	(2)	(3)	(4)	(5)
内蒙古	-0.030816	-0.003693	-0.02499	-0.00318	-0.003356
	(0)	(0.4872)	(0)	(0.4908)	(0.5199)
云南	-0.041197	0.00613	-0.01328	0.007969	0.010074
	(0)	(0)	(0)	(0)	(0)
青海	-0.042033	0.002636	-0.023816	0.016667	0.020006
	(0)	(0.4572)	(0)	(0)	(0)
甘肃	-0.057348	-0.008411	-0.036568	-0.03096	-0.010534
	(0)	(0.1342)	(0)	(0)	(0.0503)
安徽	-0.047059	0.005137	0.001443	-0.008794	0.008728
	(0)	(0.0653)	(0.7359)	(0.0113)	(0)
江西	-0.060453	0.020501	0.005935	0.0033	0.014552
	(0)	(0)	(0.34)	(0.2574)	(0)
陕西	-0.037502	(0.028184)	(0.001021)	0.008271	(0.024636)
	(0)	(0)	(0.8427)	(0.0115)	(0)
宁夏	-0.027649	-0.00236	-0.016979	-0.017663	-0.019562
	(0)	(0.3119)	(0)	(0)	(0)
新疆	-0.036481	-0.001624	-0.023977	-0.005235	-0.003298
	(0)	(0.6687)	(0)	(0.1247)	(0.3437)
西藏	-0.044899	0.02364	-0.038712	0.008511	0.016322
	(0)	(0)	(0)	(0.3407)	(0.067)

续表

因变量：房价	(1)	(2)	(3)	(4)	(5)
贵州	-0.031525	-0.004371	0.003081	-0.007212	-0.00045
	(0)	(0.1588)	(0.4819)	(0)	(0.8759)
观测值个数	166	156	166	144	144

注：表中是五种模型的回归结果，括号中的数字是每种回归结果的 P 值。

从表13-4至表13-6中利率对31个省（区市）房价的回归结果可以看出：

只考虑单一因素利率对房价的影响，模型（1）回归结果显示，不在线性模型中加入其他控制变量的情况下，利率对各区域房价均为负向高度显著性影响。而从表13-2的模型（1）回归结果可以看出，在不考虑其他因素的条件下，利率对全国房价的影响系数为-0.057005。将该系数对比表13-3中31个省（区市）——的模型（1）中自变量利率的系数，发现北京、上海、天津、广东、浙江、江苏、甘肃、福建、海南和江西这10个省、市的利率系数大于利率对全国房价影响的系数，尤其是北京、上海和天津，它们利率系数分别为：-0.366602、-0.315548和-0.139686，远远大于全国房价的利率系数，说明这些地区的房价对利率的敏感性较高，且房价受利率调控的影响程度高于利率对全国平均房价的总体影响。这些地区的经济较发达，其金融市场也比较完善，房地产的开发商和房屋的购买者往往会通过金融市场的渠道来获取资金，所以利率的轻微上调会严重影响开发商的开发成本和购买者的购房成本，进而影响房屋价格。

一旦在线性模型中考虑诸如需求方面、供给方面和国际方面的区域性因素后，利率对房价的影响效果就发生了显著变化。根据在基础线性模型中纳入各省（区市）需求、供给和国际三方面的控制变量后，形成的模型（2）、模型（3）、模型（4）和模型（5）的回归结果可以得出以下结论：

（1）在北京、上海和江苏，利率对房价调控的显著性不受任何区域因素的影响。

（2）利率对有些省（区市）房价的调控效果会受单一方面因素的影响，例如：利率对广东、浙江和重庆房价的调控显著性会受供给层面因素的影响，即在以利率为自变量，房价为因变量的线性模型中加入供给方面的控制变量后，自变量利率对房价的影响由显著变为不显著，利率对房价的调控不再有效。因为这些地区的土地稀缺程度较高，利率提高引发住房需求的降低程度，依旧不能使住房需求与紧缺的住房供给相匹配，导致利率对房价的调控受到了供给因素的削弱作用。

利率对黑龙江、吉林、广西、山西、甘肃、宁夏和山东房价的调控显著性会受需求层面的影响，即在基础模型中加入需求方面的控制变量后，自变量利率对房价的影响变为不显著。实际上，我国房价的上涨很大程度上是由不断增长的需求导致的。其原因可能是这些区域的城市化推进引起房屋需求的硬性增长，或者是收入提高带来的房屋改善型需求的增长，推动房价的上涨，而房价的上涨又进一步导致人们对房地产的投资需求高涨。

利率对天津和辽宁的房价调控容易受国际方面因素的干扰，即在基础模型中加入国际方面的控制变量后，自变量利率对房价的影响不再显著。

(3) 利率对其他省（区市）房价的调控效果受两个甚至三个方面因素的影响。例如，海南、贵州和安徽的利率调控就同时受供给和需求层面因素的影响。湖北、云南、青海、内蒙古、新疆和西藏的利率调控就同时受需求和国际层面因素的影响。而四川、福建、湖南、河北、河南、江西和陕西的利率调控就同时受供给、需求和国际三方面因素的影响。虽然利率政策对这些地区的房价具有反向影响，但其影响程度却远低于一线和二线地区。

13.4.3 稳健性检验

为了尽可能体现实证结果的真实性和准确性，本章运用更换衡量指标和去除房价可能极值的方法对实证结果进行稳健性检验。

13.4.3.1 更换衡量指标

由于房地产的建设期较长，价格较高，不论是开发商还是购房者，向银行申请的往往是长期贷款，所以长期贷款利率对房价的影响可能更为显著。为此，将名义利率由 1~3 年期银行贷款基准利率更换为 5 年期以上银行贷款基准利率，从而判断银行的长期贷款利率对各省（区市）房价的影响情况是否与中短期贷款利率类似。更换衡量指标后，再构建上述模型进行研究，看结果是否一致。

表13-7　5年期以上贷款利率与各省（区市）房价——OLS回归结果

因变量：房价	(1)	(2)	(3)	(4)	(5)
北京	-0.249379	-0.073033	-0.165373	-0.010175	-0.074931
	(0)	(0)	(0)	(0.5514)	(0)
上海	-0.200766	-0.078227	-0.094638	-0.090629	-0.110993
	(0)	(0)	(0)	(0)	(0)
广东	-0.047536	0.001604	0.012989	-0.005820	0.009019
	(0)	(0.6839)	(0)	(0.06)	(0.1169)
天津	-0.093479	0.003109	-0.049210	0.021385	0.008454
	(0)	(0.5204)	(0)	(0)	(0.1315)
浙江	0.888099	0.029001	0.020741	-0.006360	0.013747
	(0)	(0)	(0.007)	(0.0049)	(0)
江苏	-0.040480	-0.001948	-0.004732	-0.024314	-0.003249
	(0)	(0.3233)	(0.1253)	(0.207)	(0)
山东	-0.029941	0.009624	-0.008420	-0.009957	0.010399
	(0)	(0)	(0)	(0)	(0)
辽宁	-0.023719	-0.003352	-0.023169	0.001434	-0.007675
	(0)	(0.1278)	(0)	(0.7195)	(0.0746)
四川	-0.024207	0.013521	0.016561	0.005477	0.005946
	(0)	(0)	(0)	(0)	(0)
重庆	-0.028120	0.011294	0.009453	-0.01307	-0.00168
	(0)	(0.0074)	(0.0059)	(0)	(0.7308)
观测值个数	166	156	166	144	144

表13-8　5年期以上贷款实际利率与各省（区市）房价——OLS回归结果

因变量：房价	(1)	(2)	(3)	(4)	(5)
福建	-0.046137	0.026130	0.012145	0.004291	0.026404
	(0)	(0)	(0.02)	(0.2154)	(0)
湖南	-0.021425	0.018277	0.003085	0.007450	0.009530
	(0)	(0)	(0.0967)	(0)	(0)
湖北	-0.036410	0.001980	-0.004747	0.010584	0.009515
	(0)	(0.3185)	(0.1095)	(0)	(0)

续表

因变量：房价	(1)	(2)	(3)	(4)	(5)
黑龙江	-0.032644	0.004347	-0.032755	-0.013081	-0.000508
	(0)	(0.0817)	(0)	(0)	(0.91)
吉林	-0.026671	0.002054	-0.026394	-0.011022	-0.008820
	(0)	(0.7349)	(0)	(0.013)	(0.2025)
广西	-0.026762	0.005448	-0.006741	-0.018937	-0.000944
	(0)	(0)	(0)	(0)	(0.5277)
山西	-0.029009	0.003237	-0.021921	-0.013818	0.000716
	(0)	(0.2011)	(0)	(0)	(0.8145)
河北	-0.037860	0.007882	-0.001977	-0.001396	0.011929
	(0)	(0)	(0.5937)	(0.4938)	(0)
河南	-0.026426	0.005919	0.007434	0.003792	0.006369
	(0)	(0)	(0)	(0.0135)	(0)
海南	-0.041159	0.068976	0.049046	-0.005271	0.003887
	(0)	(0)	(0)	(0.4381)	(0.73)
观测值个数	166	156	166	144	144

表13-9 5年期以上贷款利率与各省（区市）房价——OLS回归结果

因变量：房价	(1)	(2)	(3)	(4)	(5)
内蒙古	-0.018390	0.007744	-0.015670	0.000618	0.011571
	(0)	(0.1129)	(0)	(0.8453)	(0.0272)
云南	-0.028138	0.004325	-0.010779	0.002387	0.006291
	(0)	(0.01)	(0)	(0.1098)	(0)
青海	-0.028838	-0.002157	-0.017738	0.004520	0.011536
	(0)	(0.407)	(0)	(0.2603)	(0.0103)
甘肃	-0.038612	-0.008232	-0.026462	-0.024877	-0.008633
	(0)	(0.0725)	(0)	(0)	(0.0733)
安徽	-0.028864	0.007546	0.004243	0.00009	0.005696
	(0)	(0)	(0.1186)	(0.9731)	(0)
江西	-0.039871	0.017716	0.006662	0.00665	0.013015
	(0)	(0)	(0.1028)	(0)	(0)
陕西	-0.024093	0.021450	0.000428	0.01173	0.013213

续表

因变量：房价	（1）	（2）	（3）	（4）	（5）
	（0）	（0）	（0.895）	（0）	（0）
宁夏	-0.014890	0.003444	-0.007661	-0.008938	-0.002960
	（0）	（0.0235）	（0）		（0.2847）
新疆	-0.021899	0.008586	-0.013782	-0.003847	0.003999
	（0）	（0）	（0）	（0.0804）	（0.2376）
西藏	-0.030977	0.027506	-0.028679	0.005612	0.009584
	（0）	（0）	（0）	（0.3876）	（0.2234）
贵州	-0.019075	0.004982	0.007231	-0.003087	0.003940
	（0）	（0.05）	（0.0135）	（0.2553）	（0.1313）
观测值个数	166	156	166	144	144

注：表中是五种模型的回归结果，括号中的数字是每种回归结果的 P 值。

由表13-7至表13-9各省（区市）的回归结果可以看出，5年期以上银行贷款基准利率对各省（区市）房价的调控效果不如1~3年期银行贷款基准利率。虽然在不考虑控制变量的情况下，5年期以上贷款利率对31个省（区市）房价的影响依然是显著负相关，但自变量利率的系数却明显降低，说明各省区市房价对5年期以上贷款利率的敏感度远不如对1~3年期贷款利率的敏感度。而在模型中加入控制变量后，加大了区域性因素对利率政策作用效果的影响，原本一些受单一区域因素影响，甚至不受区域因素影响的省区市开始受多种经济因素干扰，使自变量利率的显著性由显著负相关转变为不相关，利率政策的抗干扰能力明显降低。

以上说明，相对于长期贷款而言，中短期的贷款利率更能有效调控各省（区市）的房价，且调控房价的渠道更为顺畅，不易受其他区域性因素干扰。究其原因，主要是因为政府对1~3年期贷款利率的调节次数更多，而对长期利率的调节较少。导致波动频数较少的5年期以上贷款利率的实证结果不如1~3年期贷款利率。如果将1~3年期贷款利率的波动频数降低至与5年期以上贷款利率的频数一致，两者的实证结果可能会有所转变。

13.4.3.2　去除可能极值

为了剔除异常值对回归结果的影响，本章将房价数据限制在变动范围2%~98%的区间内，并将缺失值用两侧数额的平均值代替。再构建上述模型进行研究，看结果是否一致。

表13-10　实际利率与各省（区市）房价——OLS回归结果

因变量：房价	(1)	(2)	(3)	(4)	(5)
北京	-0.3666	-0.08571	-0.22533	-0.05054	-0.07476
	(0)	(0)	(0)	(0.02)	(0)
上海	-0.311397	-0.12111	-0.154375	-0.141271	-0.12754
	(0)	(0)	(0)	(0)	(0)
广东	-0.072066	-0.019373	0.003654	-0.012203	-0.014976
	(0)	(0)	(0.6068)	(0)	(0.0236)
天津	-0.137959	-0.012615	-0.070393	0.007243	-0.005548
	(0)	(0.0776)	(0)	(0.2533)	(0.3655)
浙江	-0.079352	-0.028498	0.009024	-0.022341	-0.050983
	(0)	(0)	(0.457)	(0)	(0)
江苏	-0.064358	-0.007321	-0.013283	-0.032963	-0.00891
	(0)	(0.0116)	(0)	(0)	(0)
山东	-0.045145	0.00698	-0.012592	-0.018946	0.000344
	(0)	(0)	(0)	(0)	(0.9492)
辽宁	-0.0342	-0.004818	-0.030127	-0.001774	-0.008048
	(0)	(0.1615)	(0)	(0.6744)	(0.0526)
四川	-0.039054	-0.002984	0.020926	0.006528	0.004591
	(0)	(0.3944)	(0)	(0)	(0.0245)
重庆	-0.045244	-0.007853	0.004678	-0.01334	-0.001207
	(0)	(0.0865)	(0.3836)	(0)	(0.8076)
观测值个数	166	156	166	144	144

表13-11　实际利率与各省（区市）房价——OLS回归结果

因变量：房价	(1)	(2)	(3)	(4)	(5)
福建	-0.069049	0.026136	0.004990	0.010294	0.026878
	(0)	(0)	(0.5390)	(0.0531)	(0)
湖南	-0.0348	0.012504	0.000808	0.00414	0.007475
	(0)	(0)	(0.7812)	(0.1617)	(0.01)
湖北	-0.054478	0.000164	-0.008145	0.006361	0.003324
	(0)	(0.9571)	(0.0682)	(0.0228)	(0.3364)
黑龙江	-0.052097	-0.00153	-0.050145	-0.017278	-0.00513

续表

因变量：房价	(1)	(2)	(3)	(4)	(5)
	(0)	(0.6606)	(0)	(0)	(0.2943)
吉林	-0.043154	0.002263	-0.042	-0.016243	-0.008748
	(0)	(0.74)	(0)	(0.0026)	(0.2483)
广西	-0.042853	0.00010	-0.011201	-0.027862	-0.005141
	(0)	(0.9650)	(0)	(0)	(0)
山西	-0.041905	0.00323	-0.029045	-0.021565	0.001548
	(0)	(0.3742)	(0)	(0)	(0.7538)
河北	-0.054697	0.013520	0.001692	0.005873	0.020438
	(0)	(0)	(0.763)	(0.0736)	(0)
河南	-0.040401	0.006495	0.006332	0.000753	0.003584
	(0)	(0)	(0.0338)	(0.7184)	(0.1565)
海南	-0.081327	0.032575	0.027419	-0.020390	-0.020930
	(0)	(0.0464)	(0.0667)	(0.0203)	(0.0858)
观测值个数	166	156	166	144	144

表13-12 实际利率与各省（区市）房价——OLS回归结果

因变量：房价	(1)	(2)	(3)	(4)	(5)
内蒙古	-0.0326	-0.00535	-0.026829	-0.005093	-0.004299
	(0)	(0.1554)	(0)	(0.1175)	(0.2174)
云南	-0.04	0.007149	-0.0122	0.009084	0.010776
	(0)	(0)	(0)	(0)	(0)
青海	-0.042053	0.002518	-0.02497	0.014129	0.015314
	(0)	(0.3826)	(0)	(0)	(0)
甘肃	-0.055561	-0.000875	-0.032373	-0.026723	-0.004590
	(0)	(0.8452)	(0)	(0)	(0.2589)
安徽	-0.047031	0.004833	0.001246	-0.008994	0.008239
	(0)	(0.077)	(0.7691)	(0)	(0)
江西	-0.060266	0.020472	0.005767	0.003069	0.014559
	(0)	(0)	(0.3527)	(0.2943)	(0)
陕西	-0.03734	0.027683	0.000731	0.007926	0.023731
	(0)	(0)	(0.8858)	(0.0144)	(0)

续表

因变量：房价	（1）	（2）	（3）	（4）	（5）
宁夏	-0.027692	-0.002992	-0.01685	-0.018191	-0.019087
	（0）	（0.188）	（0）	（0）	（0）
新疆	-0.03741	0.003435	-0.022378	-0.006769	0.000919
	（0）	（0.0329）	（0）	（0）	（0.4074）
西藏	-0.041757	0.026891	-0.036281	0.008066	0.020925
	（0）	（0）	（0）	（0.3435）	（0.0205）
贵州	-0.031513	-0.004422	0.002650	-0.007114	-6.54E-05
	（0）	（0.1407）	（0.5401）	（0）	（0.9811）
观测值个数	166	156	166	144	144

注：表中是五种模型的回归结果，括号中的数字是每种回归结果的 P 值。

由表13-10至表13-12各省（区市）的回归结果可以看出，将房价数据限制在变动范围2%~98%后，自变量利率的显著性及系数大小虽然比原始数据的实证结果略好一些，但基本相差不大。说明用各省份商品房销售额除各省份商品房销售面积得到的房价数据较为稳定，没有较多的异常值影响实证结果。

13.5 研究结论与政策性建议

根据全国统一利率对各省区市房价影响的实证结果，得出相应的研究结论及政策建议。

13.5.1 研究结果

根据利率对31个省（区市）房价影响的实证检验，分析各省（区市）的实证结果及产生原因。

13.5.1.1 利率对我国各省区市房价的调控普遍有效

只研究单一因素利率对房地产价格的影响，发现利率对各省（区市）房价均为负向高度显著性影响，说明利率政策对我国各省（区市）房价的调控普遍有效。其中，北京、上海和江苏这些经济发展较发达的地区，自变量利率的系数远高于利率对全国平均房价影响的系数。除这3个地区之外，天津、广东、浙江和福建等其他一二线地区的利率系数也大于利率对全国平均房价影响的系数。这说明这些经济较发达地区的房价对利率变动的敏感性较高，且高于全国平均房价水平。究其原因，一是这些地区的房价普遍较高，是政府利率调控政策的主要目标区域；二是这些区域的房地产金融市场发育相对成熟，房地产项目开发和居民购房时对金融市场的信贷依赖程度较高，导致房屋的供给与需求对利率变动的敏感度较高，提高利率对房价有较为明显的反向影响。三是这些经济发达地区的房地产投资潜力较大，构成这些地区房地产需求的很大一部分是投资和投机需求，利率的提高会降低投资的预期收益率和房价未来的上涨预期，进而较大程度上减少该地区对房屋的需求，从而起到抑制房价上涨的作用。

13.5.1.2　利率对北京、上海和江苏房价的调控不易受区域性因素干

在北京、上海和江苏，利率对房价调控的显著性不受任何区域因素的影响。说明这些地区的房地产市场和利率传导机制发展得较为完善，不易受其他区域性因素的干扰，利率能有效调控该地区的房价。但在模型中纳入其他区域性因素后，会普遍降低利率的系数，说明需求、供给和国际因素虽然不会影响利率的显著性，但会降低房价对利率调控的敏感程度，影响利率政策的作用效果。而这些城市的房价在全国房地产市场中一直遥遥领先，其他城市的房价也是紧盯北京和上海的房价进行波动，只有控制好这些城市的房价，才能有效控制全国房价。所以在这些省份推行利率政策时应注意其他区域性因素对房价敏感程度的影响。

13.5.1.3　利率对黑龙江、吉林和甘肃等省份房价的调控易受需求因素干扰

利率对黑龙江、吉林、广西、山西、甘肃、宁夏和山东房价的影响显著性会受需求层面的影响。以上7个省份普遍地域辽阔，有充足的土地供给来满足房地产的开发需求，所以该地区房价的上涨主要是由房地产的需求层面推动。其主要原因：一是全国城镇居民人均可支配收入的持续上涨形成了有效的市场需求，房地产的改善性需求不断增加。二是城市化的推进吸引了大量外来人口，导致庞大的城市住房刚性需求。三是80后、90后到了结婚买房的高峰期，而这个年龄段独生子女占比比较大，父辈可以集全家之力购房。所以房价虽不断飙升，但人们依旧可以凑够钱去买房，推动房价进一步上涨。

而这些房地产需求的增加会削弱利率对房价的调控效果,只有有效控制房地产的过度需求才能保障利率调控的有效性。

13.5.1.4 利率对广东、浙江和重庆房价的调控易受供给因素干扰

利率对广东、浙江和重庆房价的影响显著性会受供给层面因素的影响。这3个地区均属于经济较发达,且人口众多的区域,可供房地产开发的土地严重紧缺,房屋供给很难根据购房者的住房或投资需求同比例增加。虽然利率上调通过提高人们的购房成本和降低人们投资房地产的利润率而减少了房屋需求,但房屋的供给不足削弱了因房屋需求缩减而可能导致的房价下降,导致房价依旧坚挺。所以在推行利率调控政策时,应注意供给因素对利率调控效果的抵消作用。可以通过加大保障性住房和长期租房的供给,从而减少供给因素对利率调控的影响。

13.5.1.5 利率对天津和辽宁房价的调控易受国际因素干扰

利率对天津和辽宁的房价调控容易受国际方面因素的干扰。从前文各省(区市)经济状况差异的分析柱状图可以看出,天津和辽宁的外商直接投资额较高。其原因可能是北京和上海这两个政治、经济文化中心的房价已炒得够高,而政府对其房价上涨的监管也较为严格,所以一些国际资金就会退而求其次地涌入到离这两个城市较近的天津,从而推动了天津房价的上涨。而辽宁既作为沿海城市,又靠近北京、上海和天津等城市,所以其地理位置决定它较为容易吸收外资,从而增加了国际因素对房价的影响。这些地区应加强境外资金流动的监管,限制外商资金过多地进入房地产行业,尤其应该防范国际热钱对这些地区房地产的炒作,保证外商资金能够积极健康地参与到我国房地产行业的建设中,从而保证利率政策对房价调控的有效性。

13.5.1.6 利率对经济欠发达地区房价的调控易受多重区域性因素干扰

利率对剩余经济欠发达地区房价的调控效果受多重区域性因素的影响。其主要原因:一是因为这些区域的房地产金融市场发育相对滞后,房地产项目开发和居民购房时对金融市场的信贷依赖程度也相应较小,较多购房者和开发者通过其他渠道,例如朋友或企业间借贷,甚至采取民间借贷的方式来获取资金。但朋友或企业间借贷往往是出于交情不计贷款成本的出借资金,

即使收取利息也远远低于市场正常贷款利率；若采取民间借贷的方式来获取资金，其贷款利率通常会远高于市场的正常贷款利率。因为民间借贷在贷款前一般不会对贷款人的资产情况进行充分的调查，导致借贷双方的信息很不对称，贷款风险较大，所收取的贷款利息也相应较高。而这些渠道的贷款利率往往不受市场利率的影响。所以市场利率的调节就不会过多地影响供给方和需求方的资金成本进而达到调控房价的目的。二是因为这些地区经济发展滞后，不容易受到炒房团的关注，同时本地人投资房地产的意识比较薄弱。所以房地产市场投资潜力小，其房地产需求中投资和投机成分少，消费需求比重大，而房屋的刚性需求很难随利率上调而减少，所以提高利率不能有效降低这些地区的房价。正是因为这些地区无论是金融市场还是房地产市场发展得并不完善，没有形成健全的利率对房价影响的传导机制，导致利率的调控作用会受到其他区域性因素的干扰。

13.5.2 政策建议

实证结论发现，利率政策对我国各（区市）房价的调控效果具有非对称性区域效应，采用全国统一利率来调控我国房价，其作用效果可能不尽如人意，可以考虑因地制宜地推出区域性利率调控政策。北京、上海和江苏的房价对利率调控较为敏感，且调控效果不易受区域性因素的干扰，可以继续采用利率政策来稳定这些地区的房价。但我国其他地区的利率调控效果不是受单一区域性因素的影响，就是受多重区域性因素的影响。针对这一问题，笔者将从需求、供给和国际三方面提出相应政策建议，解决这些因素对利率作用效果的影响问题。

13.5.2.1 推行区域房地产政策

在我国不同省份经济金融差距较大的情况下，统一的利率政策对不同省份房地产市场的调控效应具有明显的差异性。充分认识到利率政策对各省份房地产市场调控的差异性，可以为利率政策的制定带来较大的能动性。我国应该在全国统一的房价目标基础上，针对不同省份的经济结构现状，适当考虑房地产市场的区域差异性，实行适度差异化的利率调整政策。通过统一的房价目标和区域适度差别这两方面的有机结合，提高社会资金在各省份房地产市场间的配置效率，优化利率对全国房价的调控效果，促进各省份房地产市场之间的协调发展。

　　首先，对于北京和上海这些发达城市，由于其经济较发达，拥有完善的公共基础设施和丰富的就业机会，吸引了大批人口的迁移，产生了大量的房屋需求。而城市内完备的建设也意味着没有更多的土地供给可以用于房产开发，导致房屋的供给紧俏。庞大的需求和有限的供给使这些一线城市的房价在全国范围内处于领先地位，只有稳定这些城市的房价，才能有助于全国房价的稳定，所以政府对房价宏观调控的重点应该放在北京和上海等一线城市。同时由于利率对这些一线地区房价的影响程度较高且不受其他区域性因素的影响，所以政府可以继续采用利率的调控手段来控制这些地区的房价。其次，对于一些经济发展一般且经济基础各不相同的二线和三线城市，其利率调控往往受区域性供给或需求等单一因素影响。所以政府在推行利率政策时，要先了解各地区的经济状况，考虑自身的收入水平、土地供应和经济发展水平，再实行相应政策来减少其他经济因素对利率调控房价的影响，如基础设施建设完善、人口密度较高且利率调控受供给因素影响的省份应侧重于增加商品房供给，满足日益增大的住房需求，而受需求因素影响的省份应侧重于抑制房屋的投资性需求和改善性需求。最后，对于一些经济发展较差的地区，利率对其房价的调控往往受多个区域性因素的干扰，所以只单单采用利率政策是无法有效调控这些区域的房价的，政府还要根据地区的实际情况采取其他措施来稳定房价。

13.5.2.2　增强贷款管理，扩展融资渠道

　　为了解决需求层面的区域性因素对利率调控的干扰，一方面可以增强贷款管理，支持和引导信贷资金满足中低收入家庭购买普通商品房的信贷需求，同时限制投资性购房需求的信贷额，从而抑制房地产的投资需求。另一方面可以拓展融资渠道，在分散银行房贷风险的同时满足购房者多样的融资需求，丰富的融资渠道也有利于利率对房地产市场的价格传递。

　　首先，我国的房地产开发商和购房者主要采用银行信贷的方式获取资金。对银行房地产信贷业务加强管理，控制银行对不同开发商和购房者的信贷比例，可以有效调节信贷资金的流动方向，满足群众基本住房需求的同时抑制房地产的过度投机需求。对于开发商而言，应从严审批其贷款申请，控制闲置土地和

空置商品房较多的房地产企业的银行贷款，从而抑制房地产开发企业利用银行贷款囤积土地和房源。对于个人购房者而言，应实施差别化住房信贷政策。因为在我国现有的信贷环境中，尤其在城镇居民收入差距较大的情况下，低收入人群由于收入较低，资产较少，银行等信贷机构认为其还贷能力有限且风险较大，往往会限制这些人群的贷款金额甚至提高其贷款利率，而这又会增加低收入人群的购房成本以及购房难度，进一步抑制其基本购房需求。而高收入人群由于收入较高且资产丰富，所以其获得的信贷资金较多且利率较低，相当于间接鼓励其投资和投机性的房屋需求。最终导致房屋总需求中基本住房需求越来越少，而投机性需求比例越来越高。所以政府应通过降低普通住房贷款利率，提高高档房的贷款利率来调节国民对房屋的需求结构，在实现低收入人群基本住房需求的同时抑制高收入人群对房屋的投资或投机需求。

面对我国大多数商业银行已改制上市为公众企业的现状。如果房贷政策调整的损益完全由商业银行承担的话，不仅会影响商业银行的积极性，而且也会影响政策的执行效果。所以对于银行执行房贷政策的风险，应由政府和银行共同承担，而各自承担的比例由当地的房屋需求结构决定。

其次，我国房地产行业的直接融资渠道狭窄，资金的主要来源只有银行信贷这个单一渠道，上市融资和企业债券融资等融资渠道并没有真正建立起来。为了最大限度地降低房地产行业转嫁至银行系统的房贷风险，政府需要及时有效地拓展房地产企业的合法融资渠道，引导多样化的融资方式。在积极推动资本市场发育的基础上，鼓励房地产企业通过股权合作、上市、房地产项目债权化等渠道筹集开发资金。而银行可以推行房地产抵押贷款的证券化，在提高银行房地产消费贷款的流动性和安全性，降低和分散银行信贷风险的同时，也为投资者提供了一种重要的投资渠道。

13.5.2.3 大力发展存量房和房屋租赁市场，加大保障性住房建设

为了解决供给层面的区域性因素对利率调控的干扰，可以大力发展存量房市场和房屋租赁市场，加大保障性住房建设来增加房屋供给。

我国可以通过调整住房供给结构，特别是加大保障性住房及中低价位、中小户型普通商品房的建设力度，来增加房屋供给。保障性住房作为政策性商品住房，应从土地供应、税收优惠等方面降低其建设成本，尽可能满足低

收入人群的购房问题。通过合理确定入住居民的收入标准及范围，为其提供低价位、中小户型的商品房来满足广大中低收入人群的基本住房需求。调整住房供给结构，不仅可以加速房价的理性回归，还可以活跃房地产交易。

房地产行业真正成熟的标志是存量房交易占据市场主导地位。在欧洲，存量房交易量占市场交易总量的比例达到了80%~90%，而目前这一比例在我国还不到50%。面对我国愈加严峻的房屋供给和高房价问题，我国存量房市场的发展严重滞后于现实需要。制约存量房市场发展的原因主要包括：一是市场信息不对称，交易对象之间缺乏足够的信任，无故违约时有发生，导致交易成本高，交易成功率低。二是中介机构违法经营现象时有发生，但政府还没有完善相应的法律去约束中介机构的行为规范。三是金融机构和金融政策对存量房交易的支持有限。针对以上原因，笔者建议政府进行如下改进：一是加强房地产中介行业的管理，包括严格市场准入制度，核实中介机构及其工作人员的从业资质；强制要求中介机构及时准确地汇报近期的房源情况及相应价格，促使存量房交易信息的透明和公开化等。二是鼓励金融机构参与房屋中介机构的资金管理，代为收付保证金或为后续资金提供相应贷款等，从而保障交易资金的安全。

除购房市场外，欧洲等发达国家大约50%的居民是通过租赁解决居住问题的，房屋租赁市场作为房屋交易市场的补充，能很大程度缓解购房压力。但开发商因为公租房的利润较低而不会主动选择开发，这就需要地方政府的支持和鼓励。政府应将全面落实公租房制度纳入今后住房保障工作中，公租房的面积和租金应与入住家庭的收入相适应。同时随时对公租房使用者的收入进行跟踪调查，根据收入情况来续签或解除租赁合同。

13.5.2.4 加强房地产市场的外资管制

为了解决国际层面的区域性因素对利率调控的干扰，可以通过加强房地产市场中的外资管制，减少境外游资对我国房地产市场的冲击，防止利率作用效果被大量的外资供给抵销。

在国际资本流动性逐渐增强和人民币升值的背景下，大量境外资金对我国房地产行业的投资已经不满足于传统的合资开发方式，开始通过各种渠道参与我国房地产市场，这样既可以获得房地产升值收益，又可以获得人民币升值收益。为了防止境外资金对我国房地产市场的过度炒作，必须对这部分资金给予足够重视。首先，严格控制房地产市场利用外资规模，因为境外资金的涌入会增加我国的货币供给，从而削弱利率调控政策对房地产市场的作用效果。其次，我国外汇管理机构需要对进入国内的外资流向加强监管，对进入房地产市场的外资进行跟踪，准确掌握外资进入和退出房地产市场的途径，防范境外游资在我国进行各种形式的房地产投机活动。同时，为了缓解国内资金对我国房地产的过度投资，政府应加快制定内资到海外投资房地产的法律体系。

13.5.2.5 推行房地产市场信息披露制度

目前，房地产信息系统在我国已形成了一定的基础，除各地政府建立的公共信息平台以外，许多企业和机构也努力让自己成为发布房地产信息的权威机构，如搜房网等。但由于没有强制性的法律规定，各地方机构信息披露比较混乱，信息披露的内容、范围和方式并没有统一的规定，因此信息的可靠性、完善性、及时性和可比性并不尽如人意。为了完善我国房地产市场信息披露制度，政府应从两方面入手：一方面，以立法的方式强制要求开发商和中介机构进行房地产的信息披露，依法严惩隐匿信息以图牟利的行为。另一方面，政府有关部门应及时公布土地费用和税费收取等情况，各地物价部门也要定期测算并公布各类商品房的价格，让房价的基本构成公开而透明。

通过信息披露，增强房地产市场供给与需求信息的透明度。既可以使开发商和购房者能正确判断市场价位和供求信息，理性投资和消费，避免盲目跟风和提前购房，有效抑制投资性住房和需求，又可以加强政府的市场动态检测及信息分析，随时了解不同地区同一品质的房屋销售价格变动情况，从而有效预测未来房价变动趋势，对可能出现的房价异动及时采取相应对策，有助于各地区房价平稳发展。

本章小结

长期以来，我国政府采用的全国统一利率调整政策，在解决房地产价格持续上涨的问题方面普遍收效甚微。所以，政府开始转变先前的房地产政策，由全国统一利率调整政策转变为各省市根据自身经济结构特点，推出符合地方区域性房地产市场的利率调整政策。在区域性视角下研究利率对我国房地产价格的影响，一方面可以研究全国统一利率政策对各省份房价的调控是否具有区域差异性；另一方面有利于各地方政府做出合理的房地产利率调整政策，从而维持各省份房地产价格的稳定，促进房地产市场的健康发展。本章首先从理论角度分析影响房地产价格的主要经济因素，并依据最优货币区理论以及我国各省份实际经济状况的差异，得出我国利率政策的调整效果具有区域差异性的结论。其次，选取1999—2017年，我国1~3年期银行贷款基准利率、31个省（区、市）的房地产价格以及各省（区、市）中多个区域性经济变量作为样本数据，利用最小二乘法对利率调控各省（区、市）房价的效果进行实证分析。实证结果表明，全国统一的利率政策对各省（区、市）房地产价格的调整效果不同。对于经济较为发达的北京、上海和江苏地区，其房地产价格对利率变动较为敏感，且不易受其他区域性因素的影响；对于经济发展一般或经济欠发达的省份，其房地产价格对利率变动的敏感程度相对较低，且不同省份中利率政策容易受到单一或多种区域性因素的干扰。所以政府在推行利率政策时应充分了解本省份实际经济状况，并据此调整该地区的利率政策。

参考文献

[1] 刘民权,孙波. 商业地价形成机制、房地产泡沫及其治理[J]. 金融研究,2009,(10):22-37.

[2] G. Carlino, R. Defina. The Differential Regional Effects of Monetary Policy [J]. Review of Economics and Statistics,1998,80(4).

[3] I. Vansteenkiste, P. Hiebert. Do House Price Developments Spill over across Euro Area Countries Evidence from Global VAR [J]. Journal of Housing Economics,2011,20(4).

[4] 余华义,黄燕芬. 利率效果区域异质性、收入跨区影响与房价溢出效应[J]. 经济理论与经济管理,2015(8):65-80.

[5] Abraham, Hendershott. Bubbles Inmetropolitan Housing Markets [J]. Journal of Housing Research,1996(7):191-207.

[6] JudGDonal, Daniel TWinkler. The dynamics of metropolitan housing prices [J]. Journal of real estate research,2002(2):29-45.

[7] 梁云芳,高铁梅. 我国商品住宅销售价格波动成因的实证分析[J]. 管理世界,2006(8):76-82.

[8] 余华义,陈东. 中国地价、利率与房价的关联性研究[J]. 经济评论,2009(4):41-49,88.

[9] Bjornland H C,D H Jacobsen. The Role of House Prices in the Monetary Policy Transmission Mechanism in Small Open Economies[R]. Norges Bank Working Paper,2009.

[10] 张涛,龚六堂,卜永祥. 资产回报、住房按揭贷款与房地产均衡价格[J]. 金融研究,2006(2):1-11.

[11] 谭政勋,王聪. 房价波动、货币政策立场识别及其反应研究[J]. 经济研究,2015,50(1):67-83.

[12] 王云清,朱启贵,谈正达. 中国房地产市场波动研究——基于贝叶斯估计的两部门DSGE模型[J]. 金融研究,2013(3):101-113.

[13] Fratantobi M,S Schuh. Monetary Policy, Housing, and Heterogeneous Regional Markets. Journal of Money, Credit and Banking,2003.

[14] 袁科,冯邦彦. 货币政策传导对区域房地产市场非对称性效力研究[J]. 南方金融,2007(9):20-22.

[15] 满欣辉,郑耀威. 我国货币政策对房地产价格区域效应影响的计量研究[J]. 经济视角(上),2013(3):17-22.

[16] 魏玮,王洪卫. 房地产价格对货币政策动态响应的区域异质性——基于省际面板数据的实证分析[J]. 财经研究,2010,36(6):123-132.

[17] 王先柱,毛中根,刘洪玉. 货币政策的区域效应——来自房地产市场的证据[J]. 金融研究, 2011(9):42-53.

[18] 陆铭,欧海军,陈斌开. 理性还是泡沫:对城市化、移民和房价的经验研究[J]. 世界经济,2014,37(1):30-54.

[19] 袁东,何秋谷,赵波. 房价变动的影响因素研究:一个文献综述[J/OL]. 经济与管理研究,2016,37(3):77-85.

[20] 邵新建,巫和懋,江萍,等. 中国城市房价的"坚硬泡沫"——基于垄断性土地市场的研究[J]. 金融研究,2012(12):67-81.

[21] 袁东,何秋谷,赵波. 实际有效汇率、"热钱"流动与房屋价格——理论与实证[J]. 金融研究,2015(09):17-33.

[22] Caseb, Goetzmannwn, Rouwenhorstkg. Global real estate markets – cycles and fundamentals [R]. National Bureau of Economic Research,2000.

[23] Aizenmanj, Jinjaraky. Current account patterns and national real estate markets [J]. Journal of Urban Economics,2009,66(2):75-89.

[24] 王敏,黄滢. 限购和房产税对房价的影响:基于长期动态均衡的分析[J]. 世界经济,2013,36(1):141-159.

[25] Galati, Teppa, Alessie. Macro and Microd Rivers of House Price Dynamics:An Application to Dutch Data[R]. De Neder Landsche Bank working paper(NO. 288),2011.

[26] 罗斌,王花. 基于系统动力学的房地产调控政策动态仿真模型[J]. 技术经济,2013,32(6):111-119.

[27] 陈斌开,徐帆,谭力. 人口结构转变与中国住房需求:1999~2025——基于人口普查数据的微观实证研究[J]. 金融研究,2012(1):129-140.

[28] J. R. Kearl, F. S. Mishkin. Illiquidity,the Demand for Residential Housing, and Monetary Policy[J]. Journal of Finance,1977,32(5).

[29] 沈悦,周奎省,李善桑. 利率影响房价的有效性分析——基于FAVAR模型[J]. 经济科学,2011(1):60-69.

[30] 陈诗一,王祥. 融资成本、房地产价格波动与货币政策传导[J]. 金融研究,2016(3):1-14.

[31] 黄忠华,吴次芳,杜雪君. 中国房价、利率与宏观经济互动实证研究[J]. 中国土地科学,2008(7):38-44.

[32] 张所地,范新英. 基于面板分位数回归模型的收入、利率对房价的影响关系研究[J]. 数理统计与管理,2015,34(6):1057-1065.

[33] 况伟大. 利率对房价的影响[J]. 世界经济,2010,33(4):134-145.

[34] 范新英,张所地. 公共服务供给与房价关系的非线性门限效应[J/OL]. 软科学,2015,29(6):37-41.

[35] 何丽娜. 我国货币政策区域效应非对称性问题研究[M]. 北京:经济科学出版社,2012.12:1-2,44-51,175-176,183.

[36] 向松祚[译]. 蒙代尔经济学文集[M]. 北京:中国金融出版社,2003.10:1-2,35-37.

[37] 魏玮. 货币政策对房价波动的区域异质性研究[M]. 上海:复旦大学出版社,2011.6:36,124-125,143-147.

[38] 张农科. 政府住房价格干预理论研究[M]. 北京:中国经济出版社,2012,1:186-194.

[39] 黄石松,陈红梅. 房价之谜[M]. 北京:社会科学文献出版社,2009,5:295,305-311.